# 2006湖州统计年鉴

HUZHOU STATISTICAL YEARBOOK

湖 州 市 统 计 局 编

COMPILED BY

HUZHOU MUNICIPAL BUREAU OF STATISTICS

中国统计出版社

China Statistics Press

(京)新登字041号

图书在版编目（CIP）数据

湖州统计年鉴. 2006/湖州市统计局编
北京：中国统计出版社，2006. 6

ISBN 7-5037-4912-1
Ⅰ. 湖...
Ⅱ. 湖...
Ⅲ. 统计资料—湖州市—2006—年鉴
Ⅳ. C832. 553-54

中国版本图书馆CIP数据核字（2006）第026211号

**湖州统计年鉴—2006**

作　　者/ 湖州市统计局
责任编辑/ 蔡启新　钱中勇
E-mail/ yearbook@stats.gov.cn
出版发行/ 中国统计出版社
通信地址/ 北京市西城区三里河月坛南街75号　中国统计出版社
邮　　编/ 100826
电　　话/ (010)63376907
印　　刷/ 湖州市机关文印中心
经　　销/ 新华书店
开　　本/ 890×1240毫米1/16
字　　数/ 87万字
印　　张/ 34.5
印　　数/ 1-1200册
版　　别/ 2006年8月第1版
版　　次/ 2006年8月第1次印刷
书　　号/ ISBN 7-5037-4912-1/F·2259
定　　价/ 200.00元

# 编辑委员会

# 编辑说明

一、《湖州统计年鉴》是一本信息密集、资料翔实的资料性年刊。它通过大量的统计数据全面系统地记载了湖州经济和社会发展情况以及改革开放以来取得的新进展、新成就。

二、全书内容共分综合，人口、劳动力，农林牧渔业，工业，交通运输邮电，固定资产投资、建筑业，国内贸易、对外经济、旅游，财政、金融、保险，人民生活、物价，科技、教育、文化、体育、卫生、广电，城建、环保、民政、社保、治安、档案、技术监督，全省分市县、长三角各城市主要经济指标，主要行业实力排行等共13个篇章，为便于读者使用，每篇章后附有主要统计指标解释。

三、本年鉴收录的数据以2005年为主，增列了1978年以来我市部分重要指标的统计数据，部分指标增列了主要年份数据，以满足不同的需要。

四、本年鉴对以往发布的数据资料重新予以核实，对部分数据作了调整，凡与本年鉴有出入的，均以本年鉴为准。

五、本年鉴中“#”表示其中的主要项，“空格”表示无该项指标数据或数据不详，“…”表示数据不足该表最小单位数。

六、2003年由于行政区划调整，原湖州市区划分为吴兴区和南浔区，所以本年鉴分地区资料从2003年起增列了吴兴区和南浔区的主要统计数据，其中吴兴区仅农林牧渔业、工业、固定资产投资、人口、旅游、科技活动、劳动工资等资料为全区区域范围口径。

在《湖州统计年鉴》编辑过程中我们得到了各级领导和有关部门的大力支持与协助，在此表示衷心的感谢，我们殷切期望社会各界继续给予支持并欢迎提出宝贵意见。

# 目　　录

## 一、综　　合



## 二、人口、劳动力

## 三、农林牧渔业

## 四、工　　　业

## 五、交 通 运 输 、邮 电



## 六、固定资产投资、建筑业

## 七、国内贸易、外资、外贸、旅游

## 八、财政、金融、保险



## 九、人民生活、物价

## 十、科技、教育、文化、体育、卫生、广电

## 十一、城建、环保、民政福利、社保、治安、档案、技术监督

## 十二、全省分市县、长三角各城市主要经济指标



## 十三、主 要 行 业 实 力 排 行

# 一、综　　合

# 1－1　地理位置和土地面积

| | |
|---|---|
| **一、地理位置** | |
| 东径 | 119°14’－120°29’ |
| 北纬 | 30°22’－31°11’ |
| 东西长度 | 126 公里 |
| 南北宽度 | 90 公里 |
| 四邻 | 东接江苏省吴江市、本省嘉兴(桐乡)市；<br>南连本省杭州(余杭)市；<br>西邻安徽省广德、宁国两县；<br>北靠江苏省宜兴市和太湖；与苏州、无锡隔湖相望。 |
| **二、区域面积** | |
| 土地总面积 | 5818 平方公里 |
| # 耕地面积 | 1587 平方公里 |
| 林地面积 | 2261 平方公里 |
| 园地面积 | 535 平方公里 |
| 水域面积 | 556 平方公里 |

# 1－2　行 政 区 划

| | 乡(个) | 镇(个) | 街道(个) | 居委会(个) | 村委会(个) | 土地面积(平方公里) | 总人口(万人) | 人口密度(人/平方公里) |
|---|---|---|---|---|---|---|---|---|
| 全　市 | 16 | 44 | 6 | 293 | 1064 | 5818 | 257.58 | 443 |
| 吴兴区 | 3 | 6 | 6 | 112 | 224 | 860 | 58.65 | 682 |
| 南浔区 | | 9 | | 34 | 221 | 706 | 49.36 | 699 |
| 德清县 | 2 | 9 | | 35 | 169 | 936 | 42.47 | 454 |
| 长兴县 | 6 | 10 | | 69 | 224 | 1430 | 61.87 | 433 |
| 安吉县 | 5 | 10 | | 43 | 226 | 1886 | 45.23 | 240 |
| △市　区 | 3 | 15 | 6 | 146 | 445 | 1567 | 108.01 | 689 |

# 1－3 历年气象资料

| 年 份 | 平均气温（摄氏度） | 最低气温（摄氏度） | 最高气温（摄氏度） | 年降雨天数（天） | 年降水总量（毫米） | 年日照总时数（小时） |
|---|---|---|---|---|---|---|
| 1978 | 16.2 | －3.5 | 38.9 | 119 | 761.7 | 2137.6 |
| 1979 | 16.0 | －9.3 | 36.6 | 125 | 985.5 | 2191.9 |
| 1980 | 15.1 | －7.3 | 37.8 | 152 | 1529.4 | 1917.4 |
| 1981 | 15.4 | －6.7 | 36.1 | 153 | 1555.3 | 1726.6 |
| 1982 | 15.7 | －6.4 | 36.4 | 149 | 1150.0 | 1720.9 |
| 1983 | 15.7 | －5.6 | 38.5 | 141 | 1708.4 | 1782.4 |
| 1984 | 15.3 | －8.0 | 36.4 | 140 | 1313.3 | 1860.9 |
| 1985 | 15.7 | －5.8 | 37.0 | 152 | 1411.5 | 1715.4 |
| 1986 | 15.7 | －6.0 | 37.4 | 125 | 1205.1 | 1980.8 |
| 1987 | 15.9 | －5.4 | 36.8 | 147 | 1491.2 | 1948.9 |
| 1988 | 16.0 | －5.3 | 38.9 | 126 | 1075.7 | 1987.6 |
| 1989 | 15.9 | －3.6 | 36.3 | 152 | 1471.5 | 1841.5 |
| 1990 | 16.7 | －6.0 | 38.1 | 158 | 1365.1 | 1969.0 |
| 1991 | 15.8 | －8.5 | 37.7 | 152 | 1345.2 | 1822.0 |
| 1992 | 15.9 | －4.2 | 38.3 | 133 | 1113.0 | 2013.3 |
| 1993 | 15.7 | －5.7 | 36.5 | 149 | 1637.5 | 1802.4 |
| 1994 | 17.1 | －2.4 | 37.5 | 147 | 1055.1 | 1984.9 |
| 1995 | 16.1 | －4.5 | 37.8 | 118 | 1168.7 | 1978.5 |
| 1996 | 15.9 | －5.3 | 35.8 | 145 | 1422.1 | 1753.8 |
| 1997 | 16.6 | －4.8 | 36.0 | 152 | 1064.3 | 1698.1 |
| 1998 | 17.3 | －5.8 | 38.2 | 149 | 1557.3 | 1805.0 |
| 1999 | 16.3 | －6.8 | 35.8 | 183 | 1780.6 | 1465.0 |
| 2000 | 16.9 | －5.4 | 35.7 | 141 | 1023.3 | 1613.3 |
| 2001 | 16.9 | －4.9 | 38.0 | 143 | 1267.4 | 1682.3 |
| 2002 | 17.0 | －3.8 | 37.1 | 152 | 1514.3 | 1466.1 |
| 2003 | 16.8 | －5.4 | 39.1 | 134 | 938.6 | 1741.8 |
| 2004 | 16.9 | －5.7 | 37.7 | 116 | 1126.1 | 1859.0 |
| 2005 | 19.8 | －6.6 | 37.7 | 124 | 1075.4 | 1788.3 |

# 1－4　主要年份国民经济主要指标

| | 单位 | 1980年 | 1990年 | 2000年 | 2001年 | 2003年 | 2004年 | 2005年 |
|---|---|---|---|---|---|---|---|---|
| 年末总人口 | 万人 | 223.90 | 245.28 | 255.79 | 256.49 | 256.78 | 257.21 | 257.58 |
| #非农业人口 | 万人 | 32.27 | 43.66 | 65.56 | 70.96 | 74.47 | 76.37 | 77.81 |
| 年末从业人员数 | 万人 | 124.83 | 150.55 | 140.09 | 140.74 | 147.21 | 150.24 | 157.72 |
| 生产总值(当年价) | 亿元 | 12.23 | 54.99 | 325.23 | 362.95 | 459.54 | 550.49 | 644.25 |
| 第一产业增加值 | 亿元 | 4.91 | 18.85 | 44.64 | 46.77 | 50.41 | 58.47 | 63.00 |
| 第二产业增加值 | 亿元 | 4.92 | 24.14 | 175.45 | 196.72 | 245.44 | 301.71 | 353.27 |
| #工业增加值 | 亿元 | 4.32 | 21.38 | 153.80 | 172.53 | 215.40 | 264.21 | 313.07 |
| 第三产业增加值 | 亿元 | 2.40 | 12.00 | 105.13 | 119.45 | 163.70 | 190.32 | 227.98 |
| 人均生产总值 | 元 | 548 | 2247 | 12733 | 14170 | 17887 | 21420 | 25030 |
| 农林牧渔业总产值 | 亿元 | 7.29 | 29.05 | 86.94 | 78.76 | 86.45 | 102.09 | 106.08 |
| 耕地面积 | 千公顷 | 142.45 | 136.61 | 131.06 | 135.52 | 141.18 | 143.02 | 143.92 |
| 规模以上工业总产值 | 亿元 | 11.08 | 75.96 | 355.75 | 409.50 | 588.62 | 766.37 | 1070.79 |
| 全社会用电量 | 亿千瓦时 | 6.53 | 15.77 | 41.72 | 45.67 | 65.08 | 73.83 | 85.26 |
| #工业用电量 | 亿千瓦时 | 4.27 | 13.11 | 30.59 | 33.94 | 49.68 | 59.53 | 68.62 |
| 客运量 | 万人 | 1537 | 3078 | 6675 | 7016 | 6985 | 7266 | 7563 |
| 客运周转量 | 亿人公里 | 3.86 | 9.71 | 26.75 | 27.53 | 28.17 | 28.84 | 29.42 |
| 货运量 | 万吨 | 1088 | 3142 | 6541 | 7267 | 10764 | 11952 | 13811 |
| 货物周转量 | 亿吨公里 | 12.76 | 26.92 | 61.12 | 75.49 | 118.86 | 134.25 | 152.49 |
| 财政总收入 | 亿元 | 1.75 | 5.03 | 21.06 | 29.48 | 51.20 | 62.40 | 74.24 |
| #地方财政收入 | 亿元 | | | 9.89 | 16.34 | 25.26 | 32.23 | 39.73 |
| 地方财政支出 | 亿元 | 0.61 | 2.54 | 13.25 | 19.23 | 30.47 | 36.51 | 44.08 |
| 金融机构年末人民币存款余额 | 亿元 | 3.40 | 24.23 | 268.87 | 299.38 | 486.42 | 527.39 | 598.59 |
| #城乡居民储蓄余额 | 亿元 | 1.07 | 18.42 | 160.28 | 182.01 | 260.55 | 288.65 | 330.93 |
| 金融机构年末人民币贷款余额 | 亿元 | 3.36 | 24.65 | 192.52 | 209.52 | 365.45 | 400.68 | 453.72 |

1－4续表

| | 单位 | 1980年 | 1990年 | 2000年 | 2001年 | 2003年 | 2004年 | 2005年 |
|---|---|---|---|---|---|---|---|---|
| 全社会固定资产投资 | 亿元 | 0.87 | 11.75 | 109.34 | 149.17 | 267.97 | 365.47 | 416.05 |
| 社会消费品零售总额 | 亿元 | 5.35 | 21.32 | 149.18 | 159.15 | 182.34 | 208.08 | 237.75 |
| 合同外资 | 亿美元 | | 0.03 | 1.23 | 4.72 | 14.48 | 16.01 | 16.92 |
| 实到外资 | 亿美元 | | 0.02 | 0.82 | 2.10 | 5.37 | 6.11 | 6.51 |
| 进出口总额 | 亿美元 | | | 6.93 | 7.49 | 12.18 | 16.97 | 22.71 |
| #出口额 | 亿美元 | | | 4.63 | 5.76 | 10.11 | 14.48 | 19.96 |
| 市区商品零售物价指数 | 上年为100 | | 102.4 | 99.7 | 100.3 | 100.0 | 104.4 | 101.4 |
| 市区居民消费价格指数 | 上年为100 | | 102.9 | 101.4 | 100.8 | 100.0 | 104.8 | 101.2 |
| 城镇居民人均可支配收入 | 元 | | 1988 | 8684 | 9872 | 12607 | 13487 | 15375 |
| 农村居民人均纯收入 | 元 | 343 | 1270 | 4335 | 4695 | 5536 | 6380 | 7288 |
| 普通高校在校学生数 | 人 | 1067 | 956 | 3991 | 6723 | 12051 | 14269 | 16406 |
| 普通中专在校学生数 | 人 | 750 | 3040 | 7759 | 7112 | 7556 | 9077 | 10770 |
| 普通中学在校学生数 | 万人 | 9.54 | 7.15 | 12.92 | 14.24 | 15.58 | 15.54 | 15.26 |
| 小学在校学生数 | 万人 | 27.18 | 19.44 | 21.60 | 20.71 | 19.25 | 19.08 | 18.25 |
| 卫生机构数 | 个 | 432 | 492 | 392 | 598 | 704 | 718 | 819 |
| #医院、卫生院 | 个 | 167 | 158 | 143 | 128 | 131 | 131 | 132 |
| 床位数 | 张 | 6789 | 7395 | 7487 | 7670 | 8135 | 8407 | 8721 |
| #医院、卫生院 | 张 | 6080 | 7005 | 7377 | 7560 | 8055 | 8327 | 8641 |
| 卫生技术人员 | 人 | 6074 | 7201 | 8634 | 8747 | 9617 | 9737 | 10859 |
| #医生 | 人 | 2249 | 3093 | 4110 | 4183 | 4381 | 4402 | 4704 |
| 职工工资总额 | 亿元 | 1.61 | 6.24 | 20.05 | 22.24 | 27.96 | 40.75 | 53.65 |
| 职工平均工资 | 元 | 741 | 2275 | 9806 | 12307 | 19250 | 21477 | 23488 |

注:2004年起城镇居民人均可支配收入为全市口径,以前年份为市区口径。

# 1－5　湖州的一天

| | 单位 | 2003 年 | 2004 年 | 2005 年 |
|---|---|---|---|---|
| 生产总值 | 万元 | 12590 | 15082 | 17651 |
| ＃工业增加值 | 万元 | 5901 | 7239 | 8577 |
| 规模以上工业总产值 | 万元 | 16127 | 20996 | 29337 |
| 农业总产值 | 万元 | 2368 | 2797 | 2906 |
| 社会消费品零售总额 | 万元 | 4996 | 5708 | 6514 |
| 财政总收入 | 万元 | 1403 | 1710 | 2034 |
| ＃地方财政收入 | 万元 | 692 | 883 | 1089 |
| 地方财政支出 | 万元 | 835 | 1000 | 1208 |
| 进出口总额 | 万美元 | 334 | 465 | 622 |
| ＃出口 | 万美元 | 277 | 397 | 547 |
| 合同外资 | 美元 | 397 | 439 | 463 |
| 实到外资 | 美元 | 147 | 167 | 178 |
| 全社会固定资产投资 | 万元 | 7342 | 10013 | 11399 |
| ＃工业性投入 | 万元 | 3919 | 5413 | 6089 |
| 房地产开发 | 万元 | 1138 | 1558 | 1892 |
| 竣工商品房面积 | 平方米 | 4275 | 3768 | 6221 |
| 商品房销售面积 | 平方米 | 4589 | 3931 | 6808 |
| 客运周转量 | 万人公里 | 772 | 790 | 806 |
| 货物周转量 | 万人公里 | 3256 | 3678 | 4178 |
| 保险业务收入 | 万元 | 365 | 407 | 428 |
| 通信业务收入 | 万元 | 394 | 471 | 486 |
| 结婚登记 | 对 | 51 | 54 | 45 |
| 离婚登记 | 对 | 6 | 8 | 9 |

# 1-6　湖州的人均水平

| | 单位 | 2003年 | 2004年 | 2005年 |
|---|---|---|---|---|
| 土地面积 | 亩 | 3.40 | 3.39 | 3.39 |
| 生产总值 | 元 | 17887 | 21420 | 25030 |
| 消费品零售额 | 元 | 7097 | 8107 | 9237 |
| 进出口额 | 美元 | 474 | 660 | 882 |
| #出口 | 美元 | 394 | 563 | 775 |
| 合同外资 | 美元 | 564 | 623 | 657 |
| 实到外资 | 美元 | 209 | 238 | 253 |
| 固定资产投资额 | 元 | 10430 | 14221 | 16825 |
| 财政收入 | 元 | 1993 | 2426 | 2884 |
| #地方财政收入 | 元 | 983 | 1253 | 1544 |
| 财政支出 | 元 | 1186 | 1421 | 1713 |
| 用电量 | 千瓦时 | 2533 | 2873 | 3312 |
| 职工平均工资 | 元 | 19250 | 21477 | 23488 |
| 城镇居民可支配收入 | 元 | 12607 | 13487 | 15375 |
| 农村居民纯收入 | 元 | 5536 | 6380 | 7288 |
| 居民储蓄存款(人民币) | 元 | 10147 | 11222 | 12848 |
| 每百人拥有移动电话 | 部 | 38.9 | 51.9 | 58 |
| 每百人拥有固定电话 | 部 | 32.0 | 40.5 | 46 |
| 每万人医院床位数 | 张 | 31.4 | 32.7 | 33.5 |
| 每万人医生数 | 人 | 17.1 | 17.1 | 18.3 |

# 1－7 湖州占全省及长三角的比重

| | 单位 | 湖州市 | 占浙江省% | 占长三角% |
|---|---|---|---|---|
| 年末总人口 | 万人 | 257.58 | 5.60 | 3.12 |
| 土地面积 | 平方公里 | 5818 | 5.72 | 5.29 |
| 生产总值 | 亿元 | 644.25 | 4.79 | 1.90 |
| #第一产业 | 亿元 | 63.00 | 7.06 | 4.55 |
| 第二产业 | 亿元 | 353.27 | 4.93 | 1.89 |
| #工　业 | 亿元 | 313.07 | 4.93 | 1.85 |
| 第三产业 | 亿元 | 227.98 | 4.24 | 1.65 |
| 规模以上工业总产值 | 亿元 | 1070.79 | 4.63 | 1.70 |
| 财政总收入 | 亿元 | 74.24 | 3.51 | |
| #地方财政收入 | 亿元 | 39.73 | 3.72 | 1.25 |
| 地方财政支出 | 亿元 | 44.08 | 3.48 | 1.23 |
| 社会消费品零售总额 | 亿元 | 237.75 | 5.13 | 2.21 |
| 外贸出口 | 亿美元 | 19.96 | 2.60 | 0.72 |
| 合同外资 | 亿美元 | 16.92 | 10.49 | 2.37 |
| 实到外资 | 亿美元 | 6.51 | 8.43 | 2.48 |
| 工业用电量 | 亿千瓦时 | 68.62 | 5.32 | 2.13 |
| 全社会固定资产投资 | 亿元 | 416.05 | 6.21 | 2.57 |
| 房地产开发投资 | 亿元 | 69.05 | 4.74 | 1.88 |
| 金融机构年末本外币存款余额 | 亿元 | 608.43 | 2.97 | 1.02 |
| #城乡居民储蓄余额 | 亿元 | 336.22 | 3.84 | 1.40 |
| 金融机构年末本外币贷款余额 | 亿元 | 461.39 | 2.79 | 1.04 |

# 1-8 历年分县区生产总值

单位:万元

| 年份 | 全 市 | 吴兴区 | 南浔区 | 德清县 | 长兴县 | 安吉县 | △市区 |
|---|---|---|---|---|---|---|---|
| 1978 | 88828 | | | 14188 | 17680 | 13223 | 43737 |
| 1979 | 111903 | | | 17943 | 23254 | 15841 | 54865 |
| 1980 | 122262 | | | 19146 | 24812 | 17209 | 61095 |
| 1981 | 137237 | | | 21680 | 28618 | 20529 | 66410 |
| 1982 | 153716 | | | 24454 | 33675 | 21580 | 74007 |
| 1983 | 160436 | | | 25513 | 34452 | 22001 | 78470 |
| 1984 | 192316 | | | 30908 | 39339 | 26244 | 95825 |
| 1985 | 248121 | | | 42961 | 51788 | 32383 | 120989 |
| 1986 | 295964 | | | 53087 | 61324 | 35607 | 145946 |
| 1987 | 351864 | | | 63380 | 70804 | 41809 | 175868 |
| 1988 | 449892 | | | 85319 | 106250 | 53238 | 205085 |
| 1989 | 497157 | | | 90581 | 118218 | 56072 | 232286 |
| 1990 | 549910 | | | 99023 | 121214 | 60616 | 269057 |
| 1991 | 605189 | | | 106094 | 132685 | 72079 | 294331 |
| 1992 | 800391 | | | 134372 | 175989 | 99536 | 382610 |
| 1993 | 1268238 | | | 209235 | 276482 | 156002 | 598465 |
| 1994 | 1806522 | | | 316327 | 404724 | 231026 | 821548 |
| 1995 | 2157554 | | | 354300 | 485170 | 298133 | 985756 |
| 1996 | 2494399 | | | 399261 | 530479 | 348700 | 1167320 |
| 1997 | 2698764 | | | 434772 | 574958 | 384676 | 1246047 |
| 1998 | 2901967 | | | 471274 | 610328 | 420179 | 1344473 |
| 1999 | 3000455 | | | 504800 | 634646 | 435973 | 1393828 |
| 2000 | 3252262 | | | 558414 | 671611 | 480489 | 1515243 |
| 2001 | 3629457 | | | 635865 | 750530 | 520567 | 1693981 |
| 2002 | 3970650 | 847663 | 725052 | 724836 | 837040 | 578377 | 1845086 |
| 2003 | 4595432 | 984587 | 829119 | 831860 | 970727 | 662696 | 2139931 |
| 2004 | 5504915 | 1176138 | 993280 | 1018826 | 1154711 | 769304 | 2563183 |
| 2005 | 6442499 | 1367316 | 1164553 | 1187858 | 1360588 | 897025 | 3004810 |

注:2004 年为经济普查数据,1993-2003 年为根据经济普查进行历史数据调整后的数据,下同。

# 1－9 历年分县区人均生产总值

单位:元

| 年份 | 全 市 | 吴兴区 | 南浔区 | 德清县 | 长兴县 | 安吉县 | 市区 |
|---|---|---|---|---|---|---|---|
| 1978 | 402 | | | 394 | 333 | 336 | 473 |
| 1979 | 504 | | | 496 | 435 | 400 | 590 |
| 1980 | 548 | | | 528 | 461 | 434 | 654 |
| 1981 | 610 | | | 591 | 527 | 514 | 707 |
| 1982 | 677 | | | 659 | 614 | 536 | 781 |
| 1983 | 701 | | | 682 | 624 | 541 | 822 |
| 1984 | 837 | | | 823 | 710 | 639 | 1000 |
| 1985 | 1072 | | | 1140 | 919 | 786 | 1257 |
| 1986 | 1264 | | | 1397 | 1064 | 855 | 1506 |
| 1987 | 1485 | | | 1648 | 1214 | 993 | 1795 |
| 1988 | 1877 | | | 2202 | 1800 | 1263 | 2067 |
| 1989 | 2049 | | | 2298 | 1984 | 1305 | 2308 |
| 1990 | 2247 | | | 2491 | 2029 | 1398 | 2642 |
| 1991 | 2460 | | | 2656 | 2216 | 1621 | 2871 |
| 1992 | 3235 | | | 3340 | 2920 | 2281 | 3714 |
| 1993 | 5101 | | | 5173 | 4566 | 3539 | 5779 |
| 1994 | 7222 | | | 7752 | 6704 | 5218 | 7883 |
| 1995 | 8569 | | | 8588 | 7993 | 6706 | 9403 |
| 1996 | 9836 | | | 9678 | 8603 | 7791 | 11061 |
| 1997 | 10602 | | | 10366 | 9316 | 8580 | 11730 |
| 1998 | 11393 | | | 11191 | 9923 | 9385 | 12647 |
| 1999 | 11769 | | | 11954 | 10309 | 9750 | 13097 |
| 2000 | 12733 | | | 13191 | 10882 | 10741 | 14208 |
| 2001 | 14170 | | | 15003 | 12137 | 11630 | 15808 |
| 2002 | 15463 | 17867 | 14510 | 17105 | 13512 | 12899 | 17147 |
| 2003 | 17887 | 20689 | 16651 | 19637 | 15648 | 14788 | 19869 |
| 2004 | 21420 | 24651 | 20036 | 24044 | 18616 | 17181 | 23773 |
| 2005 | 25030 | 28675 | 23551 | 27990 | 21960 | 19917 | 27832 |

# 1－10 历年分县区生产总值增长速度

单位:%

| 年份 | 全市 | 吴兴区 | 南浔区 | 德清县 | 长兴县 | 安吉县 | △市区 |
|---|---|---|---|---|---|---|---|
| 1979 | 17.4 | | | 17.0 | 23.2 | 13.7 | 16.4 |
| 1980 | 6.9 | | | 5.2 | 0.1 | 6.2 | 11.0 |
| 1981 | 7.5 | | | 13.5 | 5.7 | 10.1 | 5.8 |
| 1982 | 10.8 | | | 10.2 | 19.5 | 0.4 | 9.4 |
| 1983 | 3.1 | | | 3.8 | －0.5 | 5.5 | 5.1 |
| 1984 | 18.0 | | | 18.1 | 15.8 | 19.5 | 18.9 |
| 1985 | 19.8 | | | 30.2 | 16.1 | 15.9 | 20.1 |
| 1986 | 13.1 | | | 18.1 | 13.1 | 9.7 | 13.2 |
| 1987 | 8.8 | | | 9.7 | 9.2 | 8.2 | 9.0 |
| 1988 | 5.6 | | | 3.6 | 20.1 | 10.9 | 1.1 |
| 1989 | 2.5 | | | －1.0 | 4.3 | －4.0 | 4.4 |
| 1990 | 5.4 | | | 6.0 | 3.4 | 1.0 | 7.1 |
| 1991 | 8.7 | | | 8.6 | 9.7 | 14.0 | 9.2 |
| 1992 | 23.0 | | | 25.3 | 23.2 | 29.2 | 30.2 |
| 1993 | 28.4 | | | 23.9 | 36.4 | 31.9 | 25.4 |
| 1994 | 19.9 | | | 26.3 | 20.0 | 26.3 | 18.4 |
| 1995 | 10.0 | | | 5.1 | 9.9 | 17.0 | 10.1 |
| 1996 | 13.8 | | | 10.7 | 5.3 | 15.1 | 16.9 |
| 1997 | 8.5 | | | 9.3 | 7.0 | 10.3 | 7.0 |
| 1998 | 9.5 | | | 10.5 | 10.5 | 10.3 | 9.5 |
| 1999 | 7.5 | | | 10.4 | 8.3 | 7.5 | 7.8 |
| 2000 | 9.7 | | | 11.3 | 10.8 | 10.2 | 9.6 |
| 2001 | 10.7 | | | 12.4 | 11.6 | 8.1 | 10.5 |
| 2002 | 11.6 | | | 12.2 | 12.8 | 11.8 | 10.1 |
| 2003 | 13.8 | 14.8 | 13.5 | 15.2 | 15.5 | 13.7 | 14.5 |
| 2004 | 14.9 | 14.8 | 15.1 | 17.3 | 15.9 | 12.3 | 15.2 |
| 2005 | 14.4 | 14.7 | 14.6 | 14.4 | 15.2 | 14.4 | 14.4 |

# 1-11 历年分县区生产总值发展指数

（以1978年为100）

| 年份 | 全　市 | 吴兴区 | 南浔区 | 德清县 | 长兴县 | 安吉县 | △市区 |
|---|---|---|---|---|---|---|---|
| 1978 | 100.0 | | | 100.0 | 100.0 | 100.0 | 100.0 |
| 1979 | 117.4 | | | 117.0 | 123.2 | 113.7 | 116.4 |
| 1980 | 125.5 | | | 123.1 | 123.3 | 120.7 | 129.2 |
| 1981 | 134.9 | | | 139.7 | 130.3 | 132.9 | 136.7 |
| 1982 | 149.5 | | | 153.9 | 155.7 | 133.5 | 149.6 |
| 1983 | 154.1 | | | 159.8 | 154.9 | 140.8 | 157.1 |
| 1984 | 181.9 | | | 188.7 | 179.4 | 168.3 | 186.9 |
| 1985 | 217.9 | | | 245.7 | 208.3 | 195.0 | 224.4 |
| 1986 | 246.4 | | | 290.2 | 235.5 | 214.0 | 254.0 |
| 1987 | 268.1 | | | 318.3 | 257.1 | 231.5 | 276.9 |
| 1988 | 283.1 | | | 329.8 | 308.9 | 256.7 | 280.0 |
| 1989 | 290.2 | | | 326.5 | 322.1 | 246.5 | 292.5 |
| 1990 | 305.9 | | | 346.1 | 333.1 | 248.9 | 313.3 |
| 1991 | 332.5 | | | 375.8 | 365.3 | 283.8 | 342.0 |
| 1992 | 408.9 | | | 470.7 | 450.1 | 366.6 | 445.4 |
| 1993 | 524.9 | | | 583.2 | 613.9 | 483.5 | 558.3 |
| 1994 | 629.5 | | | 736.6 | 736.7 | 610.8 | 661.1 |
| 1995 | 692.5 | | | 774.2 | 809.7 | 714.6 | 728.2 |
| 1996 | 788.1 | | | 857.0 | 852.5 | 822.4 | 851.4 |
| 1997 | 855.5 | | | 936.7 | 912.5 | 906.9 | 910.6 |
| 1998 | 936.7 | | | 1035.1 | 1007.8 | 1000.0 | 996.9 |
| 1999 | 1006.8 | | | 1142.7 | 1091.5 | 1074.8 | 1074.3 |
| 2000 | 1104.0 | | | 1271.8 | 1209.0 | 1184.2 | 1177.9 |
| 2001 | 1221.7 | | | 1429.5 | 1348.9 | 1280.1 | 1301.7 |
| 2002 | 1363.3 | 100.0 | 100.0 | 1604.0 | 1521.6 | 1431.7 | 1433.4 |
| 2003 | 1551.9 | 114.8 | 113.5 | 1847.8 | 1757.4 | 1627.8 | 1642.0 |
| 2004 | 1783.1 | 131.8 | 130.7 | 2167.4 | 2036.9 | 1827.4 | 1891.1 |
| 2005 | 2040.5 | 151.1 | 149.7 | 2479.1 | 2346.9 | 2090.2 | 2163.0 |

# 1－12 历年分产业生产总值

单位：万元

| 年 份 | 生 产 总 值 | 第一产业增加值 | 第二产业增加值 | #工业增加值 | 第三产业增加值 | 人均生产总值(元) |
|---|---|---|---|---|---|---|
| 1978 | 88828 | 40076 | 32259 | 27801 | 16493 | 402 |
| 1979 | 111903 | 55007 | 37433 | 32805 | 19463 | 504 |
| 1980 | 122262 | 49135 | 49180 | 43195 | 23947 | 548 |
| 1981 | 137237 | 58044 | 51556 | 45710 | 27637 | 610 |
| 1982 | 153716 | 67344 | 55009 | 48441 | 31363 | 677 |
| 1983 | 160436 | 65791 | 60439 | 54763 | 34206 | 701 |
| 1984 | 192316 | 75985 | 76342 | 69690 | 39989 | 837 |
| 1985 | 248121 | 82599 | 110383 | 101464 | 55139 | 1072 |
| 1986 | 295964 | 96933 | 134140 | 123337 | 64891 | 1264 |
| 1987 | 351864 | 115981 | 160177 | 147281 | 75706 | 1485 |
| 1988 | 449892 | 161459 | 196176 | 181646 | 92257 | 1877 |
| 1989 | 497157 | 160492 | 225434 | 198757 | 111231 | 2049 |
| 1990 | 549910 | 188527 | 241389 | 213767 | 119994 | 2247 |
| 1991 | 605189 | 184818 | 283529 | 250607 | 136842 | 2460 |
| 1992 | 800391 | 205288 | 404506 | 352747 | 190597 | 3235 |
| 1993 | 1268238 | 257612 | 711150 | 620800 | 299476 | 5101 |
| 1994 | 1806521 | 352022 | 991492 | 855293 | 463007 | 7222 |
| 1995 | 2157555 | 403851 | 1142823 | 953731 | 610881 | 8569 |
| 1996 | 2494399 | 431833 | 1347738 | 1140396 | 714828 | 9836 |
| 1997 | 2698763 | 446769 | 1473726 | 1278099 | 778268 | 10602 |
| 1998 | 2901968 | 445099 | 1587187 | 1378225 | 869682 | 11393 |
| 1999 | 3000455 | 436996 | 1631672 | 1431452 | 931787 | 11769 |
| 2000 | 3252261 | 446423 | 1754491 | 1538034 | 1051347 | 12733 |
| 2001 | 3629457 | 467684 | 1967246 | 1725275 | 1194527 | 14170 |
| 2002 | 3970651 | 472169 | 2155215 | 1882010 | 1343267 | 15463 |
| 2003 | 4595433 | 504063 | 2454353 | 2154044 | 1637017 | 17887 |
| 2004 | 5504915 | 584700 | 3017061 | 2642060 | 1903154 | 21420 |
| 2005 | 6442499 | 629982 | 3532715 | 3130654 | 2279802 | 25030 |

# 1-13 历年分产业生产总值增长速度

单位:%

| 年份 | 生产总值 | 第一产业增加值 | 第二产业增加值 | #工业增加值 | 第三产业增加值 | 人均生产总值 |
|---|---|---|---|---|---|---|
| 1979 | 17.4 | 17.9 | 16.6 | 18.7 | 17.5 | 16.9 |
| 1980 | 6.9 | -11.4 | 29.0 | 28.8 | 16.6 | 6.4 |
| 1981 | 7.5 | 6.2 | 5.2 | 6.3 | 15.0 | 6.5 |
| 1982 | 10.8 | 14.9 | 6.3 | 5.7 | 11.0 | 9.9 |
| 1983 | 3.1 | -5.6 | 9.5 | 12.4 | 9.5 | 2.3 |
| 1984 | 18.0 | 12.4 | 26.3 | 27.3 | 12.8 | 17.4 |
| 1985 | 19.8 | -0.2 | 35.8 | 35.9 | 22.6 | 19.0 |
| 1986 | 13.1 | 5.3 | 15.9 | 15.4 | 17.5 | 11.7 |
| 1987 | 8.8 | 5.0 | 13.8 | 13.2 | 2.9 | 7.7 |
| 1988 | 5.6 | 6.0 | 5.3 | 5.1 | 5.9 | 4.4 |
| 1989 | 2.5 | 1.2 | 3.8 | 4.3 | 0.9 | 1.2 |
| 1990 | 5.4 | 6.7 | 5.6 | 3.6 | 3.1 | 4.5 |
| 1991 | 8.7 | 1.6 | 12.6 | 11.2 | 11.1 | 8.1 |
| 1992 | 23.0 | 4.0 | 30.2 | 29.8 | 34.1 | 22.3 |
| 1993 | 28.4 | 1.4 | 39.6 | 42.5 | 32.8 | 27.7 |
| 1994 | 19.9 | 4.2 | 20.8 | 19.2 | 31.1 | 19.2 |
| 1995 | 10.0 | 3.1 | 10.3 | 8.0 | 13.9 | 9.3 |
| 1996 | 13.8 | 2.5 | 18.4 | 19.9 | 11.0 | 13.0 |
| 1997 | 8.5 | 4.4 | 10.6 | 12.7 | 6.2 | 8.1 |
| 1998 | 9.5 | 1.0 | 10.8 | 10.8 | 11.2 | 9.4 |
| 1999 | 7.5 | 0.2 | 8.1 | 9.0 | 9.6 | 7.4 |
| 2000 | 9.7 | 2.2 | 10.0 | 10.3 | 12.4 | 9.4 |
| 2001 | 10.7 | 4.7 | 12.2 | 12.2 | 10.6 | 10.4 |
| 2002 | 11.6 | 2.7 | 12.6 | 12.6 | 13.5 | 11.3 |
| 2003 | 13.8 | 5.6 | 15.7 | 14.0 | 13.7 | 13.8 |
| 2004 | 14.9 | 7.3 | 17.7 | 18.2 | 12.6 | 14.9 |
| 2005 | 14.4 | 4.1 | 15.3 | 16.3 | 16.3 | 14.3 |

# 1－14　历年分产业生产总值发展指数

（以1978年为100）

| 年　份 | 生　产<br>总　值 | 第一产业<br>增 加 值 | 第二产业<br>增 加 值 | #工业<br>增加值 | 第三产业<br>增 加 值 | 人均生<br>产总值 |
|---|---|---|---|---|---|---|
| 1978 | 100.0 | 100.0 | 100.0 | 100.0 | 100.0 | 100.0 |
| 1979 | 117.4 | 117.9 | 116.6 | 118.7 | 117.5 | 116.9 |
| 1980 | 125.5 | 104.5 | 150.4 | 152.9 | 137.0 | 124.4 |
| 1981 | 134.9 | 110.9 | 158.2 | 162.5 | 157.6 | 132.5 |
| 1982 | 149.5 | 127.5 | 168.2 | 171.8 | 174.9 | 145.6 |
| 1983 | 154.1 | 120.3 | 184.2 | 193.1 | 191.5 | 148.9 |
| 1984 | 181.9 | 135.2 | 232.6 | 245.8 | 216.0 | 174.8 |
| 1985 | 217.9 | 135.0 | 315.9 | 334.0 | 264.8 | 208.1 |
| 1986 | 246.4 | 142.1 | 366.1 | 385.5 | 311.2 | 232.4 |
| 1987 | 268.1 | 149.2 | 416.7 | 436.4 | 320.2 | 250.3 |
| 1988 | 283.1 | 158.2 | 438.7 | 458.6 | 339.1 | 261.3 |
| 1989 | 290.2 | 160.1 | 455.4 | 478.3 | 342.1 | 264.5 |
| 1990 | 305.9 | 170.8 | 480.9 | 495.6 | 352.8 | 276.4 |
| 1991 | 332.5 | 173.5 | 541.5 | 551.1 | 391.9 | 298.7 |
| 1992 | 408.9 | 180.5 | 705.0 | 715.3 | 525.5 | 365.4 |
| 1993 | 524.9 | 183.0 | 984.4 | 1019.0 | 698.2 | 466.7 |
| 1994 | 629.5 | 190.7 | 1189.6 | 1214.4 | 915.1 | 556.3 |
| 1995 | 692.5 | 196.6 | 1312.5 | 1311.7 | 1042.2 | 607.9 |
| 1996 | 788.1 | 201.4 | 1554.1 | 1572.7 | 1156.8 | 687.0 |
| 1997 | 855.5 | 210.3 | 1719.0 | 1772.5 | 1228.9 | 742.9 |
| 1998 | 936.7 | 212.4 | 1903.9 | 1964.4 | 1366.3 | 812.9 |
| 1999 | 1006.8 | 212.8 | 2058.7 | 2140.8 | 1497.7 | 872.9 |
| 2000 | 1104.0 | 217.4 | 2264.1 | 2361.6 | 1682.7 | 955.4 |
| 2001 | 1221.7 | 227.6 | 2540.8 | 2649.2 | 1861.4 | 1054.3 |
| 2002 | 1363.3 | 233.7 | 2860.6 | 2982.3 | 2111.8 | 1173.6 |
| 2003 | 1551.9 | 246.8 | 3309.3 | 3399.7 | 2401.9 | 1335.3 |
| 2004 | 1783.1 | 264.8 | 3895.7 | 4017.3 | 2705.2 | 1533.6 |
| 2005 | 2040.5 | 275.7 | 4490.9 | 4672.9 | 3145.6 | 1752.3 |

# 1－15　历年分产业生产总值构成

单位:%

| 年　份 | 生产总值 | 第一产业增加值 | 第二产业增加值 | #工业增加值 | 第三产业增加值 |
|---|---|---|---|---|---|
| 1978 | 100.0 | 45.1 | 36.3 | 31.3 | 18.6 |
| 1979 | 100.0 | 49.2 | 33.4 | 29.3 | 17.4 |
| 1980 | 100.0 | 40.2 | 40.2 | 35.3 | 19.6 |
| 1981 | 100.0 | 42.3 | 37.6 | 33.3 | 20.1 |
| 1982 | 100.0 | 43.8 | 35.8 | 31.5 | 20.4 |
| 1983 | 100.0 | 41.0 | 37.7 | 34.1 | 21.3 |
| 1984 | 100.0 | 39.5 | 39.7 | 36.2 | 20.8 |
| 1985 | 100.0 | 33.3 | 44.5 | 40.9 | 22.2 |
| 1986 | 100.0 | 32.8 | 45.3 | 41.7 | 21.9 |
| 1987 | 100.0 | 33.0 | 45.5 | 41.9 | 21.5 |
| 1988 | 100.0 | 35.9 | 43.6 | 40.4 | 20.5 |
| 1989 | 100.0 | 32.3 | 45.3 | 40.0 | 22.4 |
| 1990 | 100.0 | 34.3 | 43.9 | 38.9 | 21.8 |
| 1991 | 100.0 | 30.5 | 46.9 | 41.4 | 22.6 |
| 1992 | 100.0 | 25.7 | 50.5 | 44.1 | 23.8 |
| 1993 | 100.0 | 20.3 | 56.1 | 48.9 | 23.6 |
| 1994 | 100.0 | 19.5 | 54.9 | 47.3 | 25.6 |
| 1995 | 100.0 | 18.7 | 53.0 | 44.2 | 28.3 |
| 1996 | 100.0 | 17.3 | 54.0 | 45.7 | 28.7 |
| 1997 | 100.0 | 16.6 | 54.6 | 47.4 | 28.8 |
| 1998 | 100.0 | 15.3 | 54.7 | 47.5 | 30.0 |
| 1999 | 100.0 | 14.6 | 54.4 | 47.7 | 31.0 |
| 2000 | 100.0 | 13.7 | 54.0 | 47.3 | 32.3 |
| 2001 | 100.0 | 12.9 | 54.2 | 47.5 | 32.9 |
| 2002 | 100.0 | 11.9 | 54.3 | 47.4 | 33.8 |
| 2003 | 100.0 | 11.0 | 53.4 | 46.9 | 35.6 |
| 2004 | 100.0 | 10.6 | 54.8 | 48.0 | 34.6 |
| 2005 | 100.0 | 9.8 | 54.8 | 48.6 | 35.4 |

# 1－16　分县区生产总值

| | 全　市 | | 吴兴区 |
|---|---|---|---|
| | 绝对数 | ±% | |
| **地区生产总值（GDP）** | **6442499** | **14.4** | **1367316** |
| **第一产业** | **629982** | **4.1** | **109489** |
| **第二产业** | **3532715** | **15.3** | **653172** |
| 工　业 | 3130654 | 16.3 | 540265 |
| 规上 | 2245469 | 19.3 | 310322 |
| 规下 | 885185 | 9.4 | 229943 |
| 建筑业 | 402061 | 8.0 | 112907 |
| **第三产业** | **2279802** | **16.3** | **604655** |
| 交通运输、仓储及邮政业 | 294689 | 9.3 | 60230 |
| 信息传输、计算机服务和软件业 | 148439 | 35.9 | 35669 |
| 批发和零售业 | 463115 | 11.4 | 145341 |
| 住宿和餐饮业 | 117373 | 14.5 | 33414 |
| 金融业 | 197887 | 19.9 | 55334 |
| 房地产业 | 375603 | 16.7 | 74930 |
| 租赁和商务服务业 | 93204 | 18.7 | 34394 |
| 科学研究、技术服务和地质勘查业 | 49759 | 30.9 | 24409 |
| 水利、环境和公共设施管理业 | 20410 | 22.0 | 4217 |
| 居民服务和其他服务业 | 54885 | 27.1 | 13530 |
| 教　　育 | 152744 | 17.1 | 39758 |
| 卫生、社会保障和社会福利业 | 100982 | 17.9 | 43278 |
| 文化、体育和娱乐业 | 25449 | 36.3 | 7709 |
| 公共管理和社会组织 | 185263 | 12.1 | 32442 |

1－16续表

| | 南浔区 | 德清县 | 长兴县 | 安吉县 | △市区 |
|---|---|---|---|---|---|
| **地区生产总值(GDP)** | **1164553** | **1187858** | **1360588** | **897025** | **3004810** |
| **第一产业** | **130580** | **110539** | **154496** | **109915** | **255031** |
| **第二产业** | **704852** | **714238** | **740873** | **441155** | **1638504** |
| 工　业 | 646881 | 639200 | 668817 | 376175 | 1448517 |
| 规上 | 482268 | 491939 | 467157 | 285856 | 980953 |
| 规下 | 164613 | 147261 | 201660 | 90319 | 467564 |
| 建筑业 | 57971 | 75038 | 72056 | 64980 | 189987 |
| **第三产业** | **329121** | **363081** | **465219** | **345955** | **1111275** |
| 交通运输、仓储及邮政业 | 36895 | 43936 | 100044 | 57485 | 96286 |
| 信息传输、计算机服务和软件业 | 28140 | 24932 | 27475 | 21422 | 74571 |
| 批发和零售业 | 88742 | 64200 | 92366 | 64589 | 244919 |
| 住宿和餐饮业 | 14586 | 20299 | 20964 | 18988 | 57298 |
| 金融业 | 35196 | 32163 | 34847 | 19764 | 111114 |
| 房地产业 | 43416 | 68213 | 61149 | 63624 | 177477 |
| 租赁和商务服务业 | 8962 | 8370 | 27801 | 12544 | 44189 |
| 科学研究、技术服务和地质勘查业 | 2238 | 5636 | 3038 | 2500 | 38588 |
| 水利、环境和公共设施管理业 | 1996 | 6102 | 2878 | 4205 | 7228 |
| 居民服务和其他服务业 | 8756 | 10401 | 10454 | 8554 | 25476 |
| 教　　育 | 21615 | 27838 | 29532 | 23571 | 71802 |
| 卫生、社会保障和社会福利业 | 15810 | 13352 | 15520 | 11620 | 60491 |
| 文化、体育和娱乐业 | 2689 | 3645 | 3895 | 1133 | 16778 |
| 公共管理和社会组织 | 20079 | 33994 | 35256 | 35956 | 85058 |

# 主要统计指标解释

**生产总值** 原名称为国内生产总值(英文缩写 GDP),它反映一国(或地区)范围内所有常住单位生产活动的最终成果,它有三种表现形式。

从价值形态看,它是所有常住单位在一定时期内所生产的全部货物和服务的价值超过投入的全部非固定资产货物和服务价值的差额,即所有常住单位的增加值之和,包括农林牧渔业、工业、建筑业、水利管理业、交通运输仓储邮政业业、信息传输与计算机服务业、批零贸易业、住宿餐饮业、金融保险业、房地产业、社会服务业、教育文化艺术影视业、卫生体育社会福利业、科学技术研究和综合技术服务业、机关团体等行业部门的生产单位的新创造价值之和。

从收入形态看,它是所有常住单位在一定时期内所创造并分配给常住单位和非常住单位的初次分配收入之和,包括各类报酬收入(工资、奖金、补贴、津贴、福利等)、各类利前税收入(各类流转税及附加、各类规费及附加等)、固定资产折旧和营业盈余收入。

从产品形态看,它是最终使用的货物和服务加上净出口的货物和服务,包括总消费(城乡居民消费、社会消费)、总投资(固定资产形成、存货增加)、出口和进口的差额。

由于国内生产总值只统计核算经济活动的新创造价值部分,它比总产值指标更能确切地反映经济发展的成果;由于国内生产总值是国民经济各部门经济活动成果之和,它比工农业总产值更能全面反映整个国民经济的发展状况。因此,目前国际上一般以国内生产总值及人均水平来反映经济发展情况。国务院在 1992 年决定把衡量国民经济发展规模、速度、结构、效益的核心指标改为国内生产总值指标,并将国内生产总值作为日常考核评价经济运行情况的基础指标。

根据国家统计局 2004 年《关于改进和规范地区 GDP 核算的通知》要求,从 2004 年 1 月 1 日起,今后地区 GDP 的中文名称改为“地区生产总值”,各地区的 GDP 用行政区的名称作定语,再加“生产总值”字样,不再使用“地区国内生产总值”名称。

**三次产业** 是根据社会生产活动历史发展的顺序对国民经济部分的一种划分。我国将农业划为第一产业,工业和建筑业划为第二产业,其他各业均为第三产业,包括农林牧渔服务业、地质勘探和水利管理业、交通运输、邮电通信仓储业、批发和零售贸易餐饮业、金融保险业、房地产业、社会服务业、卫生体育和社会服务业、教育文化和广播电影电视业、科学研究和综合技术服务业、国家政党机关和社会团体等行业。

**当年价格** 指报告期的实际价格,如工厂的出厂价格,农产品的收购价格,商业的零售价格等。按当年价格计算,是指一些以货币表现的物量指标,如工农业总产值,国内生产总值等,按照当年的实际价格来计算总量。使用当年价格计算的数字,是为了使国民经济各项指标互相衔接,便于考察当年社会经济效益,便于对生产和流通,生产和分配,生产和消费进行经济核算和综合平衡。

**可比价格** 指在不同时期的价值指标对比时,扣除了价格变动的因素,以确切表示物量的变化。按可比价格计算有两种方法:一种是直接按产品产量乘以不变价格计算;一是是用物价指数换算。

**不变价格** 用某一时期的同类产品的平均价格作为固定价格,来计算各个时期的产品价值。新中国成立后,随着工农业产品人格水平的变化,国家统计局先后五次制定了全国统一的工业产品不变价格和农业产品不变价格,从 1949 年到 1957 年使用 1952 年不变价格,从 1957 年到 1971 年使用 1957 年不变价格,从 1971 年到 1981 年使用 1970 年不变价格,从 1981 年到 1990 年使用 1980 年不变价格。1990 年开始使用 1990 年不变价格。

# 二、人口、劳动力

# 2-1 历年年末户数、人口数

| 年份 | 户 数（万户） | 人口数（万人） | 按性别分 | | 按农业、非农业分 | |
|---|---|---|---|---|---|---|
| | | | 男 性 人 口 | 女 性 人 口 | 农 业 人 口 | 非农业 人 口 |
| 1978 | 53.21 | 221.46 | 117.69 | 103.77 | 192.12 | 29.34 |
| 1979 | 53.84 | 222.51 | 117.89 | 104.62 | 191.56 | 30.95 |
| 1980 | 54.53 | 223.90 | 118.29 | 105.61 | 191.63 | 32.27 |
| 1981 | 55.18 | 225.76 | 119.05 | 106.71 | 192.44 | 33.32 |
| 1982 | 56.56 | 228.18 | 120.13 | 108.05 | 193.23 | 34.95 |
| 1983 | 58.00 | 229.40 | 120.74 | 108.66 | 193.93 | 35.47 |
| 1984 | 58.83 | 230.00 | 121.11 | 108.89 | 193.91 | 36.09 |
| 1985 | 62.68 | 232.99 | 122.47 | 110.52 | 189.26 | 43.73 |
| 1986 | 64.41 | 235.47 | 123.61 | 111.86 | 192.16 | 43.31 |
| 1987 | 66.32 | 238.27 | 124.85 | 113.42 | 194.76 | 43.51 |
| 1988 | 68.44 | 241.15 | 126.09 | 115.06 | 197.22 | 43.93 |
| 1989 | 69.07 | 244.07 | 127.32 | 116.75 | 200.11 | 43.96 |
| 1990 | 70.05 | 245.28 | 127.43 | 117.85 | 201.62 | 43.56 |
| 1991 | 71.30 | 246.76 | 127.95 | 118.81 | 202.81 | 43.95 |
| 1992 | 73.18 | 248.02 | 128.48 | 119.54 | 203.00 | 45.02 |
| 1993 | 73.94 | 249.37 | 128.90 | 120.47 | 202.71 | 46.56 |
| 1994 | 74.49 | 250.95 | 129.71 | 121.24 | 202.07 | 48.38 |
| 1995 | 75.69 | 252.63 | 130.29 | 122.34 | 202.60 | 50.03 |
| 1996 | 76.71 | 254.56 | 131.20 | 123.36 | 202.74 | 51.32 |
| 1997 | 77.32 | 254.58 | 130.64 | 123.94 | 200.38 | 54.20 |
| 1998 | 79.24 | 254.81 | 130.57 | 124.24 | 195.83 | 58.98 |
| 1999 | 79.33 | 255.07 | 130.44 | 124.63 | 194.51 | 60.56 |
| 2000 | 79.87 | 255.79 | 130.56 | 125.23 | 190.23 | 65.56 |
| 2001 | 80.25 | 256.49 | 130.68 | 125.81 | 185.53 | 70.96 |
| 2002 | 80.34 | 257.05 | 130.81 | 126.24 | 184.84 | 72.21 |
| 2003 | 80.49 | 256.78 | 130.27 | 126.51 | 182.31 | 74.47 |
| 2004 | 82.06 | 257.21 | 130.27 | 126.94 | 180.84 | 76.37 |
| 2005 | 82.69 | 257.58 | 130.36 | 127.22 | 179.77 | 77.81 |

# 2-2 历年市区年末户数、人口数

| 年份 | 户　数（万户） | 人口数（万人） | 按性别分 | | 按农业、非农业分 | |
|---|---|---|---|---|---|---|
| | | | 男　性<br>人　口 | 女　性<br>人　口 | 农　业<br>人　口 | 非农业<br>人　口 |
| 1978 | 23.45 | 92.64 | 49.02 | 43.62 | 77.96 | 14.68 |
| 1979 | 23.37 | 93.06 | 49.20 | 43.86 | 77.32 | 15.74 |
| 1980 | 23.35 | 93.67 | 49.44 | 44.23 | 77.21 | 16.46 |
| 1981 | 23.89 | 94.27 | 49.65 | 44.62 | 77.24 | 17.03 |
| 1982 | 24.38 | 95.26 | 50.12 | 45.14 | 77.58 | 17.68 |
| 1983 | 25.18 | 95.67 | 50.29 | 45.38 | 77.70 | 17.97 |
| 1984 | 25.57 | 96.01 | 50.56 | 45.45 | 77.51 | 18.50 |
| 1985 | 26.96 | 96.44 | 50.74 | 45.70 | 75.59 | 20.85 |
| 1986 | 27.63 | 97.38 | 51.16 | 46.22 | 76.17 | 21.21 |
| 1987 | 28.27 | 98.55 | 51.59 | 46.96 | 77.10 | 21.45 |
| 1988 | 28.85 | 99.89 | 52.15 | 47.74 | 78.09 | 21.80 |
| 1989 | 28.83 | 101.38 | 52.74 | 48.64 | 79.63 | 21.75 |
| 1990 | 29.35 | 102.28 | 53.00 | 49.28 | 80.47 | 21.81 |
| 1991 | 29.49 | 102.80 | 53.13 | 49.67 | 80.90 | 21.90 |
| 1992 | 29.84 | 103.25 | 53.18 | 50.07 | 80.92 | 22.33 |
| 1993 | 30.02 | 103.89 | 53.46 | 50.43 | 80.95 | 22.94 |
| 1994 | 30.21 | 104.54 | 53.71 | 50.83 | 80.69 | 23.85 |
| 1995 | 30.33 | 105.14 | 53.83 | 51.31 | 80.74 | 24.40 |
| 1996 | 30.74 | 105.93 | 54.13 | 51.80 | 80.37 | 25.56 |
| 1997 | 30.89 | 106.24 | 53.98 | 52.26 | 79.42 | 26.82 |
| 1998 | 31.27 | 106.37 | 53.91 | 52.49 | 76.67 | 29.70 |
| 1999 | 31.41 | 106.48 | 53.90 | 52.78 | 75.77 | 30.71 |
| 2000 | 31.42 | 106.80 | 53.88 | 52.92 | 75.33 | 31.47 |
| 2001 | 31.63 | 107.52 | 54.09 | 53.43 | 73.13 | 34.39 |
| 2002 | 31.83 | 107.68 | 54.11 | 53.57 | 72.53 | 35.15 |
| 2003 | 32.36 | 107.72 | 53.99 | 53.73 | 63.68 | 36.95 |
| 2004 | 33.14 | 107.91 | 53.99 | 53.92 | 68.89 | 39.02 |
| 2005 | 33.52 | 108.01 | 54.00 | 54.01 | 67.85 | 40.16 |

# 2－3 历年人口变动情况

| 年份 | 出生 | | 死亡 | | 自然增长率 | 迁入 | 迁出 | 人口密度 |
|---|---|---|---|---|---|---|---|---|
| | 出生人口数（人） | 人口出生率（‰） | 死亡人口数（人） | 人口死亡率（‰） | （‰） | 人口（人） | 人口（人） | （人/平方公里） |
| 1978 | 26400 | 11.95 | 14259 | 6.46 | 5.49 | 34576 | 34740 | 381 |
| 1979 | 26756 | 12.05 | 13956 | 6.29 | 5.76 | 48321 | 50044 | 383 |
| 1980 | 24169 | 10.83 | 14045 | 6.29 | 4.54 | 38209 | 34978 | 385 |
| 1981 | 34226 | 15.22 | 14849 | 6.60 | 8.62 | 38376 | 38379 | 388 |
| 1982 | 38155 | 16.81 | 14858 | 6.55 | 10.26 | 35697 | 34746 | 392 |
| 1983 | 25759 | 11.26 | 16205 | 7.08 | 4.18 | 26483 | 24508 | 394 |
| 1984 | 20057 | 8.73 | 16326 | 7.11 | 1.62 | 25890 | 26322 | 395 |
| 1985 | 24092 | 10.41 | 15711 | 6.79 | 3.62 | 77650 | 57442 | 401 |
| 1986 | 36646 | 15.60 | 15705 | 6.70 | 8.90 | 41504 | 38358 | 405 |
| 1987 | 40131 | 16.90 | 16157 | 6.80 | 10.10 | 39558 | 33922 | 410 |
| 1988 | 36584 | 15.26 | 16902 | 7.05 | 8.21 | 39421 | 31697 | 415 |
| 1989 | 39089 | 16.11 | 15796 | 6.51 | 9.60 | 39822 | 32841 | 420 |
| 1990 | 38025 | 15.54 | 17265 | 7.06 | 8.48 | 25245 | 25104 | 422 |
| 1991 | 29458 | 11.97 | 16020 | 6.51 | 5.46 | 26644 | 25508 | 424 |
| 1992 | 30922 | 12.50 | 16966 | 6.87 | 5.63 | 25869 | 25750 | 426 |
| 1993 | 28900 | 11.62 | 16196 | 6.51 | 5.11 | 22801 | 21396 | 429 |
| 1994 | 28902 | 11.55 | 16889 | 6.75 | 4.80 | 28716 | 24753 | 431 |
| 1995 | 29313 | 11.64 | 17506 | 6.95 | 4.69 | 28198 | 23397 | 434 |
| 1996 | 29324 | 11.56 | 16890 | 6.66 | 4.90 | 74763 | 67761 | 438 |
| 1997 | 24654 | 9.68 | 16816 | 6.60 | 3.08 | 53004 | 54927 | 438 |
| 1998 | 24104 | 9.46 | 18183 | 7.14 | 2.32 | 39537 | 40282 | 438 |
| 1999 | 20654 | 8.10 | 17160 | 6.73 | 1.37 | 99567 | 100679 | 438 |
| 2000 | 26710 | 10.46 | 19051 | 7.46 | 3.00 | 32712 | 33991 | 440 |
| 2001 | 20181 | 7.88 | 15101 | 5.90 | 1.98 | 38090 | 35995 | 441 |
| 2002 | 18869 | 7.35 | 15311 | 5.96 | 1.39 | 33321 | 31209 | 442 |
| 2003 | 18557 | 7.22 | 19486 | 7.58 | －0.36 | 36724 | 38788 | 441 |
| 2004 | 20876 | 8.12 | 17030 | 6.62 | 1.49 | 60211 | 59125 | 442 |
| 2005 | 19067 | 7.40 | 16856 | 6.54 | 0.86 | 34552 | 33180 | 443 |

# 2-4 历年市区人口变动情况

| 年份 | 出生 | | 死亡 | | 自然增长率(‰) | 迁入人口(人) | 迁出人口(人) | 人口密度(人/平方公里) |
|---|---|---|---|---|---|---|---|---|
| | 出生人口数(人) | 人口出生率(‰) | 死亡人口数(人) | 人口死亡率(‰) | | | | |
| 1978 | 10005 | 10.80 | 7014 | 7.60 | 3.20 | 14576 | 14594 | 591 |
| 1979 | 10202 | 11.00 | 6609 | 7.10 | 3.90 | 27695 | 27064 | 594 |
| 1980 | 9596 | 10.30 | 6543 | 7.00 | 3.30 | 17719 | 15087 | 598 |
| 1981 | 14018 | 14.90 | 7139 | 7.60 | 7.30 | 15521 | 15030 | 602 |
| 1982 | 15540 | 16.40 | 6824 | 7.20 | 9.20 | 14720 | 13304 | 608 |
| 1983 | 10130 | 10.60 | 7559 | 7.90 | 2.70 | 9885 | 8823 | 611 |
| 1984 | 7344 | 7.70 | 7583 | 7.90 | -0.20 | 12322 | 11755 | 613 |
| 1985 | 8657 | 8.99 | 7508 | 7.80 | 1.19 | 28618 | 25485 | 616 |
| 1986 | 13537 | 14.00 | 4346 | 7.60 | 6.40 | 20602 | 18044 | 622 |
| 1987 | 16462 | 16.80 | 7579 | 7.70 | 9.10 | 14538 | 10804 | 629 |
| 1988 | 15846 | 15.97 | 7734 | 7.79 | 8.18 | 15643 | 11260 | 638 |
| 1989 | 18305 | 18.19 | 7418 | 7.37 | 10.82 | 20030 | 14852 | 647 |
| 1990 | 16767 | 16.47 | 8126 | 7.98 | 8.49 | 6813 | 4761 | 653 |
| 1991 | 11349 | 11.07 | 7354 | 7.17 | 3.90 | 9321 | 8354 | 656 |
| 1992 | 11925 | 11.58 | 7839 | 7.61 | 3.97 | 5280 | 4137 | 659 |
| 1993 | 11552 | 11.15 | 7451 | 7.19 | 3.96 | 6414 | 4025 | 663 |
| 1994 | 12301 | 11.80 | 8054 | 7.73 | 4.07 | 8477 | 5384 | 667 |
| 1995 | 11852 | 11.31 | 8158 | 7.78 | 3.53 | 7408 | 4871 | 671 |
| 1996 | 11667 | 11.06 | 7901 | 7.49 | 3.57 | 9808 | 5466 | 676 |
| 1997 | 9087 | 8.56 | 7474 | 7.05 | 1.51 | 7700 | 5158 | 678 |
| 1998 | 8308 | 7.81 | 8147 | 7.66 | 0.15 | 7942 | 6775 | 679 |
| 1999 | 7608 | 7.15 | 7982 | 7.50 | -0.35 | 8396 | 7320 | 680 |
| 2000 | 10214 | 9.58 | 9086 | 8.52 | 0.11 | 8737 | 7967 | 682 |
| 2001 | 8746 | 8.16 | 7238 | 6.75 | 1.41 | 13854 | 7993 | 686 |
| 2002 | 7714 | 7.17 | 7743 | 7.20 | -0.03 | 11273 | 9505 | 687 |
| 2003 | 7295 | 6.77 | 8798 | 8.17 | -1.40 | 9975 | 8968 | 688 |
| 2004 | 8287 | 7.68 | 7685 | 7.12 | 0.56 | 11283 | 9329 | 689 |
| 2005 | 7184 | 6.65 | 7981 | 7.39 | -0.74 | 10168 | 8544 | 689 |

# 2－5　分县区年末人数与人口变动情况

| | 单位 | 全　市 | ±% | 吴兴区 | 南浔区 | 德清县 | 长兴县 | 安吉县 |
|---|---|---|---|---|---|---|---|---|
| 总户数 | 户 | 826872 | 0.76 | 189406 | 145789 | 131834 | 208440 | 151403 |
| 总人口数 | 人 | 2575841 | 0.15 | 586502 | 493625 | 424709 | 618663 | 452342 |
| #非农业人口 | 人 | 778124 | 1.88 | 286712 | 114874 | 116774 | 166734 | 93030 |
| #男 | 人 | 1303592 | 0.07 | 293095 | 246877 | 212530 | 318947 | 232143 |
| 女 | 人 | 1272249 | 0.22 | 293407 | 246748 | 212179 | 299716 | 220199 |
| #18岁以下 | 人 | 478086 | －11.5 | 110818 | 84941 | 78413 | 121710 | 82204 |
| 18－35岁 | 人 | 554610 | 0.28 | 131846 | 83730 | 88622 | 143106 | 107306 |
| 35－60岁 | 人 | 1133295 | 4.50 | 250416 | 232694 | 189044 | 263351 | 197790 |
| 60岁以上 | 人 | 409850 | 3.95 | 93422 | 92260 | 68630 | 90496 | 65042 |
| 出生人口 | 人 | 19067 | －8.67 | 4635 | 2549 | 2191 | 5140 | 4552 |
| 人口出生率 | ‰ | 7.40 | 6.5 | 7.90 | 5.16 | 5.16 | 8.31 | 10.06 |
| 死亡人口 | 人 | 16856 | －1.02 | 3973 | 4008 | 2573 | 3751 | 2551 |
| 人口死亡率 | ‰ | 6.54 | －0.09 | 6.77 | 8.12 | 6.06 | 6.06 | 5.64 |
| 自然增长人口 | 人 | 2211 | | 662 | －1459 | －382 | 1389 | 2001 |
| 自然增长率 | ‰ | 0.86 | －5.05 | 1.13 | －2.96 | －0.9 | 2.25 | 4.42 |
| 迁入人口 | 人 | 34552 | －42.6 | 7976 | 2192 | 7190 | 9895 | 7299 |
| 省内迁入 | 人 | 20791 | －56.2 | 4844 | 880 | 6030 | 6349 | 2688 |
| 省外迁入 | 人 | 13761 | 8.40 | 3132 | 1312 | 1160 | 3546 | 4611 |
| 迁出人口 | 人 | 33180 | －43.9 | 6311 | 2233 | 6170 | 13084 | 5382 |
| 迁往省内 | 人 | 25040 | －50.9 | 4929 | 1515 | 5407 | 10363 | 2826 |
| 迁往省外 | 人 | 8140 | 0.41 | 1382 | 718 | 763 | 2721 | 2556 |

# 2－6 分乡镇户数、人口数

单位:户、人

| | 总户数 | 总人口 | 男性 | 女性 | 非农业人口 | 农业人口 |
|---|---|---|---|---|---|---|
| **湖州市** | **8268727** | **2575841** | **1303592** | **1272249** | **778124** | **1797717** |
| **△市　区** | **335195** | **1080127** | **539972** | **540155** | **401586** | **678541** |
| **吴兴区** | **189406** | **586502** | **293095** | **293407** | **286712** | **299790** |
| 月河街道 | 14963 | 43698 | 22202 | 21496 | 43698 | |
| 朝阳街道 | 13811 | 40033 | 19938 | 20095 | 40033 | |
| 爱山街道 | 7824 | 23312 | 11850 | 11462 | 23312 | |
| 飞英街道 | 9313 | 28154 | 14034 | 14120 | 28031 | |
| 龙泉街道 | 16731 | 55249 | 26412 | 28837 | 55249 | |
| 凤凰街道 | 21175 | 56727 | 28038 | 28689 | 56714 | |
| 织里镇 | 29918 | 99239 | 49357 | 49882 | 18328 | 80911 |
| 八里店镇 | 18127 | 54181 | 26999 | 27182 | 6779 | 47402 |
| 妙西镇 | 5789 | 18491 | 9389 | 9102 | 582 | 17909 |
| 杨家埠镇 | 9256 | 32256 | 17911 | 14345 | 7178 | 25078 |
| 埭溪镇 | 10842 | 35449 | 17730 | 17719 | 3984 | 31465 |
| 东林镇 | 9280 | 33062 | 16382 | 16680 | 1249 | 31813 |
| 道场乡 | 8656 | 24956 | 12346 | 12610 | 647 | 24309 |
| 环渚乡 | 9475 | 28607 | 14136 | 14471 | 573 | 28034 |
| 白雀乡 | 4246 | 13088 | 6371 | 6717 | 355 | 12733 |
| **南浔区** | **145789** | **493625** | **246877** | **246748** | **114874** | **378751** |
| 南浔镇 | 38064 | 118464 | 59082 | 59382 | 51919 | 66545 |
| 双林镇 | 20123 | 70417 | 35249 | 35168 | 14413 | 56004 |
| 练市镇 | 23366 | 85078 | 42832 | 42246 | 13025 | 72053 |
| 善琏镇 | 8266 | 28554 | 14339 | 14215 | 3517 | 25037 |
| 旧馆镇 | 5116 | 19044 | 9614 | 9430 | 2074 | 16970 |
| 菱湖镇 | 24094 | 80342 | 40033 | 40309 | 25160 | 55182 |
| 和孚镇 | 15934 | 53758 | 26772 | 26986 | 3142 | 50616 |
| 千金镇 | 6646 | 23122 | 11587 | 11535 | 950 | 22172 |
| 石淙镇 | 4180 | 14846 | 7369 | 7477 | 674 | 14172 |

2－6续表1

| | 总户数 | 总人口 | 男性 | 女性 | 非农业人口 | 农业人口 |
|---|---|---|---|---|---|---|
| **德清县** | **131834** | **424709** | **212530** | **212179** | **116774** | **307935** |
| 武康镇 | 35334 | 103735 | 51521 | 52214 | 52879 | 50856 |
| 乾元镇 | 16234 | 50190 | 24963 | 25227 | 27453 | 22737 |
| 新市镇 | 21043 | 66794 | 33460 | 33334 | 21792 | 45002 |
| 洛舍镇 | 5093 | 17824 | 8884 | 8940 | 1413 | 16411 |
| 雷甸镇 | 8843 | 32179 | 16279 | 15900 | 1373 | 30805 |
| 钟管镇 | 13449 | 41212 | 20645 | 20567 | 6886 | 34326 |
| 禹越镇 | 7718 | 29490 | 14953 | 14537 | 1111 | 28379 |
| 新安镇 | 8834 | 31208 | 15778 | 15430 | 1587 | 29621 |
| 莫干山镇 | 4878 | 15473 | 7729 | 7744 | 976 | 14497 |
| 三合乡 | 5821 | 20980 | 10526 | 10454 | 881 | 20099 |
| 筏头乡 | 4587 | 15624 | 7792 | 7832 | 423 | 15201 |
| **长兴县** | **208440** | **618663** | **318947** | **299716** | **166734** | **451929** |
| 雉城镇 | 73228 | 193175 | 98499 | 94676 | 133772 | 59403 |
| 泗安镇 | 16503 | 53606 | 27736 | 25870 | 5539 | 48067 |
| 李家巷镇 | 10147 | 32121 | 18528 | 13593 | 8304 | 23817 |
| 和平镇 | 11707 | 37855 | 19501 | 18354 | 1873 | 35982 |
| 煤山镇 | 7766 | 19914 | 9944 | 9970 | 6575 | 13339 |
| 小浦镇 | 9452 | 25364 | 12936 | 12428 | 2604 | 22760 |
| 林城镇 | 16595 | 55133 | 28577 | 26556 | 2045 | 53088 |
| 洪桥镇 | 13034 | 41169 | 21256 | 19913 | 1935 | 39234 |
| 虹星桥镇 | 11059 | 37656 | 19314 | 18342 | 1146 | 36510 |

2-6续表2

| | 总户数 | 总人口 | 男性 | 女性 | 非农业人口 | 农业人口 |
|---|---|---|---|---|---|---|
| 夹浦镇 | 8049 | 27075 | 13690 | 13385 | 575 | 26500 |
| 二界岭乡 | 4329 | 14830 | 7792 | 7038 | 208 | 14622 |
| 吴山乡 | 4559 | 14899 | 7737 | 7162 | 418 | 14481 |
| 白岘乡 | 3841 | 11119 | 5578 | 5541 | 292 | 10827 |
| 槐坎乡 | 6011 | 15518 | 7792 | 7726 | 430 | 15088 |
| 吕山乡 | 6025 | 21205 | 10822 | 10383 | 456 | 20749 |
| 水口乡 | 6135 | 18024 | 9245 | 8779 | 562 | 17462 |
| **安吉县** | **151403** | **452342** | **232143** | **220199** | **93030** | **359312** |
| 递埔镇 | 51575 | 140464 | 70851 | 69613 | 61715 | 78749 |
| 孝丰镇 | 16209 | 44860 | 22747 | 22113 | 12533 | 32327 |
| 梅溪镇 | 17171 | 51012 | 26292 | 24720 | 11075 | 39937 |
| 报福镇 | 6054 | 18398 | 9267 | 9131 | 537 | 17861 |
| 天荒坪镇 | 7043 | 21895 | 10770 | 11125 | 936 | 20959 |
| 杭垓镇 | 11206 | 35918 | 18193 | 17725 | 851 | 35067 |
| 章村镇 | 5132 | 15544 | 7826 | 7718 | 390 | 15154 |
| 良朋镇 | 7098 | 22868 | 11564 | 11304 | 634 | 10670 |
| 彰吴镇 | 3432 | 11269 | 5714 | 5555 | 344 | 10925 |
| 高禹镇 | 9104 | 34229 | 21086 | 13143 | 2983 | 31246 |
| 昆铜乡 | 4685 | 16302 | 8129 | 8173 | 242 | 16060 |
| 溪龙乡 | 2732 | 8739 | 4397 | 4342 | 166 | 8573 |
| 上墅乡 | 5238 | 15649 | 7783 | 7866 | 364 | 15285 |
| 山川乡 | 1746 | 5751 | 2799 | 2952 | 119 | 5632 |
| 皈山乡 | 2978 | 9444 | 4725 | 4719 | 141 | 9303 |

# 2-7　分县区计划生育情况

单位:人、%

| | 全　市 | 吴兴区 | 南浔区 | 德清县 | 长兴县 | 安吉县 | △市区 |
|---|---|---|---|---|---|---|---|
| 计划生育率 | 97.88 | 97.3 | 98.02 | 98.05 | 98.12 | 98.01 | 97.59 |
| 怀孕人数 | 5819 | 1281 | 915 | 1135 | 1349 | 1139 | 2196 |
| #计划内怀孕 | 5807 | 1281 | 914 | 1132 | 1341 | 1139 | 2195 |
| 计划外怀孕率 | 1.17 | 0.86 | 1.42 | 1.14 | 1.28 | 1.16 | 1.12 |
| 女性初婚人数 | 13245 | 3141 | 1949 | 1842 | 3670 | 2643 | 5090 |
| 育龄妇女人数 | 700936 | 148804 | 132580 | 117110 | 171383 | 131059 | 281384 |
| 已婚育龄妇女人数 | 574197 | 122988 | 111147 | 96183 | 140887 | 102992 | 234135 |
| #已有一孩 | 401093 | 89947 | 82966 | 66441 | 93340 | 68399 | 172913 |
| 一孩率 | 69.85 | 73.13 | 74.65 | 69.08 | 66.25 | 66.41 | 73.85 |
| 已婚育龄妇女独生子女领证人数 | 207295 | 52177 | 50845 | 31656 | 39542 | 33075 | 103022 |
| 已婚育龄妇女独生子女领证率 | 36.10 | 42.42 | 45.75 | 32.91 | 28.07 | 32.11 | 44.00 |
| 采取节育措施人数 | 536909 | 113640 | 105528 | 89538 | 133005 | 95198 | 219168 |
| 节育率 | 93.51 | 92.40 | 94.94 | 93.09 | 94.41 | 92.43 | 93.61 |
| 本年施行计生手术例数 | 36782 | 5239 | 7633 | 5318 | 11126 | 7466 | 12872 |
| #放环 | 17594 | 2271 | 3430 | 2134 | 5650 | 4109 | 5701 |
| 男性绝育 | 1 | | | 1 | | | |
| 女性绝育 | 1773 | 423 | 247 | 261 | 683 | 154 | 670 |
| 人流 | 6334 | 937 | 1518 | 1041 | 1709 | 1129 | 2455 |
| 引产 | 203 | 31 | 23 | 34 | 76 | 39 | 54 |

# 2-8 历年劳动力资源与从业人员数

单位:万人

| 年份 | 劳动力资源总数 | 从业人员总数 | 职工人数 | 国有经济单位 | 城镇集体经济单位 | 其他经济单位 | 城镇私营和个体从业人员 | 乡村从业人员 | 其他从业人员 |
|---|---|---|---|---|---|---|---|---|---|
| 1978 | 141.73 | 117.95 | 20.05 | 13.76 | 6.29 | | 0.08 | 97.82 | |
| 1979 | 143.30 | 125.60 | 21.61 | 14.62 | 6.99 | | 0.10 | 103.89 | |
| 1980 | 143.74 | 124.83 | 22.40 | 15.02 | 7.38 | | 0.11 | 102.32 | |
| 1981 | 145.84 | 127.56 | 23.51 | 15.74 | 7.77 | | 0.18 | 103.87 | |
| 1982 | 148.32 | 129.94 | 23.81 | 16.09 | 7.72 | | 0.22 | 105.91 | |
| 1983 | 150.72 | 136.77 | 24.30 | 16.45 | 7.85 | | 0.44 | 112.03 | |
| 1984 | 151.11 | 136.04 | 24.80 | 15.26 | 9.52 | 0.02 | 0.62 | 110.62 | |
| 1985 | 153.77 | 138.88 | 26.00 | 15.80 | 10.17 | 0.03 | 0.74 | 112.14 | |
| 1986 | 156.35 | 141.64 | 27.14 | 16.73 | 10.38 | 0.03 | 0.76 | 113.74 | |
| 1987 | 158.69 | 145.75 | 27.50 | 17.19 | 10.25 | 0.06 | 0.88 | 117.37 | |
| 1988 | 161.33 | 146.55 | 27.95 | 17.30 | 10.55 | 0.10 | 1.05 | 117.55 | |
| 1989 | 163.53 | 148.00 | 27.65 | 17.10 | 10.38 | 0.17 | 1.05 | 119.30 | |
| 1990 | 166.23 | 150.55 | 27.77 | 17.49 | 10.06 | 0.22 | 1.14 | 121.64 | |
| 1991 | 164.85 | 150.51 | 28.63 | 17.88 | 10.32 | 0.43 | 1.19 | 120.69 | |
| 1992 | 163.26 | 148.95 | 28.73 | 18.05 | 10.06 | 0.62 | 1.27 | 118.95 | |
| 1993 | 166.61 | 148.72 | 28.52 | 18.59 | 8.96 | 0.97 | 1.86 | 117.72 | 0.62 |
| 1994 | 179.06 | 149.75 | 28.32 | 18.22 | 8.86 | 1.24 | 2.88 | 117.89 | 0.66 |
| 1995 | 179.95 | 148.38 | 27.68 | 17.90 | 8.56 | 1.22 | 3.62 | 116.50 | 0.58 |
| 1996 | 181.35 | 147.70 | 26.85 | 17.66 | 7.57 | 1.62 | 4.58 | 115.76 | 0.51 |
| 1997 | 181.63 | 146.21 | 26.22 | 17.36 | 7.31 | 1.55 | 4.05 | 115.44 | 0.50 |
| 1998 | | 143.74 | 24.29 | 15.92 | 5.54 | 2.83 | 5.25 | 113.84 | 0.36 |
| 1999 | | 142.70 | 21.57 | 13.87 | 4.31 | 3.39 | 9.48 | 110.98 | 0.67 |
| 2000 | | 140.09 | 19.86 | 12.34 | 3.38 | 4.14 | 10.83 | 108.79 | 0.60 |
| 2001 | | 140.74 | 17.59 | 9.25 | 2.35 | 5.99 | 9.95 | 112.41 | 0.80 |
| 2002 | 199.77 | 147.00 | 15.63 | 8.54 | 1.79 | 5.30 | 20.54 | 110.25 | 0.58 |
| 2003 | 199.58 | 147.21 | 14.49 | 8.08 | 1.28 | 5.13 | 27.31 | 104.52 | 0.11 |
| 2004 | 200.34 | 150.24 | 19.10 | 8.10 | 1.75 | 9.25 | 27.74 | 102.91 | 0.49 |
| 2005 | 200.74 | 157.72 | 23.46 | 7.69 | 1.10 | 14.67 | 29.91 | 102.86 | 1.49 |

# 2-9 分县区全社会从业人员数

单位:万人、%

| | 合 计 | 市 区 | 德清县 | 长兴县 | 安吉县 |
|---|---|---|---|---|---|
| **年末从业人数** | **157.72** | **63.81** | **26.5** | **38.91** | **29.31** |
| 城镇从业人数 | 55.66 | 20.28 | 6.44 | 11.40 | 7.06 |
| 农村从业人数 | 102.06 | 43.53 | 20.06 | 27.51 | 22.25 |
| **按三次产业分** | | | | | |
| 第一产业 | 41.11 | 14.52 | 6.72 | 10.89 | 8.68 |
| 第二产业 | 66.39 | 34.38 | 11.26 | 15.07 | 11.55 |
| 第三产业 | 50.22 | 14.91 | 8.52 | 12.95 | 9.08 |
| **三次产业劳动者构成** | | | | | |
| 第一产业 | 26.07 | 22.76 | 25.36 | 28.0 | 29.60 |
| 第二产业 | 42.09 | 53.88 | 42.49 | 38.72 | 39.40 |
| 第三产业 | 31.84 | 23.36 | 32.15 | 33.28 | 31.0 |

注:由于市、县、区分级测算,县、区之和不等于全市。

# 2－10 全社会从业人员数

单位：万人

| | 合 计 | 城 镇 | 乡 村 |
|---|---|---|---|
| **总　　计** | **157.72** | **55.66** | **102.06** |
| **按就业身份分组** | | | |
| 城镇单位从业人员 | 24.26 | 24.26 | |
| 私营业主 | 1.25 | 0.58 | 0.67 |
| 个体户主 | 10.09 | 4.46 | 5.63 |
| 私营企业和个体从业人员 | 39.17 | 16.99 | 22.18 |
| 乡镇企业和个体从业人员 | 37.41 | 7.88 | 29.53 |
| 乡村农业劳动力 | 40.04 | | 40.04 |
| 其　他 | 5.50 | 1.49 | 4.01 |
| **按登记注册类型分组** | | | |
| 国有单位 | 8.07 | 8.07 | |
| 集体单位 | 42.91 | 1.26 | 41.65 |
| 股份合作单位 | 0.17 | | 0.17 |
| 联营单位 | 0.17 | | 0.17 |
| 有限责任公司 | 14.64 | 7.15 | 7.49 |
| 股份有限公司 | 2.73 | 2.03 | 0.70 |
| 私营企业 | 30.60 | 19.47 | 11.13 |
| 其他 | 10.40 | | 10.40 |
| 港、澳、台商投资单位 | 3.22 | 2.01 | 1.21 |
| 外商投资单位 | 2.52 | 1.52 | 1.00 |
| 个体 | 42.29 | 14.15 | 28.14 |
| **按国民经济行业分组** | | | |
| 农林牧渔业 | 41.11 | 0.18 | 40.93 |
| 采矿业 | 2.45 | 0.85 | 1.60 |
| 制造业 | 54.59 | 23.07 | 31.52 |
| 电力、燃气及水的生产和供应业 | 0.56 | 0.56 | |
| 建筑业 | 8.79 | 3.70 | 5.09 |
| 交通运输、仓储和邮政业 | 9.88 | 1.55 | 8.3 |
| 信息传输、计算机务和软件业服 | 0.79 | 0.23 | 0.56 |
| 批发和零售业 | 12.69 | 7.34 | 5.35 |
| 住宿和餐饮业 | 9.56 | 5.81 | 3.75 |
| 金融业 | 0.97 | 0.97 | |
| 房地产业 | 0.57 | 0.48 | 0.09 |
| 租赁和商务服务业 | 1.92 | 1.81 | 0.11 |
| 科学研究、技术服务和地质勘查业 | 0.25 | 0.25 | |
| 水利、环境和公共设施管理业 | 0.33 | 0.33 | |
| 居民服务和其它服务业 | 6.03 | 1.80 | 4.23 |
| 教育 | 2.24 | 2.24 | |
| 卫生、社会保障和会福利业社 | 1.11 | 1.11 | |
| 文化、体育和娱乐业 | 1.32 | 0.82 | 0.50 |
| 公共管理和社会组织 | 2.56 | 2.56 | |
| 国际组织 | | | |

# 2-11 城镇以上单位年末从业人数

| | 单位从业人员 | #女性 | 在岗职工合计 | #专业技术人员 | #长期职工 | 其他从业人员 | 离开本单位仍保留劳动关系的人 |
|---|---|---|---|---|---|---|---|
| **全部单位合计** | **242623** | **99866** | **228230** | **57575** | **208985** | **14393** | **6940** |
| **按企业、事业、机关分组** | | | | | | | |
| 企　业 | 174415 | 71267 | 165692 | 25295 | 150563 | 8723 | 5933 |
| 事　业 | 48399 | 17492 | 44199 | 32280 | 41207 | 4200 | 645 |
| 机　关 | 19809 | 4614 | 18339 | | 17215 | 1470 | 362 |
| **按国民经济行业分组** | | | | | | | |
| 农、林、牧、渔业 | 349 | 101 | 345 | 88 | 337 | 4 | 31 |
| 采掘业 | 8487 | 1907 | 8443 | 1534 | 8228 | 44 | 1964 |
| 制造业 | 101258 | 46324 | 99771 | 9540 | 93220 | 1487 | 1300 |
| 电力、煤气及水的生产和供应业 | 5600 | 1242 | 5469 | 1859 | 5347 | 131 | 56 |
| 建筑业 | 16970 | 1463 | 13059 | 2550 | 7650 | 3911 | 352 |
| 交通运输、仓储和邮政业 | 7001 | 1831 | 6720 | 1403 | 6163 | 281 | 908 |
| 信息传输、计算机服务和软件业 | 2101 | 833 | 1502 | 519 | 1435 | 599 | 126 |
| 批发和零售业 | 5812 | 2725 | 5314 | 1346 | 4817 | 498 | 324 |
| 住宿和餐饮业 | 3775 | 2326 | 3756 | 264 | 3182 | 19 | 6 |
| 金融业 | 9704 | 4842 | 8225 | 4160 | 6983 | 1479 | 808 |
| 房地产业 | 2246 | 785 | 2015 | 805 | 1906 | 231 | 45 |
| 租赁和商务服务业 | 13296 | 7271 | 13075 | 1488 | 12605 | 221 | 57 |
| 科学研究、技术服务和地质勘查业 | 2522 | 607 | 2319 | 1593 | 2229 | 203 | 127 |
| 水利、环境和公共设施管理业 | 3310 | 1647 | 2788 | 329 | 2218 | 522 | 200 |
| 居民服务和其他服务业 | 121 | 26 | 80 | 6 | 66 | 41 | |
| 教育 | 22351 | 12205 | 20125 | 17391 | 19710 | 2226 | 97 |
| 卫生、社会保障和社会福利业 | 11047 | 6616 | 10423 | 8266 | 9562 | 624 | 131 |
| 文化、体育和娱乐业 | 1063 | 467 | 829 | 474 | 793 | 234 | 16 |
| 公共管理和社会组织 | 25610 | 6648 | 23972 | 3960 | 22534 | 1638 | 392 |

注:不含私营企业。

# 2-12 城镇以上单位从业人员平均人数

| | 单位从业人员 | 在岗职工 | 其他从业人员 | 离开本单仍保留劳动关系的职工 | 年平均职工人数 |
|---|---|---|---|---|---|
| **全部单位合计** | **238547** | **224686** | **13861** | **7298** | **231381** |
| **按企业、事业、机关分组** | | | | | |
| 企 业 | 171463 | 163142 | 8321 | 6292 | 168959 |
| 事 业 | 47479 | 43377 | 4102 | 639 | 43914 |
| 机 关 | 19605 | 18167 | 1438 | 367 | 18508 |
| **按国民经济行业分组** | | | | | |
| 农、林、牧、渔业 | 350 | 346 | 4 | 31 | 370 |
| 采掘业 | 8731 | 8687 | 44 | 2173 | 10860 |
| 制造业 | 99580 | 98093 | 1487 | 1382 | 99293 |
| 电力、煤气及水的生产和供应业 | 5555 | 5452 | 103 | 56 | 5496 |
| 建筑业 | 16356 | 12692 | 3664 | 352 | 13008 |
| 交通运输、仓储和邮政业 | 7039 | 6763 | 276 | 938 | 7518 |
| 信息传输、计算机服务和软件业 | 1966 | 1505 | 461 | 132 | 1637 |
| 批发和零售业 | 5795 | 5296 | 499 | 385 | 5656 |
| 住宿和餐饮业 | 3445 | 3428 | 17 | 6 | 3434 |
| 金融业 | 9599 | 8086 | 1513 | 764 | 8848 |
| 房地产业 | 2213 | 1987 | 226 | 51 | 2010 |
| 租赁和商务服务业 | 13008 | 12813 | 195 | 57 | 12862 |
| 科学研究、技术服务和地质勘查业 | 2514 | 2317 | 197 | 127 | 2441 |
| 水利、环境和公共设施管理业 | 3216 | 2715 | 501 | 204 | 2884 |
| 居民服务和其他服务业 | 120 | 79 | 41 | | 79 |
| 教育 | 21910 | 19697 | 2213 | 100 | 19789 |
| 卫生、社会保障和社会福利业 | 10759 | 10183 | 576 | 126 | 10278 |
| 文化、体育和娱乐业 | 1055 | 817 | 238 | 17 | 829 |
| 公共管理和社会组织 | 25336 | 23730 | 1606 | 397 | 24089 |

注:不含私营企业。

# 2－13　分县区城镇以上单位从业人数变动情况

单位:人

| | 全　市 | 吴兴区 | 南浔区 | 德清县 | 长兴县 | 安吉县 |
|---|---|---|---|---|---|---|
| **一、增加人数** | **26419** | **8508** | **2643** | **6965** | **5439** | **2864** |
| 1.从农村招收 | 12596 | 3496 | 1817 | 3394 | 2815 | 1074 |
| 2.从城镇招收 | 4294 | 1830 | 213 | 1407 | 462 | 382 |
| 3.录用的退伍军人 | 517 | 136 | 46 | 245 | 59 | 31 |
| 4.录用的大、中专、技工学校毕 | 4912 | 1550 | 446 | 1055 | 1098 | 763 |
| 5.调　入 | 1451 | 479 | 79 | 266 | 394 | 233 |
| #由外省、自治区、直辖市调入 | 124 | 32 | 26 | 34 | 10 | 22 |
| 6.其　他 | 2649 | 1017 | 42 | 598 | 611 | 381 |
| #其他从业人员 | 1587 | 705 | 7 | 147 | 408 | 320 |
| **二、减少人数** | **18331** | **5635** | **1866** | **4676** | **4139** | **2015** |
| 1.离休、退休、退职 | 2973 | 1053 | 371 | 379 | 1031 | 139 |
| 2.开除、除名、辞退 | 683 | 260 | 114 | 97 | 112 | 100 |
| 3.终止、解除合同 | 10990 | 2892 | 1023 | 3392 | 2137 | 1546 |
| 4.离开本单位仍保留劳动关系的职工 | 397 | 215 | 14 | 93 | 63 | 12 |
| 5.死　亡 | 108 | 44 | 11 | 17 | 22 | 14 |
| 6.调　出 | 1443 | 390 | 151 | 309 | 402 | 191 |
| #调到外省、自治区、直辖市 | 28 | 13 | 4 | 4 | 2 | 5 |
| 7.其　他 | 1737 | 781 | 182 | 389 | 372 | 13 |
| #其他从业人员 | 914 | 609 | 6 | 85 | 205 | 9 |

注:不含私营企业。

# 2－14　分县区城镇以上单位职工人数

单位:人

| | 全　市 | 吴兴区 | 南浔区 | 德清县 | 长兴县 | 安吉县 |
|---|---|---|---|---|---|---|
| **全部职工人数合计** | **234595** | **82932** | **26394** | **41522** | **51037** | **32710** |
| 农、林、牧、渔业 | 369 | 26 | | 12 | 25 | 306 |
| 采掘业 | 10407 | 1251 | | 107 | 8951 | 98 |
| 制造业 | 100899 | 35817 | 18888 | 11965 | 17986 | 16243 |
| 电力、煤气及水的生产和供应业 | 5513 | 1922 | 217 | 550 | 2077 | 747 |
| 建筑业 | 13375 | 4365 | | 2342 | 6306 | 362 |
| 交通运输、仓储和邮政业 | 7458 | 5311 | | 279 | 961 | 907 |
| 信息传输、计算机服务和软件业 | 1628 | 1519 | | | 62 | 47 |
| 批发和零售业 | 5613 | 2908 | 49 | 816 | 1038 | 802 |
| 住宿和餐饮业 | 3762 | 2577 | 120 | 102 | 468 | 495 |
| 金融业 | 9031 | 7160 | 449 | 459 | 472 | 491 |
| 房地产业 | 2037 | 1077 | 18 | 128 | 403 | 411 |
| 租赁与服务业 | 13124 | 347 | 55 | 11736 | 801 | 185 |
| 科学研究、技术服务与地质勘查业 | 2443 | 1504 | 81 | 401 | 229 | 228 |
| 水利、环境和公共设施管理业 | 2954 | 828 | 185 | 1044 | 284 | 613 |
| 居民服务和其他服务业 | 80 | 43 | | 18 | 11 | 8 |
| 教育 | 20213 | 5797 | 596 | 4990 | 4860 | 3970 |
| 卫生、社会保障和社会福利业 | 10523 | 3978 | 1358 | 2125 | 1265 | 1797 |
| 文化、体育和娱乐业 | 840 | 371 | 18 | 152 | 156 | 143 |
| 公共管理和社会组织 | 24326 | 6131 | 4360 | 4296 | 4682 | 4857 |

注:不含私营企业。

# 2－15　分县区城镇以上单位工业分行业职工人数

| | 全　市 | 吴兴区 | 南浔区 | 德清县 | 长兴县 | 安吉县 |
|---|---|---|---|---|---|---|
| **总　　计** | **116819** | **38990** | **19105** | **12622** | **29014** | **17088** |
| **一、采掘业** | **10407** | **1251** | | **107** | **8951** | **98** |
| **二、制造业** | **100899** | **35817** | **18888** | **11965** | **17986** | **16243** |
| 1.农副食品加工业 | 861 | 109 | 33 | 279 | 130 | 310 |
| 2.食品制造业 | 1565 | 683 | | 167 | 31 | 684 |
| 3.饮料制造业 | 743 | 5 | | 102 | 139 | 497 |
| 5.纺织业 | 19527 | 12315 | 4065 | 825 | 2119 | 203 |
| 6.纺织服装、鞋、帽制造业 | 11161 | 1271 | 2722 | 1674 | 3897 | 1597 |
| 7.皮革、毛皮、羽毛(绒)及其制品业 | 3774 | 37 | 986 | 1901 | 550 | 300 |
| 8.木材加工及竹、藤、棕、草制品业 | 3160 | | 418 | | | 2742 |
| 9.家具制造业 | 3514 | | 30 | 58 | 335 | 3091 |
| 10.造纸及纸制品业 | 1301 | 221 | 196 | 373 | 56 | 455 |
| 11.印刷业、记录媒介的复制 | 1310 | 1240 | | 70 | | |
| 12.文教体育用品制造业 | 914 | 40 | 21 | 294 | 120 | 439 |
| 14.化学原料及化学制品制造业 | 3961 | 244 | 1290 | 2010 | 376 | 41 |
| 15.医药制造业 | 2108 | 570 | 367 | 524 | | 647 |
| 16.化学纤维制造业 | 953 | | 219 | | 54 | 680 |
| 17.橡胶制品业 | 386 | 192 | | 194 | | |
| 18.塑料制品业 | 908 | 635 | 125 | 40 | 48 | 60 |
| 19.非金属矿物制品业 | 10177 | 1951 | 1923 | 204 | 5635 | 464 |
| 20　黑色金属冶炼及压延加工业 | 4648 | 2959 | 1648 | | 41 | |
| 21.有色金属冶炼及压延加工业 | 1488 | 1318 | | | 170 | |
| 22.金属制品业 | 9529 | 9020 | 39 | | 69 | 401 |
| 23.通用设备制造业 | 4320 | 1191 | 1197 | 828 | 50 | 054 |
| 24.专用设备制造业 | 1379 | 623 | 191 | 534 | | 31 |
| 25.交通运输设备制造业 | 718 | 393 | 76 | 55 | 47 | 147 |
| 26.电气机械及器材制造业 | 9196 | 602 | 2601 | 626 | 3971 | 1396 |
| 27.通信设备、计算机及其他电子制造业 | 2465 | 93 | 663 | 963 | 148 | 598 |
| 28.仪器仪表及文化、办公用机械制造业 | 349 | 105 | | 244 | | |
| 29.工艺品及其他制造业 | 484 | | 78 | | | 406 |
| **三、电力、煤气及水的生产和供应业** | **5513** | **1922** | **217** | **550** | **2077** | **747** |
| 1.电力、蒸汽、热水的生产和供应业 | 4683 | 1672 | 114 | 383 | 1930 | 584 |
| 2.煤气生产和供应业 | 28 | | | | | 28 |
| 3.自来水的生产和供应业 | 802 | 250 | 103 | 167 | 147 | 135 |

注:不含私营企业。

# 主要统计指标解释

**人口数** 指一定时点全市行政管辖范围内的有生命的个人的总和。年度统计的年末人口数是指12月31日24时常住户口和未落户口的人口数。

**农业人口** 指凡在农村从事农、林、牧、渔的劳动者，以及乡(不包括乡)以下，不直接从事农业生产的各种人员及其抚养的家属。

**非农业人口** 指从事农、林、牧、渔业外的各种行业的人员。包括国营的农、林、牧、渔、园艺场、拖拉机站、抽水机站等，在编的行政管理人员、文教卫生、财贸、邮电等人员，以及附属的独立核算的工业企业中常年不从事农业生产的国家职工。包括抚养的家属。

**性别比** 指在总人口或各组年龄组人口中男性人数和女性人数之比。计算公式：

$$性别比 = \frac{男性人口数}{女性人口数} \times 100$$

**出生率** 指一年内平均每千人所出生的人数比例，一般以千分率表示。计算公式：

$$出生率 = \frac{全年出生人数}{年平均人数} \times 1000‰$$

出生人数指活产婴儿，即胎儿脱离母体时(不管怀孕月数)，有过呼吸或其他生命现象。年平均人数是年初、年末人口数的平均数。

**死亡率** 指一年内平均每千人所死亡的人数比例，一般以千分率表示。计算公式：

$$死亡率 = \frac{全年死亡人数}{年平均人数} \times 1000‰$$

**人口自然增长率** 指一年内人口自然增长数(出生人数减死亡人数)与平均人数之比例，一般以千分率表示。计算公式：

人口自然增长率=(年内出生人数－年内死亡人数)/年平均人数×1000‰

或

人口自然增长率=人口出生率－人口死亡率

**人口密度** 指在一定时点一定地区的人口数与该地区的面积之比，即一定时点的单位土地面积上的人口数，通常以每平方公里的居民人数来表示。计算公式：

$$人口密度 = \frac{该地区的人口数}{该地区的土地面积数}$$

**已婚育龄妇女独生子女领证率** 指15－49岁已婚育龄妇女已领独生子女证的人数，同15－49岁已婚育龄妇女人数之比，一般以千分比表示。计算公式：

已婚育龄妇女独生子女领证率=15－49岁已婚育龄妇女已领独生子女证的人数/15－49岁已婚育龄妇女人数×100%

**劳动力资源总数** 指16周岁以上的人口总数中：有劳动能力的人口数实际经常参加社会劳动并取得劳动报酬或经营收人的人口数。包括从业人员、城镇失业人员和其他在劳动年龄内有劳动能力的人数。不包括现役军人、在劳动年龄内的在押犯人和因病残而丧失劳动能力的人口数。

**经济活动人口** 指劳动力资源中已经或要求参加社会经济活动的人口，各地区的经济活动人口不包括现役军人。

**单位从业人员** 指在各级国家机关、政党机关、社会团体及企业、事业单位中工作，并取得劳动报酬的全部人员。包括：在岗职工、再就业的离退休人员、民办教师以及在各单位中工作的外方人员和港澳台方人员、兼职人员、借用的外单位人员和第二职业者。不包括离开本单位仍保留劳动关系的职工。

**在岗职工** 劳动年龄内人口在各级国家机关、政党机关、社会团体及企业、事业单位中工作，并建立了劳动工资关系，取得劳动报酬的全部人员。

**人才资源** 包括在各级国家行政机关和参照公务员制度管理的党委机关、人大政协机关、法院检察院机关、民主党派和有关群众团体机关以及依照公务员制度管理的事业单位中工作的公务员；在企业、事业单位和其他非公有制经济组织中从事专业技术工作或专业技术管理工作的人员；在企业、事业单位和其他非公有制经济组织经营管理岗位上工作的人员；在各级机关、事业、企业单位和其他非公有制经济组织中技术工人岗位上工作的技术人员。

**经营管理人员** 在企业、事业单位和其他非公有制经济组织经营管理岗位上工作的人员。统计对象为企业、事业中中层及以上管理人员(不包括专业技术管理工作的人员、专业技术管理工作的人员作为专业技术人员统计)。

**专业技术人员** 在企业、事业单位和其他非公有制经济组织中从事专业技术工作或专业技术管理工作的人员。并符合下列条件之一的人员：1、受聘初级及以上专业技术职务；2、取得专业技术职务任职资格或专业技术职务资格；3、具有大专及以上学历；4、获得省部级及以上科学技术奖励；5、持有政府有关部门认定的发明专利。

**技术工人** 获得技术工作等级证书或技师证书，在技术工人岗位或技师岗位上工作的人员。按照公务员管理或参照公务员管理的人员不统计为专业技术人员。

**长期职工** 指用工期限在一年以上(含一年)的职工。包括原固定职工、合同制职工、长期临时工以及国有单位使用的城镇集体单位的人员和其他使用期限在一年以上的原计划外用工。

**临时职工** 指用工期限不超过一年的职工。包括各单位根据国家有关规定招用的,签订一年以内的劳动合同或使用期限不超过一年的临时性、季节性用工。

**其他从业人员** 指劳动统计制度规定不作职工统计,但实际参加各单位生产或工作并取得劳动报酬的人员。包括:再就业的离退休人员,在各单位中工作的外方人员和港澳台方人员,聘用的外单位下岗职工、外单位的内退人员、兼职人员和从事第二职业的人员。

**城镇失业人员** 指在一定年龄内,有劳动能力,无业而有要求就业并进行待业登记的人员,包括城镇年满16周岁至25周岁的初、高中毕业生中未能升学、参军的待业青年和年龄在25周岁至男50岁、女45岁以内的其他待业人员。

**城镇失业率** 是从另一个侧面反映城镇劳动者就业程度的指标。它的计算公式:

城镇失业率=城镇失业人员/(城镇从业人员+城镇失业人员)×100%

# 三、农林牧渔业

# 3－1 分县区农村基本情况

| | 单位 | 全　市 | 吴兴区 | 南浔区 | 德清县 | 长兴县 | 安吉县 | △市区 |
|---|---|---|---|---|---|---|---|---|
| **一、农村基层组织情况** | | | | | | | | |
| 1.乡镇个数 | 个 | 60 | 9 | 9 | 11 | 16 | 15 | 18 |
| ⑴乡政府 | 个 | 16 | 3 | | 2 | 6 | 5 | 3 |
| ⑵镇政府 | 个 | 44 | 6 | 9 | 9 | 10 | 10 | 15 |
| 2.村民委员会个数 | 个 | 1046 | 211 | 217 | 166 | 226 | 226 | 428 |
| 3.村民小组个数 | 万个 | 1.91 | 0.32 | 0.39 | 0.30 | 0.58 | 0.32 | 0.71 |
| **二、农村住户数、人口** | | | | | | | | |
| 1.农村住户数 | 万户 | 58.08 | 9.66 | 11.17 | 9.57 | 15.77 | 11.91 | 20.83 |
| 2.农村人口数 | 万人 | 196.59 | 32.80 | 40.31 | 33.98 | 50.62 | 38.88 | 73.11 |
| **三、农村社会基础设施** | | | | | | | | |
| 1.自来水受益村数 | 个 | 934 | 210 | 217 | 166 | 154 | 187 | 427 |
| 2.通汽车村数 | 个 | 1043 | 211 | 217 | 166 | 223 | 226 | 428 |
| 3.通电话村数 | 个 | 1046 | 211 | 217 | 166 | 226 | 226 | 428 |
| **四、农村劳动力资源总数** | **万人** | **119.35** | **18.16** | **22.55** | **21.55** | **32.40** | **24.69** | **40.71** |
| **五、乡村实有劳动力合计** | **万人** | **114.66** | **17.70** | **21.66** | **20.76** | **31.25** | **23.29** | **39.36** |
| ㈠按性别分 | | | | | | | | |
| 1.男劳动力 | 万人 | 60.62 | 9.34 | 11.34 | 10.80 | 16.69 | 12.45 | 20.68 |
| 2.女劳动力 | 万人 | 54.04 | 8.36 | 10.32 | 9.96 | 14.56 | 10.84 | 18.68 |
| ㈡按部门分 | | | | | | | | |
| 1.农、林、牧、渔业劳动力 | 万人 | 40.04 | 6.69 | 7.40 | 6.67 | 10.69 | 8.59 | 14.09 |
| ⑴农　业 | 万人 | 27.00 | 4.42 | 4.56 | 3.78 | 8.69 | 5.55 | 8.98 |
| ⑵林　业 | 万人 | 4.45 | 0.47 | 0.01 | 0.87 | 0.32 | 2.28 | 0.48 |
| ⑶牧　业 | 万人 | 4.29 | 0.96 | 1.11 | 1.10 | 0.58 | 0.54 | 2.07 |
| ⑷渔　业 | 万人 | 4.30 | 0.84 | 1.72 | 0.92 | 0.50 | 0.22 | 2.56 |
| 2.工业劳动力 | 万人 | 41.36 | 6.54 | 9.70 | 8.77 | 8.36 | 7.49 | 16.24 |
| 3.建筑业劳动力 | 万人 | 7.09 | 1.06 | 1.17 | 0.95 | 2.57 | 1.34 | 2.23 |
| 4.交通运输、仓储业及邮电 | 万人 | 6.34 | 0.74 | 0.65 | 1.13 | 2.45 | 1.37 | 1.39 |
| 5.批发、零售贸易业 | 万人 | 6.29 | 1.02 | 1.27 | 0.96 | 1.58 | 1.36 | 2.29 |
| 6.餐饮业劳动力 | 万人 | 3.46 | 0.38 | 0.60 | 0.54 | 0.98 | 0.96 | 0.98 |
| 7.其他非农行业劳动力 | 万人 | 9.62 | 1.19 | 0.77 | 1.71 | 3.39 | 2.06 | 1.96 |
| **六、外出劳动力** | **万人** | **15.34** | **1.23** | **2.57** | **2.33** | **4.86** | **4.35** | **3.80** |
| #出省劳动力 | 万人 | 3.01 | 0.18 | 1.02 | 0.24 | 0.87 | 0.70 | 1.20 |

# 3-2　分县区耕地面积

单位:公顷

| | 全　市 | 吴兴区 | 南浔区 | 德清县 | 长兴县 | 安吉县 | △市区 |
|---|---|---|---|---|---|---|---|
| **一、上年年末数** | **143020.1** | **22785.5** | **27852.4** | **22097.9** | **45703.2** | **24581.1** | **50637.9** |
| **二、本年内增加数合计** | **2446.3** | **124.5** | **749.7** | **228.6** | **801.4** | **542.1** | **874.2** |
| 1.开　　荒 | 325.9 | 90.2 | | 20.3 | 200.3 | 15.1 | 90.2 |
| 2.土地整理 | 2008.3 | 34.3 | 745.4 | 101.2 | 601.1 | 526.3 | 779.7 |
| 3.其　　他 | 112.1 | | 4.3 | 107.1 | | 0.7 | 4.3 |
| #园地及鱼塘还耕 | 101.4 | | 4.3 | 97.1 | | | 4.3 |
| **三、本年内减少数合计** | **1542.0** | **333.4** | **714.4** | **75.9** | **120.6** | **297.7** | **1047.8** |
| 1.国家基建占地 | 589.3 | 137.9 | 263.1 | 0.3 | 29.9 | 158.1 | 401.0 |
| (1)县以上兴修水利 | 64.5 | 39.3 | 25.2 | | | | 64.5 |
| (2)铁　　路 | 0.7 | 0.7 | | | | | 0.7 |
| (3)公　　路 | 317.7 | 55.9 | 196.1 | | 13.6 | 52.1 | 252.0 |
| (4)其　　他 | 206.4 | 42.0 | 41.8 | 0.3 | 16.3 | 106.0 | 83.8 |
| 2.乡村基建占地 | 595.2 | 195.5 | 142.5 | 75.6 | 90.7 | 90.9 | 338.0 |
| (1)乡、村兴修水利 | 30.1 | 0.3 | 27.7 | 0.5 | | 1.6 | 28.0 |
| (2)农户建房 | 17.4 | 7.4 | 1.6 | 0.3 | 1.3 | 6.8 | 9.0 |
| (3)农村道路 | 78.1 | 15.9 | 46.3 | 0.7 | 2.7 | 12.5 | 62.2 |
| (4)乡镇企业 | 338.3 | 147.3 | 20.4 | 35.8 | 86.7 | 48.1 | 167.7 |
| (5)其　　他 | 131.3 | 24.6 | 46.5 | 38.3 | | 21.9 | 71.1 |
| 3.改林桑茶果园占地 | 327.6 | | 292.8 | | | 34.8 | 292.8 |
| 4.挖鱼塘占地 | 7.4 | | 4.7 | | | 2.7 | 4.7 |
| 5.其他占地 | 19.0 | | 11.3 | | | 7.7 | 11.3 |
| **四、本年年末数合计** | **143924.4** | **22576.6** | **27887.7** | **22250.6** | **46384.0** | **24825.5** | **50464.3** |
| 1.水　　田 | 127605.6 | 19074.0 | 26076.0 | 20299.9 | 40447.6 | 21708.1 | 45150.0 |
| 2.旱　　地 | 16318.8 | 3502.6 | 1811.7 | 1950.7 | 5936.4 | 3117.4 | 5314.3 |

# 3－3　历年农林牧渔业产值

单位：万元

| 年　份 | 农林牧渔业总产值 | 农　业 | 林　业 | 牧　业 | 渔　业 |
|---|---|---|---|---|---|
| 1978 | 59671 | 41551 | 3505 | 12759 | 1856 |
| 1979 | 81468 | 54951 | 3968 | 20171 | 2378 |
| 1980 | 72947 | 46493 | 3853 | 20157 | 2444 |
| 1981 | 83148 | 55230 | 4601 | 20293 | 3024 |
| 1982 | 99071 | 66903 | 4994 | 23262 | 3912 |
| 1983 | 98091 | 65147 | 5142 | 23207 | 4595 |
| 1984 | 116783 | 76195 | 6095 | 27301 | 7192 |
| 1985 | 126768 | 74359 | 7780 | 33904 | 10725 |
| 1986 | 143284 | 83946 | 9036 | 34660 | 15642 |
| 1987 | 177480 | 98673 | 12715 | 46024 | 20068 |
| 1988 | 238956 | 116556 | 18254 | 80219 | 23927 |
| 1989 | 250670 | 130145 | 16329 | 80829 | 23367 |
| 1990 | 290508 | 150980 | 21609 | 86104 | 31813 |
| 1991 | 291612 | 148622 | 25370 | 84617 | 33003 |
| 1992 | 322593 | 167635 | 28044 | 89690 | 37224 |
| 1993 | 419164 | 229031 | 41327 | 97008 | 51798 |
| 1994 | 600930 | 328793 | 56997 | 139798 | 75337 |
| 1995 | 696477 | 419251 | 61144 | 138417 | 77665 |
| 1996 | 745258 | 445543 | 72069 | 133489 | 94157 |
| 1997 | 779765 | 469165 | 71090 | 136664 | 102846 |
| 1998 | 791775 | 477564 | 70748 | 133789 | 109674 |
| 1999 | 793512 | 462244 | 81603 | 127826 | 121839 |
| 2000 | 869351 | 472147 | 92982 | 147870 | 156352 |
| 2001 | 787560 | 363043 | 100105 | 155741 | 168671 |
| 2002 | 804384 | 371453 | 107016 | 144983 | 180932 |
| 2003 | 864522 | 393154 | 117053 | 157965 | 196350 |
| 2004 | 1020902 | 461598 | 127766 | 215792 | 215746 |
| 2005 | 1060754 | 423333 | 143546 | 244826 | 24[illegible]377 |

注：本表按当年价格计算，2001年起取消家庭兼营工业产值，以往年份未作相应调整。

# 3-4 历年农林牧渔业产值增长速度

单位:%

| 年 份 | 农林牧渔业总产值 | 农 业 | 林 业 | 牧 业 | 渔 业 |
|---|---|---|---|---|---|
| 1979 | 15.2 | 11.6 | -4.5 | 33.4 | 6.9 |
| 1980 | -10.6 | -15.3 | -2.8 | -0.1 | 2.7 |
| 1981 | 4.6 | 8.9 | 9.6 | -7.6 | 13.6 |
| 1982 | 17.1 | 19.0 | 6.8 | 12.7 | 27.3 |
| 1983 | -5.2 | -6.8 | -1.5 | -4.5 | 12.4 |
| 1984 | 14.0 | 15.1 | 7.3 | 9.9 | 26.7 |
| 1985 | 2.6 | -3.1 | 10.4 | 10.6 | 32.9 |
| 1986 | 3.4 | 2.6 | -0.60 | 0.3 | 25.6 |
| 1987 | 8.8 | 3.9 | 15.9 | 4.6 | 53.7 |
| 1988 | 6.0 | 0.7 | 6.6 | 2.3 | 19.9 |
| 1989 | 3.6 | 12.3 | -9.9 | 1.2 | -6.5 |
| 1990 | 2.3 | -1.1 | 23.2 | 0.2 | 14.4 |
| 1991 | 1.0 | -7.3 | 10.6 | -1.1 | 7.2 |
| 1992 | 10.0 | 22.1 | 0.8 | 8.6 | 12.2 |
| 1993 | 8.8 | 10.0 | 21.0 | -2.8 | 20.7 |
| 1994 | 7.8 | 10.9 | 8.2 | -1.8 | 13.5 |
| 1995 | 7.5 | 13.2 | -1.8 | -0.2 | 4.6 |
| 1996 | 5.6 | 9.9 | 3.7 | -4.1 | 4.0 |
| 1997 | 7.8 | 9.1 | 2.2 | 8.4 | 5.0 |
| 1998 | 3.1 | 2.4 | 2.6 | 5.0 | 3.4 |
| 1999 | 3.7 | 3.0 | 6.4 | -2.5 | 12.8 |
| 2000 | 7.1 | -1.1 | 18.7 | 4.1 | 29.8 |
| 2001 | 6.7 | 0.1 | -0.9 | 7.5 | 16.9 |
| 2002 | 5.3 | 4.9 | 4.0 | 2.4 | 8.1 |
| 2003 | 5.7 | 0.1 | 7.1 | 4.6 | 11.9 |
| 2004 | 8.0 | 7.4 | 1.6 | 16.2 | 6.2 |
| 2005 | 5.6 | -2.2 | 5.8 | 15.6 | 10.2 |

# 3-5 历年农林牧渔业产值发展指数

（以1978年为100）

| 年 份 | 农林牧渔业总产值 | 农 业 | 林 业 | 牧 业 | 渔 业 |
|---|---|---|---|---|---|
| 1978 | 100.0 | 100.0 | 100.0 | 100.0 | 100.0 |
| 1979 | 115.2 | 111.6 | 92.5 | 133.4 | 106.9 |
| 1980 | 103.2 | 94.5 | 92.8 | 133.3 | 109.8 |
| 1981 | 107.9 | 103.0 | 101.6 | 123.2 | 124.7 |
| 1982 | 126.4 | 122.6 | 108.5 | 138.9 | 158.7 |
| 1983 | 119.8 | 114.3 | 106.9 | 132.6 | 178.3 |
| 1984 | 136.6 | 131.6 | 114.7 | 145.6 | 226.0 |
| 1985 | 140.2 | 127.6 | 126.7 | 161.1 | 300.4 |
| 1986 | 145.0 | 131.0 | 126.0 | 161.6 | 377.4 |
| 1987 | 157.7 | 136.1 | 146.1 | 169.0 | 580.2 |
| 1988 | 167.2 | 137.1 | 155.7 | 172.8 | 696.0 |
| 1989 | 173.2 | 153.9 | 140.3 | 174.8 | 651.1 |
| 1990 | 177.1 | 152.3 | 172.8 | 175.2 | 745.0 |
| 1991 | 178.9 | 141.2 | 191.1 | 173.3 | 798.7 |
| 1992 | 196.8 | 172.5 | 192.6 | 188.2 | 896.3 |
| 1993 | 214.2 | 189.8 | 233.1 | 183.0 | 1081.8 |
| 1994 | 231.0 | 210.5 | 252.2 | 179.7 | 1227.5 |
| 1995 | 248.4 | 238.3 | 247.7 | 179.4 | 1283.8 |
| 1996 | 262.3 | 262.1 | 256.9 | 172.0 | 1335.2 |
| 1997 | 282.7 | 285.9 | 262.6 | 186.4 | 1401.9 |
| 1998 | 291.5 | 292.8 | 269.4 | 195.7 | 1449.6 |
| 1999 | 302.3 | 301.6 | 286.6 | 190.8 | 1635.1 |
| 2000 | 323.8 | 298.3 | 340.2 | 198.6 | 2122.4 |
| 2001 | 345.5 | 298.6 | 337.1 | 213.5 | 2481.1 |
| 2002 | 363.8 | 313.2 | 350.6 | 218.6 | 2682.1 |
| 2003 | 384.5 | 313.5 | 375.3 | 228.7 | 3001.3 |
| 2004 | 415.3 | 336.7 | 381.3 | 265.7 | 3187.4 |
| 2005 | 438.6 | 329.3 | 403.4 | 307.1 | 3512.5 |

# 3－6 分县区农林牧渔业产值

（按现行价格计算） 单位：万元

| | 全 市 | 吴兴区 | 南浔区 | 德清县 | 长兴县 | 安吉县 | △市区 |
|---|---|---|---|---|---|---|---|
| **合 计** | **1060754** | **196969** | **229539** | **196653** | **272212** | **165381** | **426508** |
| **一、农 业** | **423333** | **82813** | **73657** | **34753** | **154309** | **77801** | **156470** |
| 1.粮食作物 | 150862 | 24250 | 37487 | 15634 | 47503 | 25988 | 61737 |
| (1)谷 物 | 132489 | 21056 | 31530 | 13380 | 43657 | 22866 | 52586 |
| (2)豆 类 | 13187 | 2526 | 4633 | 1825 | 2309 | 1894 | 7159 |
| (3)薯 类 | 5186 | 668 | 1324 | 429 | 1537 | 1228 | 1992 |
| 2.油 料 | 21172 | 3507 | 4668 | 656 | 9943 | 2398 | 8175 |
| #油菜籽 | 18884 | 3220 | 4247 | 601 | 8876 | 1940 | 7467 |
| 3.药材类 | 3114 | 50 | 150 | 2 | 2011 | 901 | 200 |
| 4.蔬 菜 | 117244 | 39310 | 17436 | 5107 | 37577 | 17814 | 56746 |
| 5.茶、桑、果 | 76017 | 5665 | 8130 | 9853 | 30512 | 21857 | 13795 |
| (1)茶叶 | 23185 | 676 | 19 | 3110 | 7038 | 12342 | 695 |
| (2)桑叶(包括桑枝) | 16291 | 2144 | 6797 | 4423 | 1339 | 1588 | 8941 |
| (3)水果 | 36541 | 2845 | 1314 | 2320 | 22135 | 7927 | 4159 |
| 6.花卉园艺 | 31884 | 7357 | 3867 | 1883 | 13724 | 5053 | 11224 |
| 7.其 他 | 14066 | 511 | 1811 | 836 | 9483 | 1425 | 2322 |
| 8.采集野生作物 | 5629 | 2158 | 108 | 174 | 1886 | 1303 | 2266 |
| **二、林 业** | **143564** | **13211** | **358** | **41904** | **31337** | **56754** | **13569** |
| **三、牧 业** | **244826** | **47165** | **75639** | **56591** | **43889** | **21542** | **122804** |
| 1.牲畜繁殖、增长增重 | 117192 | 19096 | 33581 | 32397 | 21652 | 10466 | 52677 |
| #生 猪 | 105716 | 17015 | 29427 | 31163 | 18500 | 9611 | 46442 |
| 2.家禽饲养 | 59050 | 19402 | 18483 | 7139 | 9295 | 4731 | 37885 |
| 3.活的畜禽产品 | 24012 | 3304 | 5749 | 6492 | 6936 | 1531 | 9053 |
| 4.捕猎野兽野禽 | 912 | 83 | 8 | 69 | 614 | 138 | 91 |
| 5.其他动物饲养 | 43660 | 5280 | 17818 | 10494 | 5392 | 4676 | 23098 |
| #蚕 茧 | 39249 | 5121 | 16672 | 10361 | 3218 | 3877 | 21793 |
| **四、渔 业** | **241377** | **52230** | **78585** | **62201** | **40677** | **7684** | **130815** |
| #甲壳类产值 | 64638 | 10324 | 15947 | 17924 | 17395 | 3048 | 26271 |
| **五、农林牧渔服务业** | **7654** | **1550** | **1300** | **1204** | **2000** | **1600** | **2850** |

# 3－7　历年主要农产品产量

| 年　份 | 粮　　食<br>（吨） | 油　料<br>（吨） | 茶　叶<br>（吨） | 蚕　茧<br>（吨） | 猪牛羊肉<br>（吨） |
|---|---|---|---|---|---|
| 1978 | 1221265 | 30679 | 3220 | 15770 | 30004 |
| 1979 | 1379770 | 34111 | 3696 | 19605 | 43384 |
| 1980 | 1070035 | 28646 | 4175 | 21580 | 50435 |
| 1981 | 1142770 | 47747 | 4960 | 21095 | 43277 |
| 1982 | 1411315 | 54360 | 6039 | 22610 | 52387 |
| 1983 | 1335095 | 39782 | 5590 | 20485 | 52330 |
| 1984 | 1459310 | 42439 | 5558 | 22960 | 51454 |
| 1985 | 1268275 | 58838 | 5549 | 27600 | 54772 |
| 1986 | 1328137 | 52979 | 5949 | 27705 | 55090 |
| 1987 | 1276365 | 62000 | 6438 | 31970 | 52929 |
| 1988 | 1223285 | 63840 | 7101 | 35202 | 50246 |
| 1989 | 1314192 | 67828 | 6503 | 38227 | 48337 |
| 1990 | 1357880 | 74938 | 5998 | 38237 | 48246 |
| 1991 | 1355325 | 67050 | 5600 | 35475 | 47335 |
| 1992 | 1342554 | 84016 | 5337 | 40981 | 50059 |
| 1993 | 1299033 | 71283 | 6184 | 34812 | 48244 |
| 1994 | 1200529 | 67847 | 5444 | 33113 | 43915 |
| 1995 | 1249861 | 95788 | 5484 | 33120 | 48795 |
| 1996 | 1296467 | 93529 | 5523 | 23527 | 47483 |
| 1997 | 1337291 | 88336 | 6171 | 25942 | 56520 |
| 1998 | 1272181 | 63524 | 6475 | 27735 | 63292 |
| 1999 | 1164737 | 103464 | 7046 | 23851 | 65361 |
| 2000 | 953205 | 117113 | 7200 | 21580 | 71240 |
| 2001 | 806791 | 109082 | 7159 | 25211 | 78231 |
| 2002 | 821996 | 81284 | 7500 | 21726 | 83551 |
| 2003 | 790075 | 79120 | 7953 | 17237 | 94290 |
| 2004 | 874763 | 92746 | 8833 | 19506 | 98739 |
| 2005 | 822112 | 91378 | 8461 | 18920 | 107573 |

注：1986 年后的畜牧业数据为与全市第一次农业普查结果接轨调整数据。2001 年起，粮食统计口径变动，原来作为粮食统计的马铃薯现作蔬菜统计，以往年份未作调整。

3－7续表

| 年　份 | 年末生猪存量（万头） | 蔬　菜（吨） | 园林水果（吨） | 水产品（吨） | 毛竹采伐量（万支） |
|---|---|---|---|---|---|
| 1978 | 116.28 | 38151 | 6428 | 17685 | 2088 |
| 1979 | 136.03 | 31836 | 5968 | 19060 | 1728 |
| 1980 | 115.64 | 39100 | 7448 | 19395 | 1446 |
| 1981 | 106.29 | 102084 | 3004 | 21650 | 1600 |
| 1982 | 112.70 | 110740 | 7584 | 26045 | 1738 |
| 1983 | 117.51 | 118368 | 3802 | 30090 | 1613 |
| 1984 | 108.43 | 124060 | 4663 | 36340 | 1922 |
| 1985 | 108.87 | 137480 | 4526 | 46555 | 1914 |
| 1986 | 107.07 | 158801 | 5070 | 55995 | 1846 |
| 1987 | 94.46 | 187045 | 5500 | 61558 | 2280 |
| 1988 | 86.53 | 228006 | 6930 | 67057 | 1960 |
| 1989 | 82.26 | 238751 | 7360 | 67372 | 1959 |
| 1990 | 76.32 | 218860 | 7920 | 70492 | 1609 |
| 1991 | 71.00 | 270900 | 6552 | 76372 | 2030 |
| 1992 | 69.25 | 280600 | 7834 | 82010 | 1962 |
| 1993 | 62.67 | 342200 | 10914 | 89980 | 2212 |
| 1994 | 57.77 | 358072 | 14064 | 95657 | 2140 |
| 1995 | 54.02 | 385067 | 15990 | 100730 | 2439 |
| 1996 | 50.44 | 373669 | 18723 | 110288 | 2621 |
| 1997 | 69.14 | 417651 | 22301 | 117707 | 2539 |
| 1998 | 68.76 | 452722 | 19916 | 124636 | 2637 |
| 1999 | 67.93 | 538285 | 23099 | 125017 | 2846 |
| 2000 | 70.96 | 647272 | 31243 | 135673 | 2769 |
| 2001 | 76.27 | 741325 | 39464 | 143955 | 2762 |
| 2002 | 78.45 | 869183 | 43708 | 151922 | 2649 |
| 2003 | 82.52 | 919273 | 53616 | 166944 | 2679 |
| 2004 | 80.89 | 908957 | 61412 | 172987 | 3055 |
| 2005 | 83.98 | 895009 | 69210 | 178382 | 3461 |

# 3－8　主要年份农作物播种面积

单立:千公顷

| | 1985 | 1990 | 1995 | 2000 | 2003 | 2004 | 2005 |
|---|---|---|---|---|---|---|---|
| **总　　计** | **324.68** | **322.97** | **295.54** | **248.35** | **218.93** | **227.96** | **233.11** |
| **一、粮　食** | **257.45** | **251.23** | **211.46** | **149.70** | **112.07** | **123.07** | **125.29** |
| (一)稻　　谷 | 204.90 | 202.37 | 176.54 | 104.33 | 87.52 | 96.34 | 96.38 |
| 1.早稻及早中稻 | 81.25 | 80.34 | 59.17 | 4.55 | 0.02 | 0.30 | 0.24 |
| 2.晚稻及迟中稻 | 123.65 | 122.03 | 117.37 | 99.78 | 87.32 | 96.04 | 2.56 |
| # 单季稻 | 27.33 | 26.95 | 47.81 | 92.46 | 84.41 | 93.19 | 93.59 |
| (二)小　麦 | 19.51 | 13.02 | 9.06 | 10.25 | 1.49 | 1.32 | 2.52 |
| (三)大　麦 | 24.87 | 27.73 | 12.84 | 9.06 | 1.70 | 1.48 | 1.72 |
| (四)玉　米 | 0.32 | 0.45 | 0.21 | 1.64 | 1.85 | 1.98 | 2.20 |
| (五)其它谷物 | 0.01 | 0.01 | 0.01 | 0.03 | 0.02 | 0.44 | 0.50 |
| (六)豆　类 | 3.82 | 3.15 | 5.56 | 14.14 | 13.48 | 15.00 | 15.43 |
| # 大　豆 | 2.05 | 1.64 | 2.95 | 8.00 | 8.20 | 9.32 | 9.23 |
| 蚕　豆 | 1.89 | 1.31 | 2.05 | 4.02 | 2.68 | 2.78 | 3.31 |
| (七)薯　类 | 4.02 | 4.50 | 7.24 | 10.25 | 5.87 | 6.50 | 6.54 |
| **二、油　料** | **37.49** | **45.55** | **54.31** | **58.20** | **44.03** | **42.65** | **43.79** |
| # 油菜籽 | 37.39 | 45.39 | 54.13 | 57.72 | 43.41 | 41.98 | 43.05 |
| **三、糖　料** | **0.24** | **0.08** | **0.15** | **0.30** | **0.27** | **0.27** | **0.23** |
| **四、烟　叶** | **0.01** | | | **0.01** | | | **...** |
| **五、药　材** | **0.52** | **0.10** | **0.27** | **0.48** | **1.02** | **1.26** | **1.51** |
| **六、蔬　菜** | **9.33** | **14.57** | **17.83** | **28.47** | **40.58** | **38.28** | **37.53** |
| **七、果用瓜** | **1.77** | **1.97** | **5.61** | **7.10** | **7.18** | **6.95** | **6.98** |
| # 西　瓜 | 1.62 | 1.66 | 5.13 | 6.42 | 6.41 | 6.32 | 6.16 |
| 草　莓 | | | 0.06 | 0.19 | 0.02 | 0.13 | 0.11 |
| **八、花卉苗木** | | | **0.01** | **0.37** | **6.68** | **7.93** | **8.70** |
| **九、其它农作物** | **17.87** | **9.48** | **5.90** | **3.72** | **7.10** | **7.52** | **9.05** |
| # 绿　肥 | 15.36 | 7.90 | 3.83 | 1.30 | 0.57 | 0.50 | 0.66 |
| 席　草 | | | | 0.02 | 0.14 | 0.23 | 0.08 |
| 饲料草 | | | 1.99 | 0.49 | 1.14 | 0.96 | 1.65 |

# 3-9 主要年份农作物产量

单位:吨

| | 1985 | 1990 | 1995 | 2000 | 2003 | 2004 | 2005 |
|---|---|---|---|---|---|---|---|
| **一、粮　食** | **1268275** | **1357880** | **1249861** | **953205** | **790075** | **874763** | **822112** |
| (一)稻　　谷 | 1111225 | 1194929 | 1118247 | 793978 | 691911 | 769618 | 703556 |
| 1.早稻及早中稻 | 464267 | 484890 | 323921 | 27939 | 1090 | 1889 | 1408 |
| 2.晚稻及迟中稻 | 646958 | 710039 | 794326 | 756039 | 690821 | 767729 | 702148 |
| #单季稻 | 156191 | 154423 | 349505 | 709230 | 670146 | 746347 | 683907 |
| (二)小　　麦 | 52313 | 38835 | 30408 | 37182 | 5157 | 4755 | 8604 |
| (三)大　　麦 | 72588 | 91254 | 44538 | 32366 | 5295 | 4797 | 6124 |
| (四)玉　　米 | 508 | 603 | 731 | 8621 | 9494 | 9660 | 11411 |
| (五)其它谷物 | 45 | 48 | 51 | 117 | 722 | 1640 | 2411 |
| (六)豆　　类 | 7657 | 4896 | 12715 | 39651 | 38107 | 44627 | 46541 |
| #大　豆 | 3326 | 2542 | 7045 | 23089 | 24022 | 27974 | 28321 |
| 蚕　豆 | 4251 | 2315 | 3920 | 9801 | 6558 | 7353 | 8887 |
| (七)薯　　类 | 23939 | 27315 | 43171 | 51290 | 39389 | 39666 | 43465 |
| **二、油　料** | **58838** | **74938** | **95788** | **117113** | **79120** | **92746** | **91378** |
| #油菜籽 | 58732 | 74692 | 95480 | 116296 | 77865 | 91284 | 89792 |
| **三、糖　料** | **8351** | **5154** | **5851** | **13336** | **12328** | **11485** | **10222** |
| **四、烟　叶** | **13** | | | **24** | **1** | **2** | **2** |
| **五、药　材** | | | | | **5806** | **4382** | **7441** |
| **六、蔬　菜** | **137480** | **218860** | **385067** | **647272** | **919273** | **908957** | **895009** |
| **七、果用瓜** | **35843** | **40789** | **128916** | **201609** | **179409** | **193057** | **180403** |
| #西　瓜 | 33583 | 36971 | 119293 | 182946 | 165526 | 179502 | 166243 |
| 草　莓 | | | 580 | 2483 | 2857 | 2658 | 2033 |
| **八、其它农作物** | | | | | | | |
| #席　　草 | | | | 289 | 1533 | 1120 | 237 |

# 3－10 主要年份农作物单产

单位：公斤/公顷

| | 1985 | 1990 | 1995 | 2000 | 2003 | 2004 | 2005 |
|---|---|---|---|---|---|---|---|
| **一、粮　食** | **4926** | **5400** | **5911** | **6367** | **7050** | **7108** | **6562** |
| （一）稻　　谷 | 5423 | 5905 | 6334 | 7514 | 7906 | 7988 | 7300 |
| 1.早稻及早中稻 | 5714 | 6030 | 5474 | 6142 | 5505 | 6016 | 5842 |
| 2.晚稻及迟中稻 | 5232 | 5820 | 6768 | 7577 | 7912 | 7995 | 7137 |
| #单季稻 | 5715 | 5730 | 7310 | 7671 | 7939 | 8009 | 7308 |
| （二）小　　麦 | 2685 | 2985 | 3356 | 3629 | 3468 | 3600 | 3410 |
| （三）大　　麦 | 2925 | 3285 | 3469 | 3574 | 3111 | 3248 | 3571 |
| （四）玉　　米 | 1587 | 1340 | 3481 | 5254 | 5146 | 4874 | 5180 |
| （五）其它谷物 | 4500 | 4800 | 5100 | 3545 | 3945 | 3761 | 4841 |
| （六）豆　　类 | 2004 | 1554 | 2287 | 2805 | 2828 | 2974 | 3017 |
| #大　豆 | 1622 | 1550 | 2383 | 2885 | 2933 | 3002 | 3067 |
| 蚕　豆 | 2249 | 1770 | 1912 | 2437 | 2449 | 2649 | 2683 |
| （七）蕃　　薯 | 5955 | 6070 | 5963 | 5002 | 6717 | 6100 | 6646 |
| **二、油　料** | **1569** | **1650** | **1764** | **2012** | **1797** | **2175** | **2087** |
| #油菜籽 | 1571 | 1650 | 1764 | 2015 | 1794 | 2175 | 2086 |
| **三、糖　料** | **34796** | **64425** | **39007** | **44752** | **45324** | **42854** | **43871** |
| **四、烟　叶** | **1300** | | | **1846** | | **2000** | **2000** |
| **五、药　材** | | | | | **5687** | **3470** | **4921** |
| **六、蔬　菜** | **14735** | **15021** | **21423** | **22735** | **22653** | **23747** | **23848** |
| **七、果用瓜** | **20250** | **20705** | **22980** | **28396** | **25005** | **27794** | **25849** |
| #西　瓜 | 20730 | 22272 | 23254 | 28479 | 25811 | 28389 | 27005 |
| 草　莓 | | | 9667 | 13138 | 11904 | 21264 | 19362 |
| **八、其它农作物** | | | | | | | |
| #席　草 | | | | 12042 | 10872 | 4786 | 2821 |

# 3-11 主要年份畜牧业生产

| | 单位 | 1985 | 1990 | 1995 | 2000 | 2003 | 2004 | 2005 |
|---|---|---|---|---|---|---|---|---|
| 年末生猪存栏数 | 万头 | 108.87 | 76.32 | 54.02 | 70.96 | 82.52 | 80.89 | 83.98 |
| #能繁殖母猪 | 万头 | 6.67 | 4.15 | 3.15 | 3.33 | 3.86 | 4.31 | 5.12 |
| 年末羊存栏数 | 万只 | 34.99 | 26.20 | 34.32 | 40.55 | 41.72 | 42.52 | 41.48 |
| 年末兔存栏数 | 万只 | 69.85 | 16.13 | 29.13 | 16.68 | 19.55 | 18.69 | 28.27 |
| 年末家禽存栏数 | 万只 | 541.61 | 588.90 | 821.92 | 827.77 | 996.72 | 1319.53 | 1700.31 |
| 生猪出栏数 | 万头 | 97.40 | 86.75 | 68.80 | 109.82 | 142.13 | 151.23 | 159.95 |
| 羊出栏数 | 万只 | 7.11 | 6.46 | 17.87 | 24.82 | 32.35 | 34.16 | 37.18 |
| 家禽出栏数 | 万只 | 764.02 | 706.54 | 1400.64 | 1402.14 | 2305.57 | 3954.66 | 4628.31 |
| 肉产量合计 | 吨 | 62396 | 54930 | 62634 | 87679 | 122516 | 145636 | 163965 |
| #猪肉 | 吨 | 53678 | 47021 | 45153 | 66402 | 86661 | 91684 | 99737 |
| 羊肉 | 吨 | 960 | 1169 | 3501 | 4663 | 6857 | 6778 | 7454 |
| 禽肉 | 吨 | 7624 | 6639 | 13686 | 16305 | 27884 | 46372 | 55826 |
| 禽　蛋 | 吨 | 13067 | 13176 | 8558 | 24178 | 27532 | 34015 | 36908 |
| 饲养蚕种 | 张 | 721445 | 1136456 | 931927 | 596097 | 406155 | 454236 | 457126 |
| 春蚕 | 张 | 231720 | 442430 | 378522 | 279168 | 214826 | 220671 | 230017 |
| 夏蚕 | 张 | 94227 | 95583 | 75926 | 28740 | 14248 | 26771 | 21520 |
| 秋蚕 | 张 | 395498 | 598443 | 477479 | 288189 | 177081 | 206794 | 205589 |
| 蚕茧产量 | 吨 | 27600 | 38237 | 33120 | 21580 | 17237 | 19506 | 18920 |
| 春茧 | 吨 | 11908 | 18178 | 16538 | 11652 | 10546 | 11047 | 11667 |
| 夏茧 | 吨 | 3023 | 2816 | 2512 | 1032 | 485 | 1064 | 783 |
| 秋茧 | 吨 | 12669 | 17243 | 14070 | 8896 | 6206 | 7395 | 6470 |

# 3－12　分县区农作物播种面积

单位:公顷

| | 全　市 | 吴兴区 | 南浔区 | 德清县 | 长兴县 | 安吉县 | △市区 |
|---|---|---|---|---|---|---|---|
| **农作物播种面积总计** | **233109** | **36961** | **44762** | **19554** | **90928** | **40904** | **81723** |
| **一、粮食作物合计** | **125289** | **18863** | **28371** | **13645** | **39595** | **24815** | **47234** |
| 1.谷物 | 103322 | 15866 | 22237 | 11384 | 33895 | 19940 | 38103 |
| (1)稻谷 | 96383 | 15276 | 21391 | 10958 | 32106 | 16652 | 36667 |
| ①早　稻 | 241 | | | 1 | 147 | 93 | |
| ②单季稻 | 93586 | 15156 | 21391 | 10956 | 30691 | 15392 | 36547 |
| ③连作晚稻 | 2556 | 120 | | 1 | 1268 | 1167 | 120 |
| (2)小麦 | 2523 | 129 | 429 | 205 | 493 | 1267 | 558 |
| (3)大麦 | 1715 | 125 | 76 | 81 | 845 | 588 | 201 |
| (4)玉米 | 2203 | 329 | 270 | 138 | 434 | 1032 | 599 |
| (5)其他谷物 | 498 | 7 | 71 | 2 | 17 | 401 | 78 |
| 2.豆类 | 15427 | 2238 | 4700 | 1775 | 3803 | 2911 | 6938 |
| (1)大豆 | 9233 | 1175 | 2706 | 1089 | 2457 | 1806 | 3881 |
| (2)蚕(豌)豆 | 3312 | 504 | 1064 | 432 | 797 | 515 | 1568 |
| (3)杂豆 | 2882 | 559 | 930 | 254 | 549 | 590 | 1489 |
| 3.蕃薯 | 6540 | 759 | 1434 | 486 | 1897 | 1964 | 2193 |
| **二、油　　料** | **43791** | **6469** | **8342** | **1342** | **21967** | **5671** | **14811** |
| 1.油菜籽 | 43050 | 6462 | 8296 | 1341 | 21588 | 5363 | 14758 |
| 2.花生 | 444 | | | 1 | 210 | 233 | |
| 3.芝麻 | 297 | 7 | 46 | | 169 | 75 | 53 |
| **三、棉花(皮棉)** | **24** | | | **4** | **17** | **3** | |
| **四、麻类** | **10** | | | | | **10** | |
| **五、甘蔗** | **233** | **1** | | **65** | **27** | **140** | **1** |
| **六、烟叶** | **1** | | | | | **1** | |
| **七、药材类** | **1512** | **23** | **13** | | **671** | **805** | **36** |
| **八、蔬菜** | **37530** | **8554** | **6312** | **3030** | **13278** | **6356** | **14866** |
| #马铃薯 | 2238 | 470 | 368 | 159 | 581 | 660 | 838 |
| **九、果用瓜** | **6979** | **562** | **282** | **348** | **4632** | **1155** | **844** |
| 1.西瓜 | 6156 | 359 | 154 | 304 | 4416 | 923 | 513 |
| 2.甜瓜 | 177 | 17 | 17 | 7 | 46 | 90 | 34 |
| 3.草莓 | 105 | 3 | 10 | 14 | 60 | 18 | 13 |
| 4.其他 | 541 | 183 | 101 | 23 | 110 | 124 | 284 |
| **十、花卉园艺** | | | | | | | |
| #花卉苗木 | 8695 | 1249 | 852 | 661 | 4871 | 1062 | 2101 |
| (1)花卉 | 927 | 98 | 35 | 132 | 217 | 445 | 133 |
| (2)观赏和绿化苗木 | 7644 | 1150 | 817 | 529 | 4625 | 523 | 1967 |
| (3)草皮 | 124 | 1 | | | 29 | 94 | 1 |
| **十一、其他作物** | **9045** | **1240** | **590** | **459** | **5870** | **886** | **1830** |
| 1.绿肥 | 663 | 13 | 222 | 40 | 87 | 301 | 235 |
| 2.席草 | 84 | 37 | | | 46 | 1 | 37 |
| 3.饲料草 | 1650 | 1034 | 345 | 27 | 226 | 18 | 1379 |
| 4.其他 | 6648 | 156 | 23 | 392 | 5511 | 566 | 179 |

# 3－13 分县区农作物产量

单位：吨

| | 全市 | 吴兴区 | 南浔区 | 德清县 | 长兴县 | 安吉县 | △市区 |
|---|---|---|---|---|---|---|---|
| **一、粮食作物合计** | **822112** | **127757** | **201266** | **86188** | **261924** | **144977** | **329023** |
| 1.谷物 | 732106 | 113281 | 173893 | 75836 | 240989 | 128107 | 287174 |
| (1)稻谷 | 703556 | 109601 | 169261 | 73868 | 233591 | 117235 | 278862 |
| ①早稻 | 1408 | | | 5 | 882 | 521 | |
| ②单季稻 | 683907 | 108827 | 169261 | 73853 | 223703 | 108263 | 278088 |
| ③连作晚稻 | 18241 | 774 | | 10 | 9006 | 8451 | 774 |
| (2)小麦 | 8604 | 500 | 1828 | 739 | 1813 | 3724 | 2328 |
| (3)大麦 | 6124 | 491 | 302 | 299 | 3408 | 1624 | 793 |
| (4)玉米 | 11411 | 2661 | 1992 | 925 | 2084 | 3749 | 4653 |
| (5)其他谷物 | 2411 | 28 | 510 | 5 | 93 | 1775 | 538 |
| 2.豆类 | 46541 | 8897 | 16306 | 6768 | 7975 | 6595 | 25203 |
| (1)大豆 | 28321 | 4832 | 9549 | 4317 | 5513 | 4110 | 14381 |
| (2)蚕(豌)豆 | 8887 | 1451 | 3115 | 1637 | 1549 | 1135 | 4566 |
| (3)杂豆 | 9333 | 2614 | 3642 | 814 | 913 | 1350 | 6256 |
| 3.蕃薯 | 43465 | 5579 | 11067 | 3584 | 12960 | 10275 | 16646 |
| **二、油料** | **91378** | **14653** | **20477** | **2744** | **43340** | **10164** | **35130** |
| 1.油菜籽 | 89792 | 14634 | 20412 | 2741 | 42677 | 9328 | 35046 |
| 2.花生 | 1128 | 2 | 2 | 3 | 409 | 712 | 4 |
| 3.芝麻 | 458 | 17 | 63 | | 254 | 124 | 80 |
| **三、棉花(皮棉)** | **28** | | | **8** | **17** | **3** | |
| **四、麻类** | **2** | | | | | **2** | |
| **五、甘蔗** | **10222** | **30** | | **3479** | **944** | **5769** | **30** |
| **六、烟叶** | **2** | | | | | **2** | |
| **七、药材类** | **7441** | **364** | **40** | **5** | **1275** | **5757** | **404** |
| **八、蔬菜(含菜用瓜)** | **895009** | **300081** | **133095** | **38990** | **286858** | **135985** | **433176** |
| #马铃薯 | 41211 | 6133 | 7450 | 1658 | 6170 | 19800 | 13583 |
| **九、食用菌** | **2626** | | | **37** | **2500** | **89** | |
| **十、果用瓜** | **180403** | **14025** | **6534** | **7606** | **122100** | **30138** | **20559** |
| 1.西瓜 | 166243 | 12817 | 3680 | 6875 | 117425 | 25446 | 16497 |
| 2.甜瓜 | 3137 | 219 | 453 | 125 | 1070 | 1270 | 672 |
| 3.草莓 | 2033 | 56 | 154 | 220 | 1061 | 542 | 210 |
| 4.其他 | 8990 | 933 | 2247 | 386 | 2544 | 2880 | 3180 |
| **十一、其他作物** | | | | | | | |
| #席草 | 237 | 237 | | | | | 237 |

# 3-14 分县区农作物单产

单位:公斤

| | 全　市 | 吴兴区 | 南浔区 | 德清县 | 长兴县 | 安吉县 | △市区 |
|---|---|---|---|---|---|---|---|
| **一、粮食作物合计** | **6562** | **6768** | **7094** | **6316** | **6615** | **5842** | **6966** |
| 1.谷物 | 7086 | 7142 | 7820 | 6661 | 7110 | 6425 | 7537 |
| ⑴稻谷 | 7300 | 7175 | 7913 | 6740 | 7276 | 7040 | 7605 |
| ①早稻 | 5842 | | | 5000 | 5998 | 5602 | |
| ②单季稻 | 7308 | 7180 | 7913 | 6741 | 7289 | 7034 | 7609 |
| ③连作晚稻 | 7137 | 6450 | | 10000 | 7108 | 7242 | 6450 |
| ⑵小麦 | 3410 | 3874 | 4261 | 3605 | 3676 | 2939 | 4172 |
| ⑶大麦 | 3571 | 3928 | 3974 | 3691 | 4033 | 2762 | 3945 |
| ⑷玉米 | 5180 | 8088 | 7379 | 6703 | 4802 | 3633 | 7768 |
| ⑸其他谷物 | 4841 | 4000 | 7183 | 2500 | 5471 | 4426 | 6897 |
| 2.豆类 | 3017 | 3975 | 3469 | 3815 | 2098 | 2265 | 3633 |
| ⑴大豆 | 3067 | 4112 | 3529 | 3964 | 2244 | 2276 | 3705 |
| ⑵蚕(豌)豆 | 2683 | 2877 | 2928 | 3789 | 1943 | 2200 | 2912 |
| ⑶杂豆 | 3238 | 4676 | 3911 | 3205 | 1664 | 2287 | 4201 |
| 3.蕃薯 | 6646 | 7350 | 7723 | 7374 | 6831 | 5232 | 7591 |
| **二、油料** | **2087** | **2265** | **2455** | **2045** | **1973** | **1792** | **2372** |
| 1.油菜籽 | 2086 | 2265 | 2460 | 2044 | 1977 | 1739 | 2375 |
| 2.花生 | 2541 | | | 3000 | 1946 | 3058 | |
| 3.芝麻 | 1542 | 2429 | 1374 | | 1502 | 1659 | 1509 |
| **三、棉花(皮棉)** | **1167** | | | **2000** | **1000** | **1000** | |
| **四、麻类** | **200** | | | | | **200** | |
| **五、甘蔗** | **43871** | **30000** | | **53523** | **34963** | **41207** | **30000** |
| **六、烟叶** | **2000** | | | | | **2000** | |
| **七、药材类** | **4921** | **15826** | **3077** | | **1900** | **7151** | **11222** |
| **八、蔬菜** | **23848** | **35081** | **21086** | **12868** | **21604** | **21395** | **29139** |
| #马铃薯 | 18414 | 13049 | 20245 | 10428 | 10620 | 30000 | 16209 |
| **九、果用瓜** | **25849** | **24956** | **23171** | **21856** | **26360** | **26094** | **24359** |
| 1.西瓜 | 27005 | 35702 | 23898 | 22615 | 26591 | 27569 | 32158 |
| 2.甜瓜 | 17723 | 12882 | 26647 | 17857 | 23263 | 14111 | 19765 |
| 3.草莓 | 19362 | 18667 | 15400 | 15714 | 17683 | 30111 | 16154 |
| 4.其他 | 16617 | 5098 | 22243 | 16783 | 23126 | 23227 | 11197 |
| **十一、其他作物** | | | | | | | |
| #席草 | 2821 | 6405 | | | | | 6405 |

# 3－15　分县区茶叶和水果生产

| | 单位 | 全　市 | 吴兴区 | 南浔区 | 德清县 | 长兴县 | 安吉县 | △市区 |
|---|---|---|---|---|---|---|---|---|
| **茶园总面积** | **公顷** | **11235** | **618** | **5** | **760** | **3494** | **6358** | **623** |
| #本年新增面积 | 公顷 | 1381 | 27 | | 55 | 866 | 433 | 27 |
| **茶叶总产量** | **吨** | **8461** | **245** | **7** | **1243** | **2558** | **4408** | **252** |
| 1.春茶 | 吨 | 5008 | 148 | 3 | 662 | 1201 | 2994 | 151 |
| 2.夏茶 | 吨 | 1713 | 42 | 2 | 236 | 772 | 661 | 44 |
| 3.秋茶 | 吨 | 1740 | 55 | 2 | 345 | 585 | 753 | 57 |
| **果园面积** | **公顷** | **7446** | **735** | **252** | **853** | **4265** | **1341** | **987** |
| 1.柑桔园 | 公顷 | 78 | 12 | 6 | 9 | 43 | 8 | 18 |
| 2.梨园 | 公顷 | 1297 | 212 | 46 | 371 | 52 | 616 | 258 |
| 3.桃园 | 公顷 | 1655 | 359 | 15 | 214 | 905 | 162 | 374 |
| 4.杨梅园 | 公顷 | 730 | 51 | | 18 | 397 | 264 | 51 |
| 5.枇杷园 | 公顷 | 101 | | 2 | 91 | 7 | 1 | 2 |
| 6.柿子园 | 公顷 | 126 | 11 | | 4 | 52 | 59 | 11 |
| 7.葡萄园 | 公顷 | 426 | 6 | 95 | 31 | 285 | 9 | 101 |
| 8.弥猴桃园 | 公顷 | 17 | 7 | | | 4 | 6 | 7 |
| 9.其他果园 | 公顷 | 3016 | 77 | 88 | 115 | 2520 | 216 | 165 |
| **水果总产量** | **吨** | **249613** | **22482** | **8777** | **18293** | **152128** | **47933** | **31259** |
| 1.柑桔 | 吨 | 817 | 45 | 57 | 133 | 480 | 102 | 102 |
| (1)柑 | 吨 | 86 | | 5 | | 74 | 7 | 5 |
| (2)桔 | 吨 | 593 | 45 | 47 | 133 | 303 | 65 | 92 |
| (3)橙 | 吨 | 5 | | 5 | | | | 5 |
| (4)柚 | 吨 | 30 | | | | | 30 | |
| 2.梨头 | 吨 | 18490 | 2644 | 579 | 5761 | 534 | 8972 | 3223 |
| 3.桃子 | 吨 | 23347 | 5410 | 254 | 2844 | 12840 | 1999 | 5664 |
| 4.杨梅 | 吨 | 9315 | 128 | | 45 | 5563 | 3579 | 128 |
| 5.枇杷 | 吨 | 609 | 1 | 4 | 233 | 354 | 17 | 5 |
| 6.柿子 | 吨 | 1205 | 26 | | 29 | 442 | 708 | 26 |
| 7.葡萄 | 吨 | 5736 | 92 | 1246 | 400 | 3832 | 166 | 1338 |
| 8.弥猴桃 | 吨 | 123 | | | | 28 | 95 | |
| 9.果用瓜 | 吨 | 180403 | 14025 | 6534 | 7606 | 122100 | 30138 | 20559 |
| 10.其他水果 | 吨 | 9568 | 111 | 103 | 1242 | 5955 | 2157 | 214 |

# 3－16 分县区林业生产

| | 单位 | 全 市 | 吴兴区 | 南浔区 | 德清县 | 长兴县 | 安吉县 | △市区 |
|---|---|---|---|---|---|---|---|---|
| **一、当年造林面积** | **公顷** | **526** | **45** | **159** | **35** | **254** | **33** | **204** |
| 1.用　材　林 | 公顷 | 9 | | | | | 9 | |
| 2.经　济　林 | 公顷 | 195 | | | | 171 | 24 | |
| 3.防　护　林 | 公顷 | 322 | 45 | 159 | 35 | 83 | | 204 |
| **二、封山育林面积** | **公顷** | **58484** | **3066** | | **2001** | **19570** | **33847** | **3066** |
| **三、零星(四旁)植树** | **万株** | **143.6** | **6** | **15** | **11.7** | **73.9** | **37** | **21** |
| **四、育苗面积** | **公顷** | **8219** | **430** | **913** | **1340** | **4173** | **1363** | **1343** |
| **五、幼林抚育面积** | **公顷** | **11036** | **600** | | **680** | **4213** | **5543** | **600** |
| **六、成林抚育面积** | **公顷** | **64511** | **6800** | | **340** | **15998** | **41373** | **6800** |
| **七、主要林产品产量** | | | | | | | | |
| 1.笋 罐 头 | 吨 | 10054 | 5954 | | 2000 | 1690 | 410 | 5954 |
| 2.棕　　片 | 吨 | 20 | | | | | 20 | |
| 3.竹 笋 干 | 吨 | 22771 | 3556 | | 8490 | 6350 | 4375 | 3556 |
| 4.山 核 桃 | 吨 | 244 | | | | | 244 | |
| 5.板　　栗 | 吨 | 4164 | 18 | | 280 | 1401 | 2465 | 18 |
| 6.白　　果 | 吨 | 733 | 5 | | 2 | 660 | 66 | 5 |
| 7.箬　　叶 | 吨 | 67 | | | | | 67 | |
| 8.毛　　料 | 吨 | 93721 | 12381 | | 13000 | 26763 | 41577 | 12381 |
| 9.竹　　壳 | 吨 | 8081 | 10 | | 1000 | 6006 | 1065 | 10 |
| 10.人造板原料 | 吨 | 63100 | 1000 | | | 45615 | 16485 | 1000 |
| 11.中药材 | 吨 | 546 | | | | | 546 | |
| **八、竹木采伐量** | | | | | | | | |
| 1.木材采伐 | 立方米 | 77007 | 5310 | | 4800 | 41761 | 25136 | 5310 |
| 2.竹材采伐 | 万根 | 3069 | 403 | | 512 | 44 | 2110 | 403 |

# 3－17　分县区畜牧业生产

| | 单位 | 湖州市 | 吴兴区 | 南浔区 | 德清县 | 长兴县 | 安吉县 | △市区 |
|---|---|---|---|---|---|---|---|---|
| 生猪年末存栏头数 | 万头 | 83.98 | 12.81 | 15.29 | 27.94 | 18.60 | 9.34 | 28.10 |
| #能繁殖的母猪 | 万头 | 5.12 | 0.39 | 0.36 | 2.61 | 1.36 | 0.40 | 0.75 |
| 年内肥猪出栏头数 | 万头 | 159.95 | 25.32 | 41.08 | 54.29 | 26.97 | 12.29 | 66.40 |
| 生猪全年饲养量 | 万头 | 243.93 | 38.13 | 56.37 | 82.23 | 45.57 | 21.63 | 94.50 |
| 牛年末存栏头数 | 头 | 8703 | 197 | | 949 | 3363 | 4194 | 197 |
| 年内牛出栏头数 | 头 | 2128 | 25 | | 276 | 792 | 1035 | 25 |
| 羊年末存栏只数 | 万只 | 41.48 | 6.84 | 18.47 | 4.49 | 8.91 | 2.77 | 25.31 |
| 年内羊出栏只数 | 万只 | 37.18 | 6.92 | 13.85 | 3.97 | 10.11 | 2.33 | 20.77 |
| 家禽年末存栏只数 | 万羽 | 1700.31 | 493.20 | 485.16 | 356.39 | 241.37 | 124.19 | 978.36 |
| 家禽年内出栏只数 | 万羽 | 4628.31 | 1527.27 | 1404.03 | 622.40 | 708.02 | 366.59 | 2931.30 |
| 兔年末存栏只数 | 万只 | 28.27 | 0.22 | 21.86 | 2.51 | 0.99 | 2.69 | 22.08 |
| 兔年末出栏只数 | 万只 | 28.87 | 1.04 | 21.05 | 1.29 | 1.05 | 4.44 | 22.09 |
| 肉类产量 | 吨 | 163965 | 34645 | 42555 | 43521 | 30219 | 13025 | 77200 |
| #猪肉 | 吨 | 99737 | 16406 | 23423 | 34870 | 17053 | 7985 | 39829 |
| 牛肉 | 吨 | 361 | 4 | | 51 | 149 | 157 | 4 |
| 羊肉 | 吨 | 7454 | 1425 | 2532 | 875 | 2272 | 350 | 3957 |
| 兔肉 | 吨 | 531 | 10 | 400 | 31 | 24 | 66 | 410 |
| 禽肉 | 吨 | 55826 | 16800 | 16200 | 7666 | 10721 | 4439 | 33000 |
| 禽蛋产量 | 吨 | 36908 | 5328 | 8920 | 11591 | 9268 | 1801 | 14248 |
| 桑园总面积 | 公顷 | 19818 | 2968 | 8415 | 4570 | 2111 | 1754 | 11383 |
| 饲养蚕种张数 | 张 | 457126 | 62958 | 191931 | 126463 | 34370 | 41404 | 254889 |
| 1.春蚕 | 张 | 230017 | 37006 | 90612 | 60430 | 20964 | 21005 | 127618 |
| 2.夏蚕 | 张 | 21520 | 781 | 8327 | 11594 | 490 | 328 | 9108 |
| 3.秋蚕 | 张 | 205589 | 25171 | 92992 | 54439 | 12916 | 20071 | 118163 |
| 蚕茧总产量 | 吨 | 18920 | 2438 | 7938 | 5168 | 1531 | 1845 | 10376 |
| 1.春茧 | 吨 | 11667 | 1758 | 4692 | 3041 | 1043 | 1133 | 6450 |
| 2.夏茧 | 吨 | 783 | 27 | 283 | 441 | 20 | 12 | 310 |
| 3.秋茧 | 吨 | 6470 | 653 | 2963 | 1686 | 468 | 700 | 3616 |

# 3-18 分县区渔业生产

| | 单位 | 全　市 | 吴兴区 | 南浔区 | 德清县 | 长兴县 | 安吉县 | △市区 |
|---|---|---|---|---|---|---|---|---|
| **一、淡水产品产量** | **吨** | **178382** | **36924** | **56377** | **45827** | **32486** | **6768** | **93301** |
| 1.鱼　类 | 吨 | 131765 | 25167 | 44021 | 32209 | 24942 | 5426 | 69188 |
| 2.甲 壳 类 | 吨 | 21040 | 3283 | 6277 | 5222 | 5323 | 935 | 9560 |
| #养殖青虾 | 吨 | 14516 | 2177 | 4734 | 4362 | 2543 | 700 | 6911 |
| 养殖河蟹 | 吨 | 2173 | 245 | 406 | 860 | 592 | 70 | 651 |
| 3.贝　类 | 吨 | 5164 | 563 | 164 | 2185 | 1952 | 300 | 727 |
| 4.其　它 | 吨 | 20413 | 7911 | 5915 | 6211 | 269 | 107 | 13826 |
| #龟、鳖类 | 吨 | 17092 | 7980 | 2967 | 5940 | 105 | 100 | 10947 |
| **二、内陆养殖面积** | **公顷** | **20351** | **3101** | **5047** | **4035** | **4932** | **3231** | **8148** |
| 1.内　塘 | 公顷 | 10129 | 2018 | 3169 | 1428 | 2115 | 1393 | 5187 |
| 2.外　荡 | 公顷 | 6996 | 933 | 1783 | 2511 | 1717 | 53 | 2716 |
| 3.其　它 | 公顷 | 171 | 76 | 95 | | | | 171 |
| **三、稻田养殖面积** | **公顷** | **18193** | **2315** | **4723** | **7062** | **3426** | **667** | **7038** |
| **四、淡水鱼苗种生产** | | | | | | | | |
| 1.鱼苗生产 | 万尾 | 267700 | 62000 | 126800 | 35000 | 42000 | 1900 | 188800 |
| 2.鱼种生产 | 吨 | 10374 | 2520 | 5507 | 1132 | 1030 | 185 | 8027 |
| 3.投放鱼种 | 吨 | 21979 | 4741 | 8834 | 3878 | 2906 | 1620 | 13575 |

# 3－19　分县区农业机械年末拥有量

| | 单　位 | 全　市 | 吴兴区 | 南浔区 | 德清县 | 长兴县 | 安吉县 | △市区 |
|---|---|---|---|---|---|---|---|---|
| **农业机械总动力** | **千瓦** | **1535388** | **262269** | **330098** | **370054** | **330418** | **242549** | **592367** |
| #柴油机 | 千瓦 | 801317 | 131252 | 136678 | 203808 | 156561 | 173018 | 267930 |
| 汽油机 | 千瓦 | 12872 | 5092 | 79 | 4239 | 2900 | 562 | 5171 |
| 电动机 | 千瓦 | 661306 | 107131 | 162905 | 154973 | 167467 | 68830 | 270036 |
| **一、耕作机械动力** | **千瓦** | **227397** | **43413** | **38363** | **52033** | **60149** | **33439** | **81776** |
| 1.大中型拖拉机 | 台 | 165 | 11 | 10 | 2 | 81 | 61 | 21 |
| 2.小型拖拉机 | 台 | 25128 | 4809 | 4244 | 5709 | 6603 | 3763 | 9053 |
| **二、收获机械总动力** | **千瓦** | **324560** | **46673** | **66351** | **66727** | **107976** | **36833** | **113024** |
| 1.联合收割机 | 台 | 814 | 104 | 89 | 116 | 300 | 205 | 193 |
| 2.机动打稻机 | 台 | 188768 | 35474 | 49618 | 49621 | 40568 | 13487 | 85092 |
| **三、植保机械动力** | **千瓦** | **732** | **35** | **71** | **22** | **40** | **564** | **106** |
| 机动喷雾机 | 架 | 422 | 28 | 40 | 6 | 25 | 323 | 68 |
| **四、排灌机械动力** | **千瓦** | **293767** | **56102** | **79429** | **77034** | **51140** | **30062** | **135531** |
| 1.农用水泵 | 台 | 73561 | 10889 | 20146 | 15558 | 16673 | 10295 | 31035 |
| 2.喷灌机械 | 套 | 41 | 40 | | | | 1 | 40 |
| **五、农副产品加工机械动力** | **千瓦** | **92541** | **15672** | **17557** | **15975** | **20348** | **22989** | **33229** |
| 1.粮食加工机械 | 台 | 5392 | 914 | 1179 | 748 | 1353 | 1198 | 2093 |
| 2.油　料加工机械 | 台 | 388 | 20 | 72 | 28 | 122 | 146 | 92 |
| **六、运输机械动力** | **千瓦** | **417005** | **65525** | **74715** | **99200** | **76701** | **100864** | **140240** |
| 1.农用汽车 | 辆 | 3801 | 655 | 207 | 305 | 1712 | 922 | 862 |
| 2.农用拖拉机 | 辆 | 11069 | 719 | 990 | 3021 | 2161 | 4178 | 1709 |
| **七、渔业机械动力** | **千瓦** | **59893** | **18794** | **30436** | **7034** | **3490** | **139** | **49230** |
| **八、其它机械动力** | **千瓦** | **119493** | **16055** | **23176** | **52029** | **10574** | **17659** | **39231** |

注:因渔业统计报表制度中渔用机械动力(渔用柴油机、电动机、泥浆泵、增氧机、挖掘机)不再进行统计,故**2005**年渔业机械动力仅包括机动渔船动力。

# 3－20　分县区农田水利

| | 单　位 | 全　市 | 吴兴区 | 南浔区 | 德清县 | 长兴县 | 安吉县 | △市区 |
| --- | --- | --- | --- | --- | --- | --- | --- | --- |
| 一、有效灌溉面积 | 千公顷 | 128.32 | 19.55 | 27.56 | 20.45 | 40.26 | 20.5 | 47.11 |
| 占耕地面积比重 | % | 87.3 | 76.5 | 98.5 | 91.9 | 86.8 | 82.6 | 88.0 |
| 二、机电排灌面积 | 千公顷 | 111.33 | 18.88 | 26.42 | 17.1 | 34.56 | 14.37 | 45.3 |
| 三、排灌机械装机容量 | 千千瓦 | 165.18 | 37.94 | 33.89 | 36.32 | 41.56 | 15.47 | 71.83 |
| 四、旱涝保收面积 | 千公顷 | 4101.44 | 19.49 | 27.5 | 18.83 | 4022 | 13.62 | 46.99 |
| 五、易涝耕地面积 | 千公顷 | 92.31 | 19.91 | 27.36 | 13.69 | 28.51 | 2.84 | 47.27 |
| #除涝面积 | 千公顷 | 91.01 | 19.58 | 27.33 | 13.63 | 28.51 | 1.96 | 46.91 |
| 六、堤坊总长度 | 公里 | 1078.5 | 177 | 240 | 143.5 | 272 | 246 | 417 |
| 七、保护耕地 | 千公顷 | 134.78 | 29.4 | 40.5 | 22.38 | 24 | 18.5 | 69.9 |
| 八、已建水库 | 座 | 153 | 20 | | 18 | 33 | 82 | 20 |
| 九、已建水库总库容 | 万立方米 | 68226 | 1137 | | 15378 | 9813 | 41898 | 1137 |
| 十、农田基建完成土石方 | 万立方米 | 1964 | 480 | 589 | 235 | 375 | 285 | 1069 |
| #水利建设 | 万立方米 | 1511 | 296 | 395 | 196 | 339 | 285 | 691 |
| 十一、实用人工 | 万工 | 777 | 83 | 240 | 20 | 369 | 65 | 323 |
| 十二、水利资金总投入 | 万元 | 82397 | 24289 | 12048 | 15710 | 9170 | 21180 | 36337 |
| #市县自筹 | 万元 | 41657 | 15398 | 4222 | 7027 | 2153 | 12857 | 19620 |
| 乡镇村自筹 | 万元 | 32418 | 6170 | 7586 | 5770 | 6241 | 6651 | 13756 |

# 3－21　分县区农村经济收益分配

单位：万元

| | 全　市 | 吴兴区 | 南浔区 | 开发区 | 德清县 | 长兴县 | 安吉县 | △市区 |
|---|---|---|---|---|---|---|---|---|
| **一、农村经济总收入** | **23668682** | **6896398** | **7090472** | **391845** | **4121184** | **3803157** | **1757471** | **13986870** |
| #出售产品收入 | 19063303 | 5299208 | 5274873 | 345173 | 3794400 | 3320155 | 1374668 | 10574081 |
| **(一)按经营形式划分** | | | | | | | | |
| 1.乡(镇)企业收入 | 7905715 | 1706424 | 2144498 | 318731 | 2554939 | 1401004 | 98850 | 3850922 |
| 2.村组集体经营收入 | 361219 | 34960 | 483 | 33293 | 61157 | 263002 | 1616 | 35443 |
| 3.农民家庭经营收入 | 7035368 | 3389561 | 1007466 | 39821 | 502793 | 547192 | 1588357 | 4397027 |
| 4.其他经营收入 | 8366380 | 1765453 | 3938025 | | 1002295 | 1591959 | 68648 | 5703478 |
| **(二)按行业划分** | | | | | | | | |
| 1.农业收入 | 376634 | 74400 | 71349 | 10705 | 38444 | 119463 | 72978 | 145749 |
| 2.林业收入 | 106737 | 9425 | 975 | 494 | 37760 | 16905 | 41672 | 10400 |
| 3.牧业收入 | 231601 | 55634 | 59093 | 5024 | 66050 | 33760 | 17064 | 114727 |
| 4.渔业收入 | 198361 | 54264 | 554982 | 6293 | 66210 | 19503 | 2886 | 609246 |
| 5.工业收入 | 20620299 | 5335663 | 6614800 | 292442 | 3805572 | 3367866 | 1496398 | 11950463 |
| 6.建筑业收入 | 369221 | 263416 | 28923 | 10713 | 23903 | 30455 | 22524 | 292339 |
| 7.交通运输业收入 | 355836 | 123725 | 56836 | 42327 | 28046 | 103505 | 43724 | 180561 |
| 8.商饮食业收入 | 1031323 | 816882 | 112753 | 16318 | 20939 | 55862 | 24887 | 929635 |
| 9.服务业收入 | 203095 | 78335 | 70500 | 1588 | 10824 | 29159 | 14277 | 148835 |
| 10.其他收入 | 175576 | 84654 | 19745 | 5941 | 23437 | 26679 | 21061 | 104399 |

注：吴兴区包含开发区。

3－21续表

| | 全　市 | 吴兴区 | 南浔区 | 开发区 | 德清县 | 长兴县 | 安吉县 | △市区 |
|---|---|---|---|---|---|---|---|---|
| **二、农村经济总费用** | **21165454** | **6348655** | **6481438** | **336370** | **3574583** | **3293423** | **1467355** | **12830093** |
| 1.生产费用 | 17676637 | 5847599 | 4884422 | 219407 | 2814334 | 2965089 | 1165193 | 10732021 |
| 2.管理费用 | 2225989 | 266599 | 1441848 | 90586 | 207324 | 240512 | 69706 | 1708447 |
| 3.其他费用 | 1262828 | 234457 | 155168 | 26377 | 552925 | 87822 | 232456 | 389625 |
| **三、农村经济净收入** | **2503228** | **547743** | **609034** | **55475** | **546602** | **509734** | **290116** | **1156777** |
| **四、投资收益** | **24834** | **6130** | **7271** | **2360** | **3109** | **7311** | **1013** | **13401** |
| **五、农民外出劳务收入** | **135777** | **18032** | **16417** | **4866** | **21634** | **31325** | **48369** | **34449** |
| **六、可分配净收入总额** | **2663839** | **571905** | **632722** | **62701** | **571345** | **548370** | **339498** | **1204627** |
| 1.国家税金 | 511510 | 93884 | 137132 | 11832 | 117143 | 113256 | 50095 | 231016 |
| 2.上交国家有关部门 | 26729 | 6162 | 7336 | 1942 | 8907 | 1810 | 2514 | 13498 |
| 3.外来投资分利 | 69772 | 6879 | 31233 | | 15427 | 15467 | 766 | 38112 |
| 4.外来人员带走劳务收入 | 221692 | 51236 | 44717 | 3909 | 79729 | 28014 | 17996 | 95953 |
| 5.企业各项留利 | 483976 | 168609 | 132548 | 2938 | 108393 | 62248 | 12178 | 301157 |
| 6.乡村集体所得 | 15730 | 4705 | 2064 | 1020 | 5278 | 1482 | 2201 | 7409 |
| 7.农民经营所得 | 1334430 | 609967 | 277692 | 410597 | 236468 | 326093 | 253748 | 887659 |
| **七、农民从集体再分配收入** | **58737** | **8368** | **24604** | **4060** | **7528** | **13750** | **4487** | **32972** |
| **八、农民所得总额** | **1393267** | **248797** | **302297** | **45119** | **243995** | **339843** | **258235** | **551094** |

# 3－22　分乡镇基本情况(一)

| | 村民委员会（个） | 农村人口（人） | 农村实有劳动力（人） | 年末耕地面积（亩） | 农林牧渔业总产值（万元） | 乡镇企业总产值（万元） | 乡镇企业利润总额（万元） | 农民人均纯收入（元） | 乡镇财政总收入（万元） |
|---|---|---|---|---|---|---|---|---|---|
| 吴兴区 | | | | | | | | | |
| 织里镇 | 41 | 90444 | 52216 | 93927 | 40610 | 2395676 | 83058 | 9703 | 33879 |
| 八里店 | 35 | 48044 | 27377 | 64825 | 24088 | 1533901 | 43050 | 7816 | 15486 |
| 道场乡 | 8 | 15770 | 6561 | 13264 | 10885 | 176012 | 10216 | 6960 | 2708 |
| 环渚乡 | 19 | 30995 | 14701 | 24919 | 21864 | 604486 | 22355 | 7368 | 2926 |
| 妙西镇 | 15 | 15533 | 8184 | 22043 | 9116 | 163206 | 7147 | 5100 | 2972 |
| 东林镇 | 23 | 31921 | 16380 | 28531 | 43269 | 568000 | 17600 | 6500 | 4319 |
| 埭溪镇 | 19 | 31712 | 15931 | 33845 | 18744 | 213520 | 8100 | 5850 | 5432 |
| 白雀乡 | 17 | 23080 | 11402 | 13598 | 6213 | 167190 | 7392 | 7158 | 2832 |
| 杨介埠 | 31 | 36291 | 21935 | 32062 | 14739 | 301320 | 9860 | 6620 | 8486 |
| 南浔区 | | | | | | | | | |
| 南浔镇 | 52 | 70181 | 38573 | 92488 | 36266 | 3446553 | 97528 | 7871 | 51762 |
| 练市镇 | 41 | 76485 | 44351 | 86439 | 41242 | 1357799 | 21792 | 7193 | 14849 |
| 善琏镇 | 15 | 27941 | 13251 | 30530 | 18213 | 310000 | 4141 | 6998 | 2225 |
| 双林镇 | 33 | 57084 | 33698 | 62861 | 35717 | 1276031 | 38821 | 7403 | 21526 |
| 旧馆镇 | 13 | 19190 | 10206 | 20168 | 8337 | 388036 | 6068 | 7212 | 4142 |
| 菱湖镇 | 24 | 63456 | 36097 | 44365 | 36264 | 688195 | 27321 | 6950 | 10561 |
| 和孚镇 | 22 | 50173 | 25522 | 40163 | 28870 | 630106 | 24288 | 7350 | 10064 |
| 石淙镇 | 7 | 16469 | 8210 | 11571 | 7464 | 185100 | 7010 | 6942 | 2504 |
| 千金镇 | 10 | 22121 | 11603 | 29730 | 21837 | 182139 | 5784 | 6943 | 2294 |

3－22续表1

| | 村民委员会（个） | 农村人口（人） | 农村实有劳动力（人） | 年末耕地面积（亩） | 农林牧渔业总产值（万元） | 乡镇企业总产值（万元） | 乡镇企业利润总额（万元） | 农民人均纯收入（元） | 乡镇财政总收入（万元） |
|---|---|---|---|---|---|---|---|---|---|
| **德清县** | | | | | | | | | |
| 武康镇 | 28 | 60922 | 37253 | 51532 | 42273 | 850920 | 27785 | 7507 | 31609 |
| 乾元镇 | 10 | 26350 | 16650 | 25327 | 20994 | 493291 | 23756 | 7478 | 12879 |
| 新市镇 | 24 | 49741 | 30643 | 61745 | 27612 | 811009 | 9830 | 7459 | 24208 |
| 洛舍镇 | 6 | 22955 | 11076 | 22196 | 10596 | 354575 | 15518 | 7691 | 7653 |
| 钟管镇 | 19 | 41322 | 27152 | 44530 | 21665 | 637529 | 24071 | 8115 | 18708 |
| 莫干山镇 | 14 | 14509 | 8593 | 9170 | 6045 | 62347 | 2717 | 6898 | 2024 |
| 雷甸镇 | 12 | 30371 | 18308 | 28035 | 23306 | 245029 | 7893 | 7465 | 9857 |
| 新安镇 | 16 | 29655 | 18514 | 34296 | 13446 | 278668 | 12080 | 7148 | 5552 |
| 禹越镇 | 14 | 28347 | 16986 | 27726 | 10953 | 202603 | 6423 | 7187 | 6360 |
| 筏头乡 | 10 | 15596 | 10049 | 5661 | 4351 | 76134 | 2450 | 6877 | 1358 |
| 三合乡 | 13 | 20047 | 12289 | 23185 | 15404 | 82800 | 3140 | 7528 | 2411 |
| **长兴县** | | | | | | | | | |
| 洪桥镇 | 22 | 40218 | 27103 | 49724 | 23724 | 276751 | 9457 | 7918 | 6466 |
| 李家巷镇 | 12 | 24195 | 14908 | 29363 | 8351 | 263802 | 6939 | 7502 | 14860 |
| 雉城镇 | 23 | 101029 | 61140 | 115695 | 47233 | 1090914 | 47852 | 6956 | 34590 |
| 水口乡 | 8 | 17524 | 11777 | 21112 | 8893 | 28595 | 1662 | 6951 | 3395 |
| 夹浦镇 | 14 | 26987 | 15757 | 35173 | 9793 | 400285 | 20664 | 6962 | 7089 |
| 林城镇 | 20 | 53766 | 33032 | 91956 | 29058 | 211288 | 8466 | 6884 | 5859 |
| 二界岭乡 | 7 | 14681 | 9754 | 21290 | 8713 | 47150 | 4159 | 5320 | 1266 |
| 泗安镇 | 24 | 49217 | 30017 | 81351 | 33153 | 176475 | 8216 | 5784 | 4328 |
| 虹星桥镇 | 17 | 37345 | 22543 | 74738 | 24509 | 169906 | 15186 | 5754 | 4825 |
| 吕山乡 | 9 | 20779 | 13318 | 33815 | 12055 | 135819 | 3434 | 6337 | 2749 |

3－22续表2

| | 村民委员会（个） | 农村人口（人） | 农村实有劳动力（人） | 年末耕地面积（亩） | 农林牧渔业总产值（万元） | 乡镇企业总产值（万元） | 乡镇企业利润总额（万元） | 农民人均纯收入（元） | 乡镇财政总收入（万元） |
|---|---|---|---|---|---|---|---|---|---|
| 和平镇 | 22 | 38793 | 21929 | 63195 | 23215 | 226302 | 6803 | 6289 | 8460 |
| 吴山乡 | 10 | 15745 | 9610 | 21452 | 6745 | 38592 | 659 | 5414 | 3104 |
| 小浦镇 | 11 | 22910 | 13997 | 24836 | 11536 | 231079 | 16271 | 6253 | 6648 |
| 煤山镇 | 12 | 17325 | 10716 | 8303 | 7138 | 500286 | 17104 | 11253 | 22143 |
| 白岘乡 | 6 | 10838 | 6927 | 6182 | 6205 | 68237 | 1795 | 6573 | 3103 |
| 槐坎乡 | 9 | 14850 | 9970 | 13155 | 7721 | 134906 | 5010 | 6173 | 2954 |
| **安吉县** | | | | | | | | | |
| 递铺镇 | 41 | 83685 | 48810 | 71789 | 34789 | 1246120 | 27972 | 8010 | 47670 |
| 梅溪镇 | 25 | 39850 | 23338 | 52605 | 11645 | 241880 | 3206 | 5212 | 4038 |
| 昆铜乡 | 15 | 15977 | 9480 | 7384 | 12387 | 130120 | 3475 | 6708 | 1980 |
| 溪龙乡 | 6 | 8896 | 4990 | 11413 | 3249 | 63350 | 3989 | 8200 | 2135 |
| 良朋镇 | 12 | 22883 | 13987 | 26621 | 13056 | 67685 | 1461 | 5925 | 757 |
| 鄣吴镇 | 7 | 10960 | 6441 | 6426 | 3000 | 30962 | 1603 | 6430 | 1125 |
| 高禹镇 | 17 | 24503 | 15204 | 48340 | 7900 | 69374 | 2163 | 5280 | 2776 |
| 杭垓镇 | 27 | 35070 | 21882 | 19629 | 13910 | 117228 | 5319 | 5414 | 1785 |
| 孝丰镇 | 19 | 35713 | 21947 | 31430 | 14406 | 281780 | 9044 | 7285 | 5369 |
| 报福镇 | 11 | 18523 | 10153 | 9784 | 9974 | 47573 | 2135 | 7106 | 1705 |
| 章村镇 | 9 | 15287 | 10504 | 8045 | 5350 | 18758 | 485 | 6634 | 1508 |
| 皈山乡 | 6 | 9414 | 5398 | 9046 | 5003 | 49400 | 690 | 6762 | 1682 |
| 天荒坪镇 | 12 | 20875 | 12666 | 9725 | 9379 | 125440 | 4938 | 7525 | 3227 |
| 上墅乡 | 12 | 15332 | 9561 | 9801 | 5948 | 25087 | 935 | 6518 | 1065 |
| 山川乡 | 7 | 5598 | 3703 | 3113 | 2125 | 28648 | 1411 | 7371 | 1270 |

# 3－23　分乡镇基本情况(二)

| | 农作物播种面积（亩） | 粮食播种面积（亩） | 粮食总产量（吨） | 油料产量（吨） | 蚕茧产量（吨） | 茶叶产量（吨） | 水果产量（吨） | 肉类产量（吨） | 淡水产品产量（吨） | 蔬菜播种面积（亩） |
|---|---|---|---|---|---|---|---|---|---|---|
| **吴兴区** | | | | | | | | | | |
| 织里镇 | 152531 | 77205 | 37199 | 4987 | 687 | | 1393 | 3145 | 4684 | 41472 |
| 八里店 | 89694 | 52834 | 25579 | 3336 | 493 | 1 | 271 | 3901 | 4344 | 13381 |
| 道场乡 | 24490 | 13727 | 5605 | 342 | 135 | 21 | 1633 | 2243 | 1587 | 4444 |
| 环渚乡 | 71349 | 25340 | 12048 | 2037 | 191 | | 6 | 2086 | 4514 | 32649 |
| 妙西镇 | 34301 | 17788 | 7335 | 528 | 137 | 11 | 5658 | 2588 | 185 | 5076 |
| 东林镇 | 35273 | 14890 | 5980 | 625 | 475 | 6 | 1162 | 14531 | 15009 | 4850 |
| 埭溪镇 | 37593 | 20448 | 9080 | 400 | 61 | 198 | 4323 | 5827 | 915 | 6100 |
| 白雀乡 | 31331 | 15611 | 6655 | 526 | 91 | 4 | 149 | 987 | 1160 | 8745 |
| 杨介埠 | 69874 | 40138 | 16047 | 1791 | 153 | 2 | 4146 | 2909 | 3165 | 9985 |
| **南浔区** | | | | | | | | | | |
| 南浔镇 | 138809 | 84019 | 40376 | 4345 | 738 | | 2569 | 4244 | 4400 | 19536 |
| 练市镇 | 160517 | 104200 | 50077 | 3187 | 2273 | | 3675 | 9653 | 2400 | 30485 |
| 善琏镇 | 49148 | 31897 | 15072 | 1455 | 547 | | 604 | 4723 | 1208 | 6286 |
| 双林镇 | 106311 | 71160 | 32771 | 4277 | 1095 | 7 | 1183 | 7526 | 5762 | 10495 |
| 旧馆镇 | 38299 | 24050 | 11913 | 1370 | 238 | | 190 | 1633 | 1199 | 3720 |
| 菱湖镇 | 58242 | 35482 | 16368 | 1724 | 1089 | | 86 | 3333 | 20098 | 7277 |
| 和孚镇 | 54824 | 32073 | 14651 | 2726 | 912 | | | 2307 | 14500 | 5701 |
| 石淙镇 | 17638 | 12000 | 5500 | 488 | 260 | | 50 | 2312 | 2225 | 1783 |
| 千金镇 | 47640 | 30680 | 14538 | 906 | 787 | | 420 | 10717 | 4222 | 9400 |

3－23续表1

| | 农作物播种面积（亩） | 粮食播种面积（亩） | 粮食总产量（吨） | 油料产量（吨） | 蚕茧产量（吨） | 茶叶产量（吨） | 水果产量（吨） | 肉类产量（吨） | 淡水产品产量（吨） | 蔬菜播种面积（亩） |
|---|---|---|---|---|---|---|---|---|---|---|
| **德清县** | | | | | | | | | | |
| 武康镇 | 53614 | 32985 | 14899 | 187 | 346 | 397 | 5963 | 4872 | 3233 | 11759 |
| 乾元镇 | 28582 | 16932 | 6789 | 696 | 615 | 46 | 1033 | 7842 | 4789 | 5492 |
| 新市镇 | 57052 | 40230 | 17024 | 104 | 1028 | | 353 | 9942 | 5648 | 10626 |
| 洛舍镇 | 12841 | 10935 | 4393 | 68 | 244 | 259 | 2384 | 742 | 5203 | 1218 |
| 钟管镇 | 30200 | 24539 | 11280 | 160 | 651 | 41 | 263 | 1601 | 13740 | 3025 |
| 莫干山镇 | 7460 | 5600 | 2718 | 20 | | 385 | 3551 | 1170 | 46 | 750 |
| 雷甸镇 | 30696 | 18170 | 7860 | 1106 | 821 | | 2318 | 10110 | 5902 | 3427 |
| 新安镇 | 34966 | 25376 | 10573 | 288 | 848 | | 1656 | 1841 | 4428 | 4784 |
| 禹越镇 | 18019 | 15438 | 4904 | 26 | 579 | | 75 | 1488 | 5066 | 1252 |
| 筏头乡 | 7266 | 5035 | 2089 | 1 | | 74 | 94 | 106 | | 1784 |
| 三合乡 | 12658 | 9446 | 3659 | 88 | 36 | 41 | 603 | 3807 | 2878 | 1340 |
| **长兴县** | | | | | | | | | | |
| 洪桥镇 | 85512 | 40460 | 16664 | 3545 | 173 | 23 | 1277 | 3099 | 6373 | 20382 |
| 李家巷镇 | 58445 | 31498 | 14884 | 1980 | 58 | 18 | 3090 | 1494 | 495 | 9277 |
| 雉城镇 | 224261 | 103500 | 46227 | 8665 | 121 | 160 | 16728 | 7637 | 6983 | 47963 |
| 水口乡 | 39970 | 24478 | 8586 | 734 | 15 | 415 | 1442 | 2058 | 158 | 3150 |
| 夹浦镇 | 48687 | 28361 | 12358 | 1832 | 6 | 125 | 3590 | 1203 | 1630 | 4833 |
| 林城镇 | 183079 | 77876 | 36336 | 8863 | 252 | 218 | 23770 | 2046 | 4677 | 21680 |
| 二界岭乡 | 52063 | 16632 | 6457 | 1571 | 68 | 215 | 3147 | 784 | 360 | 3440 |
| 泗安镇 | 198172 | 59182 | 24918 | 2746 | 223 | 455 | 24955 | 3294 | 1727 | 21800 |
| 虹星桥镇 | 145330 | 69670 | 33008 | 5120 | 106 | 16 | 30901 | 1451 | 3151 | 23210 |
| 吕山乡 | 54736 | 23621 | 9323 | 1868 | 264 | 16 | 8177 | 1515 | 3543 | 8823 |

3－23续表2

| | 农作物播种面积（亩） | 粮食播种面积（亩） | 粮食总产量（吨） | 油料产量（吨） | 蚕茧产量（吨） | 茶叶产量（吨） | 水果产量（吨） | 肉类产量（吨） | 淡水产品产量（吨） | 蔬菜播种面积（亩） |
|---|---|---|---|---|---|---|---|---|---|---|
| 和平镇 | 106387 | 57152 | 25511 | 2574 | 117 | 243 | 23257 | 2194 | 2186 | 14190 |
| 吴山乡 | 38630 | 19352 | 9755 | 1520 | 37 | 55 | 2473 | 494 | 1044 | 4278 |
| 小浦镇 | 50540 | 21145 | 9392 | 1491 | 43 | 76 | 6196 | 830 | 147 | 9180 |
| 煤山镇 | 18735 | 5035 | 2025 | 247 | 5 | 37 | 237 | 302 | | 2600 |
| 白岘乡 | 20616 | 4058 | 1865 | 164 | 3 | 18 | 43 | 342 | | 1148 |
| 槐坎乡 | 35633 | 11713 | 4565 | 385 | 12 | 12 | 353 | 651 | 12 | 3220 |
| **安吉县** | | | | | | | | | | |
| 递铺镇 | 143790 | 79650 | 34530 | 2989 | 955 1 | 838 | 12106 | 2380 | 1100 | 26500 |
| 梅溪镇 | 62025 | 41700 | 19094 | 2175 | 346 | 117 | 1767 | 966 | 2530 | 4700 |
| 昆铜乡 | 10168 | 8130 | 3264 | 90 | 35 | 93 | 717 | 380 | 24 | 1000 |
| 溪龙乡 | 18580 | 12520 | 4839 | 304 | 46 | 100 | 1247 | 417 | 437 | 2670 |
| 良朋镇 | 72350 | 44230 | 15318 | 1531 | 150 | 270 | 7303 | 873 | 226 | 10600 |
| 鄣吴镇 | 18583 | 11103 | 3875 | 228 | 2 | 79 | 2730 | 88 | 89 | 2125 |
| 高禹镇 | 67496 | 49045 | 17764 | 738 | 177 | 42 | 3520 | 700 | 1400 | 3100 |
| 杭垓镇 | 38106 | 22956 | 7677 | 526 | | 444 | 2184 | 785 | 24 | 3424 |
| 孝丰镇 | 52278 | 22120 | 8789 | 297 | 16 | 710 | 3242 | 1430 | 165 | 14950 |
| 报福镇 | 30195 | 14700 | 6720 | 326 | 29 | 108 | 908 | 1292 | 7 | 8100 |
| 章村镇 | 12490 | 6870 | 2816 | 81 | | 98 | 54 | 341 | 5 | 2050 |
| 皈山乡 | 8440 | 6120 | 2596 | 144 | 28 | 550 | 426 | 1369 | 85 | 920 |
| 天荒坪镇 | 19087 | 13412 | 4655 | 148 | | 47 | 118 | 858 | 6 | 3434 |
| 上墅乡 | 23333 | 16655 | 4620 | 140 | | 45 | 411 | 1348 | 80 | 4100 |
| 山川乡 | 8173 | 6198 | 2060 | 33 | | 11 | 73 | 21 | 7 | 1060 |

# 主要统计指标解释

**自来水受益村数** 包括取水、净水、输配水三部分组成的自来水供给的，或由取水和输配水两部分组成的符合饮用卫生标准的简易自来水年末实际受益村委会个数。

**通汽车村数** 指有乡及乡以上公路通过，并通达客运或货运的村委会个数。

**乡村户数** 指户口在农村的常住户数，包括参加乡村各级举办的各种行业的合作经济组织，并从中取得实物或货币收入的家庭户数。但不包括在乡村地区在内的国有经济的机关、团体、学校、企业、事业单位的集体户。

**乡村人口** 指乡村户数内的常住人口。包括常住人口中外出的民工、合同工、户口在家的在外学生等，但不包括户口在领取工资的国家职工和户口迁入农村领取国家津贴的离退休职工。

**乡村劳动力** 指乡村人口中实际参加各种行业劳动并取得实物或货币收入的劳动力人数。

**农村用地面积** 是指所管辖范围内的全部面积，包括耕地、荒山、山林、草原、道路和建筑物占地等陆地面积，以及河流、湖泊、水库等水域面积。

**耕地** 是指能够种植农作物，经常进行耕锄的田地。包括新开荒地、休闲地、轮歇地、草田轮作地，以种植农作物为主间有零星桑树、茶树、果树或其他树木的土地，已围垦利用三年以上的湖泊滩涂地也包括在内。按照蓄水灌溉条件划分为水田和旱地两类。

**水田** 是指筑有田埂，可以经常蓄水，能够种植水稻或莲藕、席草、荸荠等水生作物的耕地。因天旱暂没有蓄水，改种了旱地作物，或实际水稻和旱地作物轮种的，仍应计算为水田。

**耕地面积** 是指专门种植农作物，并经常进行翻耕的土地。

**复种面积** 是指农作物套种和复种增加的面积。复种面积等于农作物总播种面积减去耕地面积、绿肥面积和非耕地上种植的农作物播种面积。

**复种指数** 是反映耕地利用程度的指标，它是播种面积(扣除绿肥面积、非耕地上种植的农作物播种面积)除以耕地面积的百分比。

**农作物播种面积** 是指实际播种或移植有农作物的面积。凡是实际种植有农作物的面积，不论种植在耕地上还是非耕地上的，也不论面积大小，均应包括在内。统计播种面积，按种植一次算一次，但移植作物的，按移植后的面积计算。

**粮食产量** 统计上分为谷物、豆类、薯类。谷物包括稻谷、小麦、大麦、玉米和其他谷物，均按脱粒晒干后的原粮计算产量；豆类包括大豆、蚕(豌)豆、杂豆，按去豆荚后的干豆计算产量；薯类包括蕃薯、马铃薯，按5公斤鲜薯折1公斤粮食计算产量。

**农业机械总动力** 是指主要用于农、林、牧、渔业的各种动力机械的动力总和，包括耕作机械、农用排灌机械、收获机械、植保机械、林业机械、畜牧机械、渔业机械、农产品加工机械、农用运输机械等其他农业机械。

**造林面积** 指本年度内在荒山、荒地、沙丘等一切可以造林的土地上，采取人工播种、植苗、飞机播种等方法，新植的成片乔木和灌木林，经检查验收，符合"造林技术规程"要求的株数，成活率达85%以上(1986年以前成活率按40%以上计算)的面积。四旁植树在四行以上，连续面积在一亩以上，应统计造林面积内。

**林产品产量** 是指从人工栽培的竹木上， 不经砍伐竹木的根本而取得的各种林产品数量，不包括茶叶、水果及野生的林产品。

**牲畜出栏数** 是指饲养单位在一定时期内将饲养的成年畜出售给国家、集市贸易市场和自宰自食的全部头数。

**肉产量** 是指当年出栏并已屠宰的畜禽肉产量。即屠宰后除去头蹄下水后带骨的胴体重量。

**水产品产量** 是指人工养殖并已起捕的水产品和捕捞天然生长的全部水产品总量。

**农产品商品率** 是农产品的商品产量占农产品产量的比重。这是反映各种农产品商品化程度的指标。以农业商品产值与农业总产值相比较，可以综合反映农业生产部门全部农产品的商品化程度。

**农林牧渔业总产值** 是指以货币表现的农林牧渔业全部产品总量，反映一定时期内农林牧渔业生产的总成果和总规模。

**农林牧渔业增加值** 是指在报告期内农林牧渔业生产单位和农户从事农、林、牧、渔业生产经营活动所提供的最终成果的货币表现。1997年起，农林牧渔业增加值采用生产法计算，取消分配法计算方法。

**农村经济总收入** 是指辖区内或某一单位当年经营的收入中可以用于抵偿本年开支并在国家、集体和个人之间进行分配的农业、林业、牧业、渔业、工业、建筑业、交通运输业、商业、饮食业、服务业等各项经营收入和利息、租金等非生产性收入。

# 四、工　　业

# 4－1　主要年份乡以上(规模以上)分行业工业总产值

单位:万元

| | 1985年 | 1990年 | 1993年 | 1994年 | 1995年<br>老口径 | 1995年<br>新口径 |
|---|---|---|---|---|---|---|
| **总　计** | **282985** | **775056** | **2113083** | **2831133** | **3393056** | **2556312** |
| 煤炭采选业 | 7434 | 21094 | 36909 | 39213 | 43326 | 37612 |
| 非金属矿采选业 | 9455 | 14532 | 59605 | 46384 | 50306 | 44936 |
| 食品加工业 | 20641 | 46603 | 92848 | 146547 | 212824 | 102319 |
| 食品制造业 | 7067 | 14672 | 40665 | 50468 | 66972 | 58565 |
| 饮料制造业 | 8361 | 25879 | 48031 | 56976 | 67555 | 58700 |
| 纺织业 | 83114 | 314096 | 811261 | 1071751 | 1203961 | 683764 |
| # 棉纺织业 | 8259 | 41297 | 119900 | 122911 | 207510 | 68023 |
| 毛纺织业 | 8510 | 20687 | 58100 | 72591 | 66415 | 53180 |
| 丝绢纺织业 | 63446 | 236017 | 551600 | 771860 | 886963 | 525405 |
| 针织品业 | 2933 | 13008 | 26100 | 37111 | 36505 | 31533 |
| 服装及其它纤维制品业 | 9440 | 17758 | 109596 | 159024 | 138188 | 105187 |
| 皮革毛皮羽绒及其制品业 | 6749 | 17174 | 32057 | 50455 | 37258 | 30464 |
| 木材加工及笔藤棕草制品业 | 1277 | 2272 | 17499 | 25252 | 44389 | 36585 |
| 家具制造业 | 2165 | 6085 | 17364 | 33917 | 27363 | 23541 |
| 造纸及纸制品业 | 6981 | 13553 | 25155 | 33988 | 63119 | 53768 |
| 印刷业 | 2277 | 6067 | 12649 | 155480 | 19447 | 16588 |
| 文教体育用品制造业 | 375 | 1702 | 5902 | 19200 | 15099 | 12949 |
| 石油加工及炼焦业 | 118 | 676 | 107 | 675 | 1119 | 951 |
| 化学原料及化学制品制造业 | 10516 | 24888 | 54317 | 89924 | 122809 | 107641 |
| 医药制造业 | 816 | 4352 | 7765 | 9152 | 13729 | 11756 |
| 化学纤维制造业 | 3119 | 11700 | 23496 | 35442 | 54659 | 46124 |
| 橡胶制品业 | 469 | 753 | 2265 | 2453 | 2857 | 2446 |
| 塑料制品业 | 3925 | 4729 | 13816 | 18542 | 28048 | 23890 |
| 非金属矿物制品业 | 38869 | 85949 | 258552 | 316940 | 345621 | 301183 |
| # 水泥制造业 | 17991 | 43775 | 142988 | 189385 | 208171 | 181539 |
| 砖瓦石灰和轻质建筑材料业 | 10135 | 20368 | 49800 | 54576 | 64522 | 57262 |
| 黑色金属冶炼及压延加工业 | 2717 | 12548 | 36319 | 39580 | 57277 | 48486 |
| 有色金属冶炼及压延加工业 | 1310 | 9434 | 18480 | 35682 | 61290 | 45225 |
| 金属制品业 | 7058 | 21004 | 55729 | 77265 | 98872 | 82238 |
| 普通机械制造业 | 5232 | 11305 | 43002 | 53378 | 86305 | 74604 |
| 专用设备制造业 | 9313 | 12633 | 47478 | 61329 | 45572 | 38885 |
| 交通运输设备制造业 | 3585 | 13215 | 27463 | 44971 | 61959 | 53411 |
| 电气机械及器材制造业 | 16365 | 33428 | 132708 | 181364 | 286605 | 244337 |
| 电子及通信设备制造业 | 4421 | 6380 | 9274 | 12975 | 14454 | 11959 |
| 仪器仪表及文化办公机械制造业 | 274 | 878 | 1692 | 2695 | 3332 | 2847 |
| 其它制造业 | 2698 | 6541 | 38080 | 49698 | 19297 | 17378 |
| 电力蒸汽热水的生产和供应业 | 6455 | 12364 | 30955 | 47552 | 94659 | 90891 |
| 自来水的生产和供应业 | 297 | 791 | 1835 | 2578 | 3653 | 3417 |

4－1续表

| | 1997年 | 规模以上工业 | | | | |
|---|---|---|---|---|---|---|
| | | 1997年 | 2000年 | 2003年 | 2004年 | 2005年 |
| **总　　计** | **2770453** | **2624650** | **3557451** | **5886152** | **7663651** | **10707901** |
| 煤炭采选业 | 41280 | 41086 | 51934 | 66468 | 84940 | 89034 |
| 非金属矿采选业 | 60069 | 42506 | 55046 | 166110 | 169567 | 284112 |
| 农副食品加工业 | 201466 | 169229 | 225071 | 108225 | 132508 | 159314 |
| 食品制造业 | 45414 | 36875 | 16196 | 51049 | 58757 | 64056 |
| 饮料制造业 | 84340 | 78264 | 42179 | 48295 | 53969 | 69233 |
| 纺织业 | 696840 | 695509 | 1000027 | 1346526 | 1631820 | 2200994 |
| #棉纺织业 | 95408 | 88361 | 151756 | 395721 | 523550 | 804783 |
| 毛纺织业 | 112303 | 111356 | 169039 | 100293 | 95714 | 117458 |
| 丝绢纺织业 | 444142 | 444414 | 558184 | 586906 | 688287 | 891710 |
| 针织品业 | 31045 | 29195 | 57446 | 98785 | 134707 | 205989 |
| 纺织服装、鞋、帽制品业 | 110647 | 112088 | 103696 | 303619 | 351969 | 522549 |
| 皮革毛皮羽绒及其制品业 | 31211 | 33120 | 33417 | 96735 | 148564 | 198528 |
| 木材加工及竹藤棕草制品业 | 69137 | 54146 | 160288 | 357017 | 535426 | 690569 |
| 家具制造业 | 19909 | 14591 | 54962 | 194688 | 160164 | 313771 |
| 造纸及纸制品业 | 53533 | 54009 | 53761 | 75215 | 103667 | 107599 |
| 印刷业 | 21270 | 18531 | 23735 | 38849 | 47405 | 59805 |
| 文教体育用品制造业 | 57266 | 55710 | 72502 | 12628 | 15809 | 24783 |
| 石油加工及炼焦业 | 19238 | 19205 | 25887 | | | 790 |
| 化学原料及化学制品制造业 | 149992 | 149535 | 139556 | 247411 | 329975 | 463508 |
| 医药制造业 | 33288 | 31497 | 178999 | 317694 | 408808 | 485818 |
| 化学纤维制造业 | 51251 | 49502 | 16496 | 12346 | 17004 | 77693 |
| 橡胶制品业 | 1983 | 1258 | 1491 | 9642 | 13330 | 24338 |
| 塑料制品业 | 18579 | 10220 | 26604 | 74348 | 107699 | 168458 |
| 非金属矿物制品业 | 291265 | 262348 | 309669 | 571537 | 794091 | 899704 |
| #水泥制造业 | 193301 | 191412 | 206378 | 370886 | 501412 | 488163 |
| 砖瓦石灰和轻质建筑材料业 | 33374 | 18214 | 19381 | 29721 | 40040 | 73357 |
| 黑色金属冶炼及压延加工业 | 32009 | 33210 | 28877 | 136932 | 245334 | 608155 |
| 有色金属冶炼及压延加工业 | 55954 | 56860 | 75085 | 159390 | 236676 | 359525 |
| 金属制品业 | 94058 | 92253 | 132857 | 282088 | 408977 | 253390 |
| 通用设备制造业 | 46900 | 41912 | 48716 | 138694 | 220582 | 300065 |
| 专用设备制造业 | 34121 | 29025 | 25845 | 49587 | 90282 | 79480 |
| 交通运输设备制造业 | 70305 | 61719 | 58444 | 39905 | 49063 | 38788 |
| 电气机械及器材制造业 | 240837 | 254249 | 398171 | 467493 | 689629 | 980385 |
| 电子及通信设备制造业 | 27478 | 26512 | 19137 | 44001 | 58270 | 82877 |
| 仪器仪表及文化办公机械制造 | 3444 | 2151 | 6438 | 3175 | 4376 | 12249 |
| 其它制造业 | 21175 | 5443 | 13897 | 64290 | | |
| 电力蒸汽热水的生产和供应业 | 81153 | 78615 | 156745 | 391622 | 409126 | 1032774 |
| 自来水的生产和供应业 | 4680 | 4358 | 5971 | 9666 | 10578 | 11991 |

# 4－2 主要年份市区乡以上(规模以上)分行业工业总产值

单位:万元

| | 1985年 | 1990年 | 1993年 | 1994年 | 1995年<br>老口径 | 1995年<br>新口径 |
|---|---|---|---|---|---|---|
| **总　计** | **166532** | **454792** | **1076236** | **1489513** | **1898148** | **1381404** |
| 煤炭采选业 | 197 | 721 | | | | |
| 非金属矿采选业 | 3255 | 6008 | 14707 | 18646 | 19756 | 17928 |
| 食品加工业 | 9322 | 19831 | 29162 | 38015 | 63763 | 57108 |
| 食品制造业 | 3522 | 8637 | 23148 | 30656 | 45662 | 37148 |
| 饮料制造业 | 2842 | 8658 | 13163 | 17519 | 20355 | 17547 |
| 纺织业 | 67121 | 224554 | 469668 | 627583 | 763814 | 429097 |
| #棉纺织业 | 7057 | 28670 | 60170 | 56667 | 156317 | 48002 |
| 毛纺织业 | 8033 | 16394 | 47029 | 58860 | 59000 | 51238 |
| 丝绢纺织业 | 51023 | 166049 | 338808 | 469555 | 511696 | 298074 |
| 针织品业 | 2262 | 11959 | 21815 | 30324 | 32135 | 27790 |
| 服装及其它纤维制品业 | 5444 | 11581 | 80952 | 113498 | 114278 | 85362 |
| 皮革毛皮羽绒及其制品业 | 4358 | 11861 | 18585 | 24378 | 20116 | 15682 |
| 木材加工及笔藤棕草制品业 | 734 | 961 | 1844 | 955 | 1229 | 1037 |
| 家具制造业 | 1195 | 1584 | 2354 | 2675 | 4241 | 3422 |
| 造纸及纸制品业 | 2122 | 5592 | 11473 | 17076 | 26526 | 22528 |
| 印刷业 | 1103 | 4279 | 9316 | 12208 | 14270 | 12228 |
| 文教体育用品制造业 | 279 | 870 | 3571 | 16389 | 12747 | 10961 |
| 石油加工及炼焦业 | | | | | 244 | 209 |
| 化学原料及化学制品制造业 | 8210 | 17322 | 35102 | 49804 | 64303 | 56946 |
| 医药制造业 | 555 | 2106 | 3316 | 4374 | 8619 | 7378 |
| 化学纤维制造业 | | 5945 | 7176 | 9847 | 10465 | 8944 |
| 橡胶制品业 | 233 | 375 | 910 | 1238 | 1507 | 1301 |
| 塑料制品业 | 1920 | 2788 | 4548 | 6197 | 9767 | 8342 |
| 非金属矿物制品业 | 16889 | 30150 | 81980 | 115868 | 112361 | 99462 |
| #水泥制造业 | 7896 | 15473 | 56563 | 83826 | 76526 | 67399 |
| 砖瓦石灰和轻质建筑材料业 | 3485 | 4580 | 9524 | 11611 | 14005 | 12802 |
| 黑色金属冶炼及压延加工业 | 2503 | 11398 | 34208 | 38869 | 53235 | 45072 |
| 有色金属冶炼及压延加工业 | 970 | 9257 | 17913 | 33866 | 57921 | 42354 |
| 金属制品业 | 4976 | 15275 | 35033 | 49355 | 76469 | 62942 |
| 普通机械制造业 | 3727 | 7339 | 29274 | 38387 | 57536 | 49782 |
| 专用设备制造业 | 6069 | 7652 | 21565 | 30959 | 21579 | 18572 |
| 交通运输设备制造业 | 2629 | 5134 | 16924 | 32168 | 52142 | 44705 |
| 电气机械及器材制造业 | 10835 | 23810 | 93235 | 131569 | 22411 | 188712 |
| 电子及通信设备制造业 | 3120 | 4028 | 5401 | 7268 | 2943 | 2549 |
| 仪器仪表及文化办公机械制造业 | 222 | 871 | 1599 | 2275 | 3275 | 2799 |
| 其它制造业 | 1171 | 3072 | 3828 | 4199 | 7361 | 6403 |
| 电力蒸汽热水的生产和供应业 | 728 | 2603 | 5139 | 11883 | 25375 | 22849 |
| 自来水的生产和供应业 | 209 | 537 | 1169 | 1790 | 2180 | 2048 |

4－2续表

| | 1997年 | 规模以上工业 | | | | |
|---|---|---|---|---|---|---|
| | | 1997年 | 2000年 | 2003年 | 2004年 | 2005年 |
| **总　　计** | **1513430** | **1486520** | **2033846** | **3027253** | **3845752** | **5484339** |
| 煤炭采选业 | | | | | | |
| 非金属矿采选业 | 23330 | 18990 | 28329 | 74610 | 65402 | 88612 |
| 农副食品加工业 | 64919 | 51403 | 21748 | 20571 | 29556 | 62870 |
| 食品制造业 | 14396 | 12715 | 5961 | 13313 | 19059 | 17395 |
| 饮料制造业 | 28484 | 28095 | 15656 | 4947 | 5667 | 13803 |
| 纺织业 | 486142 | 496054 | 772415 | 942670 | 1146240 | 1533718 |
| ＃棉纺织业 | 40033 | 38729 | 103459 | 334609 | 447608 | 645582 |
| 毛纺织业 | 111725 | 111356 | 169039 | 96587 | 85736 | 116567 |
| 丝绢纺织业 | 304543 | 309720 | 423964 | 345583 | 399578 | 514105 |
| 针织品业 | 27784 | 26496 | 50806 | 90094 | 121375 | 167082 |
| 服装及其它纤维制品业 | 101788 | 104480 | 94436 | 228594 | 265308 | 358526 |
| 皮革毛皮羽绒及其制品业 | 12173 | 13416 | 15745 | 67307 | 102333 | 117362 |
| 木材加工及笔藤棕草制品业 | 2979 | 1676 | 8323 | 90590 | 198049 | 302996 |
| 家具制造业 | 3336 | 4496 | 42187 | 93006 | 8890 | 19615 |
| 造纸及纸制品业 | 20756 | 20905 | 24818 | 22244 | 29057 | 25168 |
| 印刷业 | 15697 | 14573 | 18667 | 31158 | 38645 | 54200 |
| 文教体育用品制造业 | 54979 | 54165 | 64720 | 5350 | 6741 | 5626 |
| 石油加工及炼焦业 | 19205 | 19205 | 25887 | | | |
| 化学原料及化学制品制造业 | 51905 | 49663 | 68034 | 100291 | 124248 | 167416 |
| 医药制造业 | 25541 | 24892 | 49225 | 85560 | 80829 | 58617 |
| 化学纤维制造业 | 7750 | 7750 | 4267 | 4255 | 7195 | 46216 |
| 橡胶制品业 | 310 | | | 6297 | 9030 | 19369 |
| 塑料制品业 | 5884 | 3126 | 2694 | 35952 | 37596 | 35564 |
| 非金属矿物制品业 | 106198 | 96829 | 122487 | 180961 | 226191 | 247101 |
| ＃水泥制造业 | 81913 | 79994 | 79344 | 117378 | 125142 | 90660 |
| 砖瓦石灰和轻质建筑材料 | 10307 | 6850 | 10535 | 15036 | 21712 | 32626 |
| 黑色金属冶炼及压延加工业 | 32009 | 33210 | 25637 | 136932 | 239554 | 556427 |
| 有色金属冶炼及压延加工业 | 50833 | 52203 | 73351 | 131237 | 173828 | 304185 |
| 金属制品业 | 72815 | 70727 | 105992 | 229453 | 342491 | 172829 |
| 通用设备制造业 | 27095 | 25405 | 28706 | 70172 | 96265 | 147794 |
| 专用设备制造业 | 16352 | 14179 | 11889 | 26025 | 55331 | 47139 |
| 交通运输设备制造业 | 63930 | 58297 | 54069 | 31232 | 36986 | 24180 |
| 电气机械及器材制造业 | 164806 | 173896 | 312504 | 306181 | 420712 | 610518 |
| 电子及通信设备制造业 | 16325 | 16168 | 6060 | 20111 | 29596 | 27997 |
| 仪器仪表及文化办公机械制造业 | 2988 | 2151 | 650 | 1371 | 501 | 2574 |
| 其它制造业 | 3891 | 1294 | 886 | 2583 | | |
| 电力蒸汽热水的生产和供应业 | 13806 | 13806 | 25301 | 58885 | 42222 | 407282 |
| 自来水的生产和供应业 | 2812 | 2752 | 3201 | 5396 | 5912 | 5509 |

注：电力供应行业2005年度按全价计算产值，以前年度按进销差价计算产值。

# 4-3 历年主要工业产品产量

| 年 份 | 丝<br>（吨） | 丝织品<br>（亿米） | 化学纤维<br>（吨） | 布<br>（万米） | 印染布<br>（万米） | 机制纸<br>及纸板<br>（万吨） |
|---|---|---|---|---|---|---|
| 全部工业 | | | | | | |
| 1978 | 2155 | 0.26 | | 1597 | 690 | 0.90 |
| 1979 | 1991 | 0.29 | 549 | 1655 | 837 | 1.11 |
| 1980 | 3003 | 0.37 | 878 | 2114 | 999 | 1.50 |
| 1981 | 2342 | 0.39 | 2262 | 1969 | 1017 | 1.53 |
| 1982 | 2393 | 0.45 | 1726 | 2318 | 1504 | 2.28 |
| 1983 | 2344 | 0.48 | 3380 | 2600 | 1414 | 3.39 |
| 1984 | 2432 | 0.57 | 4599 | 3110 | 1501 | 4.24 |
| 1985 | 2847 | 0.68 | 5089 | 4330 | 1437 | 5.09 |
| 1986 | 3073 | 0.81 | 5683 | 6370 | 1538 | 6.26 |
| 1987 | 3347 | 1.02 | 5252 | 2834 | 1583 | 7.48 |
| 1988 | 3916 | 1.29 | 5812 | 5822 | 14534 | 7.95 |
| 1989 | 3955 | 1.02 | 6526 | 4612 | 12018 | 7.80 |
| 1990 | 4328 | 1.11 | 10086 | 4924 | 19076 | 6.99 |
| 1991 | 4580 | 1.26 | 11411 | 4679 | 18057 | 8.50 |
| 1992 | 5639 | 1.23 | 12384 | 8625 | 44541 | 10.21 |
| 1993 | 7315 | 2.01 | 10000 | 15762 | 19067 | 13.45 |
| 1994 | 9632 | 1.93 | 17200 | 22681 | 53869 | 17.09 |
| 1995 | 10764 | 4.70 | 13400 | 6509 | 47342 | 19.89 |
| 1996 | 8524 | 3.63 | 16300 | 7948 | 63900 | 18.50 |
| 1997 | 8205 | 12.85 | 23600 | 13541 | 71378 | 20.62 |
| 规模以上工业 | | | | | | |
| 1997 | 6854 | 2.70 | 22180 | 5718 | 28813 | 13.94 |
| 1998 | 7409 | 3.29 | 17169 | 5132 | 43467 | 14.22 |
| 1999 | 7550 | 4.29 | 14524 | 7485 | 49293 | 15.95 |
| 2000 | 7618 | 5.23 | 14981 | 9779 | 53672 | 15.85 |
| 2001 | 7997 | 6.72 | 14081 | 10576 | 56108 | 14.98 |
| 2002 | 8376 | 8.13 | 24123 | 11974 | 71154 | 15.36 |
| 2003 | 9183 | 9.37 | 23749 | 12987 | 88477 | 16.85 |
| 2004 | 11127 | 13.03 | 19511 | 15090 | 101432 | 20.48 |
| 2005 | 15818 | 14.78 | 42371 | 34202 | 120757 | 14.03 |

4－3续表1

| 年 份 | 塑料制品（吨） | 饮料酒（万吨） | 食 用植物油（万吨） | 钢（万吨） | 钢 材（万吨） | 发 电 量（亿千瓦时 |
|---|---|---|---|---|---|---|
| 全部工业 | | | | | | |
| 1978 | 854 | 1.21 | 0.97 | 0.32 | 0.09 | 6.34 |
| 1979 | 858 | 1.30 | 1.33 | 0.29 | 0.93 | 7.58 |
| 1980 | 1444 | 1.67 | 1.45 | 0.18 | 1.77 | 8.10 |
| 1981 | 1645 | 3.35 | 1.55 | 0.14 | 1.14 | 7.63 |
| 1982 | 1443 | 4.51 | 1.80 | 0.17 | 2.01 | 7.71 |
| 1983 | 1605 | 5.19 | 2.06 | 0.30 | 1.28 | 7.47 |
| 1984 | 1731 | 5.93 | 2.08 | 0.77 | 1.11 | 8.06 |
| 1985 | 4962 | 7.15 | 2.29 | 2.31 | 1.68 | 8.65 |
| 1986 | 4749 | 8.18 | 2.98 | 2.80 | 2.17 | 8.64 |
| 1987 | 5231 | 10.00 | 3.60 | 3.52 | 2.84 | 8.43 |
| 1988 | 8937 | 11.24 | 3.86 | 4.62 | 3.24 | 8.21 |
| 1989 | 7202 | 10.00 | 3.30 | 6.34 | 4.10 | 8.11 |
| 1990 | 6321 | 9.02 | 4.04 | 8.70 | 2.37 | 8.25 |
| 1991 | 8454 | 9.43 | 5.79 | 7.00 | 3.45 | 9.38 |
| 1992 | 11520 | 12.09 | 6.37 | 7.94 | 5.88 | 16.94 |
| 1993 | 15278 | 15.03 | 6.03 | 8.88 | 8.07 | 25.51 |
| 1994 | 14589 | 15.17 | 6.78 | 9.72 | 10.88 | 26.80 |
| 1995 | 23768 | 15.89 | 7.93 | 9.88 | 6.98 | 24.45 |
| 1996 | 20000 | 19.78 | 10.36 | 7.85 | 6.65 | 27.34 |
| 1997 | 19864 | 20.22 | 10.26 | 4.46 | 5.76 | 25.83 |
| 规模以上工业 | | | | | | |
| 1997 | 12403 | 17.78 | 9.21 | 4.46 | 5.47 | 24.97 |
| 1998 | 14925 | 17.52 | 10.75 | 0.31 | 3.47 | 25.28 |
| 1999 | 26199 | 12.01 | 21.65 | 0.23 | 0.24 | 37.90 |
| 2000 | 28526 | 10.25 | 31.58 | 0.21 | 0.29 | 47.59 |
| 2001 | 31382 | 8.74 | 25.87 | 0.16 | 0.40 | 52.28 |
| 2002 | 34202 | 9.82 | 11.65 | 4.28 | 0.73 | 60.15 |
| 2003 | 39634 | 13.71 | 6,35 | 5.50 | 46.47 | 89.77 |
| 2004 | 43380 | 13.18 | 8.86 | 7.31 | 66.33 | 97.98 |
| 2005 | 32851 | 13.79 | 5.45 | 8.04 | 53.93 | 108.73 |

注:2004年及以后年度饮料酒计量单位为万千升。

4－3续表 2

| 年 份 | 原 煤（万吨） | 合成氨（万吨） | 农用化肥（万吨） | 化学农药（吨） | 烧碱（吨） | 水 泥（万吨） |
|---|---|---|---|---|---|---|
| 全部工业 | | | | | | |
| 1978 | 114.2 | 3.37 | 2.34 | 1013 | 702 | 28.40 |
| 1979 | 125.6 | 4.49 | 3.13 | 1030 | 1240 | 36.00 |
| 1980 | 116.9 | 4.71 | 3.39 | 1245 | 1535 | 48.30 |
| 1981 | 109.6 | 5.12 | 3.65 | 1390 | 1648 | 61.30 |
| 1982 | 113.0 | 4.88 | 3.53 | 2165 | 1590 | 86.20 |
| 1983 | 116.4 | 5.27 | 3.73 | 2822 | 1687 | 98.90 |
| 1984 | 116.4 | 5.30 | 3.74 | 3150 | 2169 | 146.10 |
| 1985 | 117.0 | 4.28 | 4.11 | 1812 | 2738 | 176.00 |
| 1986 | 119.0 | 3.98 | 2.99 | 2699 | 2749 | 214.00 |
| 1987 | 117.0 | 5.08 | 3.83 | 2941 | 3136 | 260.00 |
| 1988 | 116.0 | 4.83 | 3.86 | 3973 | 3328 | 282.00 |
| 1989 | 116.6 | 4.50 | 3.45 | 4286 | 3605 | 263.00 |
| 1990 | 112.2 | 4.38 | 3.34 | 4763 | 4551 | 271.00 |
| 1991 | 114.2 | 4.90 | 3.89 | 4302 | 4625 | 338.30 |
| 1992 | 113.6 | 4.21 | 3.47 | 4704 | 5536 | 436.00 |
| 1993 | 111.9 | 3.98 | 3.55 | 5113 | 10200 | 500.40 |
| 1994 | 100.7 | 5.02 | 3.70 | 5649 | 11500 | 590.80 |
| 1995 | 86.25 | 6.27 | 5.17 | 5089 | 12591 | 654.30 |
| 1996 | 92.25 | 6.77 | 4.61 | 6285 | 13207 | 693.00 |
| 1997 | 88.74 | 6.46 | 4.42 | 9886 | 13204 | 639.30 |
| 规模以上工业 | | | | | | |
| 1997 | 83.52 | 6.46 | 4.32 | 8434 | 13204 | 601.57 |
| 1998 | 83.52 | 8.19 | 5.23 | 10903 | 13117 | 639.84 |
| 1999 | 75.58 | 8.36 | 5.18 | 7355 | 12929 | 736.65 |
| 2000 | 64.80 | 6.49 | 4.12 | 9513 | 13510 | 819.51 |
| 2001 | 65.16 | 4.57 | 3.38 | 13796 | 14765 | 1011.71 |
| 2002 | 63.50 | 3.72 | 3.27 | 17563 | 20999 | 1165.89 |
| 2003 | 59.17 | 3.94 | 2.99 | 23503 | 22527 | 1249.49 |
| 2004 | 43.29 | 4.10 | 3.66 | 31747 | 23100 | 1325.48 |
| 2005 | 31.31 | 4.16 | 3.98 | 39193 | 25295 | 1373.17 |

# 4－4　分县区规模以上工业单位数

单位:个

| | 全　市 | 吴兴区 | 南浔区 | 德清县 | 长兴县 | 安吉县 | △市区 |
|---|---|---|---|---|---|---|---|
| **规模以上工业** | **1895** | **372** | **399** | **397** | **370** | **357** | **771** |
| #轻工业 | 1069 | 225 | 216 | 230 | 187 | 211 | 441 |
| 重工业 | 826 | 147 | 183 | 167 | 183 | 146 | 330 |
| #国有控股企业 | 44 | 15 | 3 | 13 | 6 | 7 | 18 |
| #大中型工业 | 128 | 31 | 27 | 30 | 25 | 15 | 58 |
| **按登记注册类型分** | | | | | | | |
| 内资企业 | 1589 | 303 | 359 | 296 | 337 | 294 | 662 |
| #国有企业 | 16 | 7 | 1 | 1 | 3 | 4 | 8 |
| 集体企业 | 70 | 12 | 6 | 16 | 25 | 11 | 18 |
| 股份合作制 | 24 | 7 | 2 | 3 | 9 | 3 | 9 |
| 联营企业 | 2 | 1 | | 1 | | | 1 |
| 有限责任公司 | 321 | 85 | 61 | 87 | 59 | 29 | 146 |
| 股份制企业 | 20 | 4 | 5 | 6 | 5 | | 9 |
| 私营企业 | 1136 | 187 | 284 | 182 | 236 | 247 | 471 |
| 港澳台投资企业 | 160 | 37 | 23 | 57 | 15 | 28 | 60 |
| 外商投资企业 | 146 | 32 | 17 | 44 | 18 | 35 | 49 |

# 4－5　分县区规模以上工业总产值

单位:万元

| | 全　市 | 吴兴区 | 南浔区 | 德清县 | 长兴县 | 安吉县 | △市区 |
|---|---|---|---|---|---|---|---|
| **规模以上工业** | **10707901** | **2767751** | **2716589** | **2208325** | **1839472** | **1175765** | **5484339** |
| #轻工业 | 4937101 | 1342338 | 1069303 | 1192333 | 723284 | 609843 | 2411641 |
| 重工业 | 5770800 | 1425413 | 1647286 | 1015992 | 1116188 | 565922 | 3072699 |
| #国有控股企业 | 1359426 | 493401 | 41513 | 172361 | 412793 | 239358 | 534914 |
| #大中型工业 | 5158789 | 1643408 | 1198272 | 1059081 | 988195 | 269834 | 2841679 |
| **按登记注册类型分** | | | | | | | |
| 内资企业 | 9137503 | 2388447 | 2465390 | 1717978 | 1676930 | 888757 | 4853837 |
| #国有企业 | 756412 | 402466 | 829 | 77227 | 235795 | 40094 | 403295 |
| 集体企业 | 201110 | 24649 | 26220 | 58101 | 71487 | 20653 | 50869 |
| 股份合作制 | 90903 | 35242 | 29373 | 7559 | 14956 | 3773 | 64615 |
| 联营企业 | 127908 | 126429 | | 1480 | | | 126429 |
| 有限责任公司 | 3068939 | 884119 | 555455 | 764361 | 601686 | 263318 | 1439574 |
| 股份制企业 | 1335181 | 364393 | 623861 | 202723 | 144204 | | 988254 |
| 私营企业 | 3557050 | 551149 | 1229653 | 606528 | 608801 | 560919 | 1780802 |
| 港澳台投资企业 | 883444 | 215159 | 166779 | 296020 | 86918 | 118568 | 381938 |
| 外商投资企业 | 686954 | 164144 | 84419 | 194327 | 75624 | 168440 | 248564 |

# 4－6　分县区规模以上工业销售产值

单位：万元

| | 全　市 | 吴兴区 | 南浔区 | 德清县 | 长兴县 | 安吉县 | △市区 |
|---|---|---|---|---|---|---|---|
| **规模以上工业** | **10502533** | **2727676** | **2682526** | **2132527** | **1803370** | **1156434** | **5410202** |
| ＃轻工业 | 4817843 | 1311562 | 1049211 | 1153063 | 704550 | 599458 | 2360773 |
| 重工业 | 5684690 | 1416114 | 1633315 | 979464 | 1098820 | 556976 | 3049429 |
| ＃国有控股企业 | 1356192 | 493452 | 44038 | 167320 | 412169 | 239214 | 537490 |
| ＃大中型工业 | 5066921 | 1620913 | 1190772 | 1021968 | 971952 | 261317 | 2811684 |
| **按登记注册类型分** | | | | | | | |
| 内资企业 | 8972712 | 2354860 | 2436192 | 1661117 | 1646125 | 874418 | 4791052 |
| ＃国有企业 | 755410 | 401556 | 829 | 77135 | 235795 | 40094 | 402386 |
| 集体企业 | 198015 | 24423 | 25611 | 57860 | 69605 | 20516 | 50034 |
| 股份合作制 | 89277 | 34274 | 29484 | 7561 | 14252 | 3706 | 63757 |
| 联营企业 | 121430 | 119957 | | 1473 | | | 119957 |
| 有限责任公司 | 3025400 | 877975 | 555231 | 742354 | 587491 | 262349 | 1433206 |
| 股份制企业 | 1298501 | 350504 | 614708 | 189170 | 144119 | | 965212 |
| 私营企业 | 3484680 | 546171 | 1210329 | 585565 | 594863 | 547753 | 1756500 |
| 港澳台投资企业 | 869272 | 213090 | 163560 | 287888 | 87564 | 117170 | 376650 |
| 外商投资企业 | 660549 | 159726 | 82775 | 183521 | 69680 | 164847 | 242501 |

# 4－7 分县区规模以上工业主要经济指标

单位:万元

| | 全 市 | 吴兴区 | 南浔区 | 德清县 | 长兴县 | 安吉县 | 市区 |
|---|---|---|---|---|---|---|---|
| 工业企业单位数 | 1895 | 372 | 399 | 397 | 370 | 357 | 771 |
| #亏损企业 | 82 | 19 | 9 | 24 | 20 | 10 | 28 |
| 主营业务收入 | 10295121 | 2419644 | 2720370 | 2168259 | 1844716 | 1142132 | 5140014 |
| 主营业务成本 | 9019370 | 2113650 | 2467324 | 1909292 | 1555722 | 973384 | 4580973 |
| 营业费用 | 225036 | 45802 | 37056 | 56413 | 55135 | 30631 | 82857 |
| 主营业务税金及附加 | 58456 | 11145 | 10089 | 13018 | 17594 | 6611 | 21234 |
| 利税总额 | 932700 | 225053 | 195503 | 171303 | 210239 | 130602 | 420556 |
| 利润总额 | 526909 | 138946 | 107939 | 100921 | 109732 | 69371 | 246886 |
| 亏损企业亏损额 | 16807 | 7900 | 789 | 3960 | 2945 | 1214 | 8688 |
| 资产合计 | 8760687 | 2472641 | 1575038 | 1821517 | 1935710 | 955781 | 4047679 |
| 固定资产净值平均余额 | 3424690 | 957336 | 431318 | 569802 | 887895 | 578338 | 1388655 |
| 本年折旧 | 311343 | 88372 | 47333 | 50551 | 73003 | 52084 | 135705 |
| 流动资产平均余额 | 3897333 | 1101003 | 884843 | 905949 | 708851 | 296687 | 985846 |
| 产成品 | 540909 | 167054 | 138891 | 127363 | 71531 | 36071 | 305945 |
| 应收帐款 | 1056704 | 288233 | 223164 | 238751 | 189552 | 117004 | 511397 |
| 负债合计 | 5337109 | 1600959 | 975112 | 980876 | 1140791 | 639371 | 2576072 |
| 所有者权益 | 3423577 | 871682 | 599926 | 840641 | 794919 | 316409 | 1471608 |
| 工业总产值(现价) | 10707901 | 2767751 | 2716589 | 2208325 | 1839472 | 1175765 | 5484339 |
| 工业销售产值 | 10502533 | 2727676 | 2682526 | 2132527 | 1803370 | 1156434 | 5410202 |
| 全部职工平均人数(人) | 251028 | 51355 | 52535 | 62173 | 48657 | 36308 | 103890 |
| 本年应交增值税 | 347335 | 74962 | 77474 | 57365 | 82914 | 54620 | 152437 |

# 4-8 分县区规模以上国有及国有控股工业主要经济指标

单位：万元

| | 全　市 | 吴兴区 | 南浔区 | 德清县 | 长兴县 | 安吉县 | △市区 |
|---|---|---|---|---|---|---|---|
| 工业企业单位数 | 44 | 15 | 3 | 13 | 6 | 7 | 18 |
| #亏损企业 | 8 | 2 | | 1 | 2 | 3 | 2 |
| 主营业务收入 | 1033445 | 163520 | 41728 | 162101 | 429899 | 236197 | 205247 |
| 主营业务成本 | 863954 | 132616 | 35117 | 148316 | 361904 | 186002 | 167733 |
| 营业费用 | 13478 | 6852 | 1316 | 1770 | 2864 | 676 | 8168 |
| 主营业务税金及附加 | 5688 | 1218 | 126 | 255 | 2430 | 1660 | 1344 |
| 利税总额 | 131810 | 18847 | 2986 | 8695 | 53098 | 48184 | 21834 |
| 利润总额 | 64211 | 5176 | 2266 | 5867 | 22892 | 28011 | 7441 |
| 亏损企业亏损额 | 5812 | 3999 | | 56 | 1427 | 331 | 3999 |
| 资产合计 | 1911648 | 562394 | 29555 | 146810 | 663721 | 509167 | 591950 |
| 固定资产净值平均余额 | 1297871 | 389747 | 10032 | 62264 | 381843 | 453984 | 399779 |
| 本年折旧 | 117373 | 39138 | 953 | 6231 | 31783 | 39268 | 40091 |
| 流动资产平均余额 | 341684 | 100339 | 13877 | 61957 | 114198 | 51314 | 114215 |
| 产成品 | 31179 | 10375 | 2324 | 13907 | 1874 | 2700 | 12699 |
| 应收帐款 | 98532 | 25854 | 1277 | 11918 | 38184 | 21300 | 27131 |
| 负债合计 | 1346850 | 450785 | 19492 | 77317 | 424083 | 375172 | 470277 |
| 所有者权益 | 564798 | 111609 | 10063 | 69493 | 239638 | 133995 | 121673 |
| 工业总产值(现价) | 1359426 | 493401 | 41513 | 172361 | 412793 | 239358 | 534914 |
| 工业销售产值 | 1356192 | 493452 | 44038 | 167320 | 412169 | 239214 | 537490 |
| 全部职工平均人数(人) | 24399 | 6995 | 1406 | 4496 | 10607 | 895 | 8401 |
| 本年应交增值税 | 61910 | 12454 | 595 | 2573 | 27776 | 18513 | 13049 |

# 4－9　分县区规模以上“三资”工业主要经济指标

单位：万元

| | 全　市 | 吴兴区 | 南浔区 | 德清县 | 长兴县 | 安吉县 | △市区 |
|---|---|---|---|---|---|---|---|
| 工业企业单位数 | 306 | 69 | 40 | 101 | 33 | 63 | 109 |
| #亏损企业 | 23 | 7 | 1 | 6 | 4 | 5 | 8 |
| 主营业务收入 | 1544767 | 376657 | 254642 | 475327 | 161964 | 276177 | 631300 |
| 主营业务成本 | 1321631 | 308210 | 220215 | 417897 | 141406 | 233904 | 528425 |
| 营业费用 | 39591 | 8969 | 3972 | 10797 | 4522 | 11332 | 12941 |
| 主营业务税金及附加 | 2373 | 770 | 276 | 328 | 616 | 383 | 1046 |
| 利税总额 | 158621 | 51309 | 28022 | 40308 | 12663 | 26319 | 79331 |
| 利润总额 | 104289 | 37595 | 18821 | 26461 | 6188 | 15225 | 56416 |
| 亏损企业亏损额 | 4519 | 1589 | 277 | 1148 | 751 | 754 | 1866 |
| 资产合计 | 1398266 | 407663 | 246200 | 345358 | 251775 | 147270 | 653863 |
| 固定资产净值平均余额 | 559012 | 167206 | 90571 | 137122 | 126630 | 37484 | 257777 |
| 本年折旧 | 41943 | 11697 | 6881 | 11955 | 7370 | 4040 | 18578 |
| 流动资产平均余额 | 619953 | 174922 | 102873 | 158027 | 102708 | 81423 | 277795 |
| 产成品 | 95911 | 24656 | 16975 | 35710 | 6735 | 11835 | 41631 |
| 应收帐款 | 193430 | 57781 | 32032 | 53639 | 14546 | 35432 | 89813 |
| 负债合计 | 738271 | 197233 | 136073 | 176040 | 149604 | 79321 | 333306 |
| 所有者权益 | 659995 | 210430 | 110127 | 169318 | 102171 | 67949 | 320557 |
| 工业总产值(现价) | 1570399 | 379303 | 251199 | 490347 | 162542 | 287008 | 630502 |
| 工业销售产值 | 1529821 | 372816 | 246335 | 471409 | 157245 | 282017 | 619150 |
| 全部职工平均人数(人) | 55924 | 10822 | 7141 | 19716 | 6252 | 11993 | 17963 |
| 本年应交增值税 | 51959 | 12944 | 8925 | 13520 | 5859 | 10711 | 21869 |

# 4－10 分县区规模以上工业分行业工业总产值

单位:万元

| | 全　市 | 吴兴区 | 南浔区 | 德清县 | 长兴县 | 安吉县 | △市区 |
|---|---|---|---|---|---|---|---|
| 总　　计 | **10707901** | **2767751** | **2716589** | **2208325** | **1839472** | **1175765** | **5484339** |
| **采掘业** | **373145** | **88612** | | **101225** | **165184** | **18125** | **88612** |
| 煤炭开采和洗选业 | 89034 | | | | 89034 | | |
| 烟煤和无烟煤的开采洗选 | 89034 | | | | 89034 | | |
| 非金属矿采选业 | 284112 | 88612 | | 101225 | 76150 | 18125 | 88612 |
| 土砂石开采 | 270461 | 88612 | | 101225 | 63117 | 17507 | 88612 |
| 石棉及其他非金属矿采选 | 13651 | | | | 13033 | 618 | |
| **制造业** | **9289723** | **2278578** | **2704359** | **2004083** | **1379349** | **923354** | **4982937** |
| 农副食品加工业 | 159314 | 33163 | 29707 | 61640 | 16213 | 18591 | 62870 |
| 谷物磨制 | 17332 | 805 | 6279 | | 8857 | 1391 | 7084 |
| 饲料加工 | 27252 | 7094 | 5898 | 11379 | 2881 | | 12992 |
| 植物油加工 | 46985 | | | 43947 | 3038 | | |
| 屠宰及肉类加工 | 19872 | | | 2672 | | 17200 | |
| 水产品加工 | 17538 | 7246 | 8796 | 1496 | | | 16042 |
| 蔬菜、水果和坚果加工 | 30336 | 18018 | 8734 | 2146 | 1438 | | 26752 |
| 食品制造业 | 64056 | 17395 | | 24202 | 6774 | 15685 | 17395 |
| 焙烤食品制造 | 7913 | | | | | 7913 | |
| 糖果、巧克力及蜜饯制造 | 7100 | 1850 | | 3064 | 2186 | | 1850 |
| 方便食品制造 | 3930 | 3250 | | | 680 | | 3250 |
| 罐头制造 | 8460 | | | 1347 | | 7112 | |
| 调味品、发酵制品制造 | 9708 | 6009 | | 3699 | | | 6009 |
| 其他食品制造 | 26945 | 6285 | | 16091 | 3908 | 660 | 6285 |
| 饮料制造业 | 69233 | 12756 | 1047 | 22204 | 7585 | 25641 | 13803 |
| 酒的制造 | 21160 | 2665 | 1047 | 11542 | | 5906 | 3712 |
| 软饮料制造 | 8104 | | | 3465 | 4639 | | |
| 精制茶加工 | 39970 | 10091 | | 7198 | 2946 | 19735 | 10091 |
| 纺织业 | 2200994 | 1038121 | 495598 | 276568 | 358441 | 32267 | 1533718 |
| 棉、化纤纺织及印染精加工 | 804783 | 599065 | 46517 | 72072 | 74572 | 12557 | 645582 |
| 毛纺织和染整精加工 | 117458 | 58673 | 57894 | 891 | | | 116567 |
| 麻纺织 | 66704 | 55012 | 10887 | | | 805 | 65899 |
| 丝绢纺织及精加工 | 890710 | 173650 | 340455 | 158565 | 209899 | 8140 | 514105 |
| 纺织制成品制造 | 115350 | 14466 | 10018 | 20543 | 68459 | 1864 | 24484 |
| 针织品、编织品及其制品制造 | 205989 | 137254 | 29827 | 24496 | 5511 | 8900 | 167082 |
| 纺织服装、鞋、帽制造业 | 522549 | 48289 | 310237 | 103546 | 38861 | 21617 | 358526 |
| 纺织服装制造 | 518213 | 45747 | 310237 | 102538 | 38861 | 20831 | 355984 |

4－10续表1

| | 全　市 | 吴兴区 | 南浔区 | 德清县 | 长兴县 | 安吉县 | △市区 |
|---|---|---|---|---|---|---|---|
| 纺织面料鞋的制造 | 3328 | 2542 | | | | 786 | 2542 |
| 制帽 | 1008 | | | 1008 | | | |
| 皮革、毛皮、羽毛(绒)及其制品业 | 198528 | 7453 | 109909 | 66138 | 8806 | 6222 | 117362 |
| 皮革鞣制加工 | 47213 | 2981 | 34195 | 10036 | | | 37177 |
| 皮革制品制造 | 126084 | 4472 | 53074 | 53510 | 8806 | 6222 | 57546 |
| 毛皮鞣制及制品加工 | 25231 | | 22640 | 2592 | | | 22640 |
| 木材加工及木竹藤棕草制品业 | 690569 | 20613 | 282383 | 188749 | 9658 | 189166 | 302996 |
| 锯材、木片加工 | 706 | | | 706 | | | |
| 人造板制造 | 305142 | 20613 | 29702 | 180467 | 8812 | 65548 | 50314 |
| 木制品制造 | 286467 | | 252682 | 6141 | 846 | 26798 | 252682 |
| 竹、藤、棕、草制品制造 | 98254 | | | 1435 | | 96819 | |
| 家具制造业 | 313771 | | 19615 | 21940 | 8165 | 264051 | 19615 |
| 木质家具制造 | 47225 | | 12054 | 18772 | | 16399 | 12054 |
| 金属家具制造 | 254731 | | 7561 | 3168 | 1845 | 242157 | 7561 |
| 塑料家具制造 | 5495 | | | | | 5495 | |
| 其他家具制造 | 6320 | | | | 6320 | | |
| 造纸及纸制品业 | 107599 | 17744 | 7424 | 49304 | 4373 | 28754 | 25168 |
| 纸浆制造 | 1002 | | | | | 1002 | |
| 造纸 | 90471 | 17744 | 2562 | 45013 | 2576 | 22575 | 20306 |
| 纸制品制造 | 16126 | | 4862 | 4290 | 1797 | 5177 | 4862 |
| 印刷业和记录媒介的复制 | 59805 | 54200 | | 5605 | | | 54200 |
| 印刷 | 59805 | 54200 | | 5605 | | | 54200 |
| 文教体育用品制造业 | 24783 | 5626 | | 9476 | 1747 | 7935 | 5626 |
| 文化用品制造 | 11099 | 5626 | | 5473 | | | 5626 |
| 体育用品制造 | 7935 | | | | | 7935 | |
| 乐器制造 | 4002 | | | 4002 | | | |
| 玩具制造 | 1097 | | | | 1097 | | |
| 游艺器材及娱乐用品制造 | 650 | | | | 650 | | |
| 石油加工、炼焦及核燃料加工业 | 790 | | | 790 | | | |
| 精炼石油产品的制造 | 790 | | | 790 | | | |
| 化学原料及化学制品制造业 | 463508 | 25517 | 141899 | 188561 | 91434 | 16098 | 167416 |
| 基础化学原料制造 | 93238 | 3690 | 52367 | 21704 | 12898 | 2579 | 56057 |
| 肥料制造 | 16083 | 9873 | 5261 | 949 | | | 15134 |
| 农药制造 | 93338 | | 36694 | 5382 | 51261 | | 36694 |
| 涂料、油墨、颜料及类似产品 | 63294 | 9542 | 3899 | 34093 | 6728 | 9033 | 13440 |
| 合成材料制造 | 62020 | | 12118 | 45093 | 3197 | 1612 | 12118 |

4－10续表 2

| | 全　市 | 吴兴区 | 南浔区 | 德清县 | 长兴县 | 安吉县 | △市区 |
|---|---|---|---|---|---|---|---|
| 专用化学产品制造 | 77084 | 2412 | 31560 | 37097 | 3141 | 2874 | 33972 |
| 日用化学产品制造 | 58451 | | | 44242 | 14209 | | |
| 医药制造业 | 485818 | 39386 | 19231 | 404166 | 6045 | 16990 | 58617 |
| 化学药品原药制造 | 34084 | | 12977 | 21107 | | | 12977 |
| 化学药品制剂制造 | 21156 | 19422 | | 1734 | | | 19422 |
| 中药饮片加工 | 5275 | | | | 5275 | | |
| 中成药制造 | 3703 | | 1238 | | | 2465 | 1238 |
| 兽用药品制造 | 920 | | | | | 920 | |
| 生物、生化制品的制造 | 407074 | 19965 | 5016 | 381324 | 770 | | 24981 |
| 卫生材料及医药用品制造 | 13606 | | | | | 13606 | |
| 化学纤维制造业 | 77693 | 13453 | 32764 | 2346 | 15511 | 13619 | 46216 |
| 纤维素纤维原料及纤维制造 | 2346 | | | 2346 | | | |
| 合成纤维制造 | 75346 | 13453 | 32764 | | 15511 | 13619 | 46216 |
| 橡胶制品业 | 24338 | 19369 | | 4969 | | | 19369 |
| 橡胶零件制造 | 3634 | | | 3634 | | | |
| 日用及医用橡胶制品制造 | 1334 | | | 1334 | | | |
| 其他橡胶制品制造 | 19369 | 19369 | | | | | 19369 |
| 塑料制品业 | 168458 | 24836 | 10728 | 106042 | 10530 | 16322 | 35564 |
| 塑料薄膜制造 | 5409 | | | 4302 | 1107 | | |
| 塑料板、管、型材的制造 | 105190 | 5051 | 3323 | 96815 | | | 8375 |
| 塑料丝、绳及编织品的制造 | 7229 | | | 4417 | 2812 | | |
| 泡沫塑料制造 | 27520 | 14344 | | | | 13176 | 14344 |
| 塑料零件制造 | 9198 | 1047 | | | 6611 | 1541 | 1047 |
| 日用塑料制品 | 7722 | | 5609 | 508 | | 1605 | 5609 |
| 其他塑料制品制造 | 6190 | 4394 | 1796 | | | | 6190 |
| 非金属矿物制品业 | 899704 | 137250 | 109851 | 176072 | 426973 | 49559 | 247101 |
| 水泥、石灰和石膏的制造 | 489423 | 37810 | 52851 | 102180 | 260149 | 36433 | 90660 |
| 水泥及石膏制品制造 | 61971 | 5418 | 13548 | 25201 | 14535 | 3270 | 18966 |
| 砖瓦、石材及其他建筑材料 | 73357 | 3651 | 28975 | 22623 | 13285 | 4823 | 32626 |
| 玻璃及玻璃制品制造 | 72509 | 23425 | 2851 | 15100 | 30153 | 980 | 26276 |
| 陶瓷制品制造 | 771 | 771 | | | | | 771 |
| 耐火材料制品制造 | 187733 | 66175 | | 10968 | 106537 | 4054 | 66175 |
| 石墨及其他非金属矿物制品制造 | 13941 | | 11627 | | 2314 | | 11627 |
| 黑色金属冶炼及压延加工业 | 608155 | 219596 | 336831 | 28218 | 8578 | 14931 | 556427 |
| 炼铁 | 4766 | | 2772 | | 1994 | | 2772 |
| 钢压延加工 | 603389 | 219596 | 334060 | 28218 | 6584 | 14931 | 553656 |

4－10续表3

| | 全　市 | 吴兴区 | 南浔区 | 德清县 | 长兴县 | 安吉县 | △市区 |
|---|---|---|---|---|---|---|---|
| 有色金属冶炼及压延加工业 | 359525 | 218072 | 86113 | 11504 | 13136 | 30700 | 304185 |
| 常用有色金属冶炼 | 6195 | | | | 6195 | | |
| 有色金属合金制造 | 1880 | | | 1880 | | | |
| 有色金属压延加工 | 351450 | 218072 | 86113 | 9624 | 6941 | 30700 | 304185 |
| 金属制品业 | 253390 | 162232 | 10597 | 54305 | 6578 | 19678 | 172829 |
| 结构性金属制品制造 | 165871 | 141730 | 2217 | 19333 | 1371 | 1219 | 143948 |
| 金属工具制造 | 5322 | | 3028 | | 620 | 1674 | 3028 |
| 集装箱及金属包装容器制造 | 7929 | 2540 | | 3645 | | 1743 | 2540 |
| 金属丝绳及其制品的制造 | 33862 | 850 | 5351 | 26610 | | 1050 | 6201 |
| 建筑、安全用金属制品制造 | 17549 | 1735 | | 3358 | 3915 | 8542 | 1735 |
| 金属表面处理及热处理加工 | 13536 | 12864 | | | 672 | | 12864 |
| 搪瓷制品制造 | 3041 | 1682 | | 1359 | | | 1682 |
| 不锈钢及类似日用金属制品 | 831 | 831 | | | | | 831 |
| 其他金属制品制造 | 5450 | | | | | 5450 | |
| 通用设备制造业 | 300065 | 40150 | 107644 | 50264 | 63161 | 38846 | 147794 |
| 锅炉及原动机制造 | 20940 | | | 6110 | | 14830 | |
| 金属加工机械制造 | 10062 | 611 | | 5357 | | 4094 | 611 |
| 起重运输设备制造 | 134419 | 12599 | 74043 | | 47777 | | 86642 |
| 泵、阀门、压缩机及类似机械 | 25796 | 19010 | 3254 | | 1123 | 2410 | 22264 |
| 轴承、齿轮、传动和驱动部件 | 18535 | | 14673 | 1849 | 2013 | | 14673 |
| 烘炉、熔炉及电炉制造 | 2099 | | | | 2099 | | |
| 风机、衡器、包装设备等通用设备 | 32561 | 1814 | | 17215 | | 13532 | 1814 |
| 通用零部件制造及机械修理 | 5561 | 835 | 722 | 658 | 3346 | | 1557 |
| 金属铸、锻加工 | 50092 | 5281 | 14952 | 19074 | 6804 | 3981 | 20233 |
| 专用设备制造业 | 79480 | 40977 | 6162 | 12914 | 12443 | 6984 | 47139 |
| 矿山、冶金、建筑专用设备制造 | 5827 | | 854 | | 4379 | 595 | 854 |
| 化工、木材、非金属加工专用 | 4116 | | | | 4116 | | |
| 印刷、制药、日化生产专用设备 | 2716 | | | 1518 | | 1198 | |
| 纺织、服装和皮革工业专用设备 | 9482 | 5937 | 908 | 738 | 1900 | | 6845 |
| 电子和电工机械专用设备制造 | 3559 | | | 1511 | 2048 | | |
| 农、林、牧、渔专用机械制造 | 9047 | 2334 | 4400 | | | 2313 | 6734 |
| 环保、社会公共安全及其他专用 | 44732 | 32707 | | 9148 | | 2878 | 32707 |
| 交通运输设备制造业 | 38788 | 14701 | 9479 | 2544 | 4181 | 7884 | 24180 |
| 汽车制造 | 12201 | 2366 | 3853 | | | 5983 | 6219 |

4－10续表4

| | 全　市 | 吴兴区 | 南浔区 | 德清县 | 长兴县 | 安吉县 | △市区 |
|---|---|---|---|---|---|---|---|
| 摩托车制造 | 13578 | 12336 | | | 1243 | | 12336 |
| 自行车制造 | 8170 | | 5626 | 2544 | | | 5626 |
| 船舶及浮动装置制造 | 2938 | | | | 2938 | | |
| 交通器材及其他交通运输设备制造 | 1901 | | | | | 1901 | |
| 电气机械及器材制造业 | 980385 | 56247 | 554271 | 92950 | 249298 | 27620 | 610518 |
| 电机制造 | 70724 | 21875 | 45145 | 3704 | | | 67020 |
| 输配电及控制设备制造 | 26236 | 4361 | 3917 | 13091 | 2345 | 2523 | 8278 |
| 电线、电缆、光缆及电工器材 | 568537 | 12181 | 485188 | 44351 | 24902 | 1915 | 497369 |
| 电池制造 | 241522 | 1258 | 20021 | 8788 | 203295 | 8161 | 21279 |
| 家用电力器具制造 | 26833 | | | 8942 | 17891 | | |
| 非电力家具器具制造 | 15864 | 842 | | | | 15022 | 842 |
| 照明器具制造 | 30670 | 15731 | | 14074 | 865 | | 15731 |
| 通信设备、计算机及其他电子设备 | 82877 | 6566 | 21430 | 22145 | 5555 | 27181 | 27997 |
| 通用设备制造 | 5283 | | | 5283 | | | |
| 广播电视设备制造 | 4098 | 840 | | 1789 | | 1469 | 840 |
| 电子计算机制造 | 2050 | | | | | 2050 | |
| 电子器件制造 | 4818 | | 4818 | | | | 4818 |
| 电子元件制造 | 59751 | 5061 | 15088 | 10386 | 5555 | 23662 | 20149 |
| 家用视听设备制造 | 6876 | 666 | 1524 | 4686 | | | 2190 |
| 仪器仪表及文化、办公用机械 | 12249 | 2574 | | 9675 | | | 2574 |
| 通用仪器仪表制造 | 11245 | 1570 | | 9675 | | | 1570 |
| 钟表与计进仪器制造 | 501 | 501 | | | | | 501 |
| 光学仪器及眼镜制造 | 502 | 502 | | | | | 502 |
| 工艺品及其他制造业 | 42515 | 2293 | 1440 | 7249 | 4519 | 27015 | 3733 |
| 工艺美术品制造 | 34355 | 2293 | | 7249 | 2647 | 22167 | 2293 |
| 日用杂品制造 | 8160 | | 1440 | | 1872 | 4848 | 1440 |
| 废弃资源和废旧材料回收加工业 | 785 | | | | 785 | | |
| 金属废料和碎屑的加工处理 | 785 | | | | 785 | | |
| **电力、燃气及水的生产和供应业** | **1045033** | **400561** | **12230** | **103017** | **294939** | **234285** | **412791** |
| 电力、热力的生产和供应业 | 1032774 | 395881 | 11401 | 99365 | 292925 | 233202 | 407282 |
| 电力生产 | 463826 | 33275 | 11401 | 22138 | 202655 | 194357 | 44676 |
| 电力供应 | 560214 | 353872 | | 77227 | 90270 | 38844 | 353872 |
| 热力生产和供应 | 8735 | 8735 | | | | | 8735 |
| 燃气生产和供应 | 267 | | | | | 267 | |
| 水的生产和供应业 | 11991 | 4680 | 829 | 3652 | 2014 | 817 | 5509 |
| 自来水的生产和供应 | 11991 | 4680 | 829 | 3652 | 2014 | 817 | 5509 |

# 4－11 规模以上工业分行业主要经济指标

单位:万元

| | 企业单位数(个) | #亏损企业 | 产品销售收入 | 产品销售成本 | 利税总额 | 利润总额 | 全部从业人员年平均人数(人) |
|---|---|---|---|---|---|---|---|
| **总计** | **1895** | **82** | **10295121** | **9019370** | **932700** | **526909** | **251028** |
| **采掘业** | **107** | | **393994** | **325301** | **46713** | **20022** | **14917** |
| 煤炭开采和洗选业 | 1 | | 105728 | 89762 | 7351 | 16 | 7336 |
| 非金属矿采选业 | 106 | | 288267 | 235539 | 39362 | 20006 | 7581 |
| **制造业** | **1763** | **79** | **9210298** | **8117834** | **768915** | **444202** | **230431** |
| 农副食品加工业 | 39 | 3 | 142221 | 125607 | 6980 | 4460 | 2523 |
| 食品制造业 | 20 | | 63125 | 49888 | 7988 | 5143 | 2268 |
| 饮料制造业 | 25 | | 69952 | 56432 | 9868 | 2794 | 2029 |
| 纺织业 | 486 | 21 | 2171664 | 1954064 | 162836 | 98661 | 59939 |
| 纺织服装、鞋、帽制造业 | 89 | 9 | 539875 | 478024 | 35904 | 19622 | 22233 |
| 皮革、毛皮、羽毛(绒)及其制品业 | 58 | 4 | 198475 | 175166 | 16077 | 10370 | 8544 |
| 木材加工及木、竹、藤、棕、草制品业 | 154 | 1 | 696488 | 623324 | 57684 | 34905 | 18700 |
| 家具制造业 | 66 | 1 | 303950 | 266369 | 24361 | 13037 | 11156 |
| 造纸及纸制品业 | 33 | 2 | 105816 | 94698 | 9666 | 4542 | 2973 |
| 印刷业和记录媒介的复制 | 5 | | 59351 | 43480 | 15733 | 11526 | 1139 |
| 文教体育用品制造业 | 16 | | 24078 | 20113 | 2927 | 1787 | 1260 |
| 石油加工、炼焦及核燃料加工业 | 1 | | 770 | 682 | 83 | 76 | 10 |
| 化学原料及化学制品制造业 | 85 | 5 | 439251 | 370014 | 47358 | 30754 | 7514 |
| 医药制造业 | 23 | | 498665 | 412774 | 53196 | 36151 | 8368 |
| 化学纤维制造业 | 14 | 1 | 75957 | 67169 | 7756 | 5733 | 1152 |
| 橡胶制品业 | 5 | | 24444 | 18554 | 4725 | 3513 | 1860 |
| 塑料制品业 | 32 | 2 | 169394 | 147833 | 11855 | 6488 | 3094 |
| 非金属矿物制品业 | 176 | 15 | 887648 | 765669 | 81929 | 31173 | 25276 |
| 黑色金属冶炼及压延加工业 | 31 | | 623685 | 580851 | 37140 | 16198 | 4828 |
| 有色金属冶炼及压延加工业 | 30 | | 365904 | 345938 | 16827 | 11431 | 2712 |
| 金属制品业 | 57 | 2 | 249443 | 224040 | 22297 | 13543 | 6029 |
| 通用设备制造业 | 82 | 3 | 293546 | 246998 | 29545 | 17302 | 8722 |
| 专用设备制造业 | 26 | 2 | 74540 | 57415 | 12043 | 7784 | 2178 |
| 交通运输设备制造业 | 18 | | 35965 | 31794 | 2607 | 992 | 1322 |
| 电气机械及器材制造业 | 112 | 6 | 962866 | 850055 | 76235 | 47804 | 17254 |
| 通信设备、计算机及其他电子设备制造业 | 36 | 2 | 79161 | 65656 | 8903 | 4683 | 4396 |
| 仪器仪表及文化、办公用机械制造业 | 6 | | 11119 | 8765 | 1424 | 1066 | 587 |
| 工艺品及其他制造业 | 37 | | 42139 | 35765 | 4888 | 2627 | 2327 |
| 废弃资源和废旧材料回收加工业 | 1 | | 805 | 698 | 80 | 37 | 38 |
| **电力、燃气及水的生产和供应业** | **25** | **3** | **690829** | **576235** | **117072** | **62685** | **5680** |
| 电力、热力的生产和供应业 | 17 | 2 | 678702 | 569091 | 114714 | 61096 | 4987 |
| 燃气生产和供应业 | 1 | | 746 | 589 | 79 | 30 | 22 |
| 水的生产和供应业 | 7 | 1 | 11382 | 6556 | 2279 | 1559 | 671 |

4－11 续表 1

| | 资产总计 | 负债合计 | 流动资产平均余额 | 固定资产净值平均余额 | 应收账款净额 | 产成品存货 |
|---|---|---|---|---|---|---|
| **总计** | **8760687** | **5337109** | **3897333** | **3424690** | **1056704** | **540909** |
| **采掘业** | **333170** | **173680** | **121990** | **174779** | **34393** | **5426** |
| 煤炭开采和洗选业 | 106369 | 61650 | 28335 | 65970 | 6903 | 750 |
| 非金属矿采选业 | 226801 | 112030 | 93655 | 108809 | 27490 | 4676 |
| **制造业** | **6860640** | **3995786** | **3634966** | **2039284** | **966445** | **534628** |
| 农副食品加工业 | 94145 | 59547 | 53728 | 25063 | 6492 | 15140 |
| 食品制造业 | 64645 | 34591 | 33300 | 25497 | 10899 | 7066 |
| 饮料制造业 | 63714 | 30178 | 26188 | 18369 | 5294 | 5155 |
| 纺织业 | 1511607 | 948228 | 816337 | 459844 | 199390 | 145918 |
| 纺织服装、鞋、帽制造业 | 280729 | 148094 | 141047 | 97146 | 37939 | 17899 |
| 皮革、毛皮、羽毛(绒)及其制品业 | 115275 | 61282 | 68685 | 31582 | 14390 | 12469 |
| 木材加工及木、竹、藤、棕、草制品业 | 399905 | 210320 | 219720 | 101341 | 51259 | 51051 |
| 家具制造业 | 148220 | 89603 | 84708 | 30284 | 34444 | 8917 |
| 造纸及纸制品业 | 81851 | 53335 | 39759 | 32148 | 22393 | 3736 |
| 印刷业和记录媒介的复制 | 72072 | 27294 | 27186 | 21853 | 8664 | 1359 |
| 文教体育用品制造业 | 16809 | 7902 | 9543 | 5292 | 2366 | 1522 |
| 石油加工、炼焦及核燃料加工业 | 247 | 130 | 102 | 45 | 6 | 4 |
| 化学原料及化学制品制造业 | 298934 | 169914 | 159715 | 78873 | 51571 | 27692 |
| 医药制造业 | 484768 | 220489 | 277877 | 122984 | 44962 | 17978 |
| 化学纤维制造业 | 56254 | 25821 | 27098 | 21081 | 5030 | 3200 |
| 橡胶制品业 | 46037 | 14678 | 28801 | 8305 | 12333 | 2858 |
| 塑料制品业 | 208074 | 109251 | 113611 | 34498 | 21659 | 16435 |
| 非金属矿物制品业 | 1146453 | 688007 | 460306 | 501041 | 121735 | 54225 |
| 黑色金属冶炼及压延加工业 | 349698 | 240949 | 183788 | 91628 | 31582 | 33405 |
| 有色金属冶炼及压延加工业 | 139620 | 98250 | 92691 | 31536 | 16612 | 12042 |
| 金属制品业 | 199549 | 122802 | 127245 | 47332 | 45473 | 14239 |
| 通用设备制造业 | 239401 | 144919 | 135418 | 56799 | 55884 | 26758 |
| 专用设备制造业 | 71179 | 41202 | 36573 | 22300 | 16513 | 4871 |
| 交通运输设备制造业 | 26994 | 19740 | 15025 | 6307 | 5763 | 1930 |
| 电气机械及器材制造业 | 615476 | 354889 | 387443 | 127278 | 121738 | 39586 |
| 通信设备、计算机及其他电子设备制造业 | 93144 | 57602 | 49136 | 30001 | 17087 | 7257 |
| 仪器仪表及文化、办公用机械制造业 | 14639 | 7187 | 7832 | 4041 | 2490 | 602 |
| 工艺品及其他制造业 | 20203 | 9101 | 11683 | 6281 | 2257 | 1266 |
| 废弃资源和废旧材料回收加工业 | 1000 | 483 | 423 | 537 | 222 | 49 |
| **电力、燃气及水的生产和供应业** | **1566877** | **1167644** | **140377** | **1210627** | **55866** | **856** |
| 电力、热力的生产和供应业 | 1487531 | 1123773 | 127774 | 1158745 | 54456 | 693 |
| 燃气生产和供应业 | 1596 | 1513 | 608 | 830 | 29 | 161 |
| 水的生产和供应业 | 77749 | 42359 | 11995 | 51052 | 1381 | 2 |

4－11续表2

| | 产销率（%） | 资产负债率（%） | 成本费用利润率（%） | 每百元资金实现利税（元） | 每百元固定资产原值实现利税（元） | 每百元销售收入实现利税（元） |
|---|---|---|---|---|---|---|
| **总　　计** | **98.08** | **60.92** | **5.40** | **12.74** | **19.55** | **9.06** |
| **采掘业** | **99.42** | **52.13** | **5.37** | **15.74** | **19.22** | **11.86** |
| 煤炭开采和洗选业 | 99.78 | 57.96 | 0.01 | 7.80 | 6.93 | 6.95 |
| 非金属矿采选业 | 99.31 | 49.40 | 7.66 | 19.44 | 28.74 | 13.65 |
| **制造业** | **97.86** | **58.24** | **5.08** | **13.55** | **27.28** | **8.35** |
| 农副食品加工业 | 96.76 | 63.25 | 3.25 | 8.86 | 18.87 | 4.91 |
| 食品制造业 | 96.33 | 53.51 | 8.82 | 13.59 | 22.58 | 12.65 |
| 饮料制造业 | 99.03 | 47.36 | 4.36 | 22.15 | 42.22 | 14.11 |
| 纺织业 | 97.77 | 62.73 | 4.77 | 12.76 | 26.11 | 7.50 |
| 纺织服装、鞋、帽制造业 | 98.66 | 52.75 | 3.82 | 15.07 | 25.10 | 6.65 |
| 皮革、毛皮、羽毛(绒)及其制品业 | 97.62 | 53.16 | 5.51 | 16.03 | 41.70 | 8.10 |
| 木材加工及木、竹、藤、棕、草制品业 | 97.94 | 52.59 | 5.28 | 17.97 | 39.67 | 8.28 |
| 家具制造业 | 98.27 | 60.45 | 4.49 | 21.19 | 63.73 | 8.01 |
| 造纸及纸制品业 | 98.03 | 65.16 | 4.45 | 13.44 | 18.97 | 9.13 |
| 印刷业和记录媒介的复制 | 99.59 | 37.87 | 23.65 | 32.08 | 42.96 | 26.51 |
| 文教体育用品制造业 | 96.96 | 47.01 | 8.01 | 19.73 | 40.88 | 12.16 |
| 石油加工、炼焦及核燃料加工业 | 99.37 | 52.61 | 10.99 | 56.71 | 128.75 | 10.82 |
| 化学原料及化学制品制造业 | 97.00 | 56.84 | 7.52 | 19.85 | 41.08 | 10.78 |
| 医药制造业 | 96.96 | 45.48 | 7.83 | 13.27 | 30.30 | 10.67 |
| 化学纤维制造业 | 93.41 | 45.90 | 8.17 | 16.10 | 29.41 | 10.21 |
| 橡胶制品业 | 100.73 | 31.88 | 16.56 | 12.73 | 43.07 | 19.33 |
| 塑料制品业 | 98.71 | 52.51 | 4.02 | 8.00 | 22.96 | 7.00 |
| 非金属矿物制品业 | 97.71 | 60.01 | 3.64 | 8.52 | 11.86 | 9.23 |
| 黑色金属冶炼及压延加工业 | 98.64 | 68.90 | 2.66 | 13.49 | 39.14 | 5.95 |
| 有色金属冶炼及压延加工业 | 98.78 | 70.37 | 3.23 | 13.55 | 36.36 | 4.60 |
| 金属制品业 | 97.72 | 61.54 | 5.72 | 12.77 | 34.86 | 8.94 |
| 通用设备制造业 | 98.58 | 60.53 | 6.26 | 15.37 | 38.62 | 10.06 |
| 专用设备制造业 | 93.17 | 57.88 | 11.69 | 20.46 | 43.38 | 16.16 |
| 交通运输设备制造业 | 95.56 | 73.13 | 2.83 | 12.22 | 27.86 | 7.25 |
| 电气机械及器材制造业 | 98.39 | 57.66 | 5.25 | 14.81 | 39.82 | 7.92 |
| 通信设备、计算机及其他电子设备制造业 | 96.03 | 61.84 | 6.30 | 11.25 | 19.57 | 11.25 |
| 仪器仪表及文化、办公用机械制造业 | 92.04 | 49.10 | 10.34 | 12.00 | 26.38 | 12.81 |
| 工艺品及其他制造业 | 98.54 | 45.05 | 6.69 | 27.21 | 68.95 | 11.60 |
| 废弃资源和废旧材料回收加工业 | 100.00 | 48.31 | 4.88 | 8.34 | 13.59 | 9.95 |
| **电力、燃气及水的生产和供应业** | **99.57** | **74.52** | **9.94** | **8.67** | **6.85** | **16.95** |
| 电力、热力的生产和供应业 | 99.63 | 75.55 | 9.87 | 8.92 | 6.92 | 16.90 |
| 燃气生产和供应业 | 100.00 | 94.78 | 4.12 | 5.47 | 5.55 | 10.55 |
| 水的生产和供应业 | 93.80 | 54.48 | 14.32 | 3.62 | 4.53 | 20.03 |

4－11 续表 3

| | 流动资金周转次数（次） | 全员劳动生产率（元/人） | 工业增加值率（%） | 流动比率（%） | 速动比率（%） | 企业亏损面（%） |
|---|---|---|---|---|---|---|
| **总计** | **2.64** | **94605** | **19.48** | **1.14** | **0.85** | **4.33** |
| **采掘业** | **3.23** | **78269** | **27.96** | **1.00** | **0.90** | |
| 煤炭开采和洗选业 | 3.73 | 43001 | 29.63 | 0.67 | 0.54 | |
| 非金属矿采选业 | 3.08 | 112397 | 27.38 | 1.17 | 1.09 | |
| **制造业** | **2.53** | **85816** | **18.63** | **1.15** | **0.85** | **4.48** |
| 农副食品加工业 | 2.65 | 96997 | 13.75 | 1.16 | 0.79 | 7.69 |
| 食品制造业 | 1.90 | 61942 | 19.55 | 1.06 | 0.75 | |
| 饮料制造业 | 2.67 | 87302 | 22.20 | 1.12 | 0.72 | |
| 纺织业 | 2.66 | 69759 | 16.52 | 1.09 | 0.78 | 4.32 |
| 纺织服装、鞋、帽制造业 | 3.83 | 50077 | 19.05 | 1.20 | 0.86 | 10.11 |
| 皮革、毛皮、羽毛(绒)及其制品业 | 2.89 | 52433 | 19.97 | 1.27 | 0.81 | 6.90 |
| 木材加工及木、竹、藤、棕、草制品业 | 3.17 | 73814 | 17.46 | 1.32 | 0.82 | 0.65 |
| 家具制造业 | 3.59 | 65773 | 21.42 | 1.12 | 0.94 | 1.52 |
| 造纸及纸制品业 | 2.66 | 78352 | 18.67 | 0.91 | 0.74 | 6.06 |
| 印刷业和记录媒介的复制 | 2.18 | 197876 | 32.01 | 1.21 | 0.96 | |
| 文教体育用品制造业 | 2.52 | 54744 | 24.52 | 1.22 | 0.83 | |
| 石油加工、炼焦及核燃料加工业 | 7.57 | 217400 | 25.62 | 0.94 | 0.90 | |
| 化学原料及化学制品制造业 | 2.75 | 138783 | 19.82 | 1.38 | 1.04 | 5.88 |
| 医药制造业 | 1.79 | 172127 | 27.17 | 1.52 | 1.03 | |
| 化学纤维制造业 | 2.80 | 145767 | 19.22 | 1.56 | 1.37 | 7.14 |
| 橡胶制品业 | 0.85 | 43728 | 30.45 | 2.40 | 1.85 | |
| 塑料制品业 | 1.49 | 132193 | 20.79 | 1.07 | 0.88 | 6.25 |
| 非金属矿物制品业 | 1.93 | 91026 | 22.25 | 0.92 | 0.73 | 8.52 |
| 黑色金属冶炼及压延加工业 | 3.39 | 200991 | 13.59 | 0.98 | 0.64 | |
| 有色金属冶炼及压延加工业 | 3.95 | 184020 | 12.46 | 1.50 | 1.17 | |
| 金属制品业 | 1.96 | 88983 | 18.39 | 1.32 | 1.12 | 3.51 |
| 通用设备制造业 | 2.17 | 80710 | 20.35 | 1.09 | 0.83 | 3.66 |
| 专用设备制造业 | 2.04 | 117909 | 28.05 | 1.05 | 0.75 | 7.69 |
| 交通运输设备制造业 | 2.39 | 58758 | 17.33 | 0.82 | 0.64 | |
| 电气机械及器材制造业 | 2.49 | 114468 | 17.29 | 1.31 | 1.04 | 5.36 |
| 通信设备、计算机及其他电子设备制造业 | 1.61 | 47189 | 21.88 | 0.98 | 0.75 | 5.56 |
| 仪器仪表及文化、办公用机械制造业 | 1.42 | 68673 | 28.98 | 1.32 | 1.05 | |
| 工艺品及其他制造业 | 3.61 | 49634 | 23.61 | 1.36 | 1.08 | |
| 废弃资源和废旧材料回收加工业 | 1.90 | 34474 | 14.21 | 1.27 | 1.12 | |
| **电力、燃气及水的生产和供应业** | **4.92** | **494074** | **24.26** | **0.93** | **0.80** | **12.00** |
| 电力、热力的生产和供应业 | 5.31 | 550739 | 24.02 | 0.98 | 0.84 | 11.76 |
| 燃气生产和供应业 | 1.23 | 43182 | 24.12 | 0.37 | 0.26 | |
| 水的生产和供应业 | 0.95 | 87718 | 46.56 | 0.62 | 0.58 | 14.29 |

4－11 续表 4

| | 亏损率<br>（%） | 出口交货值占工业销售（%） | 利润总额占利税比重（%） | 利税总额占增加值比重（%） | 存货周转次数（次） | 新产品产值率（%） |
|---|---|---|---|---|---|---|
| **总计** | **3.09** | **21.56** | **56.49** | **39.27** | **8.90** | **17.63** |
| **采掘业** | | **0.83** | **42.86** | **40.01** | **26.21** | **1.35** |
| 煤炭开采和洗选业 | | | 0.22 | 23.30 | 16.80 | |
| 非金属矿采选业 | | 1.09 | 50.83 | 46.19 | 33.31 | 1.77 |
| **制造业** | **3.48** | **24.88** | **57.77** | **38.88** | **8.27** | **20.26** |
| 农副食品加工业 | 11.19 | 11.96 | 63.91 | 28.52 | 6.71 | 15.81 |
| 食品制造业 | | 18.39 | 64.38 | 56.86 | 4.99 | 14.93 |
| 饮料制造业 | | 33.67 | 28.32 | 55.71 | 5.60 | 2.60 |
| 纺织业 | 1.85 | 33.92 | 60.59 | 38.94 | 8.29 | 15.40 |
| 纺织服装、鞋、帽制造业 | 5.57 | 48.68 | 54.65 | 32.25 | 11.13 | 4.32 |
| 皮革、毛皮、羽毛（绒）及其制品业 | 2.93 | 84.92 | 64.50 | 35.89 | 6.74 | 2.25 |
| 木材加工及木、竹、藤、棕、草制品业 | 0.02 | 27.82 | 60.51 | 41.79 | 7.08 | 19.14 |
| 家具制造业 | 0.01 | 74.31 | 53.51 | 33.20 | 17.91 | 5.64 |
| 造纸及纸制品业 | 1.70 | 1.67 | 47.00 | 41.49 | 12.73 | 2.61 |
| 印刷业和记录媒介的复制 | | 14.64 | 73.26 | 69.81 | 6.95 | 76.65 |
| 文教体育用品制造业 | | 52.36 | 61.05 | 42.44 | 6.56 | 12.21 |
| 石油加工、炼焦及核燃料加工业 | | | 91.24 | 38.32 | 136.30 | |
| 化学原料及化学制品制造业 | 2.22 | 26.99 | 64.94 | 45.41 | 9.01 | 28.38 |
| 医药制造业 | | 33.01 | 67.96 | 36.93 | 4.57 | 20.82 |
| 化学纤维制造业 | 0.98 | 16.65 | 73.92 | 46.19 | 19.05 | 2.08 |
| 橡胶制品业 | | 43.33 | 74.36 | 58.09 | 2.34 | 59.01 |
| 塑料制品业 | 4.19 | 6.97 | 54.73 | 28.98 | 7.58 | 29.20 |
| 非金属矿物制品业 | 24.09 | 2.05 | 38.05 | 35.61 | 7.52 | 7.58 |
| 黑色金属冶炼及压延加工业 | | 7.96 | 43.61 | 38.27 | 8.55 | 32.41 |
| 有色金属冶炼及压延加工业 | | 2.65 | 67.93 | 33.72 | 17.73 | 44.32 |
| 金属制品业 | 0.71 | 14.75 | 60.74 | 41.56 | 11.03 | 18.14 |
| 通用设备制造业 | 0.32 | 17.24 | 58.56 | 41.97 | 7.05 | 20.64 |
| 专用设备制造业 | 0.55 | 3.10 | 64.63 | 46.90 | 5.05 | 44.80 |
| 交通运输设备制造业 | | 21.52 | 38.06 | 33.56 | 9.02 | 20.08 |
| 电气机械及器材制造业 | 1.43 | 7.72 | 62.71 | 38.60 | 11.06 | 38.13 |
| 通信设备、计算机及其他电子设备制造业 | 4.11 | 31.42 | 52.60 | 42.92 | 5.73 | 32.21 |
| 仪器仪表及文化、办公用机械制造业 | | 23.31 | 74.85 | 35.34 | 4.96 | 4.07 |
| 工艺品及其他制造业 | | 87.77 | 53.76 | 42.32 | 14.79 | 8.55 |
| 废弃资源和废旧材料回收加工业 | | | 46.32 | 61.15 | 14.21 | |
| **电力、燃气及水的生产和供应业** | **1.28** | | **53.54** | **41.72** | **30.34** | |
| 电力、热力的生产和供应业 | 1.27 | | 53.26 | 41.77 | 31.36 | |
| 燃气生产和供应业 | | | 38.12 | 82.84 | 3.57 | |
| 水的生产和供应业 | 1.55 | | 68.38 | 38.73 | 9.54 | |

# 4-12 市区规模以上工业分行业主要经济指标

单位:万元

| | 企业单位数(个) | #亏损企业 | 产品销售收入 | 产品销售成本 | 利税总额 | 利润总额 | 全部从业人员年平均人数(人) |
|---|---|---|---|---|---|---|---|
| **总计** | **771** | **28** | **5140014** | **4580973** | **420556** | **246886** | **103890** |
| **采掘业** | **35** | | **93121** | **73567** | **15440** | **7108** | **2449** |
| 非金属矿采选业 | 35 | | 93121 | 73567 | 15440 | 7108 | 2449 |
| **制造业** | **727** | **28** | **4988968** | **4462302** | **387797** | **233477** | **99231** |
| 农副食品加工业 | 17 | 1 | 61138 | 55160 | 3370 | 2336 | 827 |
| 食品制造业 | 6 | | 17096 | 14338 | 1906 | 1063 | 336 |
| 饮料制造业 | 4 | | 13999 | 12259 | 975 | 129 | 220 |
| 纺织业 | 266 | 10 | 1520079 | 1369393 | 109238 | 67554 | 39847 |
| 纺织服装、鞋、帽制造业 | 46 | 2 | 373333 | 333784 | 24108 | 12441 | 9525 |
| 皮革、毛皮、羽毛(绒)及其制品业 | 31 | | 117292 | 105990 | 9286 | 5069 | 4169 |
| 木材加工及木、竹、藤、棕、草制品业 | 38 | | 308859 | 281887 | 21884 | 14254 | 2957 |
| 家具制造业 | 7 | | 18527 | 16519 | 1506 | 816 | 607 |
| 造纸及纸制品业 | 4 | | 24543 | 21377 | 2728 | 1675 | 531 |
| 印刷业和记录媒介的复制 | 4 | | 53746 | 38575 | 15070 | 11128 | 1068 |
| 文教体育用品制造业 | 3 | | 5526 | 5033 | 369 | 194 | 81 |
| 化学原料及化学制品制造业 | 35 | 3 | 165551 | 142317 | 16393 | 11535 | 3013 |
| 医药制造业 | 8 | | 55976 | 33019 | 18392 | 15096 | 1439 |
| 化学纤维制造业 | 5 | | 45900 | 39534 | 5940 | 4750 | 419 |
| 橡胶制品业 | 2 | | 19263 | 15125 | 3529 | 2720 | 1470 |
| 塑料制品业 | 14 | 1 | 35979 | 29745 | 2977 | 1531 | 1327 |
| 非金属矿物制品业 | 63 | 7 | 241962 | 210606 | 19354 | 6782 | 8948 |
| 黑色金属冶炼及压延加工业 | 11 | | 574667 | 535670 | 33715 | 14309 | 3859 |
| 有色金属冶炼及压延加工业 | 23 | | 311497 | 297525 | 11160 | 7727 | 2166 |
| 金属制品业 | 16 | | 173163 | 154849 | 17721 | 11153 | 3403 |
| 通用设备制造业 | 33 | | 147670 | 125494 | 12497 | 6343 | 4182 |
| 专用设备制造业 | 11 | | 44004 | 31395 | 9000 | 6255 | 933 |
| 交通运输设备制造业 | 10 | | 22465 | 19979 | 1384 | 394 | 757 |
| 电气机械及器材制造业 | 51 | 4 | 603904 | 545387 | 41443 | 25869 | 5823 |
| 通信设备、计算机及其他电子设备制造业 | 13 | | 27205 | 22663 | 3424 | 2127 | 974 |
| 仪器仪表及文化、办公用机械制造业 | 3 | | 1961 | 1228 | 256 | 171 | 160 |
| 工艺品及其他制造业 | 3 | | 3664 | 3451 | 173 | 56 | 190 |
| **电力、燃气及水的生产和供应业** | **9** | | **57925** | **45105** | **17319** | **6301** | **2210** |
| 电力、热力的生产和供应业 | 6 | | 52416 | 42375 | 16581 | 5937 | 1848 |
| 水的生产和供应业 | 3 | | 5509 | 2730 | 738 | 364 | 362 |

4－12续表

| | 资产总计 | 负债合计 | 流动资产平均余额 | 固定资产净值平均余额 | 应收账款净额 | 产成品存货 |
|---|---|---|---|---|---|---|
| **总　　计** | **4047679** | **2576072** | **1985846** | **1388655** | **511397** | **305945** |
| **采掘业** | **112468** | **51849** | **43796** | **53907** | **16713** | **1450** |
| 非金属矿采选业 | 112468 | 51849 | 43796 | 53907 | 16713 | 1450 |
| **制造业** | **3443303** | **2090549** | **1912932** | **932437** | **486492** | **304495** |
| 农副食品加工业 | 32864 | 17466 | 20294 | 9975 | 3047 | 3167 |
| 食品制造业 | 22054 | 12001 | 11721 | 9803 | 3143 | 2653 |
| 饮料制造业 | 8024 | 5975 | 3433 | 1512 | 732 | 1723 |
| 纺织业 | 1094787 | 711013 | 611996 | 303215 | 144533 | 106199 |
| 纺织服装、鞋、帽制造业 | 177335 | 92338 | 91424 | 59597 | 22336 | 8833 |
| 皮革、毛皮、羽毛(绒)及其制品业 | 73976 | 42505 | 47380 | 17663 | 8899 | 7788 |
| 木材加工及木、竹、藤、棕、草制品业 | 144501 | 88479 | 96198 | 32118 | 9016 | 34060 |
| 家具制造业 | 14193 | 7021 | 7813 | 4781 | 2065 | 2280 |
| 造纸及纸制品业 | 20657 | 12578 | 9874 | 6790 | 4381 | 492 |
| 印刷业和记录媒介的复制 | 68283 | 25753 | 25344 | 20640 | 8024 | 1339 |
| 文教体育用品制造业 | 1796 | 1552 | 1505 | 378 | 487 | 48 |
| 化学原料及化学制品制造业 | 110326 | 61959 | 56519 | 31647 | 10953 | 7690 |
| 医药制造业 | 64452 | 20499 | 33802 | 18564 | 8758 | 3510 |
| 化学纤维制造业 | 41766 | 15524 | 19511 | 16514 | 2943 | 2072 |
| 橡胶制品业 | 38077 | 11047 | 24178 | 6128 | 9691 | 1702 |
| 塑料制品业 | 80049 | 36394 | 40115 | 14392 | 7247 | 3374 |
| 非金属矿物制品业 | 276825 | 176665 | 128625 | 99704 | 32719 | 21442 |
| 黑色金属冶炼及压延加工业 | 330180 | 230142 | 171218 | 86157 | 26469 | 31112 |
| 有色金属冶炼及压延加工业 | 117903 | 85496 | 81145 | 24835 | 13720 | 10410 |
| 金属制品业 | 152860 | 96154 | 102167 | 32152 | 37145 | 8627 |
| 通用设备制造业 | 126776 | 76213 | 60879 | 32878 | 30626 | 12324 |
| 专用设备制造业 | 43815 | 24784 | 21478 | 13091 | 12080 | 2178 |
| 交通运输设备制造业 | 21739 | 16976 | 11542 | 4820 | 4441 | 1630 |
| 电气机械及器材制造业 | 347625 | 204864 | 221970 | 72337 | 76901 | 27909 |
| 通信设备、计算机及其他电子设备制造业 | 24980 | 13113 | 9129 | 10680 | 5476 | 1184 |
| 仪器仪表及文化、办公用机械制造业 | 5361 | 2690 | 2548 | 1328 | 514 | 593 |
| 工艺品及其他制造业 | 2101 | 1350 | 1122 | 739 | 149 | 159 |
| **电力、燃气及水的生产和供应业** | **491909** | **433675** | **29118** | **402311** | **8192** | |
| 电力、热力的生产和供应业 | 449349 | 412816 | 25360 | 371718 | 7927 | |
| 水的生产和供应业 | 42560 | 20859 | 3759 | 30592 | 265 | |

# 4－13　分县区规模以上工业主要产品产量

| 产品名称 | 单位 | 全　市 | 吴兴区 | 南浔区 | 德清县 | 长兴县 | 安吉县 | △市区 |
|---|---|---|---|---|---|---|---|---|
| 原煤 | 吨 | 313100 | | | | 313100 | | |
| 发电量 | 万千瓦小时 | 1087254 | 48668 | 28760 | 38835 | 706807 | 264184 | 77428 |
| 火电 | 万千瓦小时 | 823069 | 48668 | 28760 | 38835 | 706807 | | 77428 |
| 水电 | 万千瓦小时 | 264184 | | | | | 264184 | |
| 大米 | 吨 | 80336 | | 40162 | | 40174 | | 40162 |
| 小麦粉 | 吨 | 18600 | 5500 | | 13100 | | | 5500 |
| 精制食用植物油 | 吨 | 54531 | | | 52358 | 2173 | | |
| 配混合饲料 | 吨 | 79581 | 36772 | 17808 | 20779 | 4222 | | 54580 |
| 饼干 | 吨 | 5327 | | | | | 5327 | |
| 罐头 | 吨 | 5462 | 1590 | | | | 3872 | 1590 |
| 酱油 | 吨 | 4553 | 4553 | | | | | 4553 |
| 发酵酒精 | 千升 | 637 | 637 | | | | | 637 |
| 饮料酒 | 千升 | 137884 | 10596 | 4341 | 101255 | | 21693 | 14937 |
| #白酒 | 千升 | 835 | 831 | 4 | | | | 835 |
| 啤酒 | 千升 | 94324 | | | 87849 | | 6475 | |
| 黄酒 | 千升 | 42088 | 9128 | 4337 | 13406 | | 15218 | 13465 |
| 软饮料 | 吨 | 42166 | | | 8327 | 33839 | | |
| #碳酸饮料 | 吨 | 8327 | | | 8327 | | | |
| 瓶(罐)装饮用水 | 吨 | 23772 | | | | 23772 | | |
| 冷冻饮品 | 吨 | 8580 | 6703 | 1877 | | | | 8580 |
| 精制茶 | 吨 | 23373 | 1872 | | 4246 | 264 | 16991 | 1872 |
| 化学纤维 | 吨 | 42371 | 10725 | 15770 | 2598 | 2951 | 10328 | 26495 |
| 锦纶纤维 | 吨 | 2951 | | | | 2951 | | |
| 涤纶纤维 | 吨 | 28505 | 10725 | 15770 | 2011 | | | 26495 |
| 丙纶纤维 | 吨 | 10915 | | | 587 | | 10328 | |
| 纱 | 吨 | 13012 | 8486 | 978 | 3548 | | | 9464 |
| 布 | 万米 | 34202 | 13460 | 6231 | 3782 | 10092 | 637 | 19691 |
| 棉布 | 万米 | 13568 | 12805 | 352 | | 411 | | 13157 |
| 棉混纺布(混纺交织布) | 万米 | 3038 | | 2401 | | | 637 | 2401 |
| 化学纤维布(纯化纤布) | 万米 | 17596 | 655 | 3478 | 3782 | 9681 | | 4133 |

4－13续表1

| 产 品 名 称 | 单位 | 全 市 | 吴兴区 | 南浔区 | 德清县 | 长兴县 | 安吉县 | △市区 |
|---|---|---|---|---|---|---|---|---|
| 印染布 | 万米 | 120757 | 99332 | 9608 | 652 | 6586 | 4580 | 108940 |
| 帘子布 | 吨 | 2290 | | | | | 2290 | |
| 绒线（毛线） | 吨 | 461 | 461 | | | | | 461 |
| 毛机织物（呢绒） | 万米 | 106 | 79 | 27 | | | | 106 |
| 丝 | 吨 | 15818 | 897 | 5412 | 2512 | 6820 | 177 | 6309 |
| 丝织品 | 万米 | 147834 | 25158 | 21294 | 5425 | 95872 | 85 | 46452 |
| 针棉织品折用纱线量 | 吨 | 1090 | | 1090 | | | | 1090 |
| 非织造布 | 吨 | 22465 | | | | 22465 | | |
| 服装 | 万件 | 8924 | 2348 | 1860 | 3175 | 1185 | 356 | 4208 |
| 梭织服装 | 万件 | 4950 | 1548 | 796 | 1545 | 783 | 278 | 2344 |
| #衬衫 | 万件 | 249 | 43 | | 153 | 53 | | 43 |
| 儿童服装 | 万件 | 676 | 676 | | | | | 676 |
| 针织服装 | 万件 | 3974 | 800 | 1064 | 1631 | 402 | 78 | 1864 |
| 轻革 | 平方米 | 388003 | | 388003 | | | | 388003 |
| 皮鞋 | 万双 | 31 | | | 13 | | 18 | |
| 皮革服装 | 件 | 1847664 | 61254 | 1513929 | | 272481 | | 1575183 |
| 人造板 | 立方米 | 670488 | 102928 | 165397 | 244852 | 81111 | 76200 | 268325 |
| #胶合板 | 立方米 | 420817 | 51827 | 47114 | 244852 | 3054 | 73970 | 98941 |
| 纤维板 | 立方米 | 78057 | | | | 78057 | | |
| 刨花板 | 立方米 | 51101 | 51101 | | | | | 51101 |
| 人造板表面装饰板 | 万平方米 | 3040 | | | 3040 | | | |
| 实木地板（木地板） | 万平方米 | 1445 | | 1445 | | | | 1445 |
| 家具 | 件 | 9546119 | | 455137 | 53411 | | 9037571 | 455137 |
| #木质家具 | 件 | 165789 | | 124289 | | | 41500 | 124289 |
| 金属家具 | 件 | 9127609 | | 264956 | | | 8862653 | 264956 |
| 纸浆 | 吨 | 56497 | 6442 | 14515 | 19406 | 14944 | 1190 | 20957 |
| 机制纸及纸板 | 吨 | 140303 | | | 87843 | 11495 | 40965 | |
| #箱纸板 | 吨 | 57480 | | | 57480 | | | |

4－13 续表 2

| 产品名称 | 单位 | 全市 | 吴兴区 | 南浔区 | 德清县 | 长兴县 | 安吉县 | △市区 |
|---|---|---|---|---|---|---|---|---|
| 纸制品 | 吨 | 66346 | 5960 | 20199 | 17868 | 7378 | 14941 | 26159 |
| #瓦楞纸箱(纸箱) | 吨 | 28662 | 5960 | 383 | | 7378 | 14941 | 6343 |
| 本册 | 万本 | 952 | 952 | | | | | 952 |
| 盐酸(含量31%以上) | 吨 | 15669 | | 15669 | | | | 15669 |
| 氢氧化钠(烧碱)(折100%) | 吨 | 25295 | | 25295 | | | | 25295 |
| 合成氨 | 吨 | 41649 | 41649 | | | | | 41649 |
| 农用氮磷钾化学肥料(折纯) | 吨 | 39831 | | 13821 | | | | 39831 |
| 氮肥 | 吨 | 29478 | | 3468 | | | | 29478 |
| 磷肥 | 吨 | 10353 | | 10353 | | | | 10353 |
| 化学农药原药(折有效成分100%) | 吨 | 39193 | | 7356 | 6894 | 24943 | | 7356 |
| #杀虫剂原药 | 吨 | 2173 | | 2110 | 47 | 16 | | 2110 |
| 除草剂原药 | 吨 | 29930 | | 5033 | | 24927 | | 5033 |
| 涂料(油漆) | 吨 | 8925 | | 1783 | | 7142 | | 1783 |
| 建筑涂料 | 吨 | 4918 | | 4855 | | 63 | | 4855 |
| 颜料 | 吨 | 66221 | 4182 | | 48030 | | 14009 | 4182 |
| 染料 | 吨 | 1874 | 1874 | | | | | 1874 |
| 化学药品原药(化学原料药) | 吨 | 19959 | | 19877 | | 82 | | 19877 |
| 中成药 | 吨 | 889 | | | | 25 | 864 | |

4－13续表3

| 产品名称 | 单位 | 全市 | 吴兴区 | 南浔区 | 德清县 | 长兴县 | 安吉县 | △市区 |
|---|---|---|---|---|---|---|---|---|
| 塑料制品 | 吨 | 32851 | 20458 | 1877 | 7433 | 2838 | 245 | 22335 |
| #塑料薄膜 | 吨 | 2251 | | | | 2251 | | |
| 塑料板、片及类似型材 | 吨 | 6390 | | 1041 | 5349 | | | 1041 |
| 塑料编织袋 | 吨 | 10577 | 9990 | | | 587 | | 9990 |
| 泡沫塑料 | 吨 | 2510 | 2510 | | | | | 2510 |
| 日用塑料制品 | 吨 | 245 | | | | | 245 | |
| 水泥熟料 | 万吨 | 1138 | 3 | 61 | | 993 | 80 | 64 |
| #窑外分解窑熟料 | 万吨 | 977 | | | | 977 | | |
| 水泥 | 万吨 | 1373 | 162 | 169 | 470 | 460 | 112 | 331 |
| #散装水泥 | 万吨 | 906 | 133 | 85 | 338 | 281 | 69 | 218 |
| 水泥排水管 | 千米 | 19 | | 19 | | | | 19 |
| 水泥压力管 | 千米 | 63 | | 63 | | | | 63 |
| 水泥电杆 | 根 | 133980 | 35000 | | | 73912 | 25068 | 35000 |
| 商品混凝土 | 立方米 | 738311 | 677687 | | | 60624 | | 677687 |
| 水泥混凝土桩 | 米 | 1295300 | | 1295300 | | | | 1295300 |
| 砖(折标准砖) | 万块 | 72699 | 1642 | 52587 | 7684 | 10786 | | 54229 |
| 天然花岗石建筑板材 | 平方米 | 92880 | | | | | 92880 | |
| 钢化玻璃 | 平方米 | 758038 | | | | 758038 | | |
| 日用玻璃制品 | 吨 | 18569 | | 49 | 18520 | | | 49 |
| 耐火材料制品 | 吨 | 492884 | 137368 | | 59961 | 280187 | 15368 | 137368 |
| 石墨及碳素制品 | 吨 | 4085 | | 1836 | | 2249 | | 1836 |
| 粗钢 | 吨 | 80427 | | 79777 | | 650 | | 79777 |
| 钢材 | 吨 | 539257 | 378457 | 152776 | | 4353 | 3671 | 531233 |
| 钢筋 | 吨 | 140410 | 3700 | 136710 | | | | 140410 |
| 无缝钢管 | 吨 | 13688 | | 5932 | | 4085 | 3671 | 5932 |
| 焊接钢管 | 吨 | 385159 | 374757 | 10134 | | 268 | | 384891 |
| 铜材(铜加工材) | 吨 | 33301 | 1063 | 31248 | | 990 | | 32311 |
| 铝材 | 吨 | 118010 | 97890 | 4863 | | | 15007 | 103003 |

4－13 续表 4

| 产 品 名 称 | 单位 | 全　市 | 吴兴区 | 南浔区 | 德清县 | 长兴县 | 安吉县 | △市区 |
| --- | --- | --- | --- | --- | --- | --- | --- | --- |
| 手工工具 | 万把 | 79 | | | | 79 | | |
| 搪瓷制品 | 吨 | 3364 | 3364 | | | | | 3364 |
| 日用不锈钢制品 | 吨 | 10 | | 10 | | | | 10 |
| 锁具 | 万把 | 1678 | 88 | | | 1130 | 460 | 88 |
| 金属成形机床(锻压设备) | 吨 | 11212 | 11212 | | | | | 11212 |
| 起重设备 | 吨 | 50935 | | | | 50935 | | |
| 输送机械 | 米 | 7458 | 6490 | | | 968 | | 6490 |
| 滚动轴承(轴承) | 万套 | 89 | | 89 | | | | 89 |
| 液压元件 | 件 | 2184 | | 2184 | | | | 2184 |
| 粉末冶金制品 | 吨 | 29286 | | | | | 29286 | |
| 印刷机 | 吨 | 66 | | | 66 | | | |
| 收获机械 | 台 | 6450 | 6450 | | | | | 6450 |
| 农业运输机械 | 辆 | 54 | | | | | 54 | |
| 改装汽车 | 辆 | 120 | | 120 | | | | 120 |
| 民用钢质船舶 | 总吨 | 14147 | | | | 14147 | | |
| 交流电动机 | 千瓦 | 13744 | | 13744 | | | | 13744 |
| 电力电缆 | 千米 | 74230 | | 72768 | | 1462 | | 72768 |
| 通信及电子网络用电缆 | 对千米 | 1168581 | 12712 | 956382 | 9583 | 189905 | | 969094 |
| 光缆(光纤通讯电缆) | 芯千米 | 615742 | | 395271 | | 220471 | | 395271 |
| 绝缘制品 | 吨 | 1107 | | | | 1107 | | |
| 蓄电池 | 千伏安时 | 3621991 | | 169645 | 14498 | 3437848 | | 169645 |
| 电光源(灯泡) | 万只 | 15498 | 439 | | 13071 | 1988 | | 439 |
| 冷柜(含冷冻箱、冷藏箱) | 台 | 178870 | | | 178870 | | | |
| 房间空气调节器 | 台 | 129559 | | | | 129559 | | |
| 工业用电炉 | 台 | 294 | | | | 294 | | |
| 集成电路 | 万块 | 26 | | | 26 | | | |
| 电工仪器仪表 | 台 | 83811 | | | 83811 | | | |

# 4－14　分县区工业经济效益考核和得分

| | 单位 | 考核标准 | 实绩数 | | | | | | |
|---|---|---|---|---|---|---|---|---|---|
| | | | 全市 | 吴兴区 | 南浔区 | 开发区 | 德清县 | 长兴县 | 安吉县 |
| 总资产贡献率 | % | 10.70 | 14.45 | 12.65 | 17.92 | 14.17 | 12.37 | 13.6 | 21.23 |
| 资本保值增值率 | % | 120.00 | 121.57 | 113.95 | 123.48 | 132.4 | 125.74 | 118.53 | 118.66 |
| 资产负债率 | % | 60.00 | 57.67 | 62.04 | 59.5 | 52.17 | 53.44 | 58.95 | 57.69 |
| 流动资产周转率 | 次/年 | 1.52 | 2.79 | 2.5 | 3.74 | 1.87 | 2.47 | 2.62 | 3.53 |
| 成本费用利润率 | % | 3.71 | 5.22 | 4.99 | 4.14 | 9.82 | 4.85 | 6.35 | 4.61 |
| 全员劳动生产率 | 元/人 | 16500 | 93837 | 92280 | 100052 | 112184 | 82306 | 99663 | 87420 |
| 产品销售率 | % | 96.00 | 98.01 | 98.76 | 98.8 | 97.34 | 96.54 | 97.94 | 98.37 |
| 产品质量稳定提高率 | % | 90.00 | 95.52 | 95.52 | 95.52 | 95.52 | 95.52 | 95.52 | 95.52 |
| 万元产值综合能耗降低率 | % | 8.00 | 18.7 | 28.61 | 20.46 | 21.52 | 14.53 | 15.51 | 20.29 |
| 亏损率 | % | 28.00 | 2.75 | 0.34 | 0.77 | 8.32 | 3.89 | 2.52 | 2.82 |
| 新产品产值率 | % | 5.00 | 17.14 | 24.49 | 21.19 | 18.94 | 15.79 | 10.9 | 7.69 |

4－14续表

| | 单 位 | 标准得分 | 实际得分 | | | | | | |
|---|---|---|---|---|---|---|---|---|---|
| | | | 全 市 | 吴兴区 | 南浔区 | 开发区 | 德清县 | 长兴县 | 安吉县 |
| **合 计** | **分** | **140** | **244.95** | **253.55** | **269.74** | **268.82** | **225.92** | **235.76** | **239.94** |
| 总资产贡献率 | 分 | 20 | 27.01 | 23.64 | 33.5 | 26.49 | 23.12 | 25.42 | 39.68 |
| 资本保值增值率 | 分 | 16 | 16.21 | 15.19 | 16.46 | 17.65 | 16.77 | 15.8 | 15.82 |
| 资产负债率 | 分 | 12 | 12 | 11.39 | 12 | 12 | 12 | 12 | 12 |
| 流动资产周转率 | 分 | 15 | 27.53 | 24.67 | 36.91 | 18.45 | 24.38 | 25.86 | 34.84 |
| 成本费用利润率 | 分 | 14 | 19.7 | 18.83 | 15.62 | 37.06 | 18.3 | 23.96 | 17.4 |
| 全员劳动生产率 | 分 | 10 | 56.87 | 55.93 | 60.64 | 67.99 | 49.88 | 60.4 | 52.98 |
| 产品销售率 | 分 | 13 | 13.27 | 13.37 | 13.38 | 13.18 | 13.07 | 13.26 | 13.32 |
| 产品质量稳定提高率 | 分 | 10 | 11.94 | 11.94 | 11.94 | 11.94 | 11.94 | 11.94 | 11.94 |
| 万元产值综合能耗降低率 | 分 | 10 | 12.63 | 15.77 | 13.13 | 13.45 | 11.53 | 11.78 | 13.08 |
| 亏 损 率 | 分 | 10 | 13.51 | 13.84 | 13.78 | 12.73 | 13.35 | 13.54 | 13.5 |
| 新产品产值率 | 分 | 10 | 34.28 | 48.98 | 42.38 | 37.88 | 31.58 | 21.8 | 15.38 |

# 4-15　十大先进制造业中心主要指标

单位:亿元

| | 销售收入 | | 利税 | | #利润 | | 工业总产值 | |
|---|---|---|---|---|---|---|---|---|
| | 累计 | ±% | 累计 | ±% | 累计 | ±% | 累计 | ±% |
| **十大制造中心合计** | **523.78** | **33.9** | **46.47** | **18.4** | **25.64** | **16.3** | **533.90** | **33.9** |
| 生物化学品 | 31.57 | 32.8 | 4.75 | 29.3 | 3.47 | 32.6 | 32.69 | 36.6 |
| 建筑新材 | 47.91 | 79.5 | 3.52 | 58.2 | 2.34 | 73.9 | 47.78 | 72.4 |
| 绿色竹木制品 | 86.75 | 42.4 | 10.76 | 29.7 | 4.31 | 48.1 | 86.55 | 38.2 |
| 优质水泥 | 34.04 | 13.2 | 1.86 | -67.8 | 0.10 | -97.3 | 34.84 | 16.0 |
| 特色纺织品 | 136.42 | 21.3 | 10.36 | 24.1 | 6.81 | 25.5 | 138.61 | 24.7 |
| 品牌童装 | 4.57 | 20.4 | 0.57 | 31.8 | 0.38 | 57.9 | 4.63 | 21.8 |
| 特色机电产品 | 40.13 | 37.2 | 4.05 | 48.6 | 2.42 | 54.9 | 41.51 | 39.6 |
| 光电器件及材料 | 67.64 | 28.3 | 5.45 | 36.5 | 3.33 | 47.0 | 68.56 | 25.5 |
| 金属管道及不锈钢 | 52.31 | 37.1 | 3.41 | 27.6 | 1.57 | 7.0 | 55.62 | 35.1 |
| 现代座具 | 22.42 | 68.0 | 1.74 | 57.3 | 0.91 | 40.5 | 23.11 | 66.6 |
| **分县区** | | | | | | | | |
| 开发区 | 37.51 | 27.4 | 4.67 | 45.2 | 3.65 | 48.6 | 38.21 | 34.3 |
| 吴兴区 | 125.95 | 36.6 | 9.26 | 18.2 | 5.65 | 11.3 | 125.06 | 36.1 |
| 南浔区 | 153.37 | 34.9 | 11.20 | 39.9 | 6.52 | 51.0 | 157.99 | 33.5 |
| 德清县 | 90.05 | 21.3 | 10.70 | 6.7 | 4.27 | 8.5 | 91.98 | 20.1 |
| 长兴县 | 52.46 | 32.9 | 4.77 | -22.6 | 2.50 | -40.0 | 53.84 | 38.2 |
| 安吉县 | 64.44 | 52.8 | 5.88 | 46.3 | 3.06 | 46.0 | 66.75 | 50.2 |

# 4－16 高技术产业及省批高新技术企业主要指标

单位:亿元

| | 销售收入 | | 利税 | | #利润 | | 工业总产值 | |
|---|---|---|---|---|---|---|---|---|
| | 累计 | ±% | 累计 | ±% | 累计 | ±% | 累计 | ±% |
| **合 计** | **251.52** | **36.1** | **24.76** | **27.4** | **16.89** | **31.2** | **258.80** | **37.8** |
| 电子信息 | 38.34 | 49.0 | 3.15 | 62.4 | 1.90 | 72.5 | 39.05 | 45.7 |
| 生物医药 | 62.03 | 32.6 | 6.91 | 24.2 | 4.89 | 31.5 | 61.44 | 33.3 |
| 光机电一体化 | 21.28 | 29.0 | 2.28 | 36.7 | 1.48 | 41.0 | 21.97 | 34.3 |
| 新材料 | 110.02 | 33.1 | 9.18 | 16.4 | 6.32 | 20.2 | 115.56 | 37.6 |
| 环保节能 | 3.47 | 33.8 | 0.91 | 103.2 | 0.65 | 110.0 | 3.74 | 31.8 |
| 新能源 | 16.38 | 54.5 | 2.33 | 20.9 | 1.65 | 15.3 | 17.05 | 44.4 |
| 分县区 | | | | | | | | |
| 开发区 | 33.55 | 33.9 | 5.54 | 41.6 | 4.60 | 38.2 | 35.13 | 44.7 |
| 吴兴区 | 40.11 | 53.7 | 2.28 | －9.3 | 1.53 | －12.7 | 40.14 | 52.7 |
| 南浔区 | 73.66 | 40.7 | 6.25 | 53.2 | 3.70 | 81.5 | 78.47 | 39.9 |
| 德清县 | 65.67 | 26.4 | 5.69 | 14.9 | 3.65 | 20.0 | 64.99 | 27.2 |
| 长兴县 | 32.68 | 32.4 | 4.28 | 21.4 | 3.01 | 19.8 | 33.75 | 34.4 |
| 安吉县 | 5.86 | 25.0 | 0.73 | 57.9 | 0.40 | 102.5 | 6.31 | 25.9 |

# 4－17 分县区供电量、用电量

单位:万千瓦时

| | 全 市 | 市 区 | 德清县 | 长兴县 | 安吉县 |
|---|---|---|---|---|---|
| **一、供 电 量** | **825962** | **367429** | **150513** | **183796** | **67068** |
| 售 电 量 | 779611 | 348249 | 143590 | 170651 | 62386 |
| 线损电量 | 46351 | 19180 | 6922 | 13145 | 4682 |
| 线损率(%) | 6 | 5 | 5 | 7 | 7 |
| 最高负荷(万千瓦) | 134 | 52 | 22 | 26 | 11 |
| **二、全社会用电量** | **852577** | **381244** | **163289** | **238554** | **67068** |
| (一)全行业用电 | 773724 | 340542 | 150428 | 224373 | 55960 |
| 1.农、林、牧、渔业 | 12810 | 7649 | 2827 | 1140 | 1195 |
| #农 业 | 3109 | 2213 | 400 | 280 | 216 |
| 林 业 | 107 | 69 | 1 | 8 | 29 |
| 畜牧业 | 770 | 372 | 167 | 150 | 81 |
| 渔 业 | 952 | 774 | 150 | 18 | 9 |
| 农、林、牧、渔服务业 | 7872 | 4220 | 2108 | 684 | 860 |
| #排灌 | 6235 | 4145 | 1960 | 106 | 24 |
| 2.工 业 | 686208 | 290695 | 136127 | 210928 | 46037 |
| #轻工业用电 | 234969 | 117188 | 41844 | 58326 | 17611 |
| 重工业用电 | 451239 | 173507 | 94282 | 152602 | 28425 |
| ①采矿业 | 39576 | 16184 | 11344 | 11331 | 716 |
| #煤炭开采及洗选业 | 3033 | 22 | | 3011 | |
| 石油及天然气开采业 | 24 | 11 | | 13 | |
| 有色金属矿采选业 | 68 | | 68 | | |
| 非金属矿采选业 | 35287 | 15015 | 11275 | 8289 | 707 |
| 其他采矿业 | 1164 | 1137 | 2 | 17 | 9 |

4－17续表

| | 全　市 | 市　区 | 德清县 | 长兴县 | 安吉县 |
|---|---|---|---|---|---|
| ②制造业小计 | 567083 | 241904 | 111948 | 173616 | 39615 |
| 食品、饮料和烟草制造业 | 10475 | 4308 | 3197 | 1371 | 1599 |
| 纺 织 业 | 146830 | 83910 | 13765 | 46976 | 2180 |
| 服装鞋帽皮革羽绒及其制品业 | 17880 | 13550 | 2490 | 1506 | 334 |
| 木材加工及制品和家具制造业 | 25861 | 13089 | 3515 | 1817 | 7441 |
| 造纸及纸制品业 | 11682 | 2128 | 5955 | 359 | 3240 |
| 印刷业和记录媒介的复制 | 1825 | 1214 | 560 | 5 | 46 |
| 文体用品制造业 | 1253 | 213 | 808 | 91 | 141 |
| 石油加工炼焦及核燃料加工业 | 499 | 391 | 12 | 2 | 94 |
| 化学原料及化学制品制造业 | 33980 | 21521 | 8710 | 2460 | 1288 |
| 医药制造业 | 11184 | 3010 | 7621 | 288 | 265 |
| 化学纤维制造业 | 1428 | 327 | 244 | 46 | 810 |
| 橡胶及塑料制品业 | 8672 | 3232 | 3813 | 637 | 990 |
| 非金属矿制品业 | 198242 | 37878 | 41141 | 105799 | 13424 |
| 黑色金属冶炼及压延加工业 | 11670 | 8583 | 1054 | 404 | 1629 |
| 有色金属冶炼及压延加工业 | 13348 | 12038 | 167 | 216 | 927 |
| 金属制品业 | 19663 | 11851 | 4385 | 523 | 2904 |
| 通用及专用设备制造业 | 18632 | 8579 | 8434 | 1162 | 457 |
| 交通运输电气电子设备制造业 | 32280 | 15660 | 5631 | 9665 | 1324 |
| 工艺品及其他制造业 | 1644 | 414 | 443 | 271 | 516 |
| 废弃资源和废旧材料回收加工 | 38 | 9 | 4 | 20 | 4 |
| ③电力、燃气及水的生产和供应业 | 79549 | 32607 | 12834 | 25982 | 5705 |
| 电力、热力的生产和供应业 | 74720 | 30174 | 11813 | 24993 | 5318 |
| 燃气生产和供应业 | 325 | 186 | 118 | 19 | 3 |
| 水的生产和供应业 | 4504 | 2247 | 903 | 970 | 384 |
| 3.建 筑 业 | 12028 | 7190 | 1838 | 1973 | 1027 |
| 4.交通运输、仓储、邮政业 | 3500 | 1738 | 430 | 627 | 706 |
| 5.信息传输、计算机服务和软件业 | 3248 | 2010 | 692 | 385 | 161 |
| 6.商业、住宿和餐饮业 | 25920 | 14443 | 4369 | 3876 | 3233 |
| 7.金融、房地产、商务及居民服务业 | 6945 | 3615 | 886 | 1813 | 630 |
| 8.公共事业及管理组织 | 23064 | 13202 | 3260 | 3631 | 2971 |
| ㈡城乡居民用电 | 78854 | 40703 | 12861 | 14181 | 11108 |

## 4－18 主要年份能源消费量

| | 单位 | 1992 年 | 1995 年 | 1997 年 | 1998 年 | 2000 年 | 2002 年 | 2003 年 | 2004 年 | 2005 年 |
|---|---|---|---|---|---|---|---|---|---|---|
| 原煤 | 万吨 | 213.34 | 283.23 | 266.01 | 334.97 | 457.23 | 525.94 | 703.12 | 728.22 | 841.50 |
| 焦炭 | 吨 | 9938 | 13825 | 12072 | 16263 | 12750 | 12390 | 10318 | 9295 | 6685 |
| 汽油 | 吨 | 15895 | 14369 | 13330 | 7012 | 4984 | 12071 | 5764 | 4268 | 35877 |
| 柴油 | 吨 | 24772 | 20815 | 20698 | 22746 | 16875 | 30676 | 42716 | 40851 | 93262 |
| 燃料油 | 吨 | 15921 | 12707 | 5748 | 11860 | 6258 | 13201 | 19305 | 21289 | 30513 |
| 电力 | 亿千瓦时 | 9.21 | 14.40 | 12.74 | 20.02 | 43.98 | 64.25 | 74.35 | 66.77 | 67.70 |

## 4－19 主要年份市区能源消费量

| | 单位 | 1992 年 | 1995 年 | 1997 年 | 1998 年 | 2000 年 | 2002 年 | 2003 年 | 2004 年 | 2005 年 |
|---|---|---|---|---|---|---|---|---|---|---|
| 原煤 | 万吨 | 44.12 | 48.22 | 42.97 | 90.14 | 141.83 | 139.28 | 151.67 | 149.52 | 183.86 |
| 焦炭 | 吨 | 9170 | 12498 | 11623 | 14545 | 10747 | 11188 | 7590 | 4686 | 4578 |
| 汽油 | 吨 | 7805 | 6828 | 5828 | 3255 | 2453 | 8995 | 2518 | 2034 | 30134 |
| 柴油 | 吨 | 10863 | 9719 | 8740 | 13863 | 11650 | 16119 | 21340 | 21390 | 55994 |
| 燃料油 | 吨 | 12958 | 9923 | 3834 | 3288 | 2581 | 4440 | 9747 | 8807 | 9621 |
| 电力 | 亿千瓦时 | 3.98 | 5.80 | 5.27 | 8.75 | 12.15 | 13.91 | 16.45 | 12.50 | 26.18 |

注：1992 年－1997 年统计范围为乡以上全部独立核算企业，1998－2003 年及 2005 年统计范围为全部国有及年产品销售收入 500 万元及以上的非国有工业企业，2004 年统计范围为年耗标煤千吨以上企业。

# 4－20　分县区主要能源购进量

| | 单位 | 全　市 | 吴兴区 | 南浔区 | 德清县 | 长兴县 | 安吉县 | △市区 |
|---|---|---|---|---|---|---|---|---|
| 原　煤 | 万　吨 | 778.55 | 115.84 | 67.05 | 106.10 | 465.31 | 24.25 | 182.89 |
| 焦　炭 | 吨 | 6719 | 1411 | 3201 | | 555 | 1552 | 4612 |
| 汽　油 | 吨 | 35778 | 3328 | 26699 | 2958 | 1564 | 1229 | 30027 |
| 柴　油 | 吨 | 92633 | 21436 | 34614 | 11652 | 12224 | 12709 | 56049 |
| 燃料油 | 吨 | 30949 | 9670 | | 20020 | 1259 | | 9670 |
| 电　力 | 亿千瓦时 | 62.32 | 14.50 | 11.69 | 10.65 | 14.89 | 10.60 | 26.18 |

# 4－21　分县区主要能源消费量

| | 单位 | 全　市 | 吴兴区 | 南浔区 | 德清县 | 长兴县 | 安吉县 | △市区 |
|---|---|---|---|---|---|---|---|---|
| 原　煤 | 万　吨 | 841.50 | 115.17 | 68.69 | 103.68 | 528.39 | 25.57 | 183.86 |
| 焦　炭 | 吨 | 6685 | 1393 | 3184 | | 544 | 1563 | 4578 |
| 汽　油 | 吨 | 35877 | 3325 | 26809 | 2957 | 1556 | 1229 | 30134 |
| 柴　油 | 吨 | 93262 | 21348 | 34647 | 11648 | 12926 | 12694 | 55994 |
| 燃料油 | 吨 | 30513 | 9621 | | 19628 | 1264 | | 9621 |
| 热　力 | 百万千焦 | 6411004 | 3761675 | 332572 | 1731164 | 585593 | | 4094247 |
| 电　力 | 亿千瓦时 | 67.70 | 14.50 | 11.69 | 10.65 | 20.27 | 10.60 | 26.18 |

# 4－22　分县区主要能源库存量

| | 单位 | 全　市 | 吴兴区 | 南浔区 | 德清县 | 长兴县 | 安吉县 | △市区 |
|---|---|---|---|---|---|---|---|---|
| 原　煤 | 万　吨 | 37.77 | 3.48 | 1.09 | 5.40 | 27.04 | 0.75 | 4.57 |
| 焦　炭 | 吨 | 55 | 33 | 3 | | 19 | | 36 |
| 汽　油 | 吨 | 26 | 10 | 5 | 2 | 9 | 1 | 15 |
| 柴　油 | 吨 | 804 | 228 | 33 | 159 | 340 | 44 | 260 |
| 燃料油 | 吨 | 830 | 108 | | 722 | | | 108 |

# 主要统计指标解释

**工业**　我国的工业,包括①对自然资的开采,如采矿、晒盐、森林采伐等(但不包括禽兽捕猎和水产捕捞;②对对副产品的加工、如碾米、磨粉、酿酒、榨油、轧花、缫丝、屠宰、药材加工等;③对工业品加工,如炼钢、轧钢、炼焦、化工生产、机器制造、木材加工、纺织印染、服装加工、造纸等;④对工业品的修理,如修理机械设备、交通运输工具等;⑤自来水、煤气和电力的生产及供应。

**工业总产值**　工业总产值是指工业企业以货币表现的在一定时期内生产的工业最终产品和劳务的总价值。计算工业总产值有两条基本原则,一是工业生产原则,二是工厂最终产品原则。根据国家统计局制度规定,从1995年工业普查开始工业总产值统计口径执行新规定。工业总产值(现行价格、新规定)统计范围是指本年生产成品价值、对外加工费收入和自制半成品、在产品基本期末期初差额之和。工业总产值(1990年不变价格、新规定)统计范围是指根据修订后的本年生产成品价值、对外加工费收入、和自制半成品、在制品期末期初价值差额的计算原则,按1990年不变价格计算工业总产值。工业总产值新规定与原规定比较的主要变化:

一是计算价格不同。新规定计算现价工业总产值不含销项增值税的价格计算,而原规定是含销项增值税的价格计算。新规定计算不变价工业总产值则仍与原规定基本一致,但对某些工业性加工、修理价值找不到1990年不变价格可以按现行价格计算部分不含增值税的价格计算,原规定含增值税的价格计算。

二是来料加工的计算原则不同。新规定计算现价工业总产值一律按加工费计算工业总产值。

三是自制半成品、在产品期末期初差额的计算原则不同。新规定计算现价工业总产值和不变价工业总产值时与会计核算相衔接,会计在核算时包括这部分价值的,统计也包括;会计在核算时不包括这部分的统计也不包括。而原规定则是以生产周期为区分界限,生产周期在六个月以上的要计算,在六个月以下可不包括。

**工业销售产值**　是以货币表现的工业企业在一定时期内销售的本企业生产的工业产品总量。它是反映一定时期内工业企业产品销售总规模和总水平的重要指标,是计算工业产品销售率的主要依据。

**工业增加值**　是工业企业在报告期内以货币表现的工业生产活动的社会最终成果,是企业全部生产劳动的总成果扣除了在生产过程中消耗或转换的物质产品和劳务价值后的余额。工业增加值的计算方法有二种方法:一是生产法,即工业增加值等于工业总产值减工业中间投入加应交增值税。二是分配法,工业增加值等于劳动者报酬加固定资产折旧加生产税净额加营业盈余。现行工业统计制度要求工业增加值按生产法计算。

**轻工业**　指提供生活的消费品和制作手工工具的工业。按其所使用的原料不同,可分为两大类:一是以农产品为原料的轻工业,是指直接或间接以农产品为基本原料的轻工业,主要包括食品制造、饮料制造、纺织、缝纫、毛皮制作、造纸、印刷等工业。二是以非农产品为原料的轻工业,指以工业品为原料的轻工业,主要包括文教用品制造、工艺美术用品制造、化学药品制造、合成纤维制造、日用化学制品、日用玻璃品、日用金属制品、手工工具制造、医疗器械制造、文化和办公用机械制造等工业。

**重工业**　指生产生产资料的工业,是为国民经济各部门提供物质技术基础的工业。按其生产和产品用途分为三类:(1)采掘(伐)工业,是指对自然资源的开采,包括石油开采、煤炭开采、金属矿开采、非金属开采和木材采伐等工业。(2)原料工业,是指提供国民经济各部门使用的原料、动力和燃料的工业。包括金属冶炼及加工、炼焦及焦炭、化学、化工原料、水泥、人造板、电力、石油加工等。(3)制造工业,是指对原料进行加工制造的工业,包括装备国民经济各部门的机械设备制造工业、金属结构、水泥制品工业,以及为农业提供的生产资料和化肥、农药等工业。

**资本金**　指企业在工商行政管理部门登记的注册资金合计。企业资本金按投资主体可分为国家资本金、法人资本金、个人资本金、外商资本金等。

**总资产**　指企业拥有或控制的全部资产。包括流动资产、长期投资、固定资产、无形及递延资产、其它长期资产等,即为企业资产负债表中的资产总计项。

**流动资产**　指可以在一年内或者超过一年的一个生产周期内变现或者耗用的资产。流动资产可以按变现能力(程度)划分,包括现金。各种存款、短期投资、应收及预付款项、存货等。

**固定资产**　指使用年限在一年以上,单位价值在规定标准以上,并在使用过程中保持原有物质形态的资产,包括房屋及建筑物、机器设备、运输设备、工具器具等。具体包括固定资产净值、固定资产清理、在建工程、待处理固定资产损失所占用的资金合计。

**固定资产原值**　指企业在建造、购置、安装、改建、扩建、技术改造固定资产时所支出的全部货币总额,它一般包括买价、包装费、运什费和安装费等。

**负债合计**　负债合计包括流动负债合计和长期负债合计,流动负债是指将在一年或一年的一个营业周期内偿还的债务,包括短期借款、应会票据、应付帐款、预收帐款、应付工资、应交税金、应付利润、其它应付款、预提费用等。长期负债是指偿还期在一年或者超过一年的一个营业周期以上的借款本息,它是除了投资人投入企业的资本以外,企业向债权人筹资,可供企业长期使用的借款本息。

**所有者权益** 是指企业投资人对企业净资产的所有权,等于企业全部资产减全部负债后的余额,包括企业投资人对企业的最初投入的实际到位的资产以及资本公积金、盈余公积金和未分配利润。

**产品销售收入** 指企业销售产品的销售收入和提供劳务等主要经营业务取得的收入总额。

**产品销售税金及附加** 指企业销售产品、提供劳务等主要经营业务应负担的消费税、城市维护建设税、资源税和教育费附加。

**利润总额** 等于营业利润加投资净收益,加补贴收入,营业外收支净额。而营业利润等于产品销售利润加其它业务利润,减管理费用,减财务费用。产品销售利润(毛利)等于产品销售收入减产品销售成本,减产品销售费用,减产品销售税金及附加。

**利税总额** 指企业产品销售税金及附加、应交增值税和利润总额之和。不包括进成本、费用中的有关税金。

**应交增值税** 指企业报告期内应交的增值税额,它等于销项税额减进项税额,加出口退税,加进项税转出数。

# 五、交通运输、邮电

# 5－1　历年客运情况

| 年份 | 客运量（万人） | 公路 | 内河 | 旅客周转量（万人公里） | 公路 | 内河 |
|---|---|---|---|---|---|---|
| 1978 | 1089 | 780 | 309 | 26626 | 19753 | 6873 |
| 1979 | 1267 | 942 | 325 | 31637 | 23536 | 8101 |
| 1980 | 1537 | 1168 | 369 | 38635 | 29336 | 9299 |
| 1981 | 1731 | 1364 | 367 | 41718 | 32557 | 9161 |
| 1982 | 1913 | 1535 | 378 | 45537 | 36431 | 9100 |
| 1983 | 2030 | 1685 | 345 | 48240 | 40081 | 8159 |
| 1984 | 2226 | 1832 | 394 | 57355 | 46449 | 10906 |
| 1985 | 2556 | 2159 | 397 | 70161 | 59419 | 10742 |
| 1986 | 2804 | 2280 | 524 | 79920 | 69333 | 10587 |
| 1987 | 2836 | 2305 | 531 | 86915 | 76778 | 10137 |
| 1988 | 2678 | 2216 | 462 | 84806 | 75712 | 9094 |
| 1989 | 2636 | 2289 | 347 | 86477 | 79644 | 6833 |
| 1990 | 3078 | 2808 | 270 | 97065 | 92161 | 4904 |
| 1991 | 3337 | 3123 | 214 | 109235 | 105533 | 3702 |
| 1992 | 3233 | 3054 | 179 | 115863 | 112915 | 2948 |
| 1993 | 3859 | 3770 | 89 | 146007 | 144832 | 1175 |
| 1994 | 4923 | 4853 | 70 | 205884 | 204815 | 1069 |
| 1995 | 5326 | 5276 | 50 | 232090 | 231338 | 752 |
| 1996 | 5430 | 5378 | 52 | 241912 | 241095 | 817 |
| 1997 | 5886 | 5861 | 25 | 252683 | 252241 | 442 |
| 1998 | 6060 | 6043 | 17 | 252594 | 252338 | 256 |
| 1999 | 6369 | 6359 | 10 | 260515 | 260386 | 129 |
| 2000 | 6675 | 6670 | 5 | 267491 | 267404 | 87 |
| 2001 | 7016 | 7016 |  | 275336 | 275336 |  |
| 2002 | 7164 | 7164 |  | 285045 | 285045 |  |
| 2003 | 6985 | 6985 |  | 281676 | 281676 |  |
| 2004 | 7266 | 7264 | 2 | 288380 | 288366 | 14 |
| 2005 | 7563 | 7555 | 8 | 294182 | 294133 | 49 |

注：1978—1985 年为交通部门运量，1986 年及以后为全社会运量。

# 5－2　历年货运情况

| 年份 | 货运量（万吨） | 公路 | 内河 | 货物周转量（万吨公里） | 公路 | 内河 |
|---|---|---|---|---|---|---|
| 1978 | 879 | 123 | 756 | 98931 | 5193 | 93738 |
| 1979 | 1011 | 157 | 854 | 115481 | 5627 | 109854 |
| 1980 | 1088 | 170 | 918 | 127577 | 5810 | 121767 |
| 1981 | 1192 | 185 | 1007 | 144036 | 6534 | 137502 |
| 1982 | 1291 | 189 | 1102 | 159567 | 7398 | 152169 |
| 1983 | 1305 | 198 | 1107 | 167327 | 8257 | 159070 |
| 1984 | 1457 | 209 | 1248 | 194221 | 9900 | 184321 |
| 1985 | 1584 | 177 | 1407 | 225974 | 10517 | 215457 |
| 1986 | 3168 | 1254 | 1914 | 287854 | 28064 | 259790 |
| 1987 | 3658 | 1676 | 1982 | 316197 | 35627 | 280570 |
| 1988 | 4551 | 2464 | 2087 | 348587 | 37119 | 311468 |
| 1989 | 4093 | 2287 | 1806 | 310831 | 34860 | 275971 |
| 1990 | 3142 | 1587 | 1555 | 269164 | 31747 | 237417 |
| 1991 | 3104 | 1523 | 1581 | 276299 | 35217 | 241082 |
| 1992 | 3828 | 1940 | 1888 | 340135 | 44379 | 295756 |
| 1993 | 4392 | 2249 | 2143 | 431089 | 74702 | 356387 |
| 1994 | 5275 | 3032 | 2243 | 504760 | 133340 | 371420 |
| 1995 | 5472 | 3149 | 2323 | 502443 | 138168 | 364275 |
| 1996 | 5457 | 3227 | 2230 | 499552 | 143228 | 356324 |
| 1997 | 5747 | 3128 | 2619 | 578193 | 137597 | 440596 |
| 1998 | 5493 | 3150 | 2343 | 497963 | 136015 | 361948 |
| 1999 | 6501 | 3249 | 3252 | 614481 | 137163 | 477318 |
| 2000 | 6541 | 3329 | 3212 | 611205 | 142927 | 468278 |
| 2001 | 7267 | 3489 | 3778 | 754924 | 160832 | 594092 |
| 2002 | 9269 | 3734 | 5535 | 1007750 | 166847 | 840903 |
| 2003 | 10764 | 4219 | 6545 | 1188591 | 180621 | 1007970 |
| 2004 | 11952 | 4683 | 7269 | 1342500 | 205900 | 1136600 |
| 2005 | 13811 | 5385 | 8426 | 1524922 | 230676 | 1294246 |

注：1978－1985年为交通部门运量，1986年及以后为全社会运量。

# 5-3 历年客、货汽车拥有量

| 年份 | 汽车合计（辆） | 载客汽车 | #大型 | 载货汽车 | #大型 | 载客汽车客位（客位） | #大型 | 载货汽车吨位（吨位） | #大型 |
|---|---|---|---|---|---|---|---|---|---|
| 1978 | 1288 | 125 | 109 | 1007 | 993 | | | | |
| 1979 | 1644 | 139 | 121 | 1318 | 1300 | | | | |
| 1980 | 2143 | 165 | 143 | 1704 | 1680 | | | | |
| 1981 | 2460 | 207 | 180 | 1910 | 1883 | | | | |
| 1982 | 2722 | 232 | 202 | 2075 | 2046 | | | | |
| 1983 | 2794 | 290 | 262 | 2088 | 1924 | | | | |
| 1984 | 3494 | 351 | 317 | 2603 | 2398 | | | | |
| 1985 | 4787 | 576 | 415 | 3362 | 2912 | | | | |
| 1986 | 5433 | 1564 | 452 | 3582 | 2720 | | | | |
| 1987 | 6571 | 1865 | 484 | 4523 | 3242 | | | | |
| 1988 | 8038 | 2018 | 544 | 5473 | 3792 | | | | |
| 1989 | 7971 | 1894 | 496 | 5226 | 3507 | | | | |
| 1990 | 8412 | 1998 | 501 | 5549 | 3617 | | | | |
| 1991 | 8334 | 2152 | 526 | 5243 | 3041 | | | | |
| 1992 | 9380 | 3034 | 594 | 6413 | 3633 | 44782 | | 22195 | |
| 1993 | 12028 | 4237 | 500 | 7791 | 3063 | 54561 | 22891 | 25439 | 16200 |
| 1994 | 13784 | 5017 | 437 | 8541 | 3475 | 59712 | 20287 | 29262 | 18835 |
| 1995 | 16456 | 6151 | 387 | 10007 | 4260 | 65916 | 18220 | 34639 | 23457 |
| 1996 | 17686 | 7368 | 374 | 10002 | 4240 | 71967 | 17060 | 35236 | 24171 |
| 1997 | 17605 | 7750 | 336 | 9688 | 3171 | 71692 | 15209 | 29122 | 17505 |
| 1998 | 18509 | 8093 | 252 | 10269 | 3260 | 72057 | 11253 | 30096 | 18132 |
| 1999 | 19008 | 8465 | 211 | 10433 | 3003 | 74635 | 9240 | 28862 | 16634 |
| 2000 | 22429 | 10008 | 184 | 12421 | 3002 | 85564 | 7907 | 32187 | 17130 |
| 2001 | 24857 | 11906 | 258 | 12951 | 2610 | 100963 | 9836 | 30843 | 16594 |
| 2002 | 31964 | 18155 | 297 | 13809 | 3029 | 126552 | 10686 | 34426 | 18978 |
| 2003 | 47834 | 33213 | 671 | 14621 | 3158 | 223877 | 25017 | 39025 | 19750 |
| 2004 | 58430 | 43862 | 543 | 14568 | 3193 | 255319 | 22098 | 43583 | 22445 |
| 2005 | 70231 | 55107 | 782 | 15124 | 3182 | 323239 | 32502 | 45541 | 24169 |

注：1978－1991年数据由车辆管理部门提供，1992年及以后的数据由公路运输管理部门提供。

# 5－4　历年船舶拥有量

| 年份 | 机动船 | | | | 非机动船(驳船) | |
|---|---|---|---|---|---|---|
| | 艘数(艘) | 净载重吨(吨位) | 载客量(客位) | 功　率(千瓦) | 艘　数(艘) | 净载重量(吨位) |
| 1978 | 354 | 1410 | 3481 | 15160 | 2269 | 69817 |
| 1979 | 391 | 1429 | 3767 | 17225 | 2573 | 84307 |
| 1980 | 448 | 2013 | 3803 | 20268 | 2845 | 100291 |
| 1981 | 457 | 1539 | 3907 | 21610 | 2887 | 111765 |
| 1982 | 642 | 3844 | 3957 | 22839 | 2730 | 114204 |
| 1983 | 889 | 7097 | 4043 | 23894 | 2644 | 119946 |
| 1984 | 1228 | 15797 | 3982 | 37431 | 2702 | 128813 |
| 1985 | 3763 | 15671 | 5202 | 37965 | 3434 | 166915 |
| 1986 | 4886 | 80394 | 8432 | 62164 | 3163 | 165692 |
| 1987 | 6027 | 119691 | 6683 | 66343 | 2797 | 169426 |
| 1988 | 6752 | 156602 | 6100 | 94247 | 2675 | 174872 |
| 1989 | 7378 | 167686 | 5338 | 100949 | 2945 | 190090 |
| 1990 | 7018 | 159859 | 4876 | 97578 | 2673 | 181945 |
| 1991 | 6764 | 144550 | 4505 | 98192 | 2689 | 181307 |
| 1992 | 5751 | 178952 | 3711 | 102908 | 2425 | 175465 |
| 1993 | 7845 | 247117 | 2171 | 140206 | 2481 | 181907 |
| 1994 | 5920 | 236644 | 1783 | 128129 | 2302 | 178005 |
| 1995 | 6519 | 272937 | 1957 | 141556 | 2247 | 175961 |
| 1996 | 5759 | 248710 | 1767 | 131645 | 2319 | 177719 |
| 1997 | 5654 | 241476 | 1667 | 135492 | 2188 | 174166 |
| 1998 | 7250 | 397953 | 1387 | 195934 | 2066 | 164879 |
| 1999 | 6907 | 397861 | 1387 | 192619 | 1370 | 115750 |
| 2000 | 5623 | 348530 | | 169414 | 1226 | 103718 |
| 2001 | 6445 | 487616 | | 239419 | 1156 | 98482 |
| 2002 | 7464 | 709282 | | 371081 | 995 | 86895 |
| 2003 | 7092 | 770265 | | 425046 | 1197 | 108595 |
| 2004 | 6931 | 894766 | | 507877 | 1140 | 108251 |
| 2005 | 5293 | 866114 | | 525975 | 1036 | 104087 |

# 5-5 历年分县区公路通车里程

单位:公里

| 年份 | 全 市 | 市 区 | 德清县 | 长兴县 | 安吉县 |
|---|---|---|---|---|---|
| 1978 | 1200.37 | 175.95 | 185.48 | 231.94 | 607.00 |
| 1979 | 1355.95 | 197.05 | 214.12 | 304.95 | 639.83 |
| 1980 | 1392.16 | 185.51 | 192.94 | 323.51 | 690.20 |
| 1981 | 1448.31 | 200.00 | 195.1 | 323.51 | 729.70 |
| 1982 | 1496.91 | 208.65 | 204.49 | 328.04 | 755.73 |
| 1983 | 1525.98 | 227.87 | 204.49 | 331.04 | 762.58 |
| 1984 | 1576.00 | 234.00 | 215.00 | 335.00 | 792.00 |
| 1985 | 1647.51 | 247.57 | 241.46 | 349.53 | 808.95 |
| 1986 | 1700.00 | 253.00 | 241.46 | 365.00 | 841.00 |
| 1987 | 1708.25 | 292.54 | 276.17 | 358.10 | 781.38 |
| 1988 | 1754.06 | 299.84 | 264.98 | 355.29 | 754.09 |
| 1989 | 1778.10 | 339.88 | 287.74 | 355.65 | 755.93 |
| 1990 | 1841.29 | 379.92 | 285.08 | 404.01 | 772.30 |
| 1991 | 1819.49 | 381.56 | 310.18 | 349.56 | 778.19 |
| 1992 | 1848.69 | 387.38 | 315.23 | 367.89 | 778.18 |
| 1993 | 1866.23 | 387.38 | 321.35 | 367.89 | 789.60 |
| 1994 | 1913.75 | 398.13 | 351.11 | 367.89 | 795.61 |
| 1995 | 1961.50 | 404.16 | 369.53 | 367.83 | 800.42 |
| 1996 | 2055.94 | 437.86 | 376.72 | 440.93 | 800.42 |
| 1997 | 2155.40 | 457.30 | 414.7 | 454.30 | 829.00 |
| 1998 | 2188.07 | 467.12 | 436.81 | 467.34 | 816.80 |
| 1999 | 2240.32 | 473.12 | 436.81 | 477.21 | 853.18 |
| 2000 | 2240.32 | 473.12 | 436.81 | 477.21 | 853.18 |
| 2001 | 2470.26 | 582.73 | 439.21 | 555.98 | 892.34 |
| 2002 | 2800.71 | 744.15 | 481.82 | 652.19 | 922.55 |
| 2003 | 2815.45 | 747.15 | 494.6 | 651.18 | 922.52 |
| 2004 | 3039.40 | 747.15 | 498.69 | 857.19 | 936.43 |
| 2005 | 3044.86 | 747.15 | 498.69 | 862.59 | 936.43 |

# 5-6 分县区全社会客、货运情况

| | 单位 | 全　市 | 市　区 | 德清县 | 长兴县 | 安吉县 |
|---|---|---|---|---|---|---|
| **客运量总计** | **万人** | **7563** | **4354** | **938** | **1101** | **1170** |
| #营业性 | 万人 | 5113 | 2972 | 550 | 731 | 860 |
| 1.公路 | 万人 | 7555 | 4354 | 930 | 1101 | 1170 |
| 2.内河 | 万人 | 8 | ... | 8 | | |
| **旅客周转量总计** | **万人公里** | **294182** | **171598** | **37474** | **41087** | **44023** |
| #营业性 | 万人公里 | 183932 | 108973 | 19365 | 25389 | 30205 |
| 1.公路 | 万人公里 | 294133 | 171597 | 37426 | 41087 | 44023 |
| 2.内河 | 万人公里 | 49 | 1 | 48 | | |
| **货运量总计** | **万吨** | **13811** | **4823** | **1815** | **4309** | **2864** |
| #营业性 | 万吨 | 13521 | 4683 | 1705 | 4284 | 2849 |
| 1.公路 | 万吨 | 5385 | 1997 | 1093 | 1047 | 1248 |
| 2.内河 | 万吨 | 8426 | 2826 | 722 | 3262 | 1616 |
| **货物周转量总计** | **万吨公里** | **1524922** | **537766** | **150786** | **533235** | **303135** |
| #营业性 | 万吨公里 | 1513322 | 531216 | 146936 | 532485 | 302685 |
| 1.公路 | 万吨公里 | 230676 | 118534 | 36064 | 42656 | 33422 |
| 2.内河 | 万吨公里 | 1294246 | 419232 | 114722 | 490579 | 269713 |

# 5－7　分县区公路、航道通车通航情况

| | 单位 | 全　市 | 市　区 | 德清县 | 长兴县 | 安吉县 |
|---|---|---|---|---|---|---|
| **一、公路密度及通达情况** | | | | | | |
| 以国土面积计算 | 公里/百平方公里 | 52.34 | 47.69 | 53.30 | 60.32 | 49.66 |
| 以人口计算 | 公里/万人 | 11.82 | 6.92 | 11.74 | 13.94 | 20.70 |
| 乡镇总数 | 个 | 60 | 18 | 11 | 16 | 15 |
| 通车乡(镇)数 | 个 | 60 | 18 | 11 | 16 | 15 |
| **二、公路通车总里程** | **公里** | **3044.86** | **747.15** | **498.69** | **862.59** | **936.43** |
| **按使用性质分** | | | | | | |
| 1.国　道 | 公里 | 264.78 | 119.87 | 41.87 | 103.04 | |
| 2.省　道 | 公里 | 288.95 | 13.9 | 57.86 | 57.98 | 159.21 |
| 3.县　道 | 公里 | 1398.52 | 352.81 | 277.18 | 313.05 | 455.49 |
| 4.乡　道 | 公里 | 971.81 | 198.34 | 121.78 | 329.96 | 321.73 |
| 5.专用公路 | 公里 | 120.81 | 62.23 | | 58.57 | |
| **按技术状况分** | | | | | | |
| 1.等级公路合计 | 公里 | 2930.07 | 729.55 | 427.15 | 862.59 | 910.78 |
| 高速公路 | 公里 | 86.06 | 33.53 | 22.01 | 30.52 | |
| 一级公路 | 公里 | 273.38 | 104.88 | 46.94 | 61.58 | 59.98 |
| 二级公路 | 公里 | 273.13 | 105.76 | 51.16 | 75.52 | 40.68 |
| 三级公路 | 公里 | 342.83 | 45.9 | 66.30 | 117.81 | 112.82 |
| 四级公路 | 公里 | 1954.67 | 439.49 | 240.73 | 577.16 | 697.30 |
| 2.等外公路 | 公里 | 114.79 | 17.6 | 71.54 | | 25.65 |
| **三、内河航道里程总计** | **公里** | **1166.8** | **638.98** | **222.24** | **255.49** | **50.1** |

# 5－8 全社会公路运输工具年末拥有量

| | 单位 | 总 计 | 营业性 | #个体 | 非营业性 |
|---|---|---|---|---|---|
| **一、汽 车** | **辆** | **70231** | **16107** | **7044** | **54124** |
| 1. 载客汽车 | 辆 | 55107 | 3065 | 181 | 52042 |
| | 客位 | 323239 | 49935 | 724 | 273304 |
| #大型 | 辆 | 782 | 650 | | 132 |
| | 客位 | 32502 | 26266 | | 6236 |
| 中型 | 辆 | 962 | 747 | | 215 |
| | 客位 | 18673 | 15058 | | 3615 |
| 2. 载货汽车 | 辆 | 15124 | 13042 | 6863 | 2082 |
| | 吨位 | 45541 | 41781 | 18619 | 3860 |
| (1)普通载货汽车 | 辆 | 14539 | 12457 | 6787 | 2082 |
| | 吨位 | 39968 | 36208 | 17922 | 3760 |
| #大型 | 辆 | 3182 | 3033 | 1620 | 149 |
| | 吨位 | 24169 | 21420 | 11206 | 2749 |
| #重型 | 辆 | 1079 | 1004 | 483 | 75 |
| | 吨位 | 12322 | 11208 | 5551 | 1114 |
| 中型 | 辆 | 1308 | 1253 | 617 | 55 |
| | 吨位 | 4273 | 4104 | 2022 | 169 |
| (2)专用载货汽车 | 辆 | 585 | 585 | 76 | |
| | 吨位 | 5573 | 5573 | 697 | |
| **二、其他机动车** | **辆** | **238** | **238** | **238** | |
| | 吨位 | 163 | 163 | 163 | |
| 1. 客运机动车 | 辆 | | | | |
| | 客位 | | | | |
| 2. 货运机动车 | 辆 | 238 | 238 | 238 | |
| | 吨位 | 163 | 163 | 163 | |
| **三、轮胎式拖拉机** | **辆** | **9127** | **9127** | **9127** | |
| | 吨位 | 9117 | 9117 | 9117 | |
| **四、载货挂车** | **辆** | **26** | **26** | **4** | |
| | 吨位 | 224 | 224 | 52 | |

# 5－9　分县区全社会公路运输工具年末拥有量

| | 单位 | 全　市 | 市　区 | 德清县 | 长兴县 | 安吉县 |
|---|---|---|---|---|---|---|
| **一、汽　车** | **辆** | **70231** | **36395** | **11528** | **12499** | **9809** |
| 1.载客汽车 | 辆 | 55107 | 30035 | 9151 | 8527 | 7394 |
| | 客位 | 323239 | 159894 | 60624 | 59652 | 43069 |
| #大型 | 辆 | 782 | 398 | 102 | 197 | 85 |
| | 客位 | 32502 | 15919 | 4083 | 9039 | 3461 |
| 中型 | 辆 | 962 | 314 | 266 | 180 | 202 |
| | 客位 | 18673 | 6877 | 4522 | 3558 | 3716 |
| 2.载货汽车 | 辆 | 15124 | 6360 | 2377 | 3972 | 2415 |
| | 吨位 | 45541 | 18639 | 7231 | 14209 | 5462 |
| ⑴普通载货汽 | 辆 | 14539 | 6125 | 2233 | 3812 | 2369 |
| | 吨位 | 39968 | 16332 | 5800 | 12670 | 5166 |
| #大型 | 辆 | 3182 | 1187 | 430 | 1015 | 550 |
| | 吨位 | 24169 | 9524 | 3326 | 8080 | 3239 |
| #重型 | 辆 | 1079 | 399 | 160 | 429 | 91 |
| | 吨位 | 12322 | 4357 | 1929 | 5113 | 923 |
| 中型 | 辆 | 1308 | 524 | 160 | 437 | 187 |
| | 吨位 | 4273 | 1661 | 517 | 1462 | 633 |
| ⑵专用载货汽 | 辆 | 585 | 235 | 144 | 160 | 46 |
| | 吨位 | 5573 | 2307 | 1431 | 1539 | 296 |
| **二、其他机动车** | **辆** | **238** | **105** | **120** | **13** | |
| | 吨位 | 163 | 54 | 100 | 9 | |
| 1.客运机动车 | 辆 | | | | | |
| | 客位 | | | | | |
| 2.货运机动车 | 辆 | 238 | 105 | 120 | 13 | |
| | 吨位 | 163 | 54 | 100 | 9 | |
| **三、轮胎式拖拉机** | **辆** | **9127** | **1203** | **2280** | **2644** | **3000** |
| | 吨位 | 9117 | 1203 | 2280 | 2634 | 3000 |
| **四、载货挂车** | **辆** | **26** | **22** | | | **4** |
| | 吨位 | 224 | 172 | | | 52 |

# 5－10　全社会水路运输工具年末拥有量

| | 单位 | 合　计 | # 个体 |
|---|---|---|---|
| **一、机动船：艘数** | 艘 | **5293** | **4917** |
| 净载重吨 | 吨 | 866114 | 791792 |
| 标准箱位 | TEU | 28 | |
| 功率 | 千瓦 | 525975 | 475721 |
| 1.客船:艘数 | 艘 | 9 | |
| 净载重量 | 吨 | | |
| 功率 | 千瓦 | 608 | |
| 2.货船:艘数 | 艘 | 5176 | 4894 |
| 净载重量 | 吨 | 866114 | 791792 |
| 标准箱位 | TEU | 28 | |
| 功率 | 千瓦 | 512709 | 473253 |
| 货船内油船:艘数 | 艘 | 19 | |
| 净载重量 | 吨 | 6146 | |
| 功率 | 千瓦 | 3282 | |
| 货船内集装箱船:艘数 | 艘 | 2 | |
| 净载重量 | 吨 | 650 | |
| 标准箱位 | TEU | 28 | |
| 功率 | 千瓦 | 207 | |
| 3.拖船:艘数 | 艘 | 108 | 23 |
| 功率 | 千瓦 | 12658 | 2468 |
| **二、驳船:艘数** | 艘 | **1036** | **231** |
| 净载重量 | 吨 | 104087 | 19880 |

# 5－11　分县区全社会水路运输工具年末拥有量

| | 单位 | 全　市 | 市　区 | 德清县 | 长兴县 | 安吉县 |
|---|---|---|---|---|---|---|
| 一、机动船：艘数 | 艘 | **5293** | **1602** | **452** | **2292** | **947** |
| 净载重吨 | 吨 | 866114 | 280610 | 61514 | 337031 | 186959 |
| 标准箱位 | TEU | 28 | 28 | | | |
| 功率 | 千瓦 | 525975 | 168705 | 39928 | 207929 | 109413 |
| 1.客船:艘数 | 艘 | 9 | 1 | 8 | | |
| 净载重量 | 吨 | | | | | |
| 功率 | 千瓦 | 608 | 448 | 160 | | |
| 2.货船:艘数 | 艘 | 5176 | 1562 | 439 | 2239 | 936 |
| 净载重量 | 吨 | 866114 | 280610 | 61514 | 337031 | 186959 |
| 标准箱位 | TEU | 28 | 28 | | | |
| 功率 | 千瓦 | 512708 | 163355 | 39083 | 201987 | 108283 |
| 货船内油船:艘数 | 艘 | 19 | | 1 | | 18 |
| 净载重量 | 吨 | 6146 | | 20 | | 6126 |
| 功率 | 千瓦 | 3282 | | 15 | | 3268 |
| 货船内集装箱船:艘数 | 艘 | 2 | 2 | | | |
| 净载重量 | 吨位 | 650 | 650 | | | |
| 标准箱位 | TEU | 28 | 28 | | | |
| 功率 | 千瓦 | 207 | 207 | | | |
| 3.拖船:艘数 | 艘 | 108 | 39 | 5 | 53 | 11 |
| 功率 | 千瓦 | 12658 | 4902 | 684 | 5942 | 1130 |
| **二、驳船:艘数** | 艘 | **1036** | **351** | **54** | **513** | **118** |
| 净载重量 | 吨位 | 104087 | 39725 | 6875 | 47333 | 10154 |

# 5－12　历年邮政电信主要指标

| 年　份 | 邮电业务总　量（万元） | 邮电业务收　入（万元） | 函　件（万件） | 订销报纸累计份数（万份） | 订销杂志累计份数（万份） |
|---|---|---|---|---|---|
| 1978 | 704 | 229 | 611 | 2946 | 103 |
| 1979 | 799 | 268 | 720 | 3293 | 128 |
| 1980 | 919 | 365 | 822 | 3560 | 196 |
| 1981 | 1013 | 440 | 827 | 3833 | 287 |
| 1982 | 1087 | 502 | 868 | 4045 | 275 |
| 1983 | 1198 | 577 | 875 | 4798 | 290 |
| 1984 | 1367 | 701 | 947 | 5436 | 364 |
| 1985 | 1712 | 953 | 1076 | 6605 | 402 |
| 1986 | 1868 | 1101 | 1166 | 6944 | 360 |
| 1987 | 2158 | 1257 | 1307 | 7626 | 406 |
| 1988 | 2559 | 1724 | 1312 | 7712 | 364 |
| 1989 | 2870 | 2107 | 1221 | 4727 | 221 |
| 1990 | 3570 | 2798 | 1161 | 4981 | 221 |
| 1991 | 4730 | 3789 | 1274 | 5382 | 231 |
| 1992 | 6880 | 5369 | 1406 | 5737 | 240 |
| 1993 | 10774 | 8866 | 1558 | 5691 | 219 |
| 1994 | 19841 | 16219 | 1689 | 6239 | 207 |
| 1995 | 28822 | 22921 | 1811 | 5114 | 207 |
| 1996 | 39745 | 31921 | 2031 | 5233 | 183 |
| 1997 | 49261 | 37785 | 1876 | 5091 | 180 |
| 1998 | 68425 | 43355 | 1797 | 5021 | 186 |
| 1999 | 94340 | 82386 | 1183 | 5153 | 195 |
| 2000 | 144322 | 98201 | 1245 | 4596 | 142 |
| 2001 | 170753 | 110242 | 1352 | 4840 | 249 |
| 2002 | 175766 | 131948 | 1451 | 4737 | 233 |
| 2003 | 242386 | 143884 | 1453 | 4919 | 245 |
| 2004 | 312563 | 172052 | 1070 | 4780 | 260 |
| 2005 | 318951 | 188143 | 1004 | 5193 | 270 |

注：邮电业务总量1978年至2001年为1990年价，2002年起为2000年价。

5－12 续表

| 年份 | 固定电话用户数（户） | #住宅电话（万户） | 移动电话（户） | 电话普及率（部/万人） | 国际互联网用户数（户） |
|---|---|---|---|---|---|
| 1978 | 4340 | | | 42 | |
| 1979 | 4642 | | | 44 | |
| 1980 | 5402 | | | 51 | |
| 1981 | 6013 | | | 55 | |
| 1982 | 6586 | | | 62 | |
| 1983 | 7350 | | | 66 | |
| 1984 | 8463 | | | 79 | |
| 1985 | 9814 | | | 87 | |
| 1986 | 10564 | | | 93 | |
| 1987 | 11705 | | | 101 | |
| 1988 | 13480 | | | 117 | |
| 1989 | 15494 | | | 164 | |
| 1990 | 18503 | | | 181 | |
| 1991 | 23105 | | | 197 | |
| 1992 | 31796 | | | 242 | |
| 1993 | 49766 | | | 315 | |
| 1994 | 79195 | | 4292 | 460 | |
| 1995 | 119390 | | 11556 | 705 | |
| 1996 | 147548 | | 19709 | 848 | |
| 1997 | 187416 | | 36177 | 1299 | |
| 1998 | 231589 | | 62650 | 1664 | 1300 |
| 1999 | 320388 | | 152099 | 1852 | 7404 |
| 2000 | 451300 | | 327916 | 3046 | 33750 |
| 2001 | 602800 | | 512786 | 4349 | 76700 |
| 2002 | 733300 | | 772145 | 5857 | 108959 |
| 2003 | 823372 | | 998285 | 7094 | 119506 |
| 2004 | 1041777 | 69.70 | 1334037 | 9237 | 157864 |
| 2005 | 1177838 | 76.23 | 1500400 | 10398 | 168317 |

# 主要统计指标解释

**公路通车里程**　是指实际达到公路工程技术标准等级的公路长度。它包括大中城市的郊区公路以及通过小城镇街道的公路里程，也包括桥梁、渡口的长度，但不包括城市的街道以及厂矿、林区和农业生产用道的里程。两条或多条公路共同径由同一条路段，只计算一次，不得重复计算里程长度，公路里程是反映公路建设发展规模重要指标，也是计算运输网密度等指标的基础资料。

**内河通航里程**　是指在枯水季节水深在0.3米以上能通航运输船舶及排筏的天然河流、湖泊、水库、运河及通航渠道的长。包括全年季节性通航累计3个月以上的航道，但不包括公共零用流放竹、木排的河道。内河航道里程是反映河水运输网规模、水平和发展情况的主要指标。

**货(客)运量**　指运输业实际运送的货物(旅客)数量。货运按吨计算，客运按人计算。货物不论运输距离长短，货物类别，均按实际重量统计，旅客不论行程远近或票价多少，均按一人一次作为客运量统计。半价票、小孩票也按一人统计。货(客)运量反映运输业为国民经济和人民生活服务的数量指标，也是制定和检查运输生产计划，研究运输发展规模和速度的重要指标。

**货物(旅客)周转量**　指运输业运送的货物(旅客)数量与相应运输距离乘积之和，通常按发出站与到达站之间的最短距离，也就是计费距离计算。它反映运输业生产总成果的重要指标，也是编制和检查运输生产计划、计算运输、劳动生产率以及核算运输单位成本的主要基础资料。

**邮电业务总量**　指以货币表现的邮电部门为用户传递信息和提供其他邮电服务的总量(包括计费和不计费两部分)。它用各种邮电分类业务量，如函件件数、电报份数、长话张数、市内电话和农村电话年平均户数、订销报刊累计份数等，分别乘以相应的平均单价(不变价格)，加总后再加上出售电路和设备的收入、代用户维护电话交换机和线路等设备的收入、其他业务收入求得。邮电业务总量综合反映了一定时期邮电工作的总成果，是研究邮电业务量构成和发展趋势的重要指标。

# 六、固定资产投资
# 建 筑 业

# 6-1 历年分县区全社会固定资产投资

单位:万元

| 年份 | 全 市 | 吴兴区 | 南浔区 | 德清县 | 长兴县 | 安吉县 | 市区 |
|---|---|---|---|---|---|---|---|
| 1978 | 5867 | | | 542 | 2309 | 1142 | 1874 |
| 1979 | 6874 | | | 502 | 3016 | 679 | 2677 |
| 1980 | 8713 | | | 768 | 3229 | 1043 | 3673 |
| 1981 | 9817 | | | 1103 | 3104 | 827 | 4783 |
| 1982 | 12228 | | | 1588 | 5218 | 716 | 4706 |
| 1983 | 23351 | | | 3813 | 5805 | 2598 | 12406 |
| 1984 | 35296 | | | 4935 | 8550 | 4847 | 16964 |
| 1985 | 53472 | | | 8698 | 13509 | 8155 | 23110 |
| 1986 | 74845 | | | 9004 | 15263 | 11344 | 37234 |
| 1987 | 100173 | | | 13875 | 22858 | 11580 | 51860 |
| 1988 | 120806 | | | 17341 | 26290 | 13997 | 53178 |
| 1989 | 112485 | | | 15553 | 27455 | 13553 | 55924 |
| 1990 | 117503 | | | 16488 | 24438 | 11275 | 65302 |
| 1991 | 131213 | | | 22751 | 32943 | 14251 | 61286 |
| 1992 | 246123 | | | 34103 | 58703 | 31036 | 122281 |
| 1993 | 455297 | | | 68029 | 76234 | 45499 | 265535 |
| 1994 | 581281 | | | 83842 | 113232 | 84208 | 299999 |
| 1995 | 724040 | | | 109152 | 138831 | 102771 | 373286 |
| 1996 | 799231 | | | 133519 | 143684 | 171942 | 370086 |
| 1997 | 840495 | | | 118273 | 119199 | 249360 | 353663 |
| 1998 | 941753 | | | 118365 | 124038 | 277137 | 422213 |
| 1999 | 962853 | | | 126581 | 150495 | 137688 | 548089 |
| 2000 | 1093389 | | | 162040 | 204341 | 135573 | 591435 |
| 2001 | 1491736 | | | 214916 | 408705 | 188857 | 679258 |
| 2002 | 2002880 | | | 305384 | 455839 | 244542 | 997115 |
| 2003 | 2679721 | 957746 | 349788 | 483404 | 580560 | 308223 | 1307534 |
| 2004 | 3654743 | 1327848 | 505473 | 680986 | 754250 | 386186 | 1833321 |
| 2005 | 4160475 | 1573533 | 567859 | 723382 | 861112 | 434589 | 2141392 |

# 6-2 历年分县区全社会固定资产投资增长速度

单位:%

| 年份 | 全 市 | 吴兴区 | 南浔区 | 德清县 | 长兴县 | 安吉县 | △市区 |
|---|---|---|---|---|---|---|---|
| 1979 | 17.2 | | | -7.4 | 30.6 | -40.5 | 42.8 |
| 1980 | 26.8 | | | 53.0 | 7.1 | 53.6 | 37.2 |
| 1981 | 12.7 | | | 43.6 | -3.9 | -20.7 | 30.2 |
| 1982 | 24.6 | | | 44.0 | 68.1 | -13.4 | -1.6 |
| 1983 | 91.0 | | | 140.1 | 11.2 | 262.8 | 163.6 |
| 1984 | 51.2 | | | 29.4 | 47.3 | 86.6 | 36.7 |
| 1985 | 51.5 | | | 76.3 | 58.0 | 68.2 | 36.2 |
| 1986 | 40.0 | | | 3.5 | 13.0 | 39.1 | 61.1 |
| 1987 | 33.8 | | | 54.1 | 49.8 | 2.1 | 39.3 |
| 1988 | 20.6 | | | 25.0 | 15.0 | 20.9 | 21.8 |
| 1989 | -6.9 | | | -10.3 | 4.4 | -3.2 | -11.5 |
| 1990 | 4.5 | | | 6.0 | -11.0 | -16.8 | 16.8 |
| 1991 | 11.7 | | | 38.0 | 34.8 | 26.4 | -6.1 |
| 1992 | 87.6 | | | 49.9 | 78.2 | 117.8 | 99.5 |
| 1993 | 85.0 | | | 99.5 | 29.9 | 46.6 | 117.2 |
| 1994 | 27.7 | | | 23.2 | 48.5 | 85.1 | 13.0 |
| 1995 | 24.6 | | | 30.2 | 22.6 | 22.0 | 24.4 |
| 1996 | 10.4 | | | 22.3 | 3.5 | 67.3 | -0.9 |
| 1997 | 5.2 | | | -11.4 | -17.0 | 45.0 | -4.4 |
| 1998 | 12.0 | | | 0.1 | 4.1 | 11.1 | 19.4 |
| 1999 | 2.2 | | | 6.9 | 21.3 | -50.3 | 29.8 |
| 2000 | 13.6 | | | 28.0 | 35.8 | -1.5 | 7.9 |
| 2001 | 36.4 | | | 32.6 | 100.0 | 39.3 | 14.8 |
| 2002 | 34.3 | | | 42.1 | 11.5 | 29.5 | 46.8 |
| 2003 | 33.8 | | | 58.3 | 27.4 | 26.0 | 31.1 |
| 2004 | 36.4 | 38.6 | 44.5 | 40.9 | 29.9 | 25.3 | 40.2 |
| 2005 | 13.8 | 18.5 | 12.3 | 6.7 | 19.8 | 12.5 | 14.3 |

# 6-3　历年分县区全社会固定资产投资发展指数

（1978年=100）　　　　　　　　　　　　　　单位：%

| 年份 | 全　市 | 吴兴区 | 南浔区 | 德清县 | 长兴县 | 安吉县 | △市区 |
|---|---|---|---|---|---|---|---|
| 1978 | 100.0 | | | 100.0 | 100.0 | 100.0 | 100.0 |
| 1979 | 117.2 | | | 92.6 | 130.6 | 59.5 | 142.8 |
| 1980 | 148.5 | | | 141.7 | 139.8 | 91.3 | 196.0 |
| 1981 | 167.3 | | | 203.5 | 134.4 | 72.4 | 255.2 |
| 1982 | 208.4 | | | 293.0 | 226.0 | 62.7 | 251.1 |
| 1983 | 398.0 | | | 703.5 | 251.4 | 227.5 | 662.0 |
| 1984 | 601.6 | | | 910.5 | 370.3 | 424.4 | 905.2 |
| 1985 | 911.4 | | | 1604.8 | 585.1 | 714.1 | 1233.2 |
| 1986 | 1275.7 | | | 1661.3 | 661.0 | 993.3 | 1986.9 |
| 1987 | 1707.4 | | | 2560.0 | 990.0 | 1014.0 | 2767.3 |
| 1988 | 2059.1 | | | 3199.4 | 1138.6 | 1225.7 | 3371.3 |
| 1989 | 1917.2 | | | 2869.6 | 1189.0 | 1186.8 | 2984.2 |
| 1990 | 2002.8 | | | 3042.1 | 1058.4 | 987.3 | 3484.6 |
| 1991 | 2236.5 | | | 4197.6 | 1426.7 | 1247.9 | 3270.3 |
| 1992 | 4195.0 | | | 6292.1 | 2542.4 | 2717.7 | 6525.1 |
| 1993 | 7760.3 | | | 12551.5 | 3301.6 | 3984.2 | 14169.4 |
| 1994 | 9907.6 | | | 15469.0 | 4903.9 | 7373.7 | 16008.5 |
| 1995 | 12340.9 | | | 20138.7 | 6012.6 | 8999.2 | 19919.2 |
| 1996 | 13622.5 | | | 24634.5 | 6222.8 | 15056.2 | 19748.5 |
| 1997 | 14325.8 | | | 21821.6 | 5162.4 | 21835.4 | 18872.1 |
| 1998 | 16051.7 | | | 21838.6 | 5371.9 | 24267.7 | 22530.0 |
| 1999 | 16411.3 | | | 23354.4 | 6517.8 | 12056.7 | 29247.0 |
| 2000 | 18636.3 | | | 29896.7 | 8849.8 | 11871.5 | 31560.0 |
| 2001 | 25425.9 | | | 39652.4 | 17700.5 | 16537.4 | 36246.4 |
| 2002 | 34138.1 | | | 56343.9 | 19741.8 | 21413.5 | 53207.8 |
| 2003 | 45674.5 | 100.0 | 100.0 | 89188.9 | 25143.4 | 26989.8 | 59772.4 |
| 2004 | 62293.2 | 138.6 | 144.5 | 125643.2 | 32665.7 | 33816.6 | 97829.3 |
| 2005 | 70889.7 | 164.2 | 162.3 | 134061.3 | 39133.5 | 38043.7 | 111818.9 |

# 6－4　分县区全社会固定资产投资

单位:万元

| | 全市 | | | 吴兴区 | 南浔区 | 德清县 | 长兴县 | 安吉县 | △市区 |
|---|---|---|---|---|---|---|---|---|---|
| | 2005年 | 2004年 | ±% | | | | | | |
| **全社会固定资产投资** | **4160475** | **3654743** | **13.8** | **1573533** | **567859** | **723382** | **861112** | **434589** | **2141392** |
| #工业性投入 | 2222392 | 1975921 | 12.5 | 616314 | 405229 | 402583 | 544266 | 254000 | 1021543 |
| 1.全部限额以上 | 3801485 | 3315398 | 14.7 | 1495604 | 469050 | 683986 | 789214 | 363631 | 1964654 |
| #工业性投入 | 1994210 | 1753625 | 13.7 | 577169 | 321012 | 381512 | 507997 | 206520 | 898181 |
| 房地产开发投资 | 690486 | 568602 | 21.4 | 219607 | 54361 | 154677 | 170738 | 91103 | 273968 |
| 2.限额以下 | 253453 | 272369 | －6.9 | 43919 | 91031 | 24968 | 42615 | 50920 | 134950 |
| #工业性投入 | 228182 | 222296 | 2.6 | 39145 | 84217 | 21071 | 36269 | 47480 | 123362 |
| #城镇 | 21241 | 3681 | 477.0 | 1023 | 12339 | 3288 | 2451 | 2140 | 13362 |
| #工业性投入 | 8012 | 400 | 1903.0 | 575 | 5825 | 1612 | | | 6400 |
| #农村 | 232212 | 268688 | －13.6 | 42896 | 78692 | 21680 | 40164 | 48780 | 121588 |
| #工业性投入 | 220170 | 221896 | －0.8 | 38715 | 84217 | 21071 | 36269 | 47480 | 122932 |
| 3.私人建房 | 88725 | 57084 | 55.4 | 29525 | 4123 | 12831 | 25308 | 16938 | 33648 |
| 4.农民购买生产性固定资产 | 16812 | 9892 | 70.0 | 4485 | 3655 | 1597 | 3975 | 3100 | 8140 |

# 6－5　分县区全部限额以上投资

单位:万元

| | 全　市 | 吴兴区 | 南浔区 | 德清县 | 长兴县 | 安吉县 | △市区 |
|---|---|---|---|---|---|---|---|
| **一、自年初累计完成投资** | **3801485** | **1495604** | **469050** | **683986** | **789214** | **363631** | **1964654** |
| (一)按投资、房地产分: | | | | | | | |
| ⑴房地产开发完成投资 | 690486 | 219607 | 54361 | 154677 | 170738 | 91103 | 273968 |
| ⑵投资项目完成(单位)完成投资 | 3110999 | 1275997 | 414689 | 529309 | 618476 | 272528 | 1690686 |
| #住宅 | 63625 | 54419 | 500 | 1 | 8605 | 100 | 54919 |
| #经济适用房 | 6805 | 250 | | | 6555 | | 250 |
| #国家、省重点项目 | 508298 | 307957 | | 81804 | 118537 | | 307957 |
| #市级重点 | 307689 | 248931 | 14567 | 36600 | 7591 | | 263498 |
| #省计委系统重点项目 | 586772 | 396427 | | 73888 | 116457 | | 396427 |
| 1.农水项目 | 35486 | 17432 | | 14677 | 3377 | | 17432 |
| 2.交通邮电项目 | 288961 | 288961 | | | | | 288961 |
| 3.电力项目 | 113080 | | | | 113080 | | |
| 4.工业项目 | 88005 | 28795 | | 59210 | | | 28795 |
| 5.其他项目 | 61240 | 61239 | | 1 | | | 61239 |
| #园区建设项目投资 | 719977 | 255656 | 187510 | 139558 | 113348 | 23905 | 443166 |
| 1.经济技术开发区类 | 146202 | 146202 | | | | | 146202 |
| 2.经济开发区类 | 327712 | | 146322 | 77233 | 82552 | 21605 | 146322 |
| 3.工业园区类 | 246063 | 109454 | 41188 | 62325 | 30796 | 2300 | 150642 |
| #基础设施投资 | 1165370 | 742834 | 56368 | 95126 | 217718 | 53324 | 799202 |
| 1.水利、环境和公共设施管理 | 312067 | 182240 | 33376 | 16071 | 47796 | 32584 | 215616 |
| 2.电力、燃气及水的生产供应业 | 336221 | 105366 | 7225 | 65627 | 149423 | 8580 | 112591 |
| 3.交通运输、仓储和邮政业 | 422251 | 388876 | 14567 | 5238 | 13570 | | 403443 |
| 4.电信和其他信息传输服务业 | 20331 | 17211 | | 3120 | | | 17211 |
| 5.教育设施 | 38183 | 20500 | 200 | 5070 | 3913 | 8500 | 20700 |
| 6.广播、电视、电影和音像业 | 30 | | | | 30 | | |
| 7.文化艺术业 | 9427 | 7380 | | | 697 | 1350 | 7380 |
| 8.体育设施 | 4234 | 3024 | | | | 1210 | 3024 |
| 9.卫生设施 | 22626 | 18237 | 1000 | | 2289 | 1100 | 19237 |
| #农村投资 | 1547649 | 494198 | 231073 | 286037 | 336101 | 200240 | 725271 |
| #工业投资 | 1994210 | 577169 | 321012 | 381512 | 507997 | 206520 | 898181 |
| ⑶投资项目施工情况 | | | | | | | |
| 施工项目个数(个) | 1369 | 289 | 260 | 332 | 315 | 173 | 549 |
| #本年新开工 | 969 | 173 | 221 | 216 | 196 | 163 | 394 |
| 全投项目个数(个) | 673 | 148 | 203 | 149 | 141 | 32 | 351 |
| ⑷土地使用情况 | | | | | | | |
| 规划用地面积 | 53449804 | 29349572 | 3450307 | 5718606 | 14579297 | 352022 | 32799879 |
| 本年实际征用和购置土地面积 | 10850624 | 6131230 | 854020 | 2168225 | 1355653 | 341496 | 6985250 |
| 本年实际征用和购置土地成交价款 | 152590 | 84787 | 18159 | 24209 | 4792 | 20643 | 102946 |
| (二)本年新增固定资产 | 2229793 | 773806 | 354204 | 518712 | 528428 | 54643 | 1128010 |

6－5续表1

| | 全　市 | 吴兴区 | 南浔区 | 德清县 | 长兴县 | 安吉县 | △市区 |
|---|---|---|---|---|---|---|---|
| (三)施工房屋面积情况 | | | | | | | |
| 本年施工房屋面积(平方米) | 17283710 | 6850823 | 1782674 | 4924156 | 3130904 | 595153 | 8633497 |
| #住宅 | 6286973 | 3037544 | 357499 | 1122691 | 1313368 | 455871 | 3395043 |
| #经济适用房 | 511213 | 225738 | | 51138 | 234337 | | 225738 |
| 本年竣工房屋面积(平方米) | 8288427 | 3041795 | 1103373 | 2631964 | 1454726 | 56569 | 4145168 |
| #住宅 | 2693504 | 1562335 | 189938 | 407050 | 501963 | 32218 | 1752273 |
| #经济适用房 | 58183 | 3883 | | | 54300 | | 3883 |
| (四)按登记注册类型分： | | | | | | | |
| 内资 | 3454796 | 1386232 | 452740 | 571344 | 680849 | 363631 | 1838972 |
| 国有 | 862158 | 610699 | 77952 | 54531 | 70374 | 48602 | 688651 |
| 集体 | 76079 | 45637 | 9427 | 10857 | 10158 | | 55064 |
| 股份合作 | 3027 | 800 | | 2227 | | | 800 |
| 国有联营 | 59171 | 55528 | | 3643 | | | 55528 |
| 集体联营 | 980 | | | | 980 | | |
| 国有独资公司 | 5266 | 980 | | 2486 | 1800 | | 980 |
| 其他有限责任公司 | 1889508 | 506286 | 323343 | 273881 | 527610 | 258388 | 829629 |
| 股份有限公司 | 77075 | 47598 | 2600 | 16069 | 9918 | 890 | 50198 |
| 私营 | 378196 | 112703 | 39418 | 114613 | 55711 | 55751 | 152121 |
| 其他 | 103336 | 6001 | | 93037 | 4298 | | 6001 |
| 港澳台商投资 | 169640 | 67883 | 2100 | 30705 | 68952 | | 69983 |
| 外商投资 | 176189 | 41239 | 14210 | 81327 | 39413 | | 55449 |
| 个体经营 | 860 | 250 | | 610 | | | 250 |
| (五)按国有控股情况分： | | | | | | | |
| 1.国有及国有控股企业投资 | 1208779 | 722861 | 84177 | 87966 | 115471 | 198304 | 807038 |
| 2.非国有投资 | 2592706 | 772743 | 384873 | 596020 | 673743 | 165327 | 1157616 |
| #民间投资 | 2259967 | 674101 | 368563 | 483988 | 567988 | 165327 | 1042664 |
| 3.集体绝对控股 | 88426 | 54777 | 9427 | 13084 | 11138 | | 64204 |
| 4.集体相对控股 | 1200 | 1200 | | | | | 1200 |
| (六)按隶属关系分： | | | | | | | |
| 中央 | 80072 | 77828 | | | 2244 | | 77828 |
| 地方 | 3721413 | 1417776 | 469050 | 683986 | 786970 | 363631 | 1886826 |
| #省 | 454095 | 308621 | 16892 | 730 | 127852 | | 325513 |
| 市 | 409059 | 390372 | 15567 | 3120 | | | 405939 |
| 县 | 609862 | 94810 | 43318 | 267461 | 142369 | 61904 | 138128 |
| (七)按三次产业分 | | | | | | | |
| 第一产业 | 12244 | | | 6250 | 3694 | 2300 | |
| 第二产业 | 2023411 | 577169 | 321012 | 406738 | 507997 | 210495 | 898181 |
| #能源工业 | 345321 | 105366 | 7725 | 66677 | 152823 | 12730 | 113091 |
| 第三产业 | 1765830 | 918435 | 148038 | 270998 | 277523 | 150836 | 1066473 |
| (八)按构成分： | | | | | | | |
| 建筑工程 | 2154362 | 981584 | 240781 | 309450 | 323886 | 298661 | 1222365 |
| 安装工程 | 163630 | 63693 | 2275 | 21780 | 74263 | 1619 | 65968 |
| 设备工器具购置 | 1038555 | 313523 | 193391 | 233776 | 260039 | 37826 | 506914 |
| 其他费用 | 444938 | 136804 | 32603 | 118980 | 131026 | 25525 | 169407 |
| #旧建筑物购置费 | 3435 | 700 | | 1015 | 1700 | 20 | 700 |
| 土地购置费 | 241846 | 58615 | 26648 | 65642 | 66049 | 24892 | 85263 |

6－5续表2

| | 全　市 | 吴兴区 | 南浔区 | 德清县 | 长兴县 | 安吉县 | △市区 |
|---|---|---|---|---|---|---|---|
| (九)按国民经济行业分组 | | | | | | | |
| A.农、林、牧、渔业 | 12244 | | | 6250 | 3694 | 2300 | |
| 农业 | 4394 | | | | 2094 | 2300 | |
| 林业 | 6150 | | | 6150 | | | |
| 畜牧业 | 1600 | | | | 1600 | | |
| 农、林、牧、渔服务业 | 100 | | | 100 | | | |
| B.采矿业 | 43682 | 22479 | | 7370 | 11163 | 2670 | 22479 |
| 煤炭开采和洗选业 | 3400 | | | | 3400 | | |
| 黑色金属矿采选业 | 4245 | | | | 4245 | | |
| 非金属矿采选业 | 36037 | 22479 | | 7370 | 3518 | 2670 | 22479 |
| C.制造业 | 1614307 | 449324 | 313787 | 308515 | 347411 | 195270 | 763111 |
| 农副食品加工业 | 19824 | 7094 | 1550 | 8310 | 770 | 2100 | 8644 |
| 食品制造业 | 16220 | 12378 | | 1540 | 2302 | | 12378 |
| 饮料制造业 | 13125 | 5600 | | 2300 | 1345 | 3880 | 5600 |
| 纺织业 | 288841 | 109708 | 68510 | 35353 | 66350 | 8920 | 178218 |
| 纺织服装、鞋、帽制造业 | 88136 | 41053 | 7089 | 9056 | 27118 | 3820 | 48142 |
| 皮革、毛皮、羽毛(绒)及其制品业 | 29568 | 1298 | 6040 | 13590 | 4740 | 3900 | 7338 |
| 木材加工及木、竹、腾、棕、草制品业 | 130267 | 9255 | 60660 | 15107 | 1085 | 44160 | 69915 |
| 家具制造业 | 73019 | | 8510 | 7471 | 1300 | 55738 | 8510 |
| 造纸及纸制品业 | 13743 | 400 | | 7600 | 2250 | 3493 | 400 |
| 印刷业和记录媒介的复制 | 18798 | 12995 | 300 | 2340 | 3163 | | 13295 |
| 文教体育用品制造业 | 14333 | 650 | 1436 | 4411 | 5256 | 2580 | 2086 |
| 石油加工、炼焦及核燃料加工业 | 5700 | | 500 | 1050 | | 4150 | 500 |
| 化学原料及化学制品制造业 | 57484 | 6957 | 11750 | 30097 | 8030 | 650 | 18707 |
| 医药制造业 | 63135 | 21480 | 15398 | 11934 | 4500 | 9823 | 36878 |
| 橡胶制品业 | 1522 | | 572 | | 550 | 400 | 572 |
| 塑料制品业 | 46127 | 15707 | 5890 | 14260 | 5830 | 4440 | 21597 |
| 非金属矿物制品业 | 206537 | 29101 | 16108 | 37763 | 112740 | 10825 | 45209 |
| 黑色金属冶炼及压延加工业 | 68344 | 39760 | 16654 | 11430 | 500 | | 56414 |
| 有色金属冶炼及压延加工业 | 23797 | 12697 | 10300 | 800 | | | 22997 |
| 金属制品业 | 68975 | 26377 | 4930 | 17750 | 9899 | 10019 | 31307 |
| 通用设备制造业 | 62965 | 7677 | 10328 | 17820 | 25910 | 1230 | 18005 |
| 专用设备制造业 | 51035 | 21053 | 8559 | 11677 | 3106 | 6640 | 29612 |
| 交通运输设备制造业 | 36445 | 11260 | 7828 | 15180 | 877 | 1300 | 19088 |
| 电气机械及器材制造业 | 152909 | 26396 | 41714 | 19839 | 56030 | 8930 | 68110 |
| 通信设备、计算机及其他电子设备制造业 | 27620 | 11578 | 8651 | 5191 | 1250 | 950 | 20229 |
| 仪器仪表及文化、办公用机械制造业 | 5704 | 1113 | 510 | 4081 | | | 1623 |
| 工艺品及其他制造业 | 29064 | 17737 | | 2565 | 1440 | 7322 | 17737 |
| 废弃资源和废旧材料回收加工业 | 1070 | | | | 1070 | | |
| D.电力、燃气及水的生产和供应业 | 336221 | 105366 | 7225 | 65627 | 149423 | 8580 | 112591 |
| 电力、热力的生产和供应业 | 284166 | 86822 | 1000 | 60981 | 134753 | 610 | 87822 |
| 燃气生产和供应业 | 16700 | 4500 | | 3900 | 8300 | | 4500 |
| 水的生产和供应业 | 35355 | 14044 | 6225 | 746 | 6370 | 7970 | 20269 |
| E.建筑业 | 29201 | | | 25226 | | 3975 | |
| F.交通运输、仓储和邮政业 | 422251 | 388876 | 14567 | 5238 | 13570 | | 403443 |
| 道路运输业 | 373651 | 342663 | 14567 | 4351 | 12070 | | 357230 |
| 水上运输业 | 48600 | 46213 | | 887 | 1500 | | 46213 |

6－5 续表 3

| | 全　市 | 吴兴区 | 南浔区 | 德清县 | 长兴县 | 安吉县 | △市区 |
|---|---|---|---|---|---|---|---|
| G.信息传输、计算机服务和软件业 | 20331 | 17211 | | 3120 | | | 17211 |
| 电信和其他信息传输服务业 | 20331 | 17211 | | 3120 | | | 17211 |
| H.批发和零售业 | 51461 | 8729 | | 34486 | 8246 | | 8729 |
| 批发业 | 1296 | | | 950 | 346 | | |
| I.住宿和餐饮业 | 21710 | | | 9100 | 7960 | 4650 | |
| 住宿业 | 11710 | | | 9100 | 2610 | | |
| 餐饮业 | 10000 | | | | 5350 | 4650 | |
| J.金融业 | 2150 | | | | 2150 | | |
| 银行业 | 2150 | | | | 2150 | | |
| K.房地产业 | 716712 | 245557 | 54361 | 154677 | 171014 | 91103 | 299918 |
| L.租赁和商务服务业 | 45692 | 5000 | | 30817 | 2280 | 7595 | 5000 |
| 商业服务业 | 45692 | 5000 | | 30817 | 2280 | 7595 | 5000 |
| M.科学研究、技术服务和地质勘查业 | 6180 | 1630 | | 4550 | | | 1630 |
| 研究与试验发展 | 4550 | | | 4550 | | | |
| 专业技术服务业 | 1630 | 1630 | | | | | 1630 |
| N.水利、环境和公共设施管理业 | 312067 | 182240 | 33376 | 16071 | 47796 | 32584 | 215616 |
| 水利管理业 | 35043 | 19105 | | 4691 | 4611 | 6636 | 19105 |
| 环境管理业 | 13736 | | | 768 | 3200 | 9768 | |
| 公共设施管理业 | 263288 | 163135 | 33376 | 10612 | 39985 | 16180 | 196511 |
| O.居民服务和其他服务业 | 10730 | 980 | | 5250 | 4500 | | 980 |
| 居民服务业 | 980 | 980 | | | | | 980 |
| 其他服务业 | 9750 | | | 5250 | 4500 | | |
| P.教育 | 38183 | 20500 | 200 | 5070 | 3913 | 8500 | 20700 |
| Q 卫生、社会保障和社会福利业 | 25431 | 20956 | 1000 | | 2375 | 1100 | 21956 |
| 卫生 | 22626 | 18237 | 1000 | | 2289 | 1100 | 19237 |
| 社会福利业 | 2805 | 2719 | | | 86 | | 2719 |
| R.文化、体育和娱乐业 | 14111 | 10404 | | | 1147 | 2560 | 10404 |
| 广播、电视、电影和音像业 | 30 | | | | 30 | | |
| 文化艺术业 | 9427 | 7380 | | | 697 | 1350 | 7380 |
| 体育 | 4234 | 3024 | | | | 1210 | 3024 |
| 娱乐业 | 420 | | | | 420 | | |
| S.公共管理和社会组织 | 78821 | 16352 | 44534 | 2619 | 12572 | 2744 | 60886 |
| 国家机构 | 77421 | 16352 | 44534 | 2619 | 11172 | 2744 | 60886 |
| 基层群众自治组织 | 1400 | | | | 1400 | | |
| （十）自年初累计资金来源合计 | 3965633 | 1560226 | 503345 | 718171 | 830817 | 353074 | 2063571 |
| ⑴上年末结余资金 | 169222 | 46330 | 13117 | 59333 | 35761 | 14681 | 59447 |
| ⑵本年资金来源小计 | 3796411 | 1513896 | 490228 | 658838 | 795056 | 338393 | 2004124 |
| 1.国内贷款 | 623864 | 402414 | 48979 | 68525 | 100168 | 3778 | 451393 |
| 2.利用外资 | 105984 | 23011 | 4532 | 35680 | 42761 | | 27543 |
| #外商直接投资 | 69336 | 18083 | 4150 | 4342 | 42761 | | 22233 |
| 3.自筹资金 | 2463964 | 849357 | 359521 | 431023 | 536822 | 287241 | 1208878 |
| #企、事业单位自有资金 | 1847552 | 489215 | 331074 | 372843 | 412337 | 242083 | 820289 |
| 4.其他资金来源 | 546440 | 221283 | 46414 | 121969 | 109949 | 46825 | 267697 |
| （十一）各项应付款合计 | 337148 | 146451 | 13036 | 91356 | 52093 | 34212 | 159487 |
| #工程款 | 233464 | 117257 | 12716 | 52704 | 48857 | 1930 | 129973 |

# 6-6　分县区城镇限额以下投资

单位:万元

| | 全　市 | 吴兴区 | 南浔区 | 德清县 | 长兴县 | 安吉县 | △市区 |
|---|---|---|---|---|---|---|---|
| **一、自年初累计完成投资** | **21241** | **1023** | **12339** | **3288** | **2451** | **2140** | **13362** |
| #住宅 | 370 | | | | 370 | | |
| #省计委系统重点项目 | 430 | 430 | | | | | 430 |
| #园区建设项目投资 | 5855 | 430 | 4115 | 1310 | | | 4545 |
| 1.经济技术开发区类 | 430 | 430 | | | | | 430 |
| 2.经济开发区类 | 5425 | | 4115 | 1310 | | | 4115 |
| #基础设施投资 | 4825 | 448 | 469 | 491 | 2077 | 1340 | 917 |
| 1.水利、环境和公共设施管理 | 2596 | | 169 | 85 | 1002 | 1340 | 169 |
| 2.交通运输、仓储和邮政业 | 448 | 448 | | | | | 448 |
| 3.教育设施 | 1375 | | 300 | | 1075 | | 300 |
| 4.广播、电视、电影和音像业 | 406 | | | 406 | | | |
| #工业投资 | 8012 | 575 | 5825 | 1612 | | | 6400 |
| (一)投资项目施工情况 | | | | | | | |
| 施工项目个数(个) | 100 | 3 | 55 | 19 | 17 | 6 | 58 |
| #本年新开工 | 95 | 3 | 55 | 17 | 15 | 5 | 58 |
| 全投项目个数(个) | 79 | 3 | 51 | 9 | 11 | 5 | 54 |
| 规划用地面积 | 97994 | 50497 | 15420 | 28625 | 3452 | | 65917 |
| 本年实际征用和购置土地面积 | 11807 | | 7337 | 1800 | 2670 | | 7337 |
| 本年实际征用和购置土地成交价款 | 105 | | 80 | 10 | 15 | | 80 |
| (二)本年新增固定资产 | 19052 | 971 | 11953 | 2156 | 2322 | 1650 | 12924 |
| (三)本年施工房屋面积(平方米) | 48980 | 2000 | 14750 | 11216 | 21014 | | 16750 |
| #住宅 | 5528 | | | | 5528 | | |
| 本年竣工房屋面积(平方米) | 38205 | 2000 | 14750 | 8069 | 13386 | | 16750 |
| #住宅 | 3300 | | | | 3300 | | |
| 本年竣工房屋价值(万元) | 2981 | 145 | 1135 | 441 | 1260 | | 1280 |
| #住宅 | 320 | | | | 320 | | |
| (四)按登记注册类型分: | | | | | | | |
| 内资 | 21241 | 1023 | 12339 | 3288 | 2451 | 2140 | 13362 |
| 国有 | 11651 | 448 | 6514 | 1066 | 2201 | 1422 | 6962 |
| 集体 | 738 | 378 | | 360 | | | 378 |
| 其他有限责任公司 | 5610 | 52 | 4050 | 560 | 230 | 718 | 4102 |
| 私营 | 2972 | 145 | 1775 | 1052 | | | 1920 |
| 其他 | 270 | | | 250 | 20 | | |

6－6续表1

| | 全　市 | 吴兴区 | 南浔区 | 德清县 | 长兴县 | 安吉县 | △市区 |
|---|---|---|---|---|---|---|---|
| (五)按国有控股情况分: | | | | | | | |
| 1.国有及国有控股企业投资 | 11651 | 448 | 6514 | 1066 | 2201 | 1422 | 6962 |
| 2.非国有投资 | 9590 | 575 | 5825 | 2222 | 250 | 718 | 6400 |
| #民间投资 | 9590 | 575 | 5825 | 2222 | 250 | 718 | 6400 |
| 3.集体绝对控股 | 738 | 378 | | 360 | | | 378 |
| (六)按隶属关系分: | | | | | | | |
| 地方 | 21241 | 1023 | 12339 | 3288 | 2451 | 2140 | 13362 |
| #省 | 435 | | 435 | | | | 435 |
| 市 | 448 | 448 | | | | | 448 |
| 县 | 11258 | | 6079 | 1306 | 2451 | 1422 | 6079 |
| (七)按三次产业分 | | | | | | | |
| 第二产业 | 8322 | 575 | 5825 | 1612 | | 310 | 6400 |
| 第三产业 | 12919 | 448 | 6514 | 1676 | 2451 | 1830 | 6962 |
| (八)按构成分: | | | | | | | |
| 建筑工程 | 13721 | 145 | 8099 | 1271 | 2066 | 2140 | 8244 |
| 安装工程 | 506 | | | 492 | 14 | | |
| 设备工器具购置 | 5796 | 430 | 4160 | 1206 | | | 4590 |
| 其他费用 | 1218 | 448 | 80 | 319 | 371 | | 528 |
| #土地购置费 | 310 | | 80 | 215 | 15 | | 80 |
| (九)按国民经济行业分组 | | | | | | | |
| C.制造业 | 8012 | 575 | 5825 | 1612 | | | 6400 |
| 饮料制造业 | 378 | 378 | | | | | 378 |
| 纺织业 | 645 | 145 | 500 | | | | 645 |
| 纺织服装、鞋、帽制造业 | 572 | | 370 | 202 | | | 370 |
| 木材加工及木、竹、腾、棕、草制品业 | 1406 | | 1306 | 100 | | | 1306 |
| 家具制造业 | 350 | | 350 | | | | 350 |
| 造纸及纸制品业 | 260 | | | 260 | | | |
| 石油加工、炼焦及核燃料加工业 | 380 | | 380 | | | | 380 |
| 化学原料及化学制品制造业 | 540 | | 540 | | | | 540 |
| 塑料制品业 | 915 | | 565 | 350 | | | 565 |
| 非金属矿物制品业 | 300 | | 300 | | | | 300 |
| 金属制品业 | 402 | 52 | 350 | | | | 402 |
| 通用设备制造业 | 220 | | 220 | | | | 220 |
| 专用设备制造业 | 845 | | 455 | 390 | | | 455 |
| 交通运输设备制造业 | 310 | | | 310 | | | |
| 电气机械及器材制造业 | 489 | | 489 | | | | 489 |
| E.建筑业 | 310 | | | | | 310 | |
| 房屋和土木工程建筑业 | 310 | | | | | 310 | |

6－6续表2

| | 全　市 | 吴兴区 | 南浔区 | 德清县 | 长兴县 | 安吉县 | △市区 |
|---|---|---|---|---|---|---|---|
| F.交通运输、仓储和邮政业 | 448 | 448 | | | | | 448 |
| 道路运输业 | 448 | 448 | | | | | 448 |
| H.批发和零售业 | 480 | | | 250 | 230 | | |
| 批发业 | 250 | | | 250 | | | |
| 零售业 | 230 | | | | 230 | | |
| J.金融业 | 240 | | | 240 | | | |
| 银行业 | 240 | | | 240 | | | |
| M.科学研究、技术服务和地质勘查业 | 145 | | | 145 | | | |
| 研究与试验发展 | 145 | | | 145 | | | |
| N.水利、环境和公共设施管理业 | 2596 | | 169 | 85 | 1002 | 1340 | 169 |
| 水利管理业 | 286 | | | | | 286 | |
| 环境管理业 | 40 | | | | 40 | | |
| 公共设施管理业 | 2270 | | 169 | 85 | 962 | 1054 | 169 |
| P.教育 | 1375 | | 300 | | 1075 | | 300 |
| R.文化、体育和娱乐业 | 896 | | | 406 | | 490 | |
| 广播、电视、电影和音像业 | 406 | | | 406 | | | |
| 娱乐业 | 490 | | | | | 490 | |
| S.公共管理和社会组织 | 6739 | | 6045 | 550 | 144 | | 6045 |
| 国家机构 | 6595 | | 6045 | 550 | | | 6045 |
| 群众团体、社会团体和宗教组织 | 144 | | | | 144 | | |
| **二、自年初累计资金来源合计** | **21199** | **1023** | **12444** | **3054** | **2538** | **2140** | **13467** |
| 1.上年末结余资金 | 285 | | | 285 | | | |
| 2.本年资金来源小计 | 20914 | 1023 | 12444 | 2769 | 2538 | 2140 | 13467 |
| ①国家预算内资金 | 2625 | | 2252 | | 373 | | 2252 |
| ②国内贷款 | 402 | 52 | 50 | | 300 | | 102 |
| ③债券 | 10 | | | | 10 | | |
| ④利用外资 | 50 | | | 50 | | | |
| ⑤自筹资金 | 17538 | 971 | 10142 | 2538 | 1747 | 2140 | 11113 |
| #省自筹 | 20 | | | | 20 | | |
| #地(市)自筹 | 448 | 448 | | | | | 448 |
| #县自筹 | 1987 | | | 60 | 1437 | 490 | |
| #企、事业单位自有资金 | 15083 | 523 | 10142 | 2478 | 290 | 1650 | 10665 |
| ⑥其他资金来源 | 289 | | | 181 | 108 | | |
| #集资 | 110 | | | 50 | 60 | | |
| **三、各项应付款合计** | **1190** | | | **744** | **446** | | |
| #工程款 | 929 | | | 483 | 446 | | |

# 6－7 分县区限额以下农村非农户投资

单位:万元

| | 全　市 | 吴兴区 | 南浔区 | 德清县 | 长兴县 | 安吉县 | △市区 |
|---|---|---|---|---|---|---|---|
| **一、本年完成投资** | **232212** | **42896** | **78692** | **21680** | **40164** | **48780** | **121588** |
| #国家、省重点项目 | 450 | | | 450 | | | |
| #省计委系统重点项目 | 1490 | 180 | | 1310 | | | 180 |
| #园区建设项目投资 | 6528 | 5672 | | 341 | 515 | | 5672 |
| #经济开发区类 | 401 | | | 341 | 60 | | |
| #工业园区类 | 6127 | 5672 | | | 455 | | 5672 |
| #基础设施投资 | 7800 | 2944 | | 1786 | 2190 | 880 | 2944 |
| 1.水利、环境和公共设施管理 | 5534 | 2764 | | 980 | 1790 | | 2764 |
| 2.电力、燃气及水的生产供应业 | 2070 | 180 | | 660 | 350 | 880 | 180 |
| 3.交通运输、仓储和邮政业 | 146 | | | 146 | | | |
| 4.教育设施 | 50 | | | | 50 | | |
| #农村投资 | 232212 | 42896 | 78692 | 21680 | 40164 | 48780 | 121588 |
| #工业投资 | 220170 | 38570 | 78392 | 19459 | 36269 | 47480 | 116962 |
| (一)投资项目施工情况 | | | | | | | |
| 施工项目个数(个) | 750 | 152 | 215 | 75 | 149 | 159 | 367 |
| #本年新开工 | 704 | 108 | 215 | 74 | 148 | 159 | 323 |
| 全投项目个数(个) | 695 | 144 | 213 | 64 | 116 | 158 | 357 |
| 规划用地面积 | 155592 | 13855 | 23479 | 85388 | 32864 | 6 | 37334 |
| 本年实际征用和购置土地面积 | 79262 | 9185 | 15327 | 21886 | 32864 | | 24512 |
| 本年实际征用和购置土地成交价款 | 3249 | 413 | 144 | 2597 | 95 | | 557 |
| (二)本年新增固定资产 | 216782 | 39519 | 78692 | 17786 | 32005 | 48780 | 118211 |
| (三)本年施工房屋面积(平方米) | 259399 | 61920 | 62420 | 71094 | 63965 | | 124340 |
| #住宅 | 6000 | 6000 | | | | | 6000 |
| 本年竣工房屋面积(平方米) | 254052 | 59720 | 62420 | 69764 | 62148 | | 122140 |
| #住宅 | 6000 | 6000 | | | | | 6000 |
| 本年竣工房屋价值(万元) | 20405 | 3573 | 6148 | 4435 | 6249 | | 9721 |
| #住宅 | 237 | 237 | | | | | 237 |
| (四)按登记注册类型分: | | | | | | | |
| 内资 | 229895 | 42249 | 78692 | 20010 | 40164 | 48780 | 120941 |
| 国有 | 2356 | 1804 | 300 | 200 | 52 | | 2104 |
| 集体 | 9706 | 3692 | | 1476 | 3658 | 880 | 3692 |
| 其他有限责任公司 | 45757 | 11884 | 2165 | 4656 | 13781 | 13271 | 14049 |
| 股份有限公司 | 3209 | 2809 | | | 400 | | 2809 |
| 私营 | 166476 | 19764 | 76227 | 13583 | 22273 | 34629 | 95991 |
| 其他 | 2391 | 2296 | | 95 | | | 2296 |
| 港澳台商投资 | 737 | 147 | | 590 | | | 147 |
| 外商投资 | 810 | 450 | | 360 | | | 450 |
| 个体经营 | 770 | 50 | | 720 | | | 50 |

6－7续表1

| | 全　市 | 吴兴区 | 南浔区 | 德清县 | 长兴县 | 安吉县 | △市区 |
|---|---|---|---|---|---|---|---|
| (五)按国有控股情况分: | | | | | | | |
| 1.国有及国有控股企业投资 | 2356 | 1804 | 300 | 200 | 52 | | 2104 |
| 2.非国有投资 | 229856 | 41092 | 78392 | 21480 | 40112 | 48780 | 119484 |
| #民间投资 | 228309 | 40495 | 78392 | 20530 | 40112 | 48780 | 118887 |
| 3.集体绝对控股 | 9706 | 3692 | | 1476 | 3658 | 880 | 3692 |
| (六)按隶属关系分: | | | | | | | |
| 地方 | 232212 | 42896 | 78692 | 21680 | 40164 | 48780 | 121588 |
| #省 | 200 | | | 200 | | | |
| 县 | 412 | | 300 | | 112 | | 300 |
| (七)按三次产业分 | | | | | | | |
| 第一产业 | 1848 | | | | 548 | 1300 | |
| 第二产业 | 220170 | 38570 | 78392 | 19459 | 36269 | 47480 | 116962 |
| 第三产业 | 10194 | 4326 | 300 | 2221 | 3347 | | 4626 |
| (八)按构成分: | | | | | | | |
| 建筑工程 | 84933 | 6955 | 17737 | 5933 | 12618 | 41690 | 24692 |
| 安装工程 | 8009 | 1991 | | 2365 | 3653 | | 1991 |
| 设备工器具购置 | 134527 | 32647 | 60062 | 11201 | 23527 | 7090 | 92709 |
| 其他费用 | 4743 | 1303 | 893 | 2181 | 366 | | 2196 |
| #土地购置费 | 1574 | 335 | 104 | 1040 | 95 | | 439 |
| (九)按国民经济行业分组 | | | | | | | |
| A.农、林、牧、渔业 | 1848 | | | | 548 | 1300 | |
| 农业 | 1300 | | | | | 1300 | |
| 农、林、牧、渔服务业 | 548 | | | | 548 | | |
| B.采矿业 | 9078 | 5508 | | 1930 | 377 | 1263 | 5508 |
| 非金属矿采选业 | 9078 | 5508 | | 1930 | 377 | 1263 | 5508 |
| C.制造业 | 209022 | 32882 | 78392 | 16869 | 35542 | 45337 | 111274 |
| 农副食品加工业 | 1100 | 450 | 250 | | 400 | | 700 |
| 食品制造业 | 1565 | 230 | | 935 | 250 | 150 | 230 |

6－7续表2

| | 全　市 | 吴兴区 | 南浔区 | 德清县 | 长兴县 | 安吉县 | △市区 |
|---|---|---|---|---|---|---|---|
| 饮料制造业 | 3186 | 1088 | | | 348 | 1750 | 1088 |
| 纺织业 | 84238 | 16406 | 52929 | 2780 | 11063 | 1060 | 69335 |
| 纺织服装、鞋、帽制造业 | 6965 | 1792 | 1378 | 2060 | 720 | 1015 | 3170 |
| 皮革、毛皮、羽毛(绒)及其制品业 | 830 | | 530 | 300 | | | 530 |
| 木材加工及木、竹、腾、棕、草制品业 | 28167 | 455 | 10770 | 2301 | 1834 | 12807 | 11225 |
| 家具制造业 | 10285 | | 270 | 650 | | 9365 | 270 |
| 造纸及纸制品业 | 4265 | 200 | | 850 | 200 | 3015 | 200 |
| 印刷业和记录媒介的复制 | 380 | | | | | 380 | |
| 文教体育用品制造业 | 1521 | | 476 | 865 | | 180 | 476 |
| 石油加工、炼焦及核燃料加工业 | 258 | | 258 | | | | 258 |
| 化学原料及化学制品制造业 | 6194 | 1510 | 1488 | 718 | 1493 | 985 | 2998 |
| 医药制造业 | 1500 | | 200 | | | 1300 | 200 |
| 化学纤维制造业 | 320 | 320 | | | | | 320 |
| 橡胶制品业 | 730 | 380 | | | 350 | | 380 |
| 塑料制品业 | 5421 | 1438 | 956 | 600 | 1317 | 1110 | 2394 |
| 非金属矿物制品业 | 18851 | 2205 | 2685 | 1321 | 11270 | 1370 | 4890 |
| 黑色金属冶炼及压延加工业 | 500 | 200 | 300 | | | | 500 |
| 有色金属冶炼及压延加工业 | 3007 | 3007 | | | | | 3007 |
| 金属制品业 | 6204 | 1341 | 1018 | 755 | 900 | 2190 | 2359 |
| 通用设备制造业 | 4220 | 710 | 1030 | 466 | 2014 | | 1740 |
| 专用设备制造业 | 3870 | 450 | 884 | 1266 | 150 | 1120 | 1334 |
| 交通运输设备制造业 | 2200 | | 2200 | | | | 2200 |
| 电气机械及器材制造业 | 5243 | 700 | 500 | 510 | 2393 | 1140 | 1200 |
| 通信设备、计算机及其他电子设备制造业 | 1777 | | | 292 | 390 | 1095 | |
| 仪器仪表及文化、办公用机械制造业 | 420 | | | | | 420 | |
| 工艺品及其他制造业 | 5535 | | | 200 | 450 | 4885 | |
| 废弃资源和废旧材料回收加工业 | 270 | | 270 | | | | 270 |

6－7续表3

| | 全　市 | 吴兴区 | 南浔区 | 德清县 | 长兴县 | 安吉县 | △市区 |
|---|---|---|---|---|---|---|---|
| D.电力、燃气及水的生产和供应业 | 2070 | 180 | | 660 | 350 | 880 | 180 |
| 电力、热力的生产和供应业 | 1080 | | | 200 | | 880 | |
| 水的生产和供应业 | 990 | 180 | | 460 | 350 | | 180 |
| F.交通运输、仓储和邮政业 | 146 | | | 146 | | | |
| 道路运输业 | 146 | | | 146 | | | |
| H.批发和零售业 | 1160 | 910 | | 250 | | | 910 |
| 批发业 | 250 | | | 250 | | | |
| 零售业 | 910 | 910 | | | | | 910 |
| K.房地产业 | 1515 | 652 | | | 863 | | 652 |
| L.租赁和商务服务业 | 450 | | | 450 | | | |
| 商业服务业 | 450 | | | 450 | | | |
| N.水利、环境和公共设施管理业 | 5534 | 2764 | | 980 | 1790 | | 2764 |
| 水利管理业 | 599 | | | | 599 | | |
| 环境管理业 | 450 | | | | 450 | | |
| 公共设施管理业 | 4485 | 2764 | | 980 | 741 | | 2764 |
| P.教育 | 50 | | | | 50 | | |
| R.文化、体育和娱乐业 | 300 | | | 300 | | | |
| 新闻出版业 | 300 | | | 300 | | | |
| S.公共管理和社会组织 | 1039 | | 300 | 95 | 644 | | 300 |
| 国家机构 | 447 | | 300 | 95 | 52 | | 300 |
| 基层群众自治组织 | 592 | | | | 592 | | |
| **二、自年初累计资金来源合计** | **232294** | **42896** | **78692** | **21148** | **40778** | **48780** | **121588** |
| 1.上年末结余资金 | 120 | | | 120 | | | |
| 2.本年资金来源小计 | 232174 | 42896 | 78692 | 21028 | 40778 | 48780 | 121588 |
| ①国内贷款 | 100 | | | 100 | | | |
| ②利用外资 | 50 | | | 50 | | | |
| ③自筹资金 | 226660 | 39950 | 78692 | 19791 | 39447 | 48780 | 118642 |
| 县自筹 | 560 | | | | 560 | | |
| 企、事业单位自有资金 | 226100 | 39950 | 78692 | 19791 | 38887 | 48780 | 118642 |
| ④其他资金来源 | 5364 | 2946 | | 1087 | 1331 | | 2946 |
| **三、各项应付款合计** | **762** | | | **762** | | | |
| #工程款 | 80 | | | 80 | | | |

# 6－8　分县区房地产开发投资

单位:万元、平方米

| | 全　市 | 吴兴区 | 南浔区 | 德清县 | 长兴县 | 安吉县 | △市区 |
|---|---|---|---|---|---|---|---|
| **一、房地产开发投资** | **690486** | **219607** | **54361** | **154677** | **170738** | **91103** | **273968** |
| 国有及国有控股企业 | 149214 | 74228 | 4375 | 23686 | 42526 | 4399 | 78603 |
| 非国有企业 | 541272 | 145379 | 49986 | 130991 | 128212 | 86704 | 195365 |
| #民间投资 | 476825 | 141629 | 46886 | 107973 | 93633 | 86704 | 188515 |
| 集体绝对控股 | 10227 | 800 | 9427 | | | | 10227 |
| 商品房建设投资额 | 402367 | 149017 | 5712 | 89723 | 157615 | 300 | 154729 |
| 土地开发投资额 | 38659 | 7503 | 935 | 17339 | 11515 | 1367 | 8438 |
| 配套工程投资 | 849 | 775 | | 74 | | | 775 |
| **按注册登记类型分:** | | | | | | | |
| 内资 | 626039 | 215857 | 51261 | 131659 | 136159 | 91103 | 267118 |
| 国有 | 15891 | 3000 | 4375 | 3380 | 3700 | 1436 | 7375 |
| 集体 | 9427 | | 9427 | | | | 9427 |
| 股份合作 | 800 | 800 | | | | | 800 |
| 国有联营 | 55528 | 55528 | | | | | 55528 |
| 其他有限责任公司 | 421756 | 124957 | 27068 | 70796 | 122848 | 76087 | 152025 |
| 股份有限公司 | 7918 | 4028 | | | 3000 | 890 | 4028 |
| 私营 | 114719 | 27544 | 10391 | 57483 | 6611 | 12690 | 37935 |
| 港澳台商投资 | 45023 | 3750 | 2100 | 4594 | 34579 | | 5850 |
| 外商投资 | 19424 | | 1000 | 18424 | | | 1000 |
| **按隶属关系分** | | | | | | | |
| 省 | 2340 | | | | 2340 | | |
| 地区 | 96772 | 96772 | | | | | 96772 |
| 县 | 117048 | 5710 | 12451 | 27081 | 50168 | 21638 | 18161 |
| 乡镇 | 21652 | 14852 | | 2150 | 4650 | | 14852 |
| 其他 | 452674 | 102273 | 41910 | 125446 | 113580 | 69465 | 144183 |
| **按资质等级分** | | | | | | | |
| 一级 | 55528 | 55528 | | | | | 55528 |
| 二级 | 19531 | 7028 | | | | 12503 | 7028 |
| 三级 | 181162 | 61952 | 11729 | 74519 | 23289 | 9673 | 73681 |
| 四级 | 99141 | 14843 | 16255 | 31621 | 26072 | 10350 | 31098 |
| 暂定 | 328039 | 80256 | 25436 | 42393 | 121377 | 58577 | 105692 |
| 其他 | 7085 | | 941 | 6144 | | | 941 |
| **按构成分** | | | | | | | |
| 建筑工程 | 465185 | 181461 | 29264 | 105174 | 82545 | 66741 | 210725 |
| 安装工程 | 31486 | 15143 | 1975 | 726 | 12227 | 1415 | 17118 |
| 设备工器具购置 | 4588 | 329 | 170 | 3188 | 749 | 152 | 499 |
| 其他费用 | 189227 | 22674 | 22952 | 45589 | 75217 | 22795 | 45626 |
| #旧建筑物购置费 | 1625 | | | | 1605 | 20 | |

6－8续表1

| | 全　市 | 吴兴区 | 南浔区 | 德清县 | 长兴县 | 安吉县 | △市区 |
|---|---|---|---|---|---|---|---|
| 土地购置费 | 143424 | 14324 | 21533 | 24510 | 60895 | 22162 | 35857 |
| **按用途分** | | | | | | | |
| 住宅 | 545419 | 172756 | 39436 | 114637 | 137763 | 80827 | 212192 |
| #普通住宅 | 19579 | 4170 | | 15409 | | | 4170 |
| 经济适用房 | 37671 | 23898 | | 4144 | 9629 | | 23898 |
| 别墅高档公寓 | 82250 | 3510 | | 32198 | 33218 | 13324 | 3510 |
| 办公楼 | 8515 | 2146 | 715 | 4229 | 570 | 855 | 2861 |
| 商业营业用房 | 89656 | 27221 | 9316 | 22567 | 21585 | 8967 | 36537 |
| 其他 | 46896 | 17484 | 4894 | 13244 | 10820 | 454 | 22378 |
| **二、本年新增固定资产** | **381005** | **106747** | **39753** | **120212** | **107571** | **6722** | **146500** |
| **三、土地购置和开发** | | | | | | | |
| 本年完成开发土地面积 | 915128 | 287510 | 11300 | 288998 | 316057 | 11263 | 298810 |
| 待开发土地面积 | 815657 | 334057 | | 255106 | 226494 | | 334057 |
| 本年购置土地面积 | 1694530 | 402418 | 110759 | 288132 | 650405 | 242816 | 513177 |
| 本年土地成交价款 | 179586 | 69264 | 8322 | 17798 | 62040 | 22162 | 77586 |
| **四、自年初累计资金来源合计** | **893607** | **322359** | **80688** | **179040** | **228976** | **82544** | **403047** |
| 1.上年末结余资金 | 117297 | 29965 | 10317 | 35394 | 29003 | 12618 | 40282 |
| 2.本年资金来源小计 | 776310 | 292394 | 70371 | 143646 | 199973 | 69926 | 362765 |
| (1)国内贷款 | 127513 | 75670 | 1533 | 27759 | 20573 | 1978 | 77203 |
| #银行贷款 | 121283 | 69970 | 1533 | 27229 | 20573 | 1978 | 71503 |
| 非银行金融机构贷款 | 6230 | 5700 | | 530 | | | 5700 |
| (2)利用外资 | 3163 | | 382 | 2781 | | | 382 |
| (3)自筹资金 | 204221 | 43876 | 23032 | 17784 | 94606 | 24923 | 66908 |
| #自有资金 | 76811 | 31190 | 8387 | 8628 | 26606 | 2000 | 39577 |
| (4)其他资金来源 | 441413 | 172848 | 45424 | 95322 | 84794 | 43025 | 218272 |
| #定金及预付款 | 119542 | 79033 | | 14781 | 25728 | | 79033 |
| **五、各项应付款合计** | **135893** | **39377** | **13036** | **31030** | **24528** | **27922** | **52413** |
| #工程款 | 76795 | 22901 | 12716 | 18965 | 21593 | 620 | 35617 |
| **六、施工、销售和空置情况** | | | | | | | |
| 1.房屋施工面积 | 6702825 | 2486944 | 481267 | 1612523 | 1541997 | 580094 | 2968211 |
| #住宅 | 5198035 | 2060306 | 357499 | 1122691 | 1201668 | 455871 | 2417805 |
| #普通住宅 | 218213 | 49300 | | 168913 | | | 49300 |
| 经济适用房 | 405630 | 221855 | | 51138 | 132637 | | 221855 |
| 别墅高档公寓 | 401139 | 41533 | | 168861 | 133028 | 57717 | 41533 |
| 办公楼 | 90930 | 46585 | 3484 | 22208 | 6638 | 12015 | 50069 |
| 商业营业用房 | 1030779 | 241695 | 83851 | 326145 | 279992 | 99096 | 325546 |
| 其他 | 383081 | 138358 | 36433 | 141479 | 53699 | 13112 | 174791 |

6－8 续表 2

| | 全　市 | 吴兴区 | 南浔区 | 德清县 | 长兴县 | 安吉县 | △市区 |
|---|---|---|---|---|---|---|---|
| #新开工面积 | 2673147 | 788567 | 139068 | 523776 | 791845 | 429891 | 927635 |
| 住宅 | 2004106 | 598728 | 121201 | 337289 | 608789 | 338099 | 719929 |
| #普通住宅 | 63177 | | | 63177 | | | |
| 经济适用房 | 155048 | 15655 | | 37496 | 101897 | | 15655 |
| 别墅高档公寓 | 97109 | | | | 41697 | 55412 | |
| 办公楼 | 30855 | 15300 | | 8140 | | 7415 | 15300 |
| 商业营业用房 | 432496 | 126055 | 14667 | 61369 | 150071 | 80334 | 140722 |
| 其他 | 205690 | 48484 | 3200 | 116978 | 32985 | 4043 | 51684 |
| 2.房屋竣工面积 | 2270671 | 725446 | 250160 | 666887 | 586668 | 41510 | 975606 |
| #住宅 | 1678266 | 585097 | 189938 | 407050 | 463963 | 32218 | 775035 |
| #普通住宅 | 145178 | 49300 | | 95878 | | | 49300 |
| 经济适用房 | 26300 | | | | 26300 | | |
| 别墅高档公寓 | 49909 | 9644 | | | 36300 | 3965 | 9644 |
| 办公楼 | 32743 | 18716 | 3484 | 7732 | 2811 | | 22200 |
| 商业营业用房 | 466617 | 85078 | 50368 | 218958 | 102921 | 9292 | 135446 |
| 其他 | 93045 | 36555 | 6370 | 33147 | 16973 | | 42925 |
| #不可销售面积 | 57335 | 2339 | | 8392 | 46604 | | 2339 |
| 住宅 | 47395 | 643 | | 5600 | 41152 | | 643 |
| #经济适用房 | 23616 | | | | 23616 | | |
| 别墅高档公寓 | 3300 | | | | 3300 | | |
| 办公楼 | 1049 | 1049 | | | | | 1049 |
| 商业营业用房 | 1005 | | | | 1005 | | |
| 其他 | 7886 | 647 | | 2792 | 4447 | | 647 |
| 3.商品住宅竣工套数 | 14665 | 5807 | 1276 | 3472 | 3754 | 356 | 7083 |
| 普通住宅 | 1014 | 419 | | 595 | | | 419 |
| 经济适用房 | 230 | | | | 230 | | |
| 别墅高档公寓 | 371 | 209 | | | 153 | 9 | 209 |
| 4.竣工房屋价值 | 328360 | 97546 | 37109 | 96855 | 90128 | 6722 | 134655 |
| 住宅 | 233062 | 81096 | 22494 | 55286 | 69123 | 5063 | 103590 |
| #普通住宅 | 21061 | 5000 | | 16061 | | | 5000 |
| 经济适用房 | 2364 | | | | 2364 | | |
| 别墅高档公寓 | 7152 | 1546 | | | 4475 | 1131 | 1546 |
| 办公楼 | 3720 | 1466 | 970 | 835 | 449 | | 2436 |
| 商业营业用房 | 80394 | 10552 | 12007 | 38564 | 17612 | 1659 | 22559 |
| 其他 | 11184 | 4432 | 1638 | 2170 | 2944 | | 6070 |
| 5.出租房屋面积 | 65703 | 4308 | 15436 | 43188 | 2151 | 620 | 19744 |
| 住宅 | 7110 | 655 | 1155 | 5300 | | | 1810 |
| 办公楼 | 3685 | | | 3245 | | 440 | |
| 商业营业用房 | 43821 | 838 | 14281 | 26371 | 2151 | 180 | 15119 |
| 其他 | 11087 | 2815 | | 8272 | | | 2815 |
| 6.商品房销售面积 | 2485032 | 772154 | 230434 | 598129 | 743315 | 141000 | 1002588 |
| #住宅 | 2077114 | 660363 | 194017 | 495067 | 605459 | 122208 | 854380 |
| #普通住宅 | 152325 | 59258 | | 93067 | | | 59258 |
| 经济适用房 | 64473 | | | 781 | 63692 | | |
| 别墅高档公寓 | 69707 | 6448 | | 23152 | 31787 | 8320 | 6448 |
| 办公楼 | 27069 | 15549 | 2715 | 6619 | 2186 | | 18264 |
| 商业营业用房 | 295109 | 78995 | 27971 | 53176 | 116715 | 18252 | 106966 |
| 其他 | 85740 | 17247 | 5731 | 43267 | 18955 | 540 | 22978 |

6－8续表3

| | 全　市 | 吴兴区 | 南浔区 | 德清县 | 长兴县 | 安吉县 | △市区 |
|---|---|---|---|---|---|---|---|
| #现房销售面积 | 790051 | 252255 | 198677 | 251037 | 64104 | 23978 | 450932 |
| 住宅 | 617409 | 197560 | 167317 | 200971 | 30784 | 20777 | 364877 |
| #普通住宅 | 11072 | 500 | | 10572 | | | 500 |
| 经济适用房 | 8015 | | | 634 | 7381 | | |
| 别墅高档公寓 | 11214 | 5448 | | 1566 | 4200 | | 5448 |
| 办公楼 | 24242 | 15453 | 2715 | 3888 | 2186 | | 18168 |
| 商业营业用房 | 109895 | 34522 | 23924 | 17970 | 30818 | 2661 | 58446 |
| 其他 | 38505 | 4720 | 4721 | 28208 | 316 | 540 | 9441 |
| #期房销售面积 | 1694981 | 519899 | 31757 | 347092 | 679211 | 117022 | 551656 |
| 住宅 | 1459705 | 462803 | 26700 | 294096 | 574675 | 101431 | 489503 |
| #普通住宅 | 141253 | 58758 | | 82495 | | | 58758 |
| 经济适用房 | 56458 | | | 147 | 56311 | | |
| 别墅高档公寓 | 58493 | 1000 | | 21586 | 27587 | 8320 | 1000 |
| 办公楼 | 2827 | 96 | | 2731 | | | 96 |
| 商业营业用房 | 185214 | 44473 | 4047 | 35206 | 85897 | 15591 | 48520 |
| 其他 | 47235 | 12527 | 1010 | 15059 | 18639 | | 13537 |
| 7.商品房销售额 | 694103 | 254959 | 57443 | 157694 | 191318 | 32689 | 312402 |
| #住宅 | 543563 | 211250 | 38801 | 125400 | 141376 | 26736 | 250051 |
| #普通住宅 | 40605 | 20781 | | 19824 | | | 20781 |
| 经济适用房 | 6410 | | | 96 | 6314 | | |
| 别墅高档公寓 | 25787 | 2143 | | 12355 | 8880 | 2409 | 2143 |
| 办公楼 | 7534 | 4954 | 980 | 1188 | 412 | | 5934 |
| 商业营业用房 | 125416 | 31665 | 16267 | 24768 | 46863 | 5853 | 47932 |
| 其他 | 17590 | 7090 | 1395 | 6338 | 2667 | 100 | 8485 |
| #现房销售额 | 194223 | 68988 | 47241 | 56886 | 16338 | 4770 | 116229 |
| 住宅 | 135841 | 49758 | 30689 | 45664 | 6079 | 3651 | 80447 |
| #普通住宅 | 1769 | 195 | | 1574 | | | 195 |
| 经济适用房 | 1223 | | | 78 | 1145 | | |
| 别墅高档公寓 | 4338 | 1943 | | 695 | 1700 | | 1943 |
| 办公楼 | 7002 | 4917 | 980 | 693 | 412 | | 5897 |
| 商业营业用房 | 45266 | 12974 | 14425 | 7039 | 9809 | 1019 | 27399 |
| 其他 | 6114 | 1339 | 1147 | 3490 | 38 | 100 | 2486 |
| #期房销售额 | 499880 | 185971 | 10202 | 100808 | 174980 | 27919 | 196173 |
| 住宅 | 407722 | 161492 | 8112 | 79736 | 135297 | 23085 | 169604 |
| #普通住宅 | 38836 | 20586 | | 18250 | | | 20586 |
| 经济适用房 | 5187 | | | 18 | 5169 | | |
| 别墅高档公寓 | 21449 | 200 | | 11660 | 7180 | 2409 | 200 |
| 办公楼 | 532 | 37 | | 495 | | | 37 |
| 商业营业用房 | 80150 | 18691 | 1842 | 17729 | 37054 | 4834 | 20533 |
| 其他 | 11476 | 5751 | 248 | 2848 | 2629 | | 5999 |

6－8续表4

| | 全　市 | 吴兴区 | 南浔区 | 德清县 | 长兴县 | 安吉县 | △市区 |
|---|---|---|---|---|---|---|---|
| 8.商品住宅销售套数 | 18166 | 5316 | 1486 | 3892 | 6146 | 1326 | 6802 |
| #普通住宅 | 1370 | 544 | | 826 | | | 544 |
| 经济适用房 | 987 | | | 6 | 981 | | |
| 别墅高档公寓 | 310 | 30 | | 93 | 173 | 14 | 30 |
| #住宅现房销售套数 | 5683 | 1619 | 1319 | 1601 | 921 | 223 | 2938 |
| 普通住宅 | 85 | 5 | | 80 | | | 5 |
| 经济适用房 | 108 | | | 5 | 103 | | |
| 别墅高档公寓 | 68 | 22 | | 6 | 40 | | 22 |
| #住宅期房销售套数 | 12483 | 3697 | 167 | 2291 | 5225 | 1103 | 3864 |
| 普通住宅 | 1285 | 539 | | 746 | | | 539 |
| 经济适用房 | 879 | | | 1 | 878 | | |
| 别墅高档公寓 | 242 | 8 | | 87 | 133 | 14 | 8 |
| 9.空置面积 | 441288 | 82798 | 57884 | 185309 | 101686 | 13611 | 140682 |
| #住宅 | 156111 | 56339 | 28995 | 21852 | 45481 | 3444 | 85334 |
| #普通住宅 | 11269 | 9400 | | 1869 | | | 9400 |
| 经济适用房 | 4049 | | | 749 | 3300 | | |
| 别墅高档公寓 | 28911 | 4724 | | | 24187 | | 4724 |
| 办公楼 | 20676 | | | 2706 | 17970 | | |
| 商业营业用房 | 215868 | 22633 | 28725 | 118884 | 35525 | 10101 | 51358 |
| 其他 | 48633 | 3826 | 164 | 41867 | 2710 | 66 | 3990 |
| #空置1－3年(含1年) | 206415 | 29135 | 43077 | 94873 | 30174 | 9156 | 72212 |
| 住宅 | 66009 | 16381 | 26262 | 13748 | 6174 | 3444 | 42643 |
| #经济适用房 | 749 | | | 749 | | | |
| 别墅高档公寓 | 4382 | 4382 | | | | | 4382 |
| 办公楼 | 18504 | | | 2504 | 16000 | | |
| 商业营业用房 | 77521 | 10217 | 16815 | 36777 | 8000 | 5712 | 27032 |
| 其他 | 44381 | 2537 | | 41844 | | | 2537 |
| #空置3年以上(含3年) | 18494 | 6720 | 6133 | 925 | 261 | 4455 | 12853 |
| 住宅 | 5747 | 4291 | 733 | 723 | | | 5024 |
| #别墅高档公寓 | 342 | 342 | | | | | 342 |
| 办公楼 | 202 | | | 202 | | | |
| 商业营业用房 | 12479 | 2429 | 5400 | | 261 | 4389 | 7829 |
| 其他 | 66 | | | | | 66 | |

# 6－9　建筑业企业生产情况

单位：万元

| | 企业个数（家） | 建筑业合同 | | | 承包工程完成产值 | | | |
|---|---|---|---|---|---|---|---|---|
| | | 签订的合同额 | 上年结转 | 本年新签 | 直接从建设单位承揽工程 | 自行完成 | 分包出去 | 从建设单位以外承揽工程 |
| 总　计 | 186 | 2064713 | 744924 | 1319789 | 1400596 | 1399352 | 1244 | 26948 |
| ＃国有及国有控股企业 | 26 | 682538 | 259095 | 423443 | 454232 | 454232 | | 4296 |
| 一、按登记注册类型分 | | | | | | | | |
| 内资 | 179 | 2043296 | 736327 | 1306970 | 1382312 | 1381068 | 1244 | 26948 |
| 国有企业 | 18 | 172617 | 84375 | 88242 | 130786 | 130786 | | 3696 |
| 集体企业 | 9 | 51658 | 19475 | 32183 | 32618 | 32618 | | |
| 股份合作企业 | 3 | 14119 | 2100 | 12019 | 12691 | 12691 | | |
| 有限责任公司 | 76 | 1464946 | 494932 | 970015 | 991326 | 990082 | 1244 | 10046 |
| 股份有限公司 | 8 | 65541 | 26101 | 39439 | 44068 | 44068 | | |
| 私营企业 | 65 | 274415 | 109344 | 165072 | 170823 | 170823 | | 13206 |
| 港、澳、台商投资企业 | 4 | 17174 | 8545 | 8629 | 14041 | 14041 | | |
| 外商投资企业 | 3 | 4243 | 52 | 4191 | 4243 | 4243 | | |
| 二、按经济组织类型分 | | | | | | | | |
| 独资企业 | 31 | 230505 | 104315 | 126190 | 168862 | 168862 | | 3826 |
| 合作、合伙企业 | 4 | 18919 | 2100 | 16819 | 17681 | 17681 | | |
| 股份有限公司 | 18 | 83989 | 36106 | 47883 | 55239 | 55239 | | 910 |
| 有限责任公司 | 133 | 1731301 | 602403 | 1128898 | 1158814 | 1157570 | 1244 | 22211 |
| 三、按国民经济行业分 | | | | | | | | |
| 房屋和土木工程建筑业 | 102 | 1872004 | 697982 | 1174023 | 1251594 | 1251300 | 294 | 14019 |
| 建筑安装业 | 34 | 120259 | 29592 | 90668 | 88990 | 88040 | 950 | 10215 |
| 建筑装饰业 | 43 | 41737 | 13818 | 27919 | 33780 | 33780 | | 2178 |
| 其他建筑 | 7 | 30713 | 3532 | 27180 | 26232 | 26232 | | 536 |
| 四、按控股情况分 | | | | | | | | |
| 国有绝对控股 | 26 | 682538 | 259095 | 423443 | 454232 | 454232 | | 4296 |
| 集体绝对控股 | 12 | 65777 | 21575 | 44202 | 45309 | 45309 | | |
| 其他 | 148 | 1316398 | 464253 | 852145 | 901054 | 899810 | 1244 | 22652 |
| 五、按资质登级分 | | | | | | | | |
| 施工总承包 | 79 | 1657883 | 652477 | 1005406 | 1078650 | 1078356 | 294 | 15796 |
| 一级 | 3 | 711564 | 230913 | 480651 | 500506 | 500506 | | |
| 二级 | 15 | 476168 | 226724 | 249444 | 283563 | 283563 | | 6421 |
| 三级 | 61 | 470151 | 194840 | 275311 | 294581 | 294287 | 294 | 9375 |
| 专业承包 | 107 | 406830 | 92447 | 314384 | 321946 | 320996 | 950 | 11152 |
| 一级 | 2 | 39192 | 12746 | 26446 | 25003 | 25003 | | 992 |
| 二级 | 14 | 150482 | 42784 | 107698 | 116106 | 116106 | | |
| 三级 | 90 | 214697 | 36751 | 177946 | 178543 | 177593 | 950 | 10160 |

6－9续表1

| | 建筑业总产值 | 装饰装修产值 | 在外省完成 | 按构成分的建筑业总产值 | | | 竣工产值 |
|---|---|---|---|---|---|---|---|
| | | | | 建筑工程产值 | 安装工程产值 | 其他产值 | |
| 总　计 | 1426300 | 56419 | 231453 | 1194248 | 141902 | 90150 | 993985 |
| #国有及国有控股企业 | 458529 | 858 | 157572 | 442472 | 9412 | 6646 | 247854 |
| 一、按登记注册类型分 | | | | | | | |
| 内资 | 1408016 | 55304 | 230833 | 1178505 | 139476 | 90035 | 977802 |
| 国有企业 | 134482 | 74 | 1705 | 123841 | 4076 | 6565 | 95188 |
| 集体企业 | 32618 | 80 | 4672 | 26500 | 850 | 5269 | 43179 |
| 股份合作企业 | 12691 | | | 12691 | | | 9844 |
| 有限责任公司 | 1000128 | 46482 | 207187 | 848877 | 93140 | 58110 | 646461 |
| 股份有限公司 | 44068 | 1210 | | 26829 | 16539 | 700 | 39506 |
| 私营企业 | 184029 | 7459 | 17269 | 139768 | 24870 | 19391 | 143625 |
| 港、澳、台商投资企业 | 14041 | 1005 | 356 | 13809 | 227 | 5 | 14139 |
| 外商投资企业 | 4243 | 110 | 264 | 1933 | 2200 | 110 | 2043 |
| 二、按经济组织类型分 | | | | | | | |
| 独资企业 | 172689 | 569 | 6453 | 155514 | 5341 | 11834 | 143822 |
| 合作、合伙企业 | 17681 | | | 12691 | | 4990 | 9844 |
| 股份有限公司 | 56149 | 2875 | 264 | 34271 | 19422 | 2455 | 48862 |
| 有限责任公司 | 1179782 | 52975 | 224737 | 991772 | 117139 | 70871 | 791457 |
| 三、按国民经济行业分 | | | | | | | |
| 房屋和土木工程建筑业 | 1265319 | 25014 | 215966 | 1109837 | 95497 | 59985 | 880026 |
| 建筑安装业 | 98255 | 5688 | 12966 | 44403 | 35279 | 18572 | 74856 |
| 建筑装饰业 | 35958 | 25717 | 2139 | 15339 | 11126 | 9493 | 25117 |
| 其他建筑 | 26768 | | 382 | 24668 | | 2100 | 13985 |
| 四、按控股情况分 | | | | | | | |
| 国有绝对控股 | 458529 | 858 | 157572 | 442472 | 9412 | 6646 | 247854 |
| 集体绝对控股 | 45309 | 80 | 4672 | 39191 | 850 | 5269 | 53023 |
| 其他 | 922462 | 55481 | 69209 | 712586 | 131641 | 78236 | 693108 |
| 五、按资质登级分 | | | | | | | |
| 施工总承包 | 1094152 | 25752 | 207859 | 992006 | 44557 | 57589 | 757243 |
| 一级 | 500506 | 10216 | 167323 | 418633 | 36565 | 45307 | 237074 |
| 二级 | 289983 | 7814 | 33416 | 277231 | 6908 | 5845 | 254558 |
| 三级 | 303663 | 7722 | 7120 | 296142 | 1084 | 6437 | 265611 |
| 专业承包 | 332148 | 30667 | 23594 | 202242 | 97345 | 32562 | 236742 |
| 一级 | 25996 | | 3444 | 24611 | | 1384 | 9722 |
| 二级 | 116106 | 14255 | 6179 | 91799 | 16108 | 8199 | 75602 |
| 三级 | 187753 | 16412 | 13971 | 83537 | 81237 | 22978 | 149125 |

6－9续表 2

| | 房屋建筑施工面积（万平方米） | #本年新开工面积 | 实行投标承包面积 | #本年新开工 | 年末自有机械设备 | | |
|---|---|---|---|---|---|---|---|
| | | | | | 净值 | 总台数（台） | 总功率（千瓦） |
| **总　计** | 1552.67 | 836.75 | 1324.69 | 718.37 | 96601 | 33020 | 377557 |
| #国有及国有控股企业 | 206.85 | 129.59 | 206.85 | 129.59 | 30662 | 8192 | 143513 |
| **一、按登记注册类型分** | | | | | | | |
| 内资 | 1528.46 | 826.58 | 1314.52 | 708.21 | 92433 | 32439 | 376427 |
| 国有企业 | 2.40 | 2.10 | 2.40 | 2.10 | 15197 | 4631 | 70976 |
| 集体企业 | 69.06 | 40.67 | 57.52 | 34.29 | 4809 | 1682 | 18253 |
| 股份合作企业 | 20.69 | 16.12 | 7.87 | 4.70 | 999 | 314 | 2428 |
| 有限责任公司 | 1167.78 | 631.91 | 1109.03 | 586.93 | 50289 | 20084 | 220081 |
| 股份有限公司 | 50.93 | 21.89 | 44.58 | 18.44 | 3528 | 1056 | 13948 |
| 私营企业 | 217.59 | 113.89 | 93.14 | 61.75 | 17612 | 4672 | 50741 |
| 港、澳、台商投资企业 | 24.21 | 10.17 | 10.17 | 10.17 | 1925 | 306 | 523 |
| 外商投资企业 | | | | | 2243 | 275 | 607 |
| **二、按经济组织类型分** | | | | | | | |
| 独资企业 | 71.46 | 42.77 | 59.91 | 36.39 | 20625 | 6530 | 91783 |
| 合作、合伙企业 | 20.69 | 16.12 | 7.87 | 4.70 | 2233 | 400 | 6051 |
| 股份有限公司 | 102.32 | 54.87 | 70.75 | 38.11 | 5655 | 1850 | 17904 |
| 有限责任公司 | 1358.20 | 722.98 | 1186.17 | 639.17 | 68088 | 24240 | 261819 |
| **三、按国民经济行业分** | | | | | | | |
| 房屋和土木工程建筑业 | 1445.31 | 771.38 | 1276.98 | 683.02 | 81227 | 29554 | 346521 |
| 建筑安装业 | 71.16 | 51.42 | 47.51 | 35.15 | 8614 | 2128 | 24127 |
| 建筑装饰业 | | | | | 1374 | 1004 | 1878 |
| 其他建筑 | 36.20 | 13.95 | 0.20 | 0.20 | 5387 | 334 | 5031 |
| **四、按控股情况分** | | | | | | | |
| 国有绝对控股 | 206.85 | 129.59 | 206.85 | 129.59 | 30662 | 8192 | 143513 |
| 集体绝对控股 | 89.75 | 56.80 | 65.38 | 38.99 | 5809 | 1996 | 20681 |
| 其他 | 1256.07 | 650.37 | 1052.46 | 549.80 | 60131 | 22832 | 213363 |
| **五、按资质等级分** | | | | | | | |
| 施工总承包 | 1453.33 | 799.68 | 1275.74 | 707.31 | 59067 | 24077 | 264173 |
| 一级 | 331.88 | 203.34 | 331.88 | 203.34 | 21928 | 7964 | 103350 |
| 二级 | 537.63 | 287.38 | 516.83 | 269.08 | 13642 | 5724 | 62979 |
| 三级 | 583.81 | 308.96 | 427.03 | 234.89 | 23496 | 10389 | 97844 |
| 专业承包 | 99.35 | 37.07 | 48.95 | 11.06 | 37535 | 8943 | 113384 |
| 一级 | | | | | 6540 | 893 | 16789 |
| 二级 | 77.44 | 17.30 | 41.44 | 3.55 | 11822 | 3444 | 53659 |
| 三级 | 21.91 | 19.77 | 7.51 | 7.51 | 19169 | 4602 | 42798 |

6－9续表 3

| | 计算生产率平均人数(人) | 年末从业人员(人) | #管理人员 | #技术人员 | #项目经理 | #施工人员 | #持证上岗 |
|---|---|---|---|---|---|---|---|
| 总　计 | 83336 | 85972 | 9227 | 11836 | 274 | 61201 | 25083 |
| #国有及国有控股企业 | 21233 | 21834 | 2165 | 2723 | 148 | 16972 | 4295 |
| 一、按登记注册类型分 | | | | | | | |
| 内资 | 81855 | 84399 | 8926 | 11609 | 274 | 60320 | 24941 |
| 国有企业 | 6483 | 6489 | 1089 | 1424 | 60 | 4624 | 1696 |
| 集体企业 | 2743 | 2808 | 297 | 540 | | 2284 | 1345 |
| 股份合作企业 | 1460 | 1545 | 150 | 252 | 2 | 1215 | 270 |
| 有限责任公司 | 56053 | 58722 | 5756 | 6885 | 185 | 43751 | 17394 |
| 股份有限公司 | 2414 | 2236 | 333 | 307 | 3 | 1294 | 932 |
| 私营企业 | 12702 | 12599 | 1301 | 2201 | 24 | 7152 | 3304 |
| 港、澳、台商投资企业 | 1007 | 1085 | 157 | 113 | | 740 | 36 |
| 外商投资企业 | 474 | 488 | 144 | 114 | | 141 | 106 |
| 二、按经济组织类型分 | | | | | | | |
| 独资企业 | 9611 | 9710 | 1443 | 2056 | 60 | 7168 | 3131 |
| 合作、合伙企业 | 1663 | 1772 | 162 | 261 | 2 | 1215 | 270 |
| 股份有限公司 | 3730 | 3589 | 643 | 610 | 4 | 1795 | 1174 |
| 有限责任公司 | 68332 | 70901 | 6979 | 8909 | 208 | 51023 | 20508 |
| 三、按国民经济行业分 | | | | | | | |
| 房屋和土木工程建筑业 | 74704 | 77499 | 7826 | 10345 | 226 | 56752 | 23169 |
| 建筑安装业 | 4817 | 4526 | 671 | 771 | 24 | 2255 | 1124 |
| 建筑装饰业 | 2920 | 3143 | 621 | 612 | 17 | 1835 | 579 |
| 其他建筑 | 895 | 804 | 109 | 108 | 7 | 359 | 211 |
| 四、按控股情况分 | | | | | | | |
| 国有绝对控股 | 21233 | 21834 | 2165 | 2723 | 148 | 16972 | 4295 |
| 集体绝对控股 | 4203 | 4353 | 447 | 792 | 2 | 3499 | 1615 |
| 其他 | 57900 | 59785 | 6615 | 8321 | 124 | 40730 | 19173 |
| 五、按资质登级分 | | | | | | | |
| 施工总承包 | 67154 | 69620 | 6400 | 8595 | 176 | 51607 | 21071 |
| 一级 | 21726 | 22142 | 1303 | 1734 | 100 | 17688 | 8131 |
| 二级 | 21995 | 22937 | 2386 | 2908 | 69 | 16319 | 6698 |
| 三级 | 23433 | 24541 | 2711 | 3953 | 7 | 17600 | 6242 |
| 专业承包 | 16182 | 16352 | 2827 | 3241 | 98 | 9594 | 4012 |
| 一级 | 1049 | 917 | 298 | 320 | 45 | 532 | 460 |
| 二级 | 5103 | 5813 | 987 | 1071 | 27 | 4019 | 1093 |
| 三级 | 9835 | 9422 | 1512 | 1805 | 26 | 4923 | 2444 |

# 6－10　建筑业企业财务状况

单位：万元

| | 流动资产小计 | 长期投资 | 固定资产合计 | 固定资产原价 | #生产经营用 | 累计折旧 | #本年折旧 |
|---|---|---|---|---|---|---|---|
| **总　计** | 846196 | 43186 | 212370 | 240213 | 197108 | 62634 | 16020 |
| #国有及国有控股企业 | 237105 | 7952 | 55670 | 82015 | 70220 | 28348 | 5807 |
| **一、按登记注册类型分** | | | | | | | |
| 内资 | 825818 | 42466 | 201812 | 229603 | 188632 | 61437 | 15302 |
| 国有企业 | 132060 | 2318 | 29498 | 39814 | 34409 | 11248 | 2147 |
| 集体企业 | 32957 | 1621 | 6504 | 7256 | 5797 | 1444 | 635 |
| 股份合作企业 | 6045 | 425 | 2165 | 2337 | 1861 | 172 | 63 |
| 有限责任公司 | 498008 | 31902 | 114294 | 126897 | 107411 | 35725 | 8930 |
| 股份有限公司 | 47369 | 883 | 7736 | 8465 | 7874 | 1892 | 405 |
| 私营企业 | 109380 | 5318 | 41615 | 44834 | 31280 | 10956 | 3122 |
| 港、澳、台商投资企业 | 10708 | 720 | 3688 | 3150 | 2376 | 477 | 148 |
| 外商投资企业 | 9671 | | 6870 | 7461 | 6100 | 720 | 570 |
| **二、按经济组织类型分** | | | | | | | |
| 独资企业 | 166959 | 3938 | 37004 | 48204 | 41191 | 12951 | 2878 |
| 合作、合伙企业 | 10375 | 462 | 3633 | 4829 | 3709 | 1210 | 213 |
| 股份有限公司 | 60925 | 1003 | 14818 | 16145 | 14110 | 2734 | 914 |
| 有限责任公司 | 607937 | 37783 | 156915 | 171035 | 138098 | 45739 | 12015 |
| **三、按国民经济行业分** | | | | | | | |
| 房屋和土木工程建筑业 | 717586 | 41170 | 158234 | 189072 | 157075 | 52545 | 12882 |
| 建筑安装业 | 88564 | 782 | 38445 | 33954 | 26191 | 6529 | 2004 |
| 建筑装饰业 | 26018 | 233 | 4128 | 4575 | 3235 | 1462 | 281 |
| 其他建筑 | 14027 | 1000 | 11564 | 12613 | 10607 | 2098 | 854 |
| **四、按控股情况分** | | | | | | | |
| 国有绝对控股 | 237105 | 7952 | 55670 | 82015 | 70220 | 28348 | 5807 |
| 集体绝对控股 | 39002 | 2046 | 8669 | 9593 | 7658 | 1616 | 699 |
| 其他 | 570089 | 33188 | 148032 | 148605 | 119230 | 32670 | 9514 |
| **五、按资质登级分** | | | | | | | |
| 施工总承包 | 535805 | 23175 | 128904 | 140459 | 117367 | 37855 | 9515 |
| 一级 | 149722 | 8228 | 39781 | 58114 | 53593 | 19049 | 5136 |
| 二级 | 202335 | 9304 | 31168 | 33951 | 25155 | 8046 | 1763 |
| 三级 | 183748 | 5644 | 57955 | 48395 | 38619 | 10759 | 2615 |
| 专业承包 | 310391 | 20010 | 83467 | 99754 | 79741 | 24780 | 6505 |
| 一级 | 15573 | 274 | 6786 | 12808 | 10560 | 6132 | 633 |
| 二级 | 128851 | 12929 | 19914 | 23357 | 19551 | 6006 | 1793 |
| 三级 | 165189 | 6807 | 56510 | 63300 | 49340 | 12609 | 4062 |

6－10续表1

| | 无形及递延资产 | #无形资产 | 其他资产 | 资产合计 | 流动负债合计 | 长期负债合计 | 负债合计 | 所有者权益合计 |
|---|---|---|---|---|---|---|---|---|
| **总　计** | 26175 | 25262 | 751 | 1128678 | 789028 | 26253 | 815281 | 313397 |
| #国有及国有控股企业 | 4157 | 3708 | 493 | 305378 | 234557 | 11453 | 246009 | 59368 |
| **一、按登记注册类型分** | | | | | | | | |
| 内资 | 23623 | 22710 | 751 | 1094470 | 771284 | 25935 | 797219 | 297251 |
| 国有企业 | 832 | 832 | 56 | 164763 | 128299 | 972 | 129272 | 35491 |
| 集体企业 | 450 | 420 | 50 | 41582 | 31900 | | 31900 | 9682 |
| 股份合作企业 | 98 | 98 | | 8734 | 4275 | | 4275 | 4458 |
| 有限责任公司 | 13716 | 13123 | 508 | 658426 | 466966 | 22352 | 489318 | 169109 |
| 股份有限公司 | 1887 | 1842 | | 57874 | 46861 | 373 | 47234 | 10640 |
| 私营企业 | 6640 | 6394 | 138 | 163091 | 92983 | 2237 | 95220 | 67871 |
| 港、澳、台商投资企业 | 6 | 6 | | 15121 | 8484 | | 8484 | 6637 |
| 外商投资企业 | 2546 | 2546 | | 19087 | 9259 | 319 | 9578 | 9510 |
| **二、按经济组织类型分** | | | | | | | | |
| 独资企业 | 1298 | 1269 | 106 | 209306 | 161569 | 972 | 162541 | 46764 |
| 合作、合伙企业 | 312 | 312 | | 14782 | 8797 | 294 | 9091 | 5691 |
| 股份有限公司 | 4335 | 4266 | | 81081 | 58465 | 466 | 58931 | 22150 |
| 有限责任公司 | 20230 | 19416 | 645 | 823510 | 560196 | 24521 | 584718 | 238792 |
| **三、按国民经济行业分** | | | | | | | | |
| 房屋和土木工程建筑业 | 18939 | 18216 | 657 | 936587 | 663272 | 23495 | 686767 | 249819 |
| 建筑安装业 | 4957 | 4837 | 71 | 132819 | 89662 | 1286 | 90948 | 41871 |
| 建筑装饰业 | 76 | 51 | 2 | 30458 | 18651 | 1153 | 19804 | 10654 |
| 其他建筑 | 2203 | 2158 | 20 | 28814 | 17444 | 319 | 17762 | 11052 |
| **四、按控股情况分** | | | | | | | | |
| 国有绝对控股 | 4157 | 3708 | 493 | 305378 | 234557 | 11453 | 246009 | 59368 |
| 集体绝对控股 | 549 | 519 | 50 | 50315 | 36175 | | 36175 | 14140 |
| 其他 | 21469 | 21036 | 208 | 772985 | 518296 | 14801 | 533097 | 239889 |
| **五、按资质登级分** | | | | | | | | |
| 施工总承包 | 15751 | 15372 | 540 | 704175 | 507340 | 21590 | 528930 | 175245 |
| 一级 | 5616 | 5477 | 84 | 203431 | 142469 | 16364 | 158832 | 44599 |
| 二级 | 6252 | 6224 | 393 | 249452 | 189989 | 4415 | 194404 | 55048 |
| 三级 | 3883 | 3671 | 62 | 251292 | 174882 | 811 | 175693 | 75599 |
| 专业承包 | 10424 | 9890 | 212 | 424503 | 281688 | 4663 | 286351 | 138152 |
| 一级 | 1260 | 948 | 20 | 23914 | 14259 | 1042 | 15301 | 8613 |
| 二级 | 3134 | 3089 | | 164828 | 113650 | 128 | 113778 | 51050 |
| 三级 | 6014 | 5837 | 192 | 234711 | 153029 | 3493 | 156522 | 78189 |

6-10续表2

| | 工程结算收入 | 工程结算成本 | 工程结算税金及附加 | 工程结算利润 | 其他业务收入 | 其他业务利润 | 经营费用 | 管理费用 | 财务费用 |
|---|---|---|---|---|---|---|---|---|---|
| 总　计 | 1238394 | 1116669 | 36605 | 78893 | 90231 | 9284 | 6227 | 46279 | 6246 |
| #国有及国有控股企业 | 400544 | 361833 | 13266 | 24865 | 20459 | 1307 | 580 | 18038 | 1151 |
| 一、按登记注册类型分 | | | | | | | | | |
| 内资 | 1223329 | 1103877 | 36306 | 78059 | 65461 | 6910 | 5088 | 43866 | 6016 |
| 国有企业 | 118809 | 101868 | 4395 | 12321 | 1140 | -172 | 225 | 6593 | 430 |
| 集体企业 | 24396 | 22089 | 934 | 1340 | 63 | 61 | 33 | 813 | 98 |
| 股份合作企业 | 11931 | 10494 | 416 | 1007 | | | 14 | 510 | 80 |
| 有限责任公司 | 864634 | 790379 | 24958 | 46778 | 61790 | 5875 | 2519 | 28474 | 3592 |
| 股份有限公司 | 48647 | 43244 | 1273 | 3995 | 38 | 35 | 136 | 1997 | 233 |
| 私营企业 | 154913 | 135802 | 4332 | 12618 | 2430 | 1112 | 2161 | 5480 | 1582 |
| 港、澳、台商投资企业 | 12208 | 10470 | 278 | 1379 | 84 | 22 | 81 | 518 | 152 |
| 外商投资企业 | 2857 | 2322 | 21 | -545 | 24685 | 2352 | 1059 | 1896 | 78 |
| 二、按经济组织类型分 | | | | | | | | | |
| 独资企业 | 148307 | 128089 | 5554 | 14379 | 1204 | -111 | 285 | 7787 | 590 |
| 合作、合伙企业 | 16571 | 14469 | 500 | 1401 | | | 202 | 827 | 87 |
| 股份有限公司 | 58730 | 52029 | 1655 | 3831 | 24728 | 2387 | 1216 | 4068 | 390 |
| 有限责任公司 | 1014787 | 922082 | 28897 | 59282 | 64299 | 7008 | 4525 | 33596 | 5179 |
| 三、按国民经济行业分 | | | | | | | | | |
| 房屋和土木工程建筑业 | 1091772 | 988800 | 33814 | 67144 | 62934 | 5858 | 2014 | 37200 | 5304 |
| 建筑安装业 | 94508 | 80999 | 1869 | 7683 | 25274 | 2536 | 3957 | 6324 | 523 |
| 建筑装饰业 | 33228 | 29502 | 738 | 2795 | 559 | 177 | 193 | 1608 | 183 |
| 其他建筑 | 18886 | 17368 | 184 | 1272 | 1464 | 713 | 63 | 1147 | 237 |
| 四、按控股情况分 | | | | | | | | | |
| 国有绝对控股 | 400544 | 361833 | 13266 | 24865 | 20459 | 1307 | 580 | 18038 | 1151 |
| 集体绝对控股 | 36327 | 32583 | 1350 | 2347 | 63 | 61 | 47 | 1322 | 178 |
| 其他 | 801524 | 722253 | 21989 | 51681 | 69709 | 7916 | 5600 | 26919 | 4918 |
| 五、按资质登级分 | | | | | | | | | |
| 施工总承包 | 920159 | 844927 | 28284 | 45655 | 21403 | 1660 | 1293 | 27170 | 4490 |
| 一级 | 416291 | 388050 | 11452 | 16147 | 18817 | 1331 | 642 | 11025 | 1512 |
| 二级 | 248744 | 223463 | 7802 | 17173 | 2246 | 22 | 305 | 9077 | 1862 |
| 三级 | 255125 | 233414 | 9030 | 12335 | 340 | 307 | 346 | 7068 | 1115 |
| 专业承包 | 318235 | 271742 | 8321 | 33238 | 68827 | 7624 | 4934 | 19109 | 1757 |
| 一级 | 25856 | 22482 | 837 | 2468 | 464 | 159 | 70 | 1771 | 121 |
| 二级 | 106888 | 93068 | 3011 | 10400 | 32738 | 3448 | 409 | 4988 | 432 |
| 三级 | 183197 | 154473 | 4380 | 19895 | 35625 | 4017 | 4450 | 12086 | 1180 |

6-10续表3

| | 营业利润 | 利润总额 | 应交所得税 | 应付利润 | 本年应付工资总额 | 本年应付福利费 | 全部从业人员年平均人数（人） | 建筑业企业增加值 |
|---|---|---|---|---|---|---|---|---|
| 总　计 | 35652 | 38055 | 12099 | 18465 | 122934 | 13101 | 85128 | 233764 |
| #国有及国有控股企业 | 6984 | 7511 | 2304 | 4265 | 32937 | 4530 | 21512 | 68610 |
| **一、按登记注册类型分** | | | | | | | | |
| 内资 | 35088 | 37531 | 12066 | 18444 | 120737 | 12975 | 83615 | 229769 |
| 国有企业 | 5126 | 4772 | 1617 | 2870 | 12589 | 1837 | 6587 | 26842 |
| 集体企业 | 490 | 557 | 221 | 218 | 2909 | 287 | 2800 | 5299 |
| 股份合作企业 | 418 | 381 | 214 | 102 | 1975 | 106 | 1523 | 3026 |
| 有限责任公司 | 20586 | 23897 | 7649 | 12162 | 83205 | 8602 | 57117 | 154009 |
| 股份有限公司 | 1800 | 1959 | 893 | 823 | 4714 | 490 | 2485 | 8854 |
| 私营企业 | 6667 | 5966 | 1472 | 2269 | 15346 | 1653 | 13103 | 31738 |
| 港、澳、台商投资企业 | 732 | 662 | 16 | 20 | 1390 | 17 | 1028 | 2609 |
| 外商投资企业 | -167 | -139 | 17 | 1 | 808 | 109 | 485 | 1386 |
| **二、按经济组织类型分** | | | | | | | | |
| 独资企业 | 5891 | 5604 | 1921 | 3176 | 15994 | 2189 | 9787 | 33348 |
| 合作、合伙企业 | 487 | 401 | 222 | 114 | 2241 | 143 | 1736 | 3633 |
| 股份有限公司 | 1759 | 1918 | 947 | 953 | 6559 | 632 | 3869 | 11802 |
| 有限责任公司 | 27515 | 30132 | 9008 | 14221 | 98140 | 10137 | 69736 | 184982 |
| **三、按国民经济行业分** | | | | | | | | |
| 房屋和土木工程建筑业 | 30498 | 33448 | 10001 | 16520 | 110414 | 11723 | 76088 | 207522 |
| 建筑安装业 | 3372 | 3083 | 1571 | 1620 | 8366 | 1057 | 5137 | 17576 |
| 建筑装饰业 | 1181 | 956 | 369 | 190 | 2984 | 214 | 2993 | 5639 |
| 其他建筑 | 601 | 568 | 158 | 135 | 1170 | 107 | 910 | 3027 |
| **四、按控股情况分** | | | | | | | | |
| 国有绝对控股 | 6984 | 7511 | 2304 | 4265 | 32937 | 4530 | 21512 | 68610 |
| 集体绝对控股 | 908 | 938 | 436 | 320 | 4884 | 393 | 4323 | 8326 |
| 其他 | 27761 | 29606 | 9359 | 13880 | 85114 | 8178 | 59293 | 156829 |
| **五、按资质登级分** | | | | | | | | |
| 施工总承包 | 15655 | 16484 | 4993 | 6439 | 96830 | 9926 | 68292 | 166872 |
| 一级 | 4941 | 5802 | 1553 | 3270 | 27333 | 3685 | 21820 | 56812 |
| 二级 | 6255 | 6244 | 1671 | 2075 | 32089 | 2854 | 22469 | 52535 |
| 三级 | 4458 | 4439 | 1768 | 1094 | 37409 | 3387 | 24003 | 57525 |
| 专业承包 | 19997 | 21571 | 7106 | 12026 | 26104 | 3175 | 16836 | 66892 |
| 一级 | 735 | 780 | 322 | 315 | 2080 | 277 | 1049 | 5000 |
| 二级 | 8428 | 11150 | 2566 | 8161 | 9558 | 1282 | 5351 | 24794 |
| 三级 | 10645 | 9451 | 4162 | 3519 | 14371 | 1603 | 10241 | 36659 |

# 主要统计指标解释

**全社会固定资产投资** 是以货币表现的建造和购置固定资产活动的工作量，它是反映固定资产投资规模、速度、比例关系和使用方向的综合性指标。全社会固定资产投资包括国有单位投资、城乡集体经济单位投资和城乡居民个人投资，以及联合经济、股份制经济、外商投资单位、港澳台投资单位及其他各种经济类型单位的投资。

**房地产开发投资** 指各种经济类型的房地产开发公司、商品房建设公司及其他房地产开发单位统一开发的商品住宅、厂房、仓库、办公楼等房屋建筑物和配套的服务设施。以及土地开发工程，如道路、给水排水、供电、供热、通讯、场地平整等基础设施工程。不包括单纯的土地交易活动。

**施工项目** 指报告期内曾进行建筑或安装活动的建设项目。包括报告期内新开工项目，报告期内以前开工跨入报告期继续施工的项目，报告期施过工并在报告期内全部建成投产或停缓建的项目。

**全部建成投产项目** 工业项目指整个建设项目的生产性车间及其相应的辅助设施，按照批准的设计文件所规定的内容全部建成，经负荷试运转证明具备生产设计规定的合格产品条件，经过验收鉴定合格或达到"竣工验收标准"，正式移交生产的建设项目；非工业建设项目是指文件中规定的主要工程全部建成，能够发挥设计规定的全部效益，经验收合格或达到"竣工验收标准"，正式移交使用的项目。

**施工和竣工房屋建筑面积** 房屋建筑面积是从房屋的外墙线算起，包括房屋结构（如柱、墙）占用的面积和地下室面积。多层建筑面积按各自然层面积总和计算；包括房屋内的楼隔层、突出墙面的眺望间、斗门、有柱雨罩的面积。不包括突出墙面结构的构件、艺术装饰等所占的面积。如台阶等。凹阳台、挑阳台按其水平投影面积一半计算建筑面积。

**施工面积** 指报告期内施工的全部房屋建筑面积。包括本期新开工的面积和上期开工跨入本期继续施工的房屋面积，以及上期已停建在本期复工的建筑面积。

**竣工面积** 指报告期内房屋建筑按照设计要求已全部完工，达到住人和使用的条件，经验收鉴定合格，正式移交使用单位的建筑面积。

**新增固定资产** 指已经建成投入生产交付使用的工程价值和达到固定资产标准的设备、工具器具的投资及有关应摊入的费用。它是以价值形式表示的固定资产投资成果的综合指标，可以综合反映不同时期、不同部门、不同地区的固定资产投资成果。

**建筑业总产值** 指建筑施工企业在一定时期内所完成的以货币表现的生产总值，是反映本单位全部的生产规模、水平和成果的综合指标。它包括建筑工程产值、设备安装工程产值、房屋、构筑物大修理产值、非标准设备制造产值。从1993年开始，建筑业总产值等于自行完成施工产值

**建筑业增加值** 指建筑业企业在报告期内以货币表现的建筑业生产经营活动的最终成果。具体构成项目有固定资产折旧、劳动者报酬、生产税净额、营业盈余。

**房屋建筑施工面积** 指报告期内施过工的全部房屋建筑面积，它包括本期新开工的面积、上期跨入本期继续施工的房屋面积、上期停缓建在本期恢复施工的房屋面积、本期竣工的房屋面积及本期施工后又停缓建的房屋面积。施工面积以房屋单位工程为对象进行计算，即一栋房屋已进行施工，即以整栋房屋的建筑面积计算施工面积；多层房屋不论哪一层施工，都以各层的总面积计算施工面积。

**房屋建筑竣工面积** 是指在报告期内房屋建筑按照设计要求全部完工，达到了使用条件，经检查验收鉴定合格的房屋建筑面积。

**自有机械设备年末总台数** 是指归本企业（或单位）所有，属于本企业（或单位）。

**自有机械年末总功率** 是指企业（或单位）自有施工机械、生产设备、运输设备以及其他设备等列为在册固定资产的生产性机械设备年末总功率，按设计能力或查定能力计算。包括机械本身的动力和为该机械服务的单独动力设备，如电动机等。计量单位用千瓦，动力换算可按1马力＝0.735千瓦折合成瓦数，电焊机、变压机锅炉不计算动力。

**资本金** 是指企业在工商行政管理部门登记的注册资金。企业筹集的资金按其投资主体一般分为国家资本金，法人资本金、个人资本金以及外商资本金等。

**资产** 是企业拥有或控制的能以货币计量的经济资源，包括各种财产、债权和其它权利。建筑企业的资产其按流动性分为：流动资产、长期投资、固定资产、专项工程 无形及递延资产和其他资产。

**负债** 是企业所承担的能以货币计量、将以资产或劳务偿付的债务。负债一般按其偿还期长短分为流动负债和长期负债。

**流动资产** 是指可以在一年或超过一年的一个营业周期内变现或者耗用的资产，包括现金及存款、短期投资、应收及预付款项、存货等。流动资产的一个重要特点是它在参加生产经营时，其价值一次转移到产品成本或费用中去。流动资产期末合计应根据"资产负债表"（会计报表，下同）的"流动资产合计"项目的期末数填列。

**固定资产** 固定资产是指使用期限超过一年的房屋及建筑物、机器、机械、运输工具以及其他与生产经营有关的设备、器具、工具等。不属于生产经营主要设备的物品，单价在

2000 元以上,并且使用年限超两年的,也包括在内。

**工程结算收入** 指本企业承包工程实现的工程价额结算收入以及向发包单位收取的除工程价款以外按规定列作营业收入的各种款项,如临时设施费、劳动保险费、施工机械调迁费等以及向发包单位收取的各种索赔款。本项根据"损益表"中"工程结算收入"项的本年累计数填列。

**工程结算成本** 报告期内与发包单位办理工程价款结算的已完工程实际成本。本项根据"损益表"中"工程结算成本"项的本年累计数填列。

**工程结算利润** 指已结算工程实现的利润。其计算公式为:

工程结算利润 = 工程结算收入 - 工程结算成本 - 工程结算税金及附加。

**其它业务收入** 指企业除工程结算收入外的其他业务收入。如产品销售收入、机械作业收入、材料销售收入、无形资产转让收入、固定资产出租收入等。本项根据会计"其他收入"科目的本年贷方发生额归纳填报。

**其他业务利润** 指企业除结算收入外的其他业务收入扣除其他业务支出(包括其他业务成本及应负担的费用、税金)后的净收益(如为净支出以"-"号表示)。本项目根据"损益表"中"其他业务利润"项的本年累计数填列。

**利润总额** 指建筑施工企业在一定时期内所实现的利润,包括工程结算利润、产品销售利润、作业销售利润、材料销售利润及其他销售利润、营业外收支差额。

**利税总额** 指企业的实现利润与上缴税金(利前税)之和包括利润总额、工程结算税金及附加管理费用中的税金。即:利税总额 = 利润总额 + 工程结算税金附加 + 管理费用中税金

**单位工程** 是单项工程的组成部分,通常是按照不同性质的工程内容能否独立施工的要求划分的,一个单项工程可以划分成若干个单位工程。所谓单项工程一般指有独立设计文件,建成后能独立发挥效益或生产设计规定产品的车间(联合企业的分厂)生产线或独立工程等,它由若干单位工程所组成。

**产值利润率** 为报告期内每百元产值所实现的利润。它的计算方法是:利润总额除以建筑业总产值。

# 七、国内贸易、外资、外贸、旅游

# 7-1 历年分县区社会消费品零售总额

单位:万元

| 年份 | 全市 | 市区 | 德清县 | 长兴县 | 安吉县 |
|---|---|---|---|---|---|
| 1978 | 32682 | 15636 | 5109 | 7042 | 4895 |
| 1979 | 41848 | 19814 | 6633 | 9034 | 6367 |
| 1980 | 53543 | 26072 | 8837 | 11277 | 7357 |
| 1981 | 59651 | 29470 | 9300 | 12370 | 8511 |
| 1982 | 61921 | 29681 | 10132 | 13020 | 9088 |
| 1983 | 68351 | 33146 | 10632 | 14311 | 10262 |
| 1984 | 80353 | 38643 | 12644 | 16807 | 12259 |
| 1985 | 111412 | 54748 | 17354 | 22879 | 16431 |
| 1986 | 133792 | 66103 | 21908 | 27058 | 18723 |
| 1987 | 156616 | 77822 | 25139 | 32501 | 21154 |
| 1988 | 198207 | 99226 | 30689 | 41862 | 26430 |
| 1989 | 214834 | 106452 | 34204 | 44924 | 29254 |
| 1990 | 213166 | 107366 | 34110 | 41287 | 30403 |
| 1991 | 237219 | 120973 | 36454 | 45858 | 33934 |
| 1992 | 281520 | 142329 | 40437 | 57395 | 41359 |
| 1993 | 418770 | 227620 | 55527 | 81744 | 53879 |
| 1994 | 639133 | 343674 | 91674 | 125149 | 78636 |
| 1995 | 860135 | 458283 | 122155 | 175464 | 104233 |
| 1996 | 1005309 | 512971 | 142510 | 218130 | 131698 |
| 1997 | 1123563 | 581512 | 159636 | 230963 | 151452 |
| 1998 | 1237645 | 639230 | 175960 | 250258 | 172197 |
| 1999 | 1351990 | 690935 | 194505 | 276186 | 190364 |
| 2000 | 1491751 | 761705 | 215317 | 304498 | 210231 |
| 2001 | 1591543 | 796250 | 237926 | 335710 | 222403 |
| 2002 | 1708800 | 885606 | 262907 | 370520 | 256844 |
| 2003 | 1823403 | 925695 | 269887 | 372200 | 255621 |
| 2004 | 2080822 | 1056636 | 308150 | 431040 | 284995 |
| 2005 | 2377547 | 1216232 | 349750 | 489230 | 322335 |

# 7－2 历年分县区社会消费品零售总额增长速度

单位:%

| 年份 | 全市 | 市区 | 德清县 | 长兴县 | 安吉县 |
|---|---|---|---|---|---|
| 1979 | 28.0 | 26.7 | 29.8 | 28.3 | 30.1 |
| 1980 | 27.9 | 31.6 | 33.2 | 24.8 | 15.5 |
| 1981 | 11.4 | 13.0 | 5.2 | 9.7 | 15.7 |
| 1982 | 3.8 | 0.7 | 8.9 | 5.3 | 6.8 |
| 1983 | 10.4 | 11.7 | 4.9 | 9.9 | 12.9 |
| 1984 | 17.6 | 16.6 | 18.9 | 17.4 | 19.5 |
| 1985 | 38.7 | 41.7 | 37.3 | 36.1 | 34.0 |
| 1986 | 20.1 | 20.7 | 26.2 | 18.3 | 13.9 |
| 1987 | 17.1 | 17.7 | 14.7 | 20.1 | 13.0 |
| 1988 | 26.6 | 27.5 | 22.1 | 28.8 | 24.9 |
| 1989 | 8.4 | 7.3 | 11.5 | 7.3 | 10.7 |
| 1990 | －0.8 | 0.9 | －0.3 | －8.1 | 3.9 |
| 1991 | 11.3 | 12.7 | 6.9 | 11.1 | 11.6 |
| 1992 | 18.7 | 17.7 | 10.9 | 25.2 | 21.9 |
| 1993 | 48.8 | 59.9 | 37.3 | 42.4 | 30.3 |
| 1994 | 52.6 | 51.0 | 65.1 | 53.1 | 45.9 |
| 1995 | 34.6 | 33.3 | 33.2 | 40.0 | 32.6 |
| 1996 | 21.4 | 19.6 | 16.7 | 24.3 | 29.9 |
| 1997 | 11.8 | 13.4 | 12.0 | 5.8 | 15.0 |
| 1998 | 10.2 | 9.9 | 10.2 | 8.4 | 13.7 |
| 1999 | 9.2 | 8.1 | 10.5 | 10.4 | 10.6 |
| 2000 | 10.3 | 10.2 | 10.7 | 10.3 | 10.4 |
| 2001 | 9.6 | 9.5 | 10.5 | 10.3 | 10.6 |
| 2002 | 11.6 | 12.7 | 10.5 | 10.4 | 10.5 |
| 2003 | 11.8 | 12.3 | 11.5 | 11.6 | 10.6 |
| 2004 | 14.3 | 15.9 | 13.1 | 12.9 | 11.5 |
| 2005 | 14.3 | 15.1 | 13.5 | 13.5 | 13.1 |

# 7-3 历年分县区社会消费品零售总额发展指数

（1978年=100）　　　　单位：%

| 年　份 | 全　市 | 市　区 | 德清县 | 长兴县 | 安吉县 |
|---|---|---|---|---|---|
| 1978 | 100.0 | 100.0 | 100.0 | 100.0 | 100.0 |
| 1979 | 128.0 | 126.7 | 129.8 | 128.3 | 130.1 |
| 1980 | 163.8 | 166.7 | 173.0 | 160.1 | 150.3 |
| 1981 | 182.5 | 188.5 | 182.0 | 175.7 | 173.9 |
| 1982 | 189.5 | 189.8 | 198.3 | 184.9 | 185.7 |
| 1983 | 209.1 | 212.0 | 208.1 | 203.2 | 209.6 |
| 1984 | 245.9 | 247.1 | 247.5 | 238.7 | 250.4 |
| 1985 | 340.9 | 350.1 | 339.7 | 324.9 | 335.7 |
| 1986 | 409.4 | 422.8 | 428.8 | 384.2 | 382.5 |
| 1987 | 479.2 | 497.7 | 492.1 | 461.5 | 432.2 |
| 1988 | 606.5 | 634.6 | 600.7 | 594.5 | 539.9 |
| 1989 | 657.3 | 680.8 | 669.5 | 637.9 | 597.6 |
| 1990 | 652.2 | 686.7 | 667.6 | 586.3 | 621.1 |
| 1991 | 725.8 | 773.7 | 713.5 | 651.2 | 693.2 |
| 1992 | 861.4 | 910.3 | 791.5 | 815.0 | 844.9 |
| 1993 | 1281.3 | 1455.7 | 1086.8 | 1160.8 | 1100.7 |
| 1994 | 1955.6 | 2198.0 | 1794.4 | 1777.2 | 1606.5 |
| 1995 | 2631.8 | 2930.9 | 2391.0 | 2488.1 | 2129.4 |
| 1996 | 3195.0 | 3505.4 | 2789.4 | 3093.0 | 2766.1 |
| 1997 | 3570.9 | 3973.8 | 3124.6 | 3272.4 | 3181.0 |
| 1998 | 3933.4 | 4368.2 | 3444.1 | 3545.8 | 3616.7 |
| 1999 | 4296.9 | 4721.5 | 3807.1 | 3913.2 | 3998.2 |
| 2000 | 4741.0 | 5205.2 | 4214.5 | 4314.3 | 4415.5 |
| 2001 | 5196.2 | 5699.6 | 4657.0 | 4756.6 | 4883.5 |
| 2002 | 5798.9 | 6423.5 | 5146.0 | 5249.8 | 5397.1 |
| 2003 | 6483.2 | 7213.6 | 5737.7 | 5858.8 | 5969.2 |
| 2004 | 7410.3 | 8360.6 | 6489.3 | 6614.6 | 6635.7 |
| 2005 | 8470.0 | 9623.1 | 7365.4 | 7507.6 | 7527.6 |

# 7－4　主要年份社会消费品零售总额分类情况

单位:万元

| | 1995年 | 1997年 | 2000年 | 2002年 | 2003年 | 2004年 | 2005年 |
|---|---|---|---|---|---|---|---|
| **社会消费品零售总额** | **860135** | **1123563** | **1491751** | **1708800** | **1823403** | **2080822** | **2377547** |
| 比上年增长(%) | 34.6 | 11.8 | 10.3 | 11.6 | 11.8 | 14.3 | 14.3 |
| **一、按销售地区分:** | | | | | | | |
| 市的零售额 | 458283 | 581512 | 761705 | 852164 | 925695 | 1056636 | 1216232 |
| 县的零售额 | 176371 | 249493 | 305616 | 357469 | 393272 | 454254 | 517951 |
| 县以下的零售额 | 225481 | 292558 | 424430 | 499167 | 393272 | 569931 | 643364 |
| **二、按行业分:** | | | | | | | |
| 批发和零售贸易业 | 523163 | 737883 | 1018970 | 1168531 | 1617798 | 1823906 | 2080453 |
| 餐饮业 | 53243 | 67533 | 115639 | 152194 | 170981 | 218835 | 254949 |
| 制造业 | 60235 | 95109 | 114241 | 119728 | | | |
| 其　它 | 223494 | 223038 | 242901 | 268347 | 34624 | 38081 | 42146 |
| # 农民对城镇居民零售 | 188200 | 222224 | 241094 | 257744 | | | |

# 7－5　主要年份市区社会消费品零售总额分类情况

单位:万元

| | 1995年 | 1997年 | 2000年 | 2002年 | 2003年 | 2004年 | 2005年 |
|---|---|---|---|---|---|---|---|
| **社会消费品零售总额** | **458283** | **581512** | **761705** | **885606** | **925695** | **1056636** | **1216232** |
| 比上年增长(%) | 33.3 | 13.4 | 10.2 | 12.7 | 12.3 | 15.9 | 15.1 |
| **按行业分:** | | | | | | | |
| 批发和零售贸易业 | 279261 | 389256 | 526917 | 631018 | 825974 | 925628 | 1063145 |
| 餐饮业 | 34189 | 36685 | 61004 | 73813 | 83845 | | |
| 制造业 | 19925 | 15618 | 19208 | 12896 | | | |
| 其　他 | 124908 | 139953 | 154576 | 167880 | 167880 | 113226 | 133542 |
| # 农民对城镇居民零售 | 95418 | 139139 | 154467 | 167435 | 15876 | 17783 | 19546 |

# 7－6　分县区社会消费品零售总额

单位:万元

| | 全　市 | 市　区 | 德清县 | 长兴县 | 安吉县 |
|---|---|---|---|---|---|
| **社会消费品零售总额** | **2377547** | **1216232** | **349750** | **489230** | **322335** |
| 比上年增长(%) | 14.3 | 15.1 | 13.5 | 13.5 | 13.1 |
| **一、按销售地区分:** | | | | | |
| 市的零售额 | 1216232 | 1216232 | | | |
| 县的零售额 | 517951 | | 188622 | 205727 | 123602 |
| 县以下的零售额 | 643364 | | 161128 | 283503 | 198733 |
| **二、按行业分:** | | | | | |
| 批发和零售贸易业 | 2080453 | 1063145 | 301103 | 428055 | 288150 |
| #限额以上 | 457060 | 326496 | 51764 | 39626 | 39174 |
| 限额以下及个体户 | 1623393 | 736649 | 249339 | 388429 | 248977 |
| 餐饮业 | 254949 | 133542 | 43360 | 44806 | 33241 |
| 其　他 | 42146 | 19546 | 5287 | 16369 | 944 |

## 7－7　限额以上连锁总店(公司)经营情况

单位：万元

| | 连锁总店数（个） | 连锁门店数（个） | 直营店 | 加盟店 | 营业面积（平方米） | 从业人数（人） | 销售总额 | 零售额 |
|---|---|---|---|---|---|---|---|---|
| **总　计** | **7** | **276** | **100** | **176** | **35020** | **1353** | **35114** | **35114** |
| **一、零售业** | **6** | **268** | **93** | **175** | **33720** | **1116** | **35114** | **35114** |
| #超级市场 | 1 | 18 | 1 | 17 | 12050 | 410 | 12547 | 12547 |
| 专业店 | 4 | 125 | 67 | 58 | 10670 | 421 | 6533 | 6533 |
| 便利店 | 1 | 125 | 25 | 100 | 11000 | 285 | 16034 | 16034 |
| **二、餐饮业** | **1** | **8** | **7** | **1** | **1300** | **237** | | |
| #快餐 | 1 | 8 | 7 | 1 | 1300 | 237 | | |

## 7－8　连锁分店经营情况

单位：万元

| | 连锁门店数（个） | 直营店 | 加盟店 | 营业面积（平方米） | 从业人数（人） | 销售总额 | 零售额 |
|---|---|---|---|---|---|---|---|
| **总　计** | **20** | **18** | **2** | **28480** | **741** | **49642** | **49515** |
| 零售业 | 20 | 18 | 2 | 28480 | 741 | 49642 | 49515 |
| #国有及国有控股 | 1 | 1 | | 6000 | 124 | 3826 | 3826 |
| 超级市场 | 15 | 14 | 1 | 21240 | 487 | 27194 | 27194 |
| 专业店 | 5 | 4 | 1 | 7240 | 254 | 22448 | 22320 |

# 7－9　限额以上批发零售业基本情况

| | 法人企业（个） | 产业活动单位（个） | 从业人数（人） |
|---|---|---|---|
| **总　　计** | **154** | **533** | **9730** |
| 按登记注册类型分组 | | | |
| 一、批发业 | **86** | **179** | **3967** |
| #国有及国有控股 | 21 | 64 | 1705 |
| 国有企业 | 8 | 10 | 872 |
| 集体企业 | 3 | 3 | 37 |
| 股份合作企业 | 3 | 3 | 111 |
| 有限责任公司 | 41 | 122 | 2123 |
| #国有独资公司 | 3 | 8 | 192 |
| 其他有限责任公司 | 38 | 114 | 1931 |
| 股份有限公司 | 2 | 3 | 39 |
| 私营企业 | 29 | 38 | 785 |
| #私营有限责任公司 | 29 | 38 | 785 |
| 二、零售业 | **68** | **354** | **5763** |
| #国有及国有控股 | 12 | 164 | 1260 |
| 国有企业 | 1 | 13 | 210 |
| 集体企业 | 1 | 1 | 884 |
| 股份合作 | 1 | 1 | 64 |
| 联营企业 | 1 | 1 | 8 |
| #国有联营企业 | 1 | 1 | 8 |
| 有限责任公司 | 27 | 161 | 3442 |
| #国有独资公司 | 4 | 9 | 311 |
| 其他有限责任公司 | 23 | 152 | 3131 |
| 股份有限公司 | 1 | 71 | 145 |
| 私营企业 | 36 | 106 | 1010 |
| #私营独资企业 | 2 | 2 | 52 |
| 私营有限责任公司 | 31 | 97 | 917 |

7－9续表

| | 法人企业（个） | 产业活动单位（个） | 从业人数（人） |
|---|---|---|---|
| **按国民经济行业分组** | | | |
| 农畜产品批发 | 3 | 3 | 133 |
| 食品、饮料及烟草制品批发 | 9 | 20 | 905 |
| #米、面制品及食用油批发 | 3 | 11 | 110 |
| 烟草制品批发 | 4 | 6 | 716 |
| 纺织、服装及日用品批发 | 13 | 27 | 528 |
| #服装批发 | 7 | 7 | 269 |
| 文化、体育用品及器材批发 | 1 | 1 | 16 |
| 医药及医疗器材批发 | 4 | 20 | 384 |
| 矿产品、建材及化工产品批发 | 34 | 74 | 1478 |
| #煤炭及制品批发 | 9 | 9 | 280 |
| 石油及制品批发 | 6 | 31 | 450 |
| 金属及金属矿批发 | 5 | 5 | 79 |
| 建材批发 | 3 | 3 | 227 |
| 化肥批发 | 3 | 16 | 80 |
| 机械设备、五金交电及电子产品批发 | 7 | 15 | 237 |
| #汽车、摩托车及零配件批发 | 4 | 12 | 169 |
| 家用电器批发业 | 1 | 1 | 15 |
| 其他批发 | 13 | 17 | 220 |
| 综合零售 | 10 | 55 | 2977 |
| #百货零售 | 4 | 22 | 1468 |
| 超级市场零售 | 6 | 33 | 1509 |
| 食品、饮料及烟草制品专门零售 | 4 | 10 | 235 |
| 纺织、服装及日用品专门零售 | 3 | 4 | 271 |
| #服装零售 | 1 | 1 | 149 |
| 文化、体育用品及器材专门零售 | 9 | 18 | 487 |
| #图书零售 | 4 | 9 | 311 |
| 医药及医疗器材专门零售 | 4 | 80 | 408 |
| #药品零售 | 4 | 80 | 408 |
| 汽车、摩托车、燃料及零配件专门零售 | 23 | 135 | 753 |
| #汽车零售 | 9 | 12 | 185 |
| 机动车燃料零售业 | 2 | 74 | 283 |
| 家用电器及电子产品专门零售 | 10 | 21 | 444 |
| #家用电器零售 | 5 | 8 | 278 |
| 计算机、软件及辅助设备零售 | 1 | 2 | 22 |
| 通信设备零售 | 4 | 11 | 144 |
| 无店铺及其他零售 | 5 | 31 | 188 |

# 7－10　市区限额以上批发零售业基本情况

| | 法人企业（个） | 产业活动单位（个） | 从业人数（人） |
|---|---|---|---|
| **总　　计** | **84** | **281** | **6020** |
| **按登记注册类型分组** | | | |
| **一、批发业** | **52** | **104** | **2595** |
| #国有及国有控股 | 9 | 31 | 876 |
| 国有企业 | 3 | 3 | 388 |
| 集体企业 | 2 | 2 | 12 |
| 股份合作企业 | 3 | 3 | 111 |
| 有限责任公司 | 23 | 71 | 1435 |
| #其他有限责任公司 | 23 | 71 | 1435 |
| 股份有限公司 | 1 | 2 | 19 |
| 私营企业 | 20 | 23 | 630 |
| #私营有限责任公司 | 20 | 23 | 630 |
| **二、零售业** | **32** | **177** | **3425** |
| #国有及国有控股 | 7 | 112 | 836 |
| 国有企业 | 1 | 11 | 115 |
| 集体企业 | 1 | 1 | 884 |
| 股份合作企业 | 1 | 1 | 64 |
| 联营企业 | 1 | 1 | 8 |
| #国有联营企业 | 1 | 1 | 8 |
| 有限责任公司 | 12 | 66 | 1903 |
| #国有独资公司 | 1 | 1 | 157 |
| 其他有限责任公司 | 11 | 65 | 1746 |
| 股份有限公司 | 1 | 70 | 125 |
| 私营企业 | 15 | 27 | 326 |
| #私营独资企业 | 1 | 1 | 29 |
| 私营有限责任公司 | 13 | 25 | 287 |

7－10续表

| | 法人企业（个） | 产业活动单位（个） | 从业人数（人） |
|---|---|---|---|
| **按国民经济行业分组** | | | |
| 农畜产品批发 | | | |
| 食品、饮料及烟草制品批发 | 4 | 8 | 450 |
| #米、面制品及食用油批发 | 1 | 4 | 63 |
| 烟草制品批发 | 1 | 1 | 308 |
| 纺织、服装及日用品批发 | 12 | 26 | 483 |
| #服装批发 | 6 | 6 | 224 |
| 医药及医疗器材批发 | 2 | 18 | 263 |
| 矿产品、建材及化工产品批发 | 22 | 34 | 1032 |
| #煤炭及制品批发 | 7 | 7 | 134 |
| 石油及制品批发 | 3 | 13 | 315 |
| 金属及金属矿批发 | 3 | 3 | 57 |
| 建材批发 | 3 | 3 | 227 |
| 化肥批发 | 1 | 3 | 33 |
| 机械设备、五金交电及电子产品批发 | 3 | 5 | 154 |
| #汽车、摩托车及零配件批发 | 2 | 4 | 125 |
| 其他批发 | 7 | 11 | 147 |
| 综合零售 | 4 | 25 | 1717 |
| #百货零售 | 3 | 4 | 1058 |
| 超级市场零售 | 1 | 21 | 659 |
| 食品、饮料及烟草制品专门零售 | 2 | 2 | 153 |
| 纺织、服装及日用品专门零售 | 2 | 3 | 242 |
| #服装零售 | 1 | 1 | 149 |
| 文化、体育用品及器材专门零售 | 4 | 8 | 269 |
| #图书零售 | 1 | 1 | 157 |
| 医药及医疗器材专门零售 | 2 | 28 | 222 |
| #药品零售 | 2 | 28 | 222 |
| 汽车、摩托车、燃料及零配件专门零售 | 10 | 84 | 372 |
| #汽车零售业 | 6 | 7 | 158 |
| 机动车燃料零售业 | 2 | 72 | 188 |
| 家用电器及电子产品专门零售 | 7 | 17 | 390 |
| #家用电器零售 | 2 | 4 | 224 |
| 计算机、软件及辅助设备零售 | 1 | 2 | 22 |
| 通信设备零售 | 4 | 11 | 144 |
| 无店铺及其他零售 | 1 | 10 | 60 |

# 7-11 限额以上批发零售业购销存情况

单位：万元

| | 购进总额 | #进口 | 销售总额 | 批发 | #出口 | 零售 | 年末库存总额 |
|---|---|---|---|---|---|---|---|
| 总计 | **1879648** | **12289** | **2158894** | **1553958** | **388958** | **604936** | **93354** |
| 按登记注册类型分组 | | | | | | | |
| 一、批发业 | **1257944** | **12249** | **1415329** | **1365987** | **388958** | **49343** | **50571** |
| #国有及国有控股 | 369475 | 174 | 459503 | 453682 | 58868 | 5821 | 16472 |
| 国有企业 | 274866 | | 346588 | 345093 | 57442 | 1495 | 7001 |
| 集体企业 | 7800 | | 7779 | 6844 | | 935 | 256 |
| 股份合作企业 | 30038 | 904 | 42401 | 42401 | 25893 | | 608 |
| 有限责任公司 | 646960 | 9997 | 691629 | 657509 | 258132 | 34121 | 25283 |
| #国有独资公司 | 32708 | | 45815 | 45747 | | 68 | 6212 |
| 其他有限责任公司 | 614253 | 9997 | 645815 | 611762 | 258132 | 34052 | 19072 |
| 股份有限公司 | 11065 | | 11633 | 11633 | 5899 | | 1587 |
| 私营企业 | 287215 | 1348 | 315300 | 302508 | 41592 | 12792 | 15837 |
| #私营有限责任公司 | 287215 | 1348 | 315300 | 302508 | 41592 | 12792 | 15837 |
| 二、零售业 | **621704** | **39** | **743564** | **187972** | | **555593** | **42782** |
| #国有及国有控股 | 296127 | | 416737 | 178659 | | 238079 | 17900 |
| 国有企业 | 31939 | | 36365 | 23809 | | 12556 | 4039 |
| 集体企业 | 110598 | | 105280 | | | 105280 | 721 |
| 股份合作 | 1586 | | 1845 | | | 1845 | 298 |
| 联营企业 | 3494 | | 3909 | | | 3909 | |
| #国有联营企业 | 3494 | | 3909 | | | 3909 | |
| 有限责任公司 | 186287 | | 195332 | 4697 | | 190635 | 23170 |
| #国有独资公司 | 13783 | | 13204 | 534 | | 12670 | 3644 |
| 其他有限责任公司 | 172503 | | 182128 | 4162 | | 177965 | 19526 |
| 股份有限公司 | 218271 | 39 | 329648 | 151659 | | 177989 | 7684 |
| 私营企业 | 69530 | | 71185 | 7807 | | 63378 | 6870 |
| #私营独资企业 | 1447 | | 1402 | | | 1402 | 280 |
| 私营有限责任公司 | 64886 | | 66119 | 7414 | | 58705 | 6330 |

7－11 续表

| | 购进总额 | #进口 | 销售总额 | 批发 | #出口 | 零售 | 年末库存总额 |
|---|---|---|---|---|---|---|---|
| **按国民经济行业分组** | | | | | | | |
| 农畜产品批发 | 16515 | | 17653 | 17653 | | | 5039 |
| 食品、饮料及烟草制品批发 | 240634 | | 318311 | 316760 | | 1551 | 12143 |
| #米、面制品及食用油批发 | 2331 | | 3477 | 3474 | | 3 | 2974 |
| 烟草制品批发 | 232429 | | 306780 | 305299 | | 1481 | 7166 |
| 纺织、服装及日用品批发 | 274861 | 609 | 291453 | 291453 | 253457 | | 9186 |
| #服装批发 | 162437 | 609 | 175958 | 175958 | 165887 | | 1097 |
| 文化、体育用品及器材批发 | 13511 | | 13561 | 13561 | 13561 | | |
| 医药及医疗器材批发 | 67919 | | 68211 | 65943 | | 2268 | 4268 |
| 矿产品、建材及化工产品批发 | 472360 | 8016 | 521611 | 485559 | 10480 | 36053 | 16707 |
| #煤炭及制品批发 | 166340 | | 186641 | 186641 | | | 9062 |
| 石油及制品批发 | 175286 | | 189060 | 160361 | | 28700 | 1850 |
| 金属及金属矿批发 | 28878 | 7783 | 30121 | 30121 | | | 1483 |
| 建材批发 | 37999 | | 44790 | 37770 | | 7020 | 2568 |
| 化肥批发 | 8946 | 174 | 9097 | 8777 | | 320 | 574 |
| 机械设备、五金交电及电子产品批发 | 35914 | | 39837 | 32230 | | 7607 | 1827 |
| #汽车、摩托车及零配件批发 | 15229 | | 15198 | 8702 | | 6496 | 762 |
| 家用电器批发业 | 2118 | | 1994 | 1293 | | 701 | 124 |
| 其他批发 | 86133 | 1321 | 87170 | 85306 | 53938 | 1864 | 449 |
| 综合零售 | 207043 | 39 | 201281 | 144 | | 201137 | 12880 |
| #百货零售 | 132449 | | 129383 | | | 129383 | 2311 |
| 超级市场零售 | 74593 | 39 | 71898 | 144 | | 71754 | 10569 |
| 食品、饮料及烟草制品专门零售 | 7695 | | 9461 | 952 | | 8509 | 1016 |
| 纺织、服装及日用品专门零售 | 18461 | | 22873 | | | 22873 | 1201 |
| #服装零售 | 16249 | | 20551 | | | 20551 | 642 |
| 文化、体育用品及器材专门零售 | 17746 | | 18465 | 534 | | 17931 | 5833 |
| #图书零售 | 13783 | | 13204 | 534 | | 12670 | 3644 |
| 医药及医疗器材专门零售 | 12721 | | 12685 | 1915 | | 10770 | 1792 |
| #药品零售 | 12721 | | 12685 | 1915 | | 10770 | 1792 |
| 汽车、摩托车、燃料及零配件专门零售 | 308906 | | 428340 | 175859 | | 252481 | 16725 |
| #汽车零售 | 40713 | | 44188 | 417 | | 43771 | 1683 |
| 机动车燃料零售业 | 251528 | | 367617 | 174700 | | 192917 | 11638 |
| 家用电器及电子产品专门零售 | 34827 | | 35416 | 5562 | | 29854 | 2898 |
| #家用电器零售 | 26329 | | 26559 | 512 | | 26048 | 2398 |
| 计算机、软件及辅助设备零售 | 2085 | | 2262 | | | 2262 | 286 |
| 通信设备零售 | 6413 | | 6595 | 5051 | | 1544 | 214 |
| 无店铺及其他零售 | 14306 | | 15043 | 3004 | | 12039 | 439 |

# 7－12　市区限额以上批发零售业购销存情况

单位：万元

| | 购进总额 | #进口 | 销售总额 | 批发 | #出口 | 零售 | 年末库存总额 |
|---|---|---|---|---|---|---|---|
| **总计** | **1417462** | **12222** | **1641435** | **1174064** | **355987** | **467370** | **60823** |
| **按登记注册类型分组** | | | | | | | |
| **一、批发业** | **926131** | **12222** | **1030935** | **1012070** | **355987** | **18865** | **32670** |
| #国有及国有控股 | 224722 | 174 | 268710 | 267497 | 45306 | 1214 | 6112 |
| 国有企业 | 182651 | | 221940 | 221556 | 43881 | 384 | 3489 |
| 集体企业 | 4389 | | 4383 | 3448 | | 935 | 240 |
| 股份合作企业 | 30038 | 904 | 42401 | 42401 | 25893 | | 608 |
| 有限责任公司 | 460666 | 9997 | 486262 | 477397 | 258132 | 8865 | 11821 |
| 股份有限公司 | 5478 | | 5734 | 5734 | | | 1483 |
| 私营企业 | 242909 | 1321 | 270215 | 261534 | 28081 | 8681 | 15029 |
| #私营有限责任公司 | 242909 | 1321 | 270215 | 261534 | 28081 | 8681 | 15029 |
| **二、零售业** | **491331** | | **610500** | **161994** | | **448505** | **28153** |
| #国有及国有控股 | 253599 | | 371132 | 156576 | | 214556 | 15416 |
| 国有企业 | 4883 | | 5445 | 4731 | | 714 | 4039 |
| 集体企业 | 110598 | | 105280 | | | 105280 | 721 |
| 股份合作 | 1586 | | 1845 | | | 1845 | 298 |
| 联营企业 | 3494 | | 3909 | | | 3909 | |
| #国有联营企业 | 3494 | | 3909 | | | 3909 | |
| 有限责任公司 | 117992 | | 128084 | 381 | | 127703 | 12587 |
| #国有独资公司 | 7150 | | 7000 | 263 | | 6737 | 2132 |
| 其他有限责任公司 | 110842 | | 121084 | 118 | | 120965 | 10455 |
| 股份有限公司 | 217367 | | 328748 | 151582 | | 177166 | 7599 |
| 私营企业 | 35412 | | 37188 | 5300 | | 31888 | 2909 |
| #私营独资企业 | 397 | | 390 | | | 390 | 112 |
| 私营有限责任公司 | 33905 | | 35191 | 5300 | | 29891 | 2638 |

7－12 续表

| | 购进总额 | #进口 | 销售总额 | 批发 | #出口 | 零售 | 年末库存总额 |
|---|---|---|---|---|---|---|---|
| **按国民经济行业分组** | | | | | | | |
| 农畜产品批发 | | | | | | | |
| 食品、饮料及烟草制品批发 | 147986 | | 183158 | 182774 | | 384 | 5496 |
| #米、面制品及食用油批发 | 990 | | 1080 | 1080 | | | 64 |
| 烟草制品批发 | 141123 | | 174024 | 173707 | | 317 | 3429 |
| 纺织、服装及日用品批发 | 260169 | 582 | 277566 | 277566 | 239946 | | 9186 |
| #服装批发 | 147745 | 582 | 162072 | 162072 | 152376 | | 1097 |
| 医药及医疗器材批发 | 52684 | | 54433 | 52373 | | 2060 | 3177 |
| 矿产品、建材及化工产品批发 | 342474 | 8016 | 385016 | 373957 | 10480 | 11060 | 12979 |
| #煤炭及制品批发 | 151715 | | 169507 | 169507 | | | 8043 |
| 石油及制品批发 | 90696 | | 103361 | 99321 | | 4040 | 1040 |
| 金属及金属矿批发 | 24349 | 7783 | 25416 | 25416 | | | 294 |
| 建材批发 | 37999 | | 44790 | 37770 | | 7020 | 2568 |
| 化肥批发 | 1305 | 174 | 1407 | 1407 | | | 162 |
| 机械设备、五金交电及电子产品批发 | 10995 | | 10941 | 7444 | | 3497 | 591 |
| #汽车、摩托车及零配件批发 | 8478 | | 8307 | 5220 | | 3087 | 324 |
| 其他批发 | 61726 | 1321 | 62298 | 60434 | 48039 | 1864 | 288 |
| 综合零售 | 160464 | | 156574 | | | 156574 | 6360 |
| #百货零售 | 121351 | | 116835 | | | 116835 | 1174 |
| 超级市场零售 | 39112 | | 39739 | | | 39739 | 5186 |
| 食品、饮料及烟草制品专门零售 | 3485 | | 4043 | | | 4043 | 660 |
| 纺织、服装及日用品专门零售 | 17645 | | 22076 | | | 22076 | 1124 |
| #服装零售 | 16249 | | 20551 | | | 20551 | 642 |
| 文化、体育用品及器材专门零售 | 10024 | | 10769 | 263 | | 10506 | 3023 |
| #图书零售 | 7150 | | 7000 | 263 | | 6737 | 2132 |
| 医药及医疗器材专门零售 | 2900 | | 3531 | | | 3531 | 689 |
| #药品零售 | 2900 | | 3531 | | | 3531 | 689 |
| 汽车、摩托车、燃料及零配件专门零售 | 264106 | | 379946 | 155871 | | 224075 | 13799 |
| #汽车零售业 | 37413 | | 40860 | 42 | | 40817 | 1610 |
| 机动车燃料零售业 | 224472 | | 336697 | 155622 | | 181075 | 11638 |
| 家用电器及电子产品专门零售 | 31436 | | 32155 | 5169 | | 26986 | 2498 |
| #家用电器零售 | 22938 | | 23298 | 118 | | 23179 | 1998 |
| 计算机、软件及辅助设备零售 | 2085 | | 2262 | | | 2262 | 286 |
| 通信设备零售 | 6413 | | 6595 | 5051 | | 1544 | 214 |
| 无店铺及其他零售 | 1272 | | 1405 | 692 | | 714 | |

# 7－13 限额以上批发零售业商品销售类值

单位：万元

| | 销售总额 | 批 发 | 零 售 |
|---|---|---|---|
| **合 计** | **1951021** | **1493961** | **457060** |
| 1、食品、饮料、烟酒类 | 399480 | 319081 | 80399 |
| #粮油类 | 10807 | 3966 | 6841 |
| 肉禽蛋类 | 4262 | 114 | 4148 |
| 其他食品类 | 55552 | 9688 | 45864 |
| 饮料类 | 5959 | 8 | 5951 |
| 烟酒类 | 322901 | 305305 | 17596 |
| 2、服装鞋帽、针、纺织品类 | 290823 | 231730 | 59092 |
| #服装类 | 164190 | 121086 | 43104 |
| 鞋帽类 | 10054 | 1623 | 8431 |
| 针、纺织品类 | 116579 | 109022 | 7557 |
| 3、化妆品类 | 7808 | | 7803 |
| 4、金银珠宝类 | 11134 | | 11134 |
| 5、日用品类 | 17996 | 4796 | 13200 |
| #洗涤用品类 | 5351 | 7 | 5344 |
| 儿童玩具类 | 690 | | 690 |
| 6、五金、电料类 | 9264 | 8941 | 323 |
| 7、体育、娱乐用品类 | 3916 | 784 | 3132 |
| 8、书报杂志类 | 10898 | 285 | 10613 |
| 9、电子出版物及音像制品类 | 910 | 1 | 910 |
| 10、家用电器和音像器材类 | 68534 | 11569 | 56966 |
| 11、中西药品类 | 73815 | 60824 | 12991 |
| #西药 | 45662 | 37354 | 8308 |
| 中草药及中成药 | 25408 | 23242 | 2166 |
| 12、文化办公用品类 | 6046 | 334 | 5712 |
| 13、家具类 | 1894 | 1402 | 492 |
| 14、通讯器材类 | 8149 | 4675 | 3474 |
| 15、煤炭及制品类 | 72376 | 72376 | |
| 16、木材及制品类 | 6847 | 6847 | |
| 17、石油及制品类 | 565640 | 456824 | 1088[illegible]5 |
| 18、化工材料及制品类 | 47803 | 47470 | 333 |
| #化肥类 | 6602 | 6602 | |
| 19、金属材料类 | 121590 | 121590 | |
| 20、建筑及装潢材料类 | 5255 | 5248 | 6 |
| 21、机电产品及设备类 | 59817 | 45973 | 13844 |
| #农机类 | 86 | 86 | |
| 22、汽车类 | 58815 | 9167 | 49648 |
| 23、种子饲料类 | | | |
| 24、棉麻类 | 34096 | 34096 | |
| 25、其他类 | 68117 | 49949 | 18158 |

# 7－14　市区限额以上批发零售业商品销售类值

单位：万元

| | 销售总额 | 批　发 | 零　售 |
|---|---|---|---|
| 合　　计 | 1445883 | 1119387 | 326496 |
| 1、食品、饮料、烟酒类 | 241971 | 183874 | 58097 |
| ＃粮油类 | 6291 | 1080 | 5211 |
| 肉禽蛋类 | 3328 | | 3328 |
| 其他食品类 | 42834 | 9087 | 33748 |
| 饮料类 | 3986 | | 3986 |
| 烟酒类 | 185532 | 173707 | 11825 |
| 2、服装鞋帽、针、纺织品类 | 271813 | 223323 | 48491 |
| ＃服装类 | 151325 | 113858 | 37467 |
| 鞋帽类 | 7795 | 1620 | 6175 |
| 针、纺织品类 | 112694 | 107844 | 4849 |
| 3、化妆品类 | 5569 | | 5569 |
| 4、金银珠宝类 | 8553 | | 8553 |
| 5、日用品类 | 10441 | 1651 | 8791 |
| ＃洗涤用品类 | 3104 | | 3104 |
| 儿童玩具类 | 555 | | 555 |
| 6、五金、电料类 | 5745 | 5527 | 218 |
| 7、体育、娱乐用品类 | 2925 | 22 | 2902 |
| 8、书报杂志类 | 5198 | 15 | 5183 |
| 9、电子出版物及音像制品类 | 748 | | 748 |
| 10、家用电器和音像器材类 | 59634 | 9813 | 49821 |
| 11、中西药品类 | 50847 | 45339 | 5508 |
| ＃西药 | 29863 | 27464 | 2400 |
| 中草药及中成药 | 19190 | 17851 | 1339 |
| 12、文化办公用品类 | 5222 | 333 | 4889 |
| 13、家具类 | 503 | 12 | 491 |
| 14、通讯器材类 | 8149 | 4675 | 3474 |
| 15、煤炭及制品类 | 60963 | 60963 | |
| 16、木材及制品类 | 2300 | 2300 | |
| 17、石油及制品类 | 433739 | 371885 | 61854 |
| 18、化工材料及制品类 | 21898 | 21898 | |
| ＃化肥类 | 1432 | 1432 | |
| 19、金属材料类 | 111867 | 111867 | |
| 20、建筑及装潢材料类 | 3463 | 3457 | 6 |
| 21、机电产品及设备类 | 31695 | 29953 | 1742 |
| ＃农机类 | 86 | 86 | |
| 22、汽车类 | 49492 | 6427 | 43065 |
| 23、种子饲料类 | | | |
| 24、棉麻类 | 18728 | 18728 | |
| 25、其他类 | 34421 | 17329 | 17093 |

# 7－15　星级住宿业和限额以上餐饮业基本情况

单位：万元

| | 法人企业（个） | 活动单位（个） | 从业人数（人） | 营业额 | #商品销售收入 |
|---|---|---|---|---|---|
| **总　　计** | **82** | **140** | **8808** | **87947** | **5867** |
| **一、住宿业** | **50** | **80** | **4971** | **49189** | **2291** |
| 按登记注册类型分组 | | | | | |
| 内资企业 | 49 | 79 | 4943 | 48794 | 2233 |
| #国有企业 | 9 | 15 | 748 | 7560 | 276 |
| 集体企业 | 1 | 2 | 97 | 707 | 50 |
| 有限责任公司 | 21 | 33 | 2273 | 24609 | 1425 |
| #其他有限责任公司 | 21 | 33 | 2273 | 24609 | 1425 |
| 私营企业 | 18 | 29 | 1825 | 15918 | 483 |
| #私营独资企业 | 6 | 10 | 365 | 2633 | 10 |
| 私营有限责任公司 | 11 | 18 | 1250 | 10783 | 435 |
| 外商投资企业 | 1 | 1 | 28 | 395 | 58 |
| #外资企业 | 1 | 1 | 28 | 395 | 58 |
| 按国民经济行业分组 | | | | | |
| #旅游饭店 | 50 | 80 | 4971 | 49189 | 2291 |
| **二、餐饮业** | **32** | **60** | **3837** | **38758** | **3576** |
| 按登记注册类型分组 | | | | | |
| 内资企业 | 31 | 54 | 3101 | 28823 | 2842 |
| #国有企业 | 2 | 2 | 75 | 331 | |
| 有限责任公司 | 4 | 10 | 617 | 8423 | 1980 |
| #其他有限责任公司 | 4 | 10 | 617 | 8423 | 1980 |
| 私营企业 | 23 | 40 | 2032 | 15358 | 863 |
| #私营独资企业 | 7 | 10 | 462 | 3560 | 130 |
| 私营合伙企业 | 4 | 5 | 498 | 4170 | 709 |
| 私营有限责任公司 | 12 | 25 | 1072 | 7628 | 23 |
| 外商投资企业 | 1 | 6 | 736 | 9936 | 733 |
| #中外合资经营企业 | 1 | 5 | 668 | 9058 | 733 |
| 按国民经济行业分组 | | | | | |
| #正餐 | 28 | 43 | 2997 | 29658 | 3562 |
| 快餐 | 3 | 15 | 725 | 7855 | |
| 其他 | 1 | 2 | 115 | 1245 | 14 |

# 7－16　市区星级住宿业和限额以上餐饮业基本情况

单位：万元

| | 法人企业（个） | 活动单位（个） | 从业人数（人） | 营业额 | #商品销售收入 |
|---|---|---|---|---|---|
| **总　　计** | **39** | **74** | **4673** | **50902** | **3873** |
| **一、住宿业** | **20** | **36** | **2405** | **27247** | **1447** |
| 按登记注册类型分组 | | | | | |
| 内资企业 | 19 | 35 | 2377 | 26852 | 1389 |
| #国有企业 | 4 | 7 | 318 | 3057 | 52 |
| 集体企业 | 1 | 2 | 97 | 707 | 50 |
| 有限责任公司 | 8 | 16 | 1263 | 15990 | 1229 |
| #其他有限责任公司 | 8 | 16 | 1263 | 15990 | 1229 |
| 私营企业 | 6 | 10 | 699 | 7098 | 58 |
| #私营独资企业 | 1 | 2 | 79 | 663 | |
| 私营有限责任公司 | 5 | 8 | 620 | 6435 | 58 |
| 外商投资企业 | 1 | 1 | 28 | 395 | 58 |
| #外资企业 | 1 | 1 | 28 | 395 | 58 |
| 按国民经济行业分组 | | | | | |
| #旅游饭店 | 20 | 36 | 2405 | 27247 | 1447 |
| **二、餐饮业** | **19** | **38** | **2268** | **23655** | **2426** |
| 按登记注册类型分组 | | | | | |
| 内资企业 | 19 | 36 | 2005 | 20323 | 2426 |
| #国有企业 | 2 | 2 | 75 | 331 | |
| 集体企业 | | | | | |
| 有限责任公司 | 4 | 10 | 617 | 8423 | 1980 |
| #其他有限责任公司 | 4 | 10 | 617 | 8423 | 1980 |
| 私营企业 | 11 | 22 | 936 | 6858 | 447 |
| #私营独资企业 | 3 | 4 | 169 | 801 | 130 |
| 私营合伙企业 | 2 | 3 | 300 | 2097 | 316 |
| 私营有限责任公司 | 6 | 15 | 467 | 3960 | |
| 外商投资企业 | | 2 | 263 | 3332 | |
| #中外合资经营企业 | | 1 | 195 | 2455 | |
| 中外合作经营企业 | | 1 | 68 | 877 | |
| 按国民经济行业分组 | | | | | |
| #正餐 | 15 | 24 | 1601 | 17328 | 2413 |
| 快餐 | 3 | 12 | 552 | 5082 | |
| 其他 | 1 | 2 | 115 | 1245 | 14 |

# 7－17　分县区限额以上批发零售业主要财务指标

单位:万元

| | 全　市 | 市　区 | 德清县 | 长兴县 | 安吉县 |
|---|---|---|---|---|---|
| 一、企业数 | **154** | **84** | **30** | **22** | **18** |
| #亏损企业数 | 45 | 25 | 10 | 6 | 4 |
| 二、年末资产负债 | | | | | |
| 流动资产小计 | 457350 | 326598 | 48422 | 44227 | 38103 |
| #存货 | 79392 | 49931 | 11188 | 8670 | 9602 |
| 固定资产原价 | 183427 | 123007 | 24286 | 19975 | 16159 |
| 累计折旧 | 49902 | 34689 | 6228 | 5230 | 3756 |
| #本年折旧 | 9873 | 6995 | 1045 | 1471 | 361 |
| 资产合计 | 707801 | 499578 | 76088 | 70808 | 61327 |
| 负债合计 | 426256 | 325350 | 37498 | 31469 | 31940 |
| 所有者权益合计 | 281545 | 174229 | 38590 | 39339 | 29387 |
| #实收资本 | 94349 | 74335 | 11326 | 4751 | 3938 |
| #国家资本 | 27968 | 23262 | 2513 | 968 | 1225 |
| 三、损益及分配 | | | | | |
| 营业收入 | 1754676 | 1403623 | 149189 | 117809 | 84054 |
| #主营业务收入 | 1752896 | 1402480 | 148733 | 117809 | 83874 |
| 主营业务成本 | 1575372 | 1278981 | 131236 | 95000 | 70155 |
| 营业费用 | 55795 | 43297 | 4244 | 4576 | 3677 |
| 管理费用 | 51846 | 35090 | 6471 | 6472 | 3814 |
| #税金 | 1434 | 1202 | 27 | 124 | 81 |
| 主营业务税金及附加 | 9736 | 8718 | 366 | 448 | 204 |
| 主营业务利润 | 164055 | 111063 | 17131 | 22346 | 13515 |
| 其他业务利润 | 6731 | 4978 | 966 | 219 | 568 |
| 财务费用 | 7402 | 5789 | 750 | 309 | 553 |
| #利息支出 | 6888 | 5373 | 757 | 214 | 545 |
| 营业利润 | 55742 | 31864 | 6632 | 11208 | 6039 |
| 利润总额 | 62796 | 37748 | 7399 | 11324 | 6326 |
| 应交所得税 | 20705 | 12479 | 2822 | 3787 | 1617 |
| 劳动待业保险 | 2767 | 1724 | 418 | 434 | 190 |
| 住房公积金和住房补贴 | 1489 | 783 | 220 | 279 | 207 |
| 四、工资、福利、增值税 | | | | | |
| 本年应付工资总额 | 19859 | 11963 | 2692 | 3029 | 2175 |
| 本年应付福利费总额 | 3495 | 2414 | 348 | 447 | 287 |
| 本年应交增值税总额 | 24008 | 15685 | 2717 | 3609 | 1997 |

# 7－18　分县区星级住宿业和限额以上餐饮业主要财务指标

单位:万元

| | 全　市 | 市　区 | 德清县 | 长兴县 | 安吉县 |
|---|---|---|---|---|---|
| **一、企业数** | **82** | **39** | **16** | **9** | **18** |
| #亏损企业数 | 57 | 25 | 9 | 7 | 16 |
| **二、年末资产负债** | | | | | |
| 流动资产小计 | 40939 | 24095 | 3801 | 8717 | 4326 |
| #存货 | 2613 | 1574 | 355 | 319 | 366 |
| 固定资产原价 | 111410 | 61378 | 14229 | 19028 | 16774 |
| 累计折旧 | 32778 | 21260 | 3417 | 2581 | 5520 |
| #本年折旧 | 6630 | 3574 | 903 | 1116 | 1036 |
| 资产合计 | 139327 | 68545 | 16349 | 35480 | 18953 |
| 负债合计 | 107056 | 52141 | 13637 | 25818 | 15461 |
| 所有者权益合计 | 32271 | 16404 | 2712 | 9663 | 3492 |
| #实收资本 | 41930 | 18742 | 5410 | 11578 | 6200 |
| #国家资本 | 8792 | 3188 | 3659 | 30 | 1916 |
| **三、损益及分配** | | | | | |
| 营业收入 | 79647 | 45466 | 9262 | 11831 | 13087 |
| #主营业务收入 | 79346 | 45242 | 9247 | 11811 | 13046 |
| 主营业务成本 | 38344 | 21850 | 4866 | 5449 | 6179 |
| 营业费用 | 22163 | 12654 | 3094 | 3278 | 3136 |
| 管理费用 | 16388 | 8550 | 1645 | 2602 | 3591 |
| #税金 | 486 | 235 | 138 | 28 | 85 |
| 主营业务税金及附加 | 4289 | 2356 | 521 | 665 | 748 |
| 主营业务利润 | 36690 | 21036 | 3860 | 5675 | 6119 |
| 财务费用 | 2243 | 930 | 104 | 702 | 507 |
| #利息支出 | 1769 | 479 | 101 | 697 | 493 |
| 营业利润 | －4108 | －937 | －908 | －809 | －1454 |
| 利润总额 | －4113 | －1029 | －888 | －690 | －1506 |
| 应交所得税 | 585 | 387 | 121 | 66 | 12 |
| 劳动失业、保险费 | 1049 | 596 | 114 | 157 | 183 |
| 住房公积金和住房补贴 | 112 | 71 | 23 | | 18 |
| **四、工资、福利** | | | | | |
| 本年应付工资总额 | 9687 | 5414 | 1346 | 1422 | 1504 |
| 本年应付福利费总额 | 1292 | 731 | 174 | 129 | 259 |

# 7－19　主要年份商品交易市场情况

单位:个

| | 1995 年 | 1997 年 | 2000 年 | 2002 年 | 2003 年 | 2004 年 | 2005 年 |
|---|---|---|---|---|---|---|---|
| **商品市场数合计** | **236** | **233** | **217** | **219** | **191** | **196** | **197** |
| **一、消费品市场** | **220** | **221** | **200** | **199** | **174** | **176** | **174** |
| 1、消费品综合市场 | 37 | 38 | 37 | 38 | 29 | 28 | 27 |
| 2、农副产品市场 | 144 | 138 | 121 | 120 | 107 | 110 | 110 |
| # 农副产品综合市场 | 118 | 112 | 89 | 99 | 95 | 97 | 97 |
| 农副产品专业市场 | 26 | 26 | 32 | 21 | 12 | 13 | 13 |
| 3、工业消费品市场 | 39 | 45 | 42 | 39 | 37 | 38 | 37 |
| # 工业消费品综合市场 | 24 | 34 | 31 | 25 | 22 | 28 | 29 |
| 工业消费品专业市场 | 15 | 11 | 11 | 14 | 15 | 10 | 8 |
| 4、其他 | | | | 2 | 1 | | |
| **二、生产资料市场** | **16** | **12** | **17** | **20** | **17** | **19** | **22** |
| 1、生产资料综合市场 | | 3 | 1 | 1 | 1 | 5 | 2 |
| 2、工业生产资料市场 | 15 | 9 | 15 | 17 | 14 | 12 | 18 |
| # 工业生产资料综合市场 | 5 | 2 | 2 | 8 | | 9 | 12 |
| 工业生产资料专业市场 | 10 | 7 | 13 | 9 | | 3 | 6 |
| 3、农业生产资料市场 | 1 | | 1 | 2 | 2 | 2 | 2 |
| # 农业生产资料综合市场 | | | | | | | |
| 农业生产资料专业市场 | 1 | | 1 | 2 | 2 | 2 | 2 |
| **三、服务市场** | | | | | | **1** | **1** |

# 7-20 历年对外经济主要指标

| 年份 | 进出口总额(万美元) | #出口额 | 利用外资项目数(个) | 合同外资(万美元) | 实到外资(万美元) |
| --- | --- | --- | --- | --- | --- |
| 1978 | | | | | |
| 1979 | | | | | |
| 1980 | | | 1 | 10 | |
| 1981 | | | | | |
| 1982 | | | 2 | 231 | 233 |
| 1983 | | | | | |
| 1984 | | | 3 | 61 | 61 |
| 1985 | | | 1 | 60 | 61 |
| 1986 | | | 2 | 313 | 400 |
| 1987 | | | 5 | 482 | 408 |
| 1988 | | | 7 | 503 | 257 |
| 1989 | | | 13 | 300 | 355 |
| 1990 | | | 19 | 324 | 224 |
| 1991 | 2893 | 2777 | 27 | 706 | 307 |
| 1992 | 4686 | 4452 | 188 | 6333 | 1654 |
| 1993 | 15857 | 12593 | 237 | 11937 | 3585 |
| 1994 | 21899 | 15166 | 170 | 9302 | 4938 |
| 1995 | 30608 | 20468 | 116 | 12060 | 6431 |
| 1996 | 31368 | 22666 | 134 | 13998 | 5478 |
| 1997 | 30698 | 23900 | 136 | 6217 | 6026 |
| 1998 | 28400 | 25052 | 148 | 8112 | 5040 |
| 1999 | 36183 | 27300 | 193 | 10057 | 6023 |
| 2000 | 69308 | 46279 | 115 | 12264 | 8205 |
| 2001 | 74873 | 57623 | 256 | 47156 | 20972 |
| 2002 | 88741 | 70918 | 344 | 96292 | 35949 |
| 2003 | 121758 | 101142 | 479 | 144777 | 53734 |
| 2004 | 169765 | 144811 | 475 | 160145 | 61121 |
| 2005 | 227062 | 199556 | 475 | 169172 | 65072 |

注:1991-2002年出口为海关口径;2002年起利用外资为新口径。

# 7－21　外商直接投资

| | 单位 | 2005 年 | 2004 年 | ± % |
|---|---|---|---|---|
| 全年外资审批项目数 | 个 | 475 | 475 | — |
| #新批企业 | 个 | 302 | 340 | －11.2 |
| 增资项目 | 个 | 126 | 99 | 27.3 |
| 减资项目 | 个 | 47 | 36 | 30.6 |
| 全年外资项目总投资 | 万美元 | 293580 | 281291 | 4.4 |
| 全年外资项目注册资本 | 万美元 | 189933 | 192859 | －1.5 |
| 全年合同外资 | 万美元 | 169172 | 160145 | 5.6 |
| #吴兴区 | 万美元 | 26677 | 26232 | 1.7 |
| 南浔区 | 万美元 | 27444 | 27128 | 1.2 |
| 德清县 | 万美元 | 30703 | 29393 | 4.5 |
| 长兴县 | 万美元 | 30073 | 30003 | 0.2 |
| 安吉县 | 万美元 | 28008 | 27058 | 3.5 |
| 开发区 | 万美元 | 26278 | 20311 | 29.4 |
| △市区 | 万美元 | 80388 | 73691 | 9.1 |
| 全年实到外资 | 万美元 | 65072 | 61121 | 6.5 |
| #吴兴区 | 万美元 | 11556 | 11018 | 4.9 |
| 南浔区 | 万美元 | 11185 | 8511 | 31.4 |
| 德清县 | 万美元 | 13620 | 13442 | 1.3 |
| 长兴县 | 万美元 | 13006 | 10129 | 28.4 |
| 安吉县 | 万美元 | 5580 | 9405 | －40.7 |
| 开发区 | 万美元 | 10125 | 8616 | 17.5 |
| △市区 | 万美元 | 32866 | 28145 | 16.8 |
| #第一产业 | 万美元 | 314 | 837 | －62.5 |
| 第二产业 | 万美元 | 53469 | 49266 | 8.5 |
| 第三产业 | 万美元 | 11289 | 11018 | 2.5 |
| #香　港 | 万美元 | 26961 | 26160 | 3.1 |
| 维尔京群岛 | 万美元 | 5572 | 7008 | －20.5 |
| 美　国 | 万美元 | 3010 | 4125 | －27.0 |
| 澳　门 | 万美元 | 2556 | 1214 | 110.5 |
| 意大利 | 万美元 | 2083 | 1494 | 39.4 |
| 累计批准外商投资企业数 | 个 | 2415 | 2113 | 14.3 |
| 总投资 | 亿美元 | 127.62 | 98.26 | 29.9 |
| 注册资本 | 亿美元 | 85.14 | 66.15 | 28.8 |
| 合同外资 | 亿美元 | 73.69 | 56.77 | 29.8 |
| 实到外资 | 亿美元 | 28.68 | 22.17 | 29.4 |

# 7－22　外商直接投资分月资料

单位:个、万美元

| 月　份 | 新批外商投资项目 | 总投资 | 注册资本 | 合同外资 | 实到外资 |
|---|---|---|---|---|---|
| 1　月 | 34 | 27639 | 19322 | 17635 | 3534 |
| 1－ 2月 | 45 | 35808 | 25573 | 23170 | 6329 |
| 1－ 3月 | 79 | 55327 | 36925 | 33086 | 10581 |
| 1－ 4月 | 131 | 84627 | 54535 | 47646 | 13985 |
| 1－ 5月 | 158 | 99789 | 66487 | 57822 | 17803 |
| 1－ 6月 | 213 | 132220 | 87789 | 77928 | 23608 |
| 1－ 7月 | 241 | 144544 | 97035 | 86452 | 26230 |
| 1－ 8月 | 285 | 171895 | 112573 | 99543 | 31595 |
| 1－ 9月 | 322 | 190589 | 124574 | 110427 | 39216 |
| 1－10月 | 355 | 209017 | 138063 | 122823 | 43830 |
| 1－11月 | 417 | 253807 | 163824 | 146740 | 53359 |
| 1－12月 | 475 | 293580 | 189933 | 169172 | 65072 |

# 7－23 进出口贸易

单位:万美元、%

| | 绝对额 | | | 比上年增长 | | |
|---|---|---|---|---|---|---|
| | 进出口 | 出口 | 进口 | 进出口 | 出口 | 进口 |
| **全　市** | **227065** | **199556** | **27507** | **33.8** | **37.8** | **10.2** |
| #吴兴区 | 36109 | 30980 | 5129 | 40.5 | 33.6 | 73.5 |
| 南浔区 | 32382 | 25195 | 7187 | 38.2 | 40.3 | 45.1 |
| 德清县 | 45124 | 38924 | 6200 | 33.6 | 49.7 | －20.4 |
| 长兴县 | 21959 | 19392 | 2567 | 41.5 | 41.6 | 40.4 |
| 安吉县 | 38653 | 37495 | 1158 | 66.7 | 70.0 | 1.9 |
| △市　区 | 121326 | 103745 | 17582 | 24.7 | 25.0 | 23.8 |
| **一、按企业性质分** | | | | | | |
| 国有企业 | 15838 | 15447 | 391 | －32.9 | －27.8 | －82.4 |
| 外商投资企业 | 87745 | 71263 | 16482 | 33.5 | 41.7 | 6.8 |
| 中外合作企业 | 938 | 938 | … | 21.9 | 53.7 | －99.9 |
| 中外合资企业 | 55863 | 46863 | 9308 | 36.2 | 41.0 | 16.6 |
| 外商独资企业 | 30945 | 23771 | 7174 | 29.2 | 42.7 | －1.7 |
| 自营集体企业 | 33891 | 32075 | 1816 | －5.0 | －0.9 | －44.8 |
| 自营私有企业 | 89407 | 80589 | 8818 | 99.8 | 97.8 | 120.0 |
| **二、按贸易方式分** | | | | | | |
| 一般贸易 | 187016 | 173483 | 13533 | 34.7 | 36.9 | 11.5 |
| 来料加工装配贸易 | 10119 | 5948 | 4171 | 31.2 | 35.0 | 26.1 |
| 进料加工贸易 | 25609 | 20068 | 5541 | 39.6 | 47.3 | 17.6 |
| 来料加工装配进口的设备 | 15 | | 15 | －38.1 | | －38.1 |
| 外商投资企业作为投资进口的设备物品 | 3963 | | 3963 | －11.0 | | －11.0 |
| 保税仓库进出境货物 | 304 | 56 | 248 | 0.9 | － | －17.8 |
| 其他贸易 | 23 | | 23 | 131.2 | － | 131.2 |
| **三、按主要国别(地区)分** | | | | | | |
| #美国 | 57845 | 54389 | 3456 | 61.5 | 58.5 | 133.2 |
| 日本 | 19787 | 16209 | 3579 | 4.2 | 9.5 | －14.7 |
| 德国 | 12667 | 11774 | 892 | 24.5 | 50.4 | －60.7 |
| 香港 | 9124 | 8763 | 362 | 8.3 | 6.6 | 79.8 |
| 意大利 | 8414 | 6841 | 1573 | 84.7 | 80.7 | 104.4 |
| 英国 | 6716 | 6504 | 212 | 65.5 | 79.1 | －50.5 |
| 加拿大 | 6329 | 5924 | 406 | 166.4 | 164.9 | 191.1 |
| 法国 | 5173 | 4488 | 685 | 87.0 | 81.2 | 136.5 |
| 西班牙 | 4820 | 4780 | 40 | 23.7 | 22.9 | 489.4 |
| 比利时 | 4924 | 4713 | 212 | 36.9 | 51.9 | －57.1 |
| **四、按主要商品类别分** | | | | | | |
| #食品、饮料 | 955 | 950 | 6 | －7.5 | －7.0 | －51.3 |
| 化工及相关产品 | 22068 | 21396 | 672 | 25.1 | 25.5 | 13.5 |
| 塑料、橡胶及其制品 | 5708 | 4055 | 1653 | 29.9 | 18.7 | 69.0 |
| 皮革制品 | 10893 | 9022 | 1871 | 8.0 | 3.6 | 35.8 |
| 木制品 | 24980 | 19490 | 5489 | 55.9 | 65.6 | 29.2 |
| 纺织原料及纺织制品 | 93848 | 89141 | 4707 | 34.3 | 33.4 | 53.6 |
| 金属及其制品 | 13751 | 10366 | 3386 | 31.3 | 37.2 | 16.2 |
| 机器、机械、电气等 | 21404 | 13252 | 8152 | 18.1 | 41.0 | －6.6 |
| 杂项制品 | 26686 | 26342 | 344 | 84.4 | 87.3 | －14.7 |

# 7－24　历年旅游业主要指标

| 年　份 | 国内外旅游人数（万人次） | 国内旅游（万人次） | 国际旅游（人次） | 旅游总收入（亿元） | 国内旅游（亿元） | 国际旅游（万美元 |
| --- | --- | --- | --- | --- | --- | --- |
| 1995 | 100.50 | 100 | 5000 | 4.6 | 4.45 | 190 |
| 1996 | 111.15 | 110.45 | 7000 | 5.42 | 5.2 | 271 |
| 1997 | 154.45 | 153.5 | 9500 | 6.45 | 6.1 | 430 |
| 1998 | 206.71 | 205.75 | 9600 | 9.84 | 9.48 | 435 |
| 1999 | 256.47 | 255.5 | 9681 | 13.5 | 13.13 | 450 |
| 2000 | 351.25 | 350 | 12500 | 22.58 | 22.07 | 626 |
| 2001 | 532.02 | 530.01 | 20052 | 33.33 | 32.55 | 949 |
| 2002 | 791.74 | 787.60 | 41380 | 46.05 | 44.89 | 1413 |
| 2003 | 709.20 | 704.44 | 47575 | 41.32 | 40.15 | 1415 |
| 2004 | 857.99 | 850.94 | 70528 | 50.15 | 48.50 | 1989.8 |
| 2005 | 1088.59 | 1078.38 | 102132 | 65.65 | 62.63 | 3687.8 |

# 7－25　分县区旅游业主要指标

| | 单位 | 全　市 | 吴兴区 | 南浔区 | 德清县 | 长兴县 | 安吉县 | 市区 |
|---|---|---|---|---|---|---|---|---|
| 一、旅游人数 | | | | | | | | |
| 接待国内外旅游人数 | 万人次 | 1088.59 | 264.26 | 253.67 | 131.39 | 127.66 | 311.60 | 517.94 |
| 1.接待入境旅游人数 | 人次 | 102132 | 14341 | 55917 | 5230 | 2634 | 24010 | 70258 |
| 2.接待国内旅游人数 | 万人次 | 1078.38 | 262.83 | 248.08 | 130.87 | 127.40 | 309.20 | 510.91 |
| 接待入境旅游者人天数 | 人天 | 195259 | 33382 | 109844 | 9951 | 5182 | 36900 | 143226 |
| 二、旅游收入 | | | | | | | | |
| 旅游总收入 | 亿元 | 65.65 | 15.78 | 16.11 | 7.75 | 7.48 | 18.53 | 31.89 |
| 1.旅游外汇收入 | 万美元 | 3687.78 | 630.25 | 2075.82 | 187.72 | 97.84 | 696.15 | 2706.07 |
| 2.国内旅游收入 | 亿元 | 62.63 | 15.26 | 14.41 | 7.60 | 7.40 | 17.96 | 29.67 |
| **三、星级饭店** | **家** | **53** | **18** | **4** | **14** | **6** | **11** | **22** |

# 7 - 26　主要旅游区接待人数

单位:万人次

| | 2005 年 | 2004 年 | ± % |
|---|---|---|---|
| 南浔古镇旅游区 | 129.0 | 128.0 | 0.78 |
| 湖州太湖旅游度假区 | 109.22 | 89.0 | 22.72 |
| 含山风景旅游区 | 13.1 | 11.8 | 11.02 |
| 莫干山风景名胜区 | 41.33 | 46.0 | -10.15 |
| 德清下渚湖湿地风景区 | 10.36 | 3.74 | 177.01 |
| 新四军苏浙军区纪念馆 | 23.0 | 9.3 | 147.31 |
| 安吉竹子博物园 | 55.0 | 50.0 | 10.00 |
| 天荒坪电站景区 | 23.0 | 45.0 | -48.89 |
| 安吉中南百草园 | 51.7 | 17.6 | 193.75 |
| 藏龙百瀑景区 | 25.0 | 19.5 | 28.21 |

注:2004 年德清下渚湖湿地风景区为 5 - 12 月数据,安吉中南百草园为 6 - 12 月数据。

# 主要统计指标解释

**批发零售业** 指不直接从事商品的生产，而是从农业、工业或其他的单位购买(或调拨)成品或半成品，未做任何加工，或只做简单的加工(如进行简单的分类、清洗、整理和包装等)，通过转卖以获取利益的单位。

**餐饮业** 指在一定的场所(永久、半永久或临时性的设施)内，以烹饪、调制等手段，向购买者提供各种主要供现场消费的食品、饮料，并且所提供的这种服务要大于所提供的其它服务。

**限额以上批发零售、餐饮企业** 指年销售总额在2000万元及以上的批发企业和年销售总额在500万元及以上的零售企业以及年营业额在200万元及以上的餐饮企业。

**商品购进总额** 指从本企业以外的单位和个人购进(包括从国外直接进口)作为转卖或加工后转卖的商品。这个指标反映批发零售企业从国内、国外市场上购进商品的总量。

**进口** 指直接从国外进口的商品和委托外贸部门代理进口的商品，不包括从国内有关单位(包括对外贸易部门和其他单位)购进的进口商品。对外贸易企业只统计自主经营进口的商品，不包括受托代理进口的商品。

**商品销售总额** 指对本企业以外的单位和个人出售(包括对国(境)外直接出口)的商品(包括售给本单位消费用的商品)。本指标由对生产经营单位批发额、对批发零售业批发额、出口额和对居民和社会集团商品零售额项目组成。这个指标反映批发零售企业在国内市场销售商品以及出口商品的总量。

**零售** 指售给城乡居民直接用于生活消费的商品和社会集团直接用于公用消费的商品。

**社会消费品零售总额** 指各种经济类型的批发零售业、餐饮业、制造业和其他行业对城乡居民和社会集团的消费品零售额和农民对城镇居民零售额的总和。该指标主要观察全社会居民消费规模及构成，反映消费品市场的变动情况及其发展趋势。

**批发** 指除零售以外的一切商品销售活动，包括对生产经营活动单位批发、对批发零售业批发和出口。

**出口** 指直接向国(境)外出口商品和委托外贸部门代理出口的商品。不包括售给外贸部门出口或加工后出口的商品以及在国内市场以外币销售的商品。对外贸易企业只统计自主经营出口的商品，不包括受托代理出口的商品。

**期末库存** 指批发零售企业已取得所有权的全部商品。这个指标反映批发零售企业的商品库存情况，对市场商品供应的保证程度。

**商品销售收入(营业收入)** 指批发零售企业商品销售收入、接受其他单位委托代销商品的收入和餐饮业的营业收入(包括餐费收入、冷热饮收入、服务收入和其他收入)。

**商品销售成本(营业成本)** 指批发零售业已销售商品应负担的进货原价和餐饮企业的原材料成本、商品进价成本。

**应交增值税** 指企业在报告期内应交纳的增值税额合计，其计算公式为：应交增值税 = 销项税额 + 出口退税 + 进项税额转出数 - 进项税额。

**外商直接投资** 是指外国企业和经济组织或个人(包括华侨、港澳台胞以及我国在境外注册的企业)按我国有关政策、法规，用现汇、实物、技术等在中国大陆开办外商独资企业、与中国大陆的企业或经济组织共同举办中外合资经营企业、合作经营企业或者合作开发资源的投资(包括外商投资收益的再投资)以及经政府有关部门批准的项目投资总额内企业从境外借入的资金。

# 八、财政、金融、保险

# 8-1 历年分县区财政总收入

单位:万元

| 年份 | 全　市 | #地方财政 | 吴兴区 | 南浔区 | 德清县 | 长兴县 | 安吉县 | △市区 |
|---|---|---|---|---|---|---|---|---|
| 1978 | 16078 | | | | 2139 | 2226 | 1728 | 9935 |
| 1979 | 16390 | | | | 2166 | 2273 | 1872 | 10079 |
| 1980 | 17527 | | | | 2610 | 2326 | 1894 | 10697 |
| 1981 | 18850 | | | | 2904 | 2352 | 1983 | 11611 |
| 1982 | 22059 | | | | 3379 | 2714 | 2601 | 13365 |
| 1983 | 24305 | | | | 3593 | 3054 | 2739 | 14919 |
| 1984 | 25943 | | | | 3889 | 3462 | 2889 | 15703 |
| 1985 | 33685 | | | | 5300 | 4775 | 3409 | 20201 |
| 1986 | 37099 | | | | 5977 | 5764 | 3993 | 21365 |
| 1987 | 40919 | | | | 6670 | 6322 | 4474 | 23453 |
| 1988 | 43960 | | | | 7204 | 7018 | 4862 | 24875 |
| 1989 | 49024 | | | | 8188 | 7006 | 5303 | 28527 |
| 1990 | 50332 | | | | 8355 | 7162 | 4874 | 29941 |
| 1991 | 52220 | | | | 9215 | 7250 | 5206 | 30549 |
| 1992 | 55628 | | | | 9753 | 8083 | 5318 | 32474 |
| 1993 | 75057 | 28620 | | | 13657 | 10033 | 8386 | 42981 |
| 1994 | 84215 | 34353 | | | 15324 | 11883 | 8811 | 48197 |
| 1995 | 95746 | 39556 | | | 16862 | 13566 | 9974 | 55344 |
| 1996 | 105945 | 43163 | | | 18048 | 15008 | 11047 | 61842 |
| 1997 | 121178 | 46758 | | | 20518 | 16899 | 12485 | 71276 |
| 1998 | 142466 | 58094 | | | 23622 | 19499 | 14604 | 84791 |
| 1999 | 157971 | 70814 | | | 25804 | 21663 | 17233 | 93271 |
| 2000 | 210618 | 98876 | | | 37939 | 32046 | 25060 | 115573 |
| 2001 | 294818 | 163375 | | | 61091 | 50068 | 36833 | 146826 |
| 2002 | 385385 | 186280 | | | 78018 | 68333 | 52482 | 186552 |
| 2003 | 511999 | 252638 | 63168 | 71105 | 101518 | 103166 | 70088 | 237227 |
| 2004 | 623994 | 322290 | 78703 | 85206 | 121070 | 145404 | 65467 | 292053 |
| 2005 | 742378 | 397308 | 93388 | 97366 | 142888 | 175066 | 78056 | 346368 |

# 8－2 历年分县区财政总收入增长速度

单位：%

| 年份 | 全 市 | #地方财政 | 吴兴区 | 南浔区 | 德清县 | 长兴县 | 安吉县 | △市区 |
|---|---|---|---|---|---|---|---|---|
| 1979 | 1.9 | | | | 1.3 | 2.1 | 8.3 | 1.5 |
| 1980 | 6.9 | | | | 20.5 | 2.3 | 1.2 | 6.1 |
| 1981 | 7.6 | | | | 11.3 | 1.1 | 4.7 | 8.5 |
| 1982 | 17.0 | | | | 16.4 | 15.4 | 31.2 | 15.1 |
| 1983 | 10.2 | | | | 6.3 | 12.5 | 5.3 | 11.6 |
| 1984 | 6.7 | | | | 8.2 | 13.4 | 5.5 | 5.3 |
| 1985 | 29.8 | | | | 36.3 | 37.9 | 18.0 | 28.6 |
| 1986 | 10.1 | | | | 12.8 | 20.7 | 17.1 | 5.8 |
| 1987 | 10.3 | | | | 11.6 | 9.7 | 12.1 | 9.8 |
| 1988 | 7.4 | | | | 8.0 | 11.0 | 8.7 | 6.1 |
| 1989 | 11.5 | | | | 13.7 | －0.2 | 9.1 | 14.7 |
| 1990 | 2.7 | | | | 2.0 | 2.2 | －8.1 | 5.0 |
| 1991 | 3.8 | | | | 10.3 | 1.2 | 6.8 | 2.0 |
| 1992 | 6.5 | | | | 5.8 | 11.5 | 2.2 | 6.3 |
| 1993 | 34.9 | | | | 40.0 | 24.1 | 57.7 | 32.4 |
| 1994 | 12.2 | 20.0 | | | 12.2 | 18.4 | 5.1 | 12.1 |
| 1995 | 13.7 | 15.2 | | | 10.0 | 14.2 | 13.2 | 14.8 |
| 1996 | 10.7 | 9.1 | | | 7.0 | 10.6 | 10.8 | 11.7 |
| 1997 | 14.4 | 8.3 | | | 13.7 | 12.6 | 13.0 | 15.3 |
| 1998 | 17.6 | 24.2 | | | 15.1 | 15.4 | 17.0 | 19.0 |
| 1999 | 10.9 | 21.9 | | | 9.2 | 11.1 | 18.0 | 10.0 |
| 2000 | 33.3 | 39.6 | | | 47.0 | 47.9 | 45.4 | 23.9 |
| 2001 | 40.0 | 65.2 | | | 61.0 | 56.2 | 47.0 | 27.0 |
| 2002 | 27.5 | 40.5 | | | 24.9 | 33.1 | 39.7 | 23.6 |
| 2003 | 32.9 | 42.0 | 29.0 | 23.3 | 30.1 | 51.0 | 33.6 | 27.2 |
| 2004 | 27.4 | 32.1 | 26.2 | 23.4 | 21.5 | 43.2 | 18.6 | 25.7 |
| 2005 | 19.0 | 23.3 | 18.7 | 14.3 | 18.0 | 20.4 | 19.2 | 18.6 |

# 8－3　历年分县区财政总收入发展指数

（以1978年为100）

| 年份 | 全　市 | #地方财政 | 吴兴区 | 南浔区 | 德清县 | 长兴县 | 安吉县 | △市区 |
|---|---|---|---|---|---|---|---|---|
| 1978 | 100.0 | | | | 100.0 | 100.0 | 100.0 | 100.0 |
| 1979 | 101.9 | | | | 101.3 | 102.1 | 108.3 | 101.5 |
| 1980 | 109.0 | | | | 122.0 | 104.5 | 109.6 | 107.7 |
| 1981 | 117.2 | | | | 135.8 | 105.7 | 114.8 | 116.9 |
| 1982 | 137.2 | | | | 158.0 | 121.9 | 150.5 | 134.5 |
| 1983 | 151.2 | | | | 168.0 | 137.2 | 158.5 | 150.2 |
| 1984 | 161.4 | | | | 181.8 | 155.5 | 167.2 | 158.1 |
| 1985 | 209.5 | | | | 247.8 | 214.5 | 197.3 | 203.3 |
| 1986 | 230.7 | | | | 279.4 | 258.9 | 231.1 | 215.0 |
| 1987 | 254.5 | | | | 311.8 | 284.0 | 258.9 | 236.1 |
| 1988 | 273.4 | | | | 336.8 | 315.3 | 281.4 | 250.4 |
| 1989 | 304.9 | | | | 382.8 | 314.7 | 306.9 | 287.1 |
| 1990 | 313.1 | | | | 390.6 | 321.8 | 282.1 | 301.4 |
| 1991 | 324.8 | | | | 430.8 | 325.7 | 301.3 | 307.5 |
| 1992 | 346.0 | | | | 455.9 | 363.1 | 307.8 | 326.8 |
| 1993 | 466.9 | 100.0 | | | 638.4 | 450.7 | 485.3 | 432.6 |
| 1994 | 523.8 | 120.0 | | | 716.4 | 533.9 | 509.9 | 485.1 |
| 1995 | 595.6 | 138.2 | | | 788.3 | 609.4 | 577.2 | 557.1 |
| 1996 | 659.0 | 150.8 | | | 843.7 | 674.2 | 639.3 | 622.5 |
| 1997 | 753.7 | 163.4 | | | 959.2 | 759.2 | 722.6 | 717.5 |
| 1998 | 886.2 | 203.0 | | | 1104.4 | 876.0 | 845.2 | 853.5 |
| 1999 | 982.6 | 247.4 | | | 1206.4 | 973.3 | 997.3 | 938.9 |
| 2000 | 1310.1 | 345.5 | | | 1773.8 | 1439.7 | 1450.3 | 1163.3 |
| 2001 | 1833.9 | 570.8 | | | 2856.1 | 2249.5 | 2131.7 | 1477.9 |
| 2002 | 2337.6 | 801.9 | | | 3566.2 | 2993.8 | 2978.8 | 1826.5 |
| 2003 | 3105.5 | 1139.0 | 100.0 | 100.0 | 4640.3 | 4520.0 | 3978.3 | 2322.6 |
| 2004 | 3956.4 | 1504.2 | 126.2 | 123.4 | 5637.5 | 6471.3 | 4717.0 | 2919.1 |
| 2005 | 4708.1 | 1854.7 | 149.8 | 141.0 | 6652.3 | 7791.4 | 5622.7 | 3462.1 |

# 8-4　历年分县区财政支出

单位:万元

| 年份 | 全　市 | 吴兴区 | 南浔区 | 德清县 | 长兴县 | 安吉县 | △市区 |
|---|---|---|---|---|---|---|---|
| 1978 | 4758 | | | 725 | 882 | 972 | 2179 |
| 1979 | 5414 | | | 789 | 1092 | 913 | 2620 |
| 1980 | 6059 | | | 896 | 1100 | 947 | 3116 |
| 1981 | 5247 | | | 904 | 1099 | 883 | 2361 |
| 1982 | 5572 | | | 847 | 1124 | 974 | 2627 |
| 1983 | 7362 | | | 1335 | 1421 | 1277 | 3329 |
| 1984 | 10620 | | | 1750 | 1992 | 1769 | 5109 |
| 1985 | 12152 | | | 1906 | 2089 | 1978 | 6179 |
| 1986 | 16423 | | | 2669 | 2979 | 2453 | 8322 |
| 1987 | 16556 | | | 2606 | 3169 | 2554 | 8227 |
| 1988 | 20717 | | | 3174 | 3790 | 3270 | 10483 |
| 1989 | 23371 | | | 3932 | 4178 | 3467 | 11794 |
| 1990 | 25388 | | | 3971 | 4721 | 3889 | 12807 |
| 1991 | 28328 | | | 4250 | 5449 | 3846 | 14783 |
| 1992 | 30437 | | | 5094 | 4976 | 4306 | 16061 |
| 1993 | 41223 | | | 7728 | 6856 | 6605 | 20034 |
| 1994 | 48610 | | | 8056 | 8109 | 7887 | 24558 |
| 1995 | 56066 | | | 9354 | 9558 | 9314 | 27840 |
| 1996 | 64295 | | | 10739 | 11253 | 10664 | 31639 |
| 1997 | 71240 | | | 11755 | 12761 | 11512 | 35212 |
| 1998 | 84380 | | | 13770 | 13813 | 12938 | 43859 |
| 1999 | 104085 | | | 17442 | 17682 | 15697 | 53264 |
| 2000 | 132514 | | | 23443 | 21786 | 19117 | 68168 |
| 2001 | 192262 | | | 40965 | 31575 | 29804 | 89918 |
| 2002 | 243422 | | | 43734 | 42766 | 41076 | 115846 |
| 2003 | 304720 | 24180 | 19965 | 57808 | 58974 | 48977 | 138961 |
| 2004 | 365120 | 27968 | 24311 | 70373 | 72336 | 59246 | 163165 |
| 2005 | 440839 | 31598 | 29467 | 83218 | 95701 | 69120 | 192800 |

# 8-5　历年分项目财政支出

单位:万元

| 年份 | 财政支出 | #基建支出 | #技术改造 | #科技三项费用 | #城市维护费 | #文教科卫事业费 | #行政管理费 |
|---|---|---|---|---|---|---|---|
| 1978 | 4758 | 157 | 791 | 53 | 70 | 1620 | 561 |
| 1979 | 5414 | 52 | 871 | 56 | 105 | 1784 | 627 |
| 1980 | 6059 | 89 | 833 | 15 | 136 | 2181 | 927 |
| 1981 | 5247 | 75 | 176 | 23 | 99 | 2364 | 925 |
| 1982 | 5572 | 53 | 101 | 14 | 268 | 2590 | 896 |
| 1983 | 7362 | 187 | 566 | 45 | 290 | 2993 | 1162 |
| 1984 | 10620 | 86 | 319 | 56 | 673 | 4142 | 2153 |
| 1985 | 12152 | 112 | 422 | 60 | 1053 | 4747 | 1999 |
| 1986 | 16423 | 16 | 744 | 103 | 1727 | 5696 | 2436 |
| 1987 | 16556 | 5 | 610 | 77 | 1473 | 5927 | 2631 |
| 1988 | 20717 |  | 644 | 55 | 1499 | 7311 | 3714 |
| 1989 | 23371 |  | 343 | 64 | 2028 | 8308 | 2665 |
| 1990 | 25388 |  | 309 | 190 | 2047 | 8819 | 3270 |
| 1991 | 28328 |  | 517 | 402 | 2154 | 9161 | 3584 |
| 1992 | 30437 |  | 592 | 144 | 2301 | 10598 | 4879 |
| 1993 | 41223 |  | 2021 | 366 | 2604 | 13236 | 7241 |
| 1994 | 48610 | 60 |  | 280 | 3435 | 19008 | 9672 |
| 1995 | 56066 | 296 | 325 | 608 | 3250 | 21306 | 10624 |
| 1996 | 64295 | 1123 | 402 | 574 | 3474 | 24786 | 11238 |
| 1997 | 71240 | 740 | 906 | 916 | 3998 | 29013 | 12611 |
| 1998 | 84380 | 2814 | 1864 | 1515 | 4113 | 32912 | 13613 |
| 1999 | 104085 | 6918 | 3263 | 1596 | 5108 | 37638 | 15948 |
| 2000 | 132514 | 9440 | 5715 | 2872 | 6983 | 43778 | 19766 |
| 2001 | 192262 | 14993 | 13378 | 4948 | 8914 | 58113 | 27394 |
| 2002 | 243422 | 16150 | 8609 | 6077 | 12195 | 73489 | 37042 |
| 2003 | 304720 | 16663 | 18360 | 7028 | 14214 | 90532 | 47806 |
| 2004 | 365120 | 12734 | 17621 | 8215 | 19878 | 111438 | 57463 |
| 2005 | 440839 | 19551 | 18023 | 11290 | 18229 | 131022 | 65068 |

# 8－6 分县区财政收入

单位:万元

| | 全 市 | 吴兴区 | 南浔区 | 德清县 | 长兴县 | 安吉县 | △市区 |
|---|---|---|---|---|---|---|---|
| **一、一般预算总收入** | **742378** | **93388** | **97366** | **142888** | **175066** | **78056** | **346368** |
| 比上年增长(%) | 19.0 | 18.7 | 14.3 | 18.0 | 20.4 | 19.2 | 18.6 |
| 1.上划中央"四税"收入 | 345070 | 49719 | 56723 | 66873 | 81107 | 32326 | 164764 |
| 消费税、增值税 | 248937 | 37358 | 46584 | 48345 | 61016 | 22566 | 117010 |
| 消费税 | 3978 | 247 | 161 | 2559 | 83 | 480 | 856 |
| 增值税(75%部分) | 244959 | 37111 | 46423 | 45786 | 60933 | 22086 | 116154 |
| 所得税 | 96133 | 12361 | 10139 | 18528 | 20091 | 9765 | 47754 |
| 企业所得税(60%部分) | 65253 | 9305 | 6116 | 11332 | 12645 | 6287 | 34989 |
| 个人所得税(60%部分) | 30880 | 3056 | 4023 | 7196 | 7446 | 3478 | 12765 |
| 2.一般预算收入 | 397308 | 43669 | 40643 | 76015 | 93959 | 45730 | 181604 |
| 比上年增长(%) | 23.3 | 20.1 | 20.3 | 20.4 | 32.6 | 18.2 | 21.4 |
| 增值税 | 816543 | 12370 | 15474 | 15262 | 20311 | 7362 | 38718 |
| 营业税 | 123495 | 10751 | 8805 | 23643 | 26594 | 13700 | 59558 |
| 城市维护建设税 | 20008 | 2558 | 2271 | 2975 | 3450 | 2659 | 10924 |
| 个人所得税 | 20587 | 2037 | 2682 | 4798 | 4964 | 2315 | 8510 |
| 其他工商税收收入 | 43222 | 5556 | 2694 | 7820 | 15088 | 4282 | 19032 |
| 耕地占用税收入 | 6693 | 1432 | 640 | 2016 | 1001 | 819 | 2857 |
| 契税 | 28079 | 1831 | 2555 | 5836 | 5006 | 3010 | 14227 |
| 企业所得税 | 43502 | 6202 | 4077 | 7554 | 8430 | 4192 | 23326 |
| 计划亏损退库 | －16047 | | | －70 | －25 | －952 | －15000 |
| 罚没收入 | 35400 | 613 | 1434 | 4391 | 6474 | 6402 | 18133 |
| 专项收入 | 9340 | 308 | | 1656 | 2484 | 1486 | 3714 |
| 其他收入 | 1376 | 11 | 11 | 134 | 182 | 455 | 605 |
| **二、基金收入合计** | **172801** | **19475** | **24118** | **30592** | **42000** | **16659** | **83550** |
| 工业交通部门基金收入 | 123 | | | 123 | | | |
| 文教部门基金收入 | 15624 | 2554 | 4560 | 3861 | 3312 | 1337 | 7114 |
| 社会保险基金收入 | 136844 | 15022 | 17069 | 23622 | 32038 | 14036 | 67148 |
| 农业部门基金收入 | 10715 | 1575 | 2088 | 1389 | 841 | 518 | 7967 |
| 土地有偿使用收入 | 314 | | | 2 | 132 | | 180 |
| 政府住房基金收入 | | | | | | | |
| 其他部门基金收入 | 2715 | 324 | 401 | 649 | 547 | 378 | 1141 |
| 地方财政税费附加收入 | 6466 | | | 946 | 5130 | 390 | |

# 8－7　分县区财政支出

单位：万元

| | 全　市 | 吴兴区 | 南浔区 | 德清县 | 长兴县 | 安吉县 | △市区 |
|---|---|---|---|---|---|---|---|
| **一般预算支出合计** | **440839** | **31598** | **29467** | **83218** | **95701** | **69120** | **192800** |
| 比上年增长(%) | 20.7 | 13.0 | 21.2 | 18.3 | 32.3 | 16.7 | 18.2 |
| 基本建设支出 | 19551 | 690 | 356 | 6771 | 1905 | 1922 | 8953 |
| 企业挖潜改造资金 | 18023 | 513 | 820 | 5735 | 4912 | 3992 | 3384 |
| 科技三项费用 | 11290 | 500 | 714 | 2101 | 1975 | 1960 | 5254 |
| 农林水和气象支出 | 28549 | 2519 | 1842 | 3505 | 8140 | 5304 | 11600 |
| 工交及流通等部门的事业费 | 13118 | 633 | 3 | 1105 | 4581 | 4176 | 3256 |
| 文体广播事业费 | 12447 | 620 | 733 | 1790 | 2926 | 2342 | 5389 |
| 教育支出 | 95391 | 11904 | 9830 | 15022 | 23822 | 17473 | 39074 |
| 科学支出 | 2669 | 50 | 46 | 190 | 1508 | 248 | 723 |
| 医疗卫生支出 | 20515 | 1954 | 2044 | 4056 | 2692 | 3393 | 10374 |
| 其他部门的事业费 | 29683 | 615 | 1173 | 5948 | 6025 | 3998 | 13712 |
| 抚恤和社救及单位离退费 | 16282 | 1802 | 1883 | 1977 | 4217 | 2991 | 7097 |
| 社会保障补助支出 | 8379 | 8 | 15 | 2075 | 1043 | 1326 | 3935 |
| 行政管理费 | 65068 | 5455 | 4391 | 14244 | 13082 | 8381 | 29361 |
| 公检法支出及武警部队支出 | 46975 | 1584 | 1382 | 7246 | 8539 | 5821 | 25369 |
| 城市维护费 | 18229 | 1177 | 1805 | 2388 | 3367 | 2378 | 10096 |
| 专项支出 | 16218 | 1000 | 40 | 1623 | 3220 | 1514 | 9861 |
| 其他支出 | 18452 | 574 | 2390 | 7442 | 3747 | 1901 | 5362 |
| **基金支出合计** | **187920** | **960** | **2936** | **31595** | **46683** | **19859** | **89783** |
| 工业交通部门基金支出 | 11532 | 185 | 136 | 897 | 2903 | 3180 | 4552 |
| 商贸部门基金支出 | 143 | | | 6 | 25 | 14 | 98 |
| 文教部门基金支出 | 15119 | 700 | 2800 | 3861 | 3206 | 1283 | 6769 |
| 社会保险基金支出 | 136844 | | | 23622 | 32223 | 13851 | 67148 |
| 农业部门基金支出 | 13010 | 70 | | 1594 | 1056 | 666 | 9694 |
| 土地有偿使用支出 | 170 | | | 25 | 90 | 35 | 20 |
| 政府住房基金支出 | | | | | | | |
| 其他部门基金支出 | 2710 | 5 | | 705 | 89 | 414 | 1502 |
| 地方财政税费附加支出 | 8392 | | | 885 | 7091 | 416 | |

# 8－8　分县区国税系统税收征收情况

单位：万元

| | 全　市 | 市　区 | 德清县 | 长兴县 | 安吉县 | 吴兴区 | 南浔区 |
|---|---|---|---|---|---|---|---|
| **一、国税收入合计** | **414532** | **194873** | **72246** | **92458** | **54955** | | |
| 国税直接组织税收 | 407248 | 187589 | 72246 | 92458 | 54955 | 123183 | 64406 |
| #增值税 | 361687 | 162320 | 63442 | 86453 | 49472 | 102997 | 59323 |
| 消费税 | 3978 | 856 | 2560 | 82 | 480 | 696 | 160 |
| 企业所得税 | 23661 | 16081 | 2007 | 2990 | 2583 | 13260 | 2821 |
| 外资企业所得税 | 9479 | 3657 | 2723 | 1606 | 1493 | 2810 | 847 |
| 储蓄利息个人所得税 | 8443 | 4675 | 1514 | 1327 | 927 | 3420 | 1255 |
| 车辆购置税 | 19421 | 18922 | 66 | 380 | 53 | | |
| 海关代征税收 | 7284 | 7284 | | | | | |
| #增值税 | 7284 | 7284 | | | | | |
| 消费税 | | | | | | | |
| **二、分行业收入情况** | **414532** | **194873** | **72246** | **92458** | **54955** | | |
| 第一产业 | | | | | | | |
| 第二产业 | 331615 | 141931 | 62618 | 79570 | 47496 | | |
| 工　业 | 330674 | 141061 | 62578 | 79549 | 47486 | | |
| 采矿业 | 8356 | 2514 | 2279 | 3123 | 440 | | |
| 制造业 | 261344 | 128596 | 56783 | 48342 | 27623 | | |
| 电力、燃气及水的生产和供应业 | 60974 | 9951 | 3516 | 28084 | 19423 | | |
| 建筑业 | 941 | 870 | 40 | 21 | 10 | | |
| 第三产业 | 82917 | 52942 | 9628 | 12888 | 7459 | | |
| 交通运输、仓储及邮政业 | 302 | 270 | | 8 | 24 | | |
| 批发和零售业 | 54702 | 35756 | 6619 | 8775 | 3552 | | |
| 金融业 | 2034 | 1651 | 4 | 348 | 31 | | |
| 信息传输、计算机服务和软件业 | 639 | 638 | 1 | | | | |
| 住宿和餐饮业 | 113 | 85 | | | 28 | | |
| 文化、体育和娱乐业 | 2 | 2 | | | | | |
| 租赁和商务服务业 | 746 | 442 | 23 | 246 | 35 | | |
| 房地产业 | 11147 | 6154 | 1182 | 1913 | 1898 | | |
| 其他行业 | 13232 | 7944 | 1799 | 1598 | 1891 | | |
| **三、分所有制收入情况** | **414532** | **194873** | **72246** | **92458** | **54955** | | |
| 内资企业 | 301603 | 144051 | 44520 | 70124 | 42908 | | |
| 国有企业 | 51297 | 16047 | 4341 | 26079 | 4830 | | |
| 集体企业 | 9377 | 2053 | 2453 | 4144 | 727 | | |
| 股份合作企业 | 3495 | 2513 | 381 | 521 | 80 | | |
| 联营企业 | 377 | 279 | 50 | 3 | 45 | | |
| #国有控股 | | | | | | | |
| 股份公司 | 134121 | 75945 | 21434 | 17012 | 19730 | | |
| #国有控股 | 12858 | 8209 | 3000 | 1646 | 3 | | |
| 私营企业 | 102904 | 47192 | 15858 | 22365 | 17489 | | |
| 其它企业 | 32 | 22 | 3 | | 7 | | |
| 港澳台投资企业 | 43695 | 18137 | 13807 | 7974 | 3777 | | |
| 国有控股 | 418 | 31 | 387 | | | | |
| 外商投资企业 | 39554 | 12796 | 10341 | 10721 | 5696 | | |
| 国有控股 | 6755 | 22 | 277 | 6456 | | | |
| 个体经营 | 29680 | 19889 | 3578 | 3639 | 2574 | | |

注：①吴兴区国税直接组织收入为吴兴库和直属库的小计数，无分行业、所有制数据。②车辆购置税从2005年起自交通部门转国税部门直接征收，但不计入国税收入合计和国税直接组织税收，无分行业和分所有制收入情况。

# 8－9　分县区地方税收征收情况

单位:万元

| | 全　市 | 市　区 | 德清县 | 长兴县 | 安吉县 |
|---|---|---|---|---|---|
| 合　计 | **499335** | **234767** | **94191** | **118126** | **52251** |
| 一、按经济类型分 | | | | | |
| 内资企业 | 401861 | 200514 | 67993 | 91871 | 41483 |
| 国有企业 | 93785 | 51099 | 10921 | 18829 | 12936 |
| 集体企业 | 31825 | 7988 | 5135 | 16766 | 1936 |
| 股份合作企业 | 4996 | 1885 | 1861 | 1143 | 107 |
| 联营企业 | 2217 | 2063 | 32 | 2 | 120 |
| 有限责任公司 | 183227 | 94747 | 28599 | 43879 | 16002 |
| 股份有限公司 | 16697 | 8741 | 5061 | 2832 | 63 |
| 私营企业 | 69114 | 33991 | 16384 | 8420 | 10319 |
| 其他企业 | | | | | |
| 港澳台投资企业 | 14224 | 4838 | 4891 | 3297 | 1198 |
| 外商投资企业 | 13082 | 5584 | 3386 | 2760 | 1352 |
| 个体经营 | 70168 | 23831 | 17921 | 20198 | 8218 |
| 二、按产业分 | | | | | |
| 第一产业 | 300 | 194 | 61 | | 45 |
| 第二产业 | 237064 | 106717 | 48986 | 58743 | 22618 |
| 采矿业 | 22570 | 6471 | 3197 | 12002 | 900 |
| 制造业 | 138611 | 66103 | 31644 | 29074 | 11790 |
| 电力、燃气及水的生产和供应业 | 10798 | 2918 | 1241 | 3812 | 2827 |
| 建筑业 | 65085 | 31225 | 12904 | 13855 | 7101 |
| 第三产业 | 261971 | 127856 | 45144 | 59383 | 29588 |
| 交通运输、仓储及邮政业 | 14466 | 5362 | 2583 | 4233 | 2288 |
| 批发和零售业 | 50121 | 25480 | 6672 | 10167 | 7802 |
| 金融业 | 12887 | 8296 | 1552 | 2091 | 948 |
| 信息传输、计算机服务和软件业 | 7557 | 4399 | 1047 | 1246 | 865 |
| 租赁和商务服务业 | 31913 | 21337 | 4526 | 4427 | 1623 |
| 房地产业 | 71518 | 35570 | 15522 | 11427 | 8999 |
| 住宿和餐饮业 | 11667 | 5176 | 2437 | 2086 | 1968 |
| 文化、体育和娱乐业 | 3165 | 1661 | 631 | 460 | 413 |
| 其他行业 | 58677 | 20575 | 10174 | 23246 | 4682 |

# 8－10　历年金融业主要指标

单位:万元

| 年　份 | 金融机构存款余额 | 金融机构贷款余额 | 金融机构现金收入 | 金融机构现金支出 | 城乡居民储蓄余额 | 人　均储蓄额(元) |
|---|---|---|---|---|---|---|
| 1978 | 19744 | 22970 | 30253 | 30927 | 4860 | 22 |
| 1979 | 29423 | 27712 | 39946 | 42147 | 8508 | 38 |
| 1980 | 34023 | 33616 | 50279 | 53179 | 10704 | 48 |
| 1981 | 40022 | 39937 | 57959 | 59656 | 13360 | 59 |
| 1982 | 51069 | 45701 | 66104 | 68495 | 17755 | 78 |
| 1983 | 60892 | 52709 | 81838 | 82497 | 24718 | 108 |
| 1984 | 69872 | 85239 | 99695 | 107841 | 30892 | 134 |
| 1985 | 89788 | 102366 | 142562 | 148758 | 43629 | 187 |
| 1986 | 121369 | 131193 | 176258 | 172474 | 63182 | 268 |
| 1987 | 131220 | 146794 | 227694 | 231309 | 81801 | 343 |
| 1988 | 150067 | 178104 | 338864 | 368688 | 95248 | 395 |
| 1989 | 185146 | 205648 | 384752 | 396255 | 134095 | 549 |
| 1990 | 242283 | 246511 | 418507 | 394509 | 184243 | 751 |
| 1991 | 302659 | 191610 | 531908 | 468103 | 232511 | 942 |
| 1992 | 370457 | 360266 | 797912 | 699418 | 290973 | 1173 |
| 1993 | 438725 | 440211 | 1344362 | 1301552 | 359605 | 1442 |
| 1994 | 522687 | 553544 | 2283232 | 2262111 | 507721 | 2023 |
| 1995 | 704511 | 721145 | 3399889 | 3206054 | 692755 | 2742 |
| 1996 | 960491 | 877352 | 3954865 | 3700073 | 896940 | 3537 |
| 1997 | 1206660 | 1215439 | 4500872 | 4338539 | 1098466 | 4315 |
| 1998 | 1645068 | 1441586 | 4988323 | 4747149 | 1350301 | 5302 |
| 1999 | 2479676 | 1727196 | 8439627 | 8473186 | 1503980 | 5899 |
| 2000 | 2688723 | 1925240 | 10490655 | 10664400 | 1602788 | 6275 |
| 2001 | 2993775 | 2095231 | 11834257 | 12082397 | 1820053 | 7096 |
| 2002 | 3696358 | 2619299 | 14900856 | 15211227 | 2146489 | 8360 |
| 2003 | 4864162 | 3654519 | 21730911 | 21921379 | 2605537 | 10147 |
| 2004 | 5273867 | 4006753 | 27052270 | 27114520 | 2886501 | 11222 |
| 2005 | 5985909 | 4537172 | 28920632 | 29173387 | 3309349 | 12848 |

注:1978－1998年为银行数。

# 8-11 主要年份金融机构人民币信贷收支

单位:万元

| | 1990年 | 1995年 | 2000年 | 2003年 | 2004年 | 2005年 |
|---|---|---|---|---|---|---|
| **一、各项存款余额** | **242283** | **1161789** | **2688723** | **4864162** | **5273867** | **5985909** |
| #企业存款 | 70533 | 349120 | 891855 | 1575438 | 1654107 | 1582276 |
| 财政存款 | 6133 | 9857 | 28117 | 82130 | 91182 | 113222 |
| 机关团体存款 | | 12045 | 11499 | 168932 | 174088 | 326715 |
| 储蓄存款 | 184243 | 692755 | 1602788 | 2605537 | 2886501 | 3309349 |
| #定　期 | | 577919 | 1226874 | 1698149 | 1850121 | 2105214 |
| 农业存款 | 37076 | 4702 | 112609 | 284106 | 285148 | 320206 |
| 其他存款 | 11007 | 8225 | 43788 | 148928 | 183723 | 332612 |
| **二、各项贷款余额** | **246511** | **1080858** | **1925240** | **3654519** | **4006753** | **4537172** |
| #短期贷款 | | 821377 | 1516808 | 2222871 | 2264066 | 2466018 |
| #工业贷款 | 102808 | 224887 | 273456 | 434602 | 498557 | 682017 |
| 商业贷款 | 87256 | 242960 | 305627 | 327006 | 259599 | 211077 |
| #农副产品 | 38031 | 127734 | 96487 | 71635 | 78697 | 68888 |
| 建筑业贷款 | | 5685 | 20796 | 63858 | 44411 | 62308 |
| 农业贷款 | 3835 | 21198 | 75700 | 283279 | 306888 | 429516 |
| 乡镇企业贷款 | | 233912 | 363451 | 387762 | 336477 | 369575 |
| 私营企业及个体贷款 | | 5104 | 63561 | 143887 | 189174 | 169769 |
| 三资企业贷款 | | | 48413 | 35286 | 39931 | 19904 |
| 个人短期消费贷款 | | | 10533 | 82312 | 75772 | 62533 |
| 中长期贷款 | | 127525 | 315600 | 1124004 | 1499184 | 1977582 |
| #基本建设 | 21811 | 19750 | 182899 | 626188 | 869621 | 1108623 |
| 技术改造 | | 71022 | 76379 | 29863 | 30795 | 39780 |
| 个人中长期消费贷款 | | | 97916 | 396779 | 485047 | 561597 |

# 8－12 分县区金融机构人民币信贷收支

单位:万元

| | 全　市 | 吴兴区 | 南浔区 | 德清县 | 长兴县 | 安吉县 | △市区 |
|---|---|---|---|---|---|---|---|
| **一、各项存款余额** | **5985909** | **2647051** | **759693** | **1004440** | **998783** | **575943** | **3406744** |
| 企业存款 | 1582276 | | | 195182 | 230706 | 121025 | 1035362 |
| 财政存款 | 158227 | | | 14171 | 19441 | 7915 | 71695 |
| 机关团体存款 | 326715 | | | 96431 | 46309 | 31217 | 152758 |
| 储蓄存款 | 3309349 | 1245159 | 594834 | 584354 | 522025 | 362977 | 1839993 |
| #活　期 | 1204135 | | | 201066 | 199893 | 152573 | 650603 |
| 定　期 | 2105214 | | | 383287 | 322132 | 210404 | 1189391 |
| 农业存款 | 320206 | | | 71592 | 120742 | 47002 | 80870 |
| 其他存款 | 332612 | | | 42586 | 59203 | 4779 | 226044 |
| **二、各项贷款余额** | **4537172** | **2059649** | **447395** | **692382** | **868127** | **469620** | **2507044** |
| 短期贷款 | 2466018 | | | 423235 | 390455 | 258941 | 1393388 |
| #工业贷款 | 682017 | | | 162601 | 65574 | 59492 | 394351 |
| 商业贷款 | 211077 | | | 9876 | 20333 | 11201 | 169667 |
| #农副产品 | 68888 | | | 6394 | 17187 | 7391 | 37916 |
| 建筑业贷款 | 62308 | | | 2848 | 8440 | 2680 | 48340 |
| 农业贷款 | 429516 | | | 77347 | 78131 | 71019 | 203019 |
| 乡镇企业贷款 | 369575 | | | 105280 | 57401 | 32525 | 174369 |
| 私营企业及个体贷款 | 169769 | | | 11333 | 34771 | 12707 | 110958 |
| 三资企业贷款 | 19904 | | | 2960 | 6422 | 5968 | 4554 |
| 个人短期消费贷款 | 62533 | | | 9521 | 8259 | 12957 | 31797 |
| 中长期贷款 | 1977582 | | | 258431 | 470515 | 210613 | 1038023 |
| #基本建设 | 110862 | | | 133726 | 362711 | 87541 | 524645 |
| 技术改造 | 39780 | | | 6800 | 400 | | 32580 |
| 个人中长期消费贷款 | 561597 | | | 93020 | 95808 | 107723 | 265046 |

# 8－13 主要年份金融机构现金收支

单位:万元

| | 1990年 | 1995年 | 2000年 | 2002年 | 2003年 | 2004年 | 2005年 |
|---|---|---|---|---|---|---|---|
| **一、现金收入合计** | **418507** | **3399889** | **10490655** | **14900856** | **21730911** | **27052270** | **23920632** |
| 商品销售收入 | 196447 | 809655 | 1597867 | 1924675 | 2652465 | 3520007 | 3698707 |
| 服务业收入 | 23550 | 95757 | 439183 | 562707 | 859769 | 1168908 | 1081007 |
| 税款收入 | 3557 | 8232 | 55273 | 122638 | 168083 | 241718 | 252350 |
| 城乡个体经营收入 | 6142 | 277310 | 1025388 | 1222796 | 1757641 | 1796921 | 1305560 |
| 储蓄存款收入 | 102268 | 1138817 | 6179011 | 9375821 | 14050172 | 17786590 | 19858426 |
| 其他金融机构收入 | 4656 | 224656 | 45096 | 9836 | 53476 | 27388 | 64594 |
| 汇兑收入 | 8817 | 23698 | 249738 | 251073 | 202048 | 238186 | 283241 |
| **二、现金支出合计** | **394509** | **3206054** | **10664400** | **15211227** | **21921379** | **27114520** | **29173387** |
| 工资性支出 | 88832 | 286311 | 430225 | 615258 | 934356 | 1332709 | 1359243 |
| 行政企事业管理费支出 | 29558 | 195241 | 506167 | 683343 | 789700 | 846570 | 739416 |
| 农副产品采购支出 | 74034 | 127218 | 420725 | 475272 | 749839 | 1123054 | 1178112 |
| 城乡个体经营支出 | 8837 | 339672 | 1390672 | 1815880 | 2694085 | 2527931 | 2280413 |
| 储蓄存款支出 | 80600 | 1126631 | 6373576 | 9284776 | 13696188 | 17891040 | 20436002 |
| 其他金融机构支出 | 1284 | 87259 | 21155 | 11883 | 14951 | 25233 | 64730 |
| 汇兑支出 | 2691 | 12979 | 176074 | 202132 | 119812 | 97009 | 153313 |
| **三、现金投入(＋)、回笼(－)** | **－23997** | **－193818** | **173745** | **310371** | **190468** | **62250** | **252755** |

# 8-14 分县区金融机构现金收支

单位:万元

| | 全 市 | 比上年增减 | | △市区 | 德清县 | 长兴县 | 安吉县 |
|---|---|---|---|---|---|---|---|
| | | 绝对数 | ±% | | | | |
| **一、现金收入合计** | **28920632** | **1868362** | **6.9** | **16969568** | **4372927** | **4552612** | **3025525** |
| 商品销售收入 | 3698707 | 178700 | 5.1 | 2105756 | 651689 | 645602 | 295660 |
| 服务业收入 | 1081007 | -87901 | -7.5 | 521620 | 165401 | 249319 | 144667 |
| 税款收入 | 252350 | 10632 | 4.4 | 116501 | 51183 | 55474 | 29191 |
| 城乡个体经营收入 | 1305560 | -491361 | -27.3 | 875461 | 87750 | 188254 | 154095 |
| 储蓄存款收入 | 19858426 | 2071836 | 11.7 | 11768367 | 3016666 | 2950782 | 2122611 |
| 其他金融机构收入 | 64594 | 37206 | 135.9 | 31784 | 11965 | 9341 | 11503 |
| 居民归还贷款收入 | 844549 | 113755 | 15.6 | 473065 | 143374 | 160806 | 67304 |
| 汇兑收入 | 283241 | 45055 | 18.9 | 122525 | 47424 | 28004 | 85288 |
| 有价证券收入 | 18567 | 3192 | 20.8 | 11644 | 6923 | | |
| 其他收入 | 1513631 | -12752 | -0.8 | 942845 | 190550 | 265028 | 115207 |
| **二、现金支出合计** | **29173387** | **2063063** | **7.6** | **16997197** | **4390744** | **4616261** | **3169185** |
| 工资性支出 | 1359243 | 26534 | 2.0 | 565123 | 266026 | 327868 | 200226 |
| 行政企事业管理费支出 | 739416 | -107154 | -12.7 | 354329 | 222335 | 108276 | 54476 |
| 农副产品采购支出 | 1178112 | 55058 | 4.9 | 622237 | 156823 | 217836 | 181215 |
| 城乡个体经营支出 | 2280413 | -247518 | -9.8 | 1646065 | 96044 | 326902 | 211402 |
| 工矿及其他产品采购支出 | 1161467 | -3508 | -0.3 | 527448 | 433234 | 135831 | 64955 |
| 储蓄存款支出 | 20436002 | 2544962 | 14.2 | 12184900 | 2962808 | 3111754 | 2176540 |
| 其他金融机构支出 | 64730 | 39497 | 156.5 | 21333 | 2219 | 17871 | 23307 |
| 汇兑支出 | 153313 | 56304 | 58.0 | 51562 | 22185 | 14242 | 65323 |
| 居民提取贷款支出 | 235095 | -174681 | -42.6 | 88559 | 71173 | 37658 | 37705 |
| 有价证券支出 | 27119 | 5956 | 28.1 | 18025 | 9094 | | |
| **三、现金投入(+)、回笼(-)** | **252755** | **194701** | **335.4** | **27629** | **17817** | **63649** | **143660** |

# 8-15 历年保险业主要指标

单位:万元、%

| | 保险金额 | 保费收入 | 赔款支出 | 赔付率 |
|---|---|---|---|---|
| 财 险 | | | | |
| 1990 | 774608 | 2865 | 1345 | 46.9 |
| 1991 | 1011754 | 5023 | 1649 | 32.8 |
| 1992 | 1275993 | 7546 | 3044 | 40.3 |
| 1993 | 1412499 | 10645 | 6372 | 59.9 |
| 1994 | 1320520 | 9499 | 5603 | 59.0 |
| 1995 | 1513575 | 12830 | 7698 | 60.0 |
| 1996 | 1838876 | 13487 | 9251 | 68.6 |
| 1997 | 3138947 | 15564 | 8903 | 57.2 |
| 1998 | 4230974 | 17544 | 9481 | 54.0 |
| 1999 | 4597635 | 19710 | 13978 | 70.9 |
| 2000 | 3728116 | 21171 | 10804 | 51.0 |
| 2001 | 4846860 | 24939 | 12702 | 50.9 |
| 2002 | 5470301 | 28837 | 16505 | 57.2 |
| 2003 | 7883079 | 32135 | 18194 | 56.6 |
| 2004 | 8872713 | 41470 | 24971 | 60.2 |
| 2005 | 14470392 | 47956 | 35752 | 74.6 |
| 寿 险 | | | | |
| 1990 | 157591 | 1311 | 208 | 15.9 |
| 1991 | 170673 | 2723 | 329 | 12.1 |
| 1992 | 193868 | 6464 | 651 | 10.1 |
| 1993 | 240846 | 8481 | 1847 | 21.8 |
| 1994 | 234824 | 4398 | 1827 | 41.5 |
| 1995 | 264064 | 5588 | 1112 | 19.9 |
| 1996 | 472343 | 8322 | 891 | 10.7 |
| 1997 | 1847901 | 14795 | 1136 | 7.7 |
| 1998 | 5562067 | 27143 | 2009 | 7.4 |
| 1999 | 1923345 | 29311 | 1379 | 4.7 |
| 2000 | 2380209 | 33155 | 1764 | 5.3 |
| 2001 | 2484664 | 46210 | 1859 | 4.0 |
| 2002 | 4637295 | 80334 | 2621 | 3.3 |
| 2003 | 8605657 | 100958 | 3205 | 3.2 |
| 2004 | 7293450 | 107239 | 3813 | 3.6 |
| 2005 | 4555112 | 108328 | 3350 | 3.1 |

# 8－16　历年市区保险业主要指标

单位：万元、%

| | 保险金额 | 保费收入 | 赔款支出 | 赔付率 |
|---|---|---|---|---|
| 财　险 | | | | |
| 1991 | 468910 | 2341 | 614 | 26.2 |
| 1992 | 628829 | 3633 | 1255 | 34.5 |
| 1993 | 743949 | 5005 | 2862 | 57.2 |
| 1994 | 643986 | 4303 | 2727 | 63.4 |
| 1995 | 756524 | 5889 | 3386 | 57.5 |
| 1996 | 1166237 | 6467 | 4380 | 67.7 |
| 1997 | 1331421 | 7332 | 4032 | 55.0 |
| 1998 | 1985273 | 9159 | 4955 | 54.1 |
| 1999 | 2384847 | 9993 | 7757 | 77.6 |
| 2000 | 2227562 | 11166 | 5473 | 49.0 |
| 2001 | 3266511 | 14007 | 7031 | 50.2 |
| 2002 | 3570100 | 17959 | 10304 | 57.4 |
| 2003 | 3867758 | 14978 | 9236 | 61.7 |
| 2004 | 3700059 | 20006 | 12040 | 60.2 |
| 2005 | 7577039 | 22822 | 19139 | 83.9 |
| 寿　险 | | | | |
| 1991 | 48033 | 1241 | 130 | 10.5 |
| 1992 | 80425 | 3178 | 239 | 7.5 |
| 1993 | 97500 | 3755 | 193 | 5.1 |
| 1994 | 62978 | 2277 | 263 | 11.6 |
| 1995 | 100045 | 3354 | 454 | 13.5 |
| 1996 | 358575 | 4268 | 535 | 12.5 |
| 1997 | 886969 | 8513 | 483 | 5.7 |
| 1998 | 4203547 | 14550 | 1283 | 8.8 |
| 1999 | 1217282 | 14567 | 855 | 5.9 |
| 2000 | 2041931 | 17036 | 744 | 4.4 |
| 2001 | 2139257 | 25188 | 902 | 3.6 |
| 2002 | 2236668 | 44101 | 1398 | 3.2 |
| 2003 | 3857830 | 50359 | 1444 | 2.9 |
| 2004 | 2977416 | 52392 | 1801 | 3.4 |
| 2005 | 1603197 | 49983 | 1443 | 2.9 |

# 8－17　分县区保险业主要指标

单位：万元、%

| | 全　市 | △市区 | 德清县 | 长兴县 | 安吉县 |
|---|---|---|---|---|---|
| 保险金额 | 19025504 | 9180236 | 3305977 | 3294742 | 3244549 |
| #寿险 | 4555112 | 1603197 | 770005 | 1283446 | 898464 |
| 财险 | 14470392 | 7577039 | 2535972 | 2011296 | 2346085 |
| 保费收入 | 156284 | 72805 | 29165 | 30803 | 23511 |
| #寿险 | 108328 | 49983 | 21067 | 21704 | 15574 |
| 财险 | 47956 | 22822 | 8098 | 9099 | 7937 |
| 赔款支出 | 39102 | 20582 | 6021 | 7125 | 5374 |
| #寿险 | 3350 | 1443 | 473 | 823 | 611 |
| 财险 | 35752 | 19139 | 5548 | 6302 | 4763 |
| 赔付率 | 25.0 | 28.3 | 20.6 | 23.1 | 22.9 |
| #寿险 | 3.1 | 2.9 | 2.2 | 3.8 | 3.9 |
| 财险 | 74.6 | 83.9 | 68.5 | 69.3 | 60.0 |

# 主要统计指标解释

**财政总收入** 指国家财政参与社会产品分配所取得的收入。是实现国家职能的财力保证。由中央财政和地方财政收入组成,其具体包括的内容几经变化,目前主要包括:(1)各项税收,包括增值税、营业税、消费税、个人所得税、证券交易税、遗产税、土地增值税、城市维护建设税、房产税、车船使用税、屠宰税、资源税、印花税、城镇土地使用税、筵席税、固定资产投资方向调节税、关税、企业所得税、企业所得税退税。(2)国有企业上缴利润,国有企业缴纳所得税后上缴国家预算的利润。(3)国有企业计划亏损补贴。(4)债务收入,包括国外借款、国内公债收入、国库券收入以及专业银行购买财政专项债券等。(5)其他收入,包括专款收入、基建贷款归还收入、国家能源交通重点建设基金收入、其他收入、罚没收入、行政性收费收入。

**中央财政收入和地方财政收入** 指按财政体制划分的中央本级收入和地方本级收入。1994年税制财政体制以后,属于中央财政的收入包括关税、海关代征消费税和增值税,中央企业所得税,地方银行和外资银行及非银行金融企业所得税,铁道、银行总行、保险总公司等集中缴纳的营业税、所得税、利润和城市维护建设税,增值税的75%部分,海洋石油资源税和证券(印花)税88%部分。属于地方财政的收入包括营业税,地方企业所得税个人所得税,城镇土地使用税,固定资产投资方向调节税,城镇维护建设税,房产税,车船使用税,印花税,屠宰税,农牧业税,农业特产税,耕地占用税,契税,增值税25%部分,证券交易税(印花税)的12%部分和除海洋石油资源以外的其他资源税。

**财政支出** 指国家财政将筹集起来的资金进行分配使用的数额。以满足经济建设和各项事业的需要,主要包括:(1)基本建设支出,指按国家有关规定,属于基本建设范围内的基本建设有偿使用、拨款、资本金支出以及经国家批准对专项和政策性基建投资贷款,在部门的基建投资额中统筹支付的贴息支出。(2)企业挖潜改造资金,指国家预算内拨给的用于企业挖潜、革新和改造方面的资金。包括个部门企业挖潜改造资金和企业挖潜改造贷款资金,为农业服务的县办“五小”企业技术改造补助,挖潜改造贷款利息支出。(3)地质勘探费用,指国家预算用于地质勘探单位的勘探工作费用,包括地质勘探管理机构及其事业单位经费、地质勘探经费。(4)科技三项费用,指国家预算用于科技支出的费用,包括新产品试制费、中间试验费、重要科学研究补助费。(5)支援农村生产支出,指国家财政支援农村集体(户)各项生产的支出。包括对农村举办的小型农田水利和打井喷灌等的补助费;对农村水土保持措施的补助费;对农村举办的小水电站的补助费特大抗旱的补助费;农村开荒的补助费;扶持乡镇企业资金;农村农技推广和植保补助费;农村草场和畜禽保护补助费;农村造林和林木保护补助费;农村水产补助费;发展粮食生产专项资金。(6)农林水利气象等部门的事业费用。(7)工业交通商业等部门的事业费。(8)文教科学卫生事业费。(9)抚恤和社会福利救济费,指国家预算用于抚恤和社会救济事业的经费,包括由民政部门开支的烈士家属的一次性、定期抚恤金、革命伤残人员的抚恤金,各种伤残补助费、烈军属、复员退伍军人生活补助费、退伍军人安置费,优抚事业单位经费,烈士纪念建筑物管理、维修费,自然灾害救济事业费和特大自然灾害灾后重建补助费等。(10)国防支出,指国家预算用于国防建设和保卫国家安全的支出,包括国防费、国防科研事业费、民兵建设以及专项工程支出等。(11)行政管理费,指行政管理支出,党派团体补助支出,外交支出,公安安全支出,司法支出,法院支出,检察院支出和公检法办案费用补助。(12)价格补贴支出,指经国家批准由国家财政拨给的政策性补贴支出,主要包括粮食加价款,粮、棉、油差价补贴,棉花收购价外奖励款,副食品风险基金,市镇居民的肉食价格补贴,平抑市价肉食、蔬菜价差补贴等以及经国家批准的教材课本、报刊新闻纸等价格补贴。

**城乡居民储蓄年末余额** 包括城镇居民储蓄和农民个人储蓄两部分的年末余额。不包括工矿企业、部队、机关团体等集体存款。城镇居民储蓄年末余额,是指工商银行的城市居民储蓄、农业银行的城镇居民储蓄、人民银行的邮政储蓄、建设银行的居民住宅储蓄、中国银行的居民储蓄、交通银行和城镇信用社的居民储蓄。

**承保额** 又称保险金额,它是保险人对被保险人负担损失补偿或约定给付的金额。它是保险合同上的最高负责额,也是计算保费的依据。

**保费** 被保险人按其得到保险利益的保障程度(保险金额)的一定比率向保险人缴付的费用。

**赔款** 保险人对财产保险的保险事故给予的经济补偿或对人身保险的保险事故给付的保险金。分为已决赔款和未决赔款。

# 九、人民生活、物价

# 9－1 历年城镇以上单位职工工资

| 年份 | 职工工资总额(万元) | | | | 职工平均工资(元/人) | | | |
|---|---|---|---|---|---|---|---|---|
| | 全部职工 | 国有经济单位职工 | 城镇集体经济单位职工 | 其他经济单位职工 | 全部职工 | 国有经济单位职工 | 城镇集体经济单位职工 | 其他经济单位职工 |
| 1979 | 12994 | 9272 | 3722 | | 626 | 657 | 560 | |
| 1980 | 16091 | 11399 | 4692 | | 741 | 782 | 659 | |
| 1981 | 17224 | 12000 | 5224 | | 751 | 781 | 691 | |
| 1982 | 18299 | 12821 | 5478 | | 772 | 802 | 711 | |
| 1983 | 19001 | 13364 | 5637 | | 796 | 821 | 741 | |
| 1984 | 22457 | 14837 | 7606 | 14 | 924 | 984 | 826 | 785 |
| 1985 | 29842 | 19135 | 10663 | 44 | 1167 | 1223 | 1076 | 1688 |
| 1986 | 36044 | 23414 | 12583 | 47 | 1366 | 1445 | 1238 | 1778 |
| 1987 | 40224 | 26547 | 13583 | 94 | 1498 | 1588 | 1348 | 1857 |
| 1988 | 50613 | 33309 | 17129 | 175 | 1839 | 1945 | 1661 | 2134 |
| 1989 | 56930 | 37641 | 18958 | 331 | 2048 | 2179 | 1831 | 1959 |
| 1990 | 62431 | 42012 | 20003 | 416 | 2275 | 2418 | 2026 | 2138 |
| 1991 | 68993 | 45978 | 22080 | 935 | 2440 | 2575 | 2189 | 2798 |
| 1992 | 82190 | 55178 | 25163 | 1849 | 2923 | 3074 | 2615 | 3345 |
| 1993 | 113056 | 78525 | 30536 | 3995 | 4028 | 4271 | 3486 | 4336 |
| 1994 | 152472 | 105317 | 40335 | 6820 | 5442 | 5818 | 4628 | 5680 |
| 1995 | 172612 | 118488 | 46591 | 7533 | 6267 | 6629 | 5486 | 6397 |
| 1996 | 180996 | 125024 | 43888 | 12084 | 6777 | 7112 | 5788 | 7815 |
| 1997 | 192338 | 134335 | 45571 | 12432 | 7287 | 7694 | 6180 | 7976 |
| 1998 | 185936 | 130703 | 32132 | 23101 | 7536 | 8119 | 5639 | 8033 |
| 1999 | 189837 | 130923 | 29121 | 29793 | 8416 | 9128 | 6242 | 8396 |
| 2000 | 200524 | 135143 | 26227 | 39155 | 9806 | 10725 | 7348 | 9150 |
| 2001 | 222382 | 138715 | 22157 | 61510 | 12307 | 14676 | 9000 | 9992 |
| 2002 | 251876 | 166012 | 22196 | 63668 | 16019 | 19565 | 12194 | 11750 |
| 2003 | 279568 | 191216 | 19993 | 68359 | 19250 | 23752 | 15366 | 13219 |
| 2004 | 407545 | 242569 | 30539 | 134437 | 21477 | 30248 | 17587 | 14580 |
| 2005 | 543473 | 268266 | 25152 | 250055 | 23488 | 35388 | 22884 | 17295 |

# 9－2　分县区城镇以上单位职工工资总额

单位:万元

| | 全　市 | 吴兴区 | 南浔区 | 德清县 | 长兴县 | 安吉县 |
|---|---|---|---|---|---|---|
| **全部单位合计** | **543473** | **188959** | **50242** | **101179** | **124206** | **78887** |
| 农、林、牧、渔业 | 567 | 58 | | 12 | 49 | 448 |
| 采掘业 | 18635 | 3236 | | 592 | 14660 | 148 |
| 制造业 | 148518 | 47021 | 27055 | 21397 | 31184 | 21861 |
| 电力、煤气及水的生产和供应业 | 23817 | 7659 | 779 | 2406 | 9196 | 3777 |
| 建筑业 | 25576 | 5628 | | 4687 | 14068 | 1193 |
| 交通运输、仓储及邮政业 | 17226 | 11322 | | 1008 | 2466 | 2430 |
| 信息传输、计算机服务和软件业 | 8641 | 8224 | | | 261 | 157 |
| 批发和零售业 | 12334 | 5275 | 106 | 2272 | 3334 | 1346 |
| 住宿和餐饮业 | 4460 | 2966 | 198 | 103 | 696 | 498 |
| 金融业 | 34979 | 27186 | 1883 | 2127 | 1844 | 1938 |
| 房地产业 | 6005 | 3099 | 33 | 556 | 1214 | 1103 |
| 租赁和商务服务业 | 25628 | 729 | 158 | 20889 | 3249 | 603 |
| 科学研究、技术服务和地质勘查业 | 8927 | 5891 | 226 | 1222 | 899 | 691 |
| 水利、环境和公共设施管理业 | 5647 | 1478 | 240 | 1855 | 703 | 1372 |
| 居民服务和其他服务业 | 349 | 150 | | 130 | 47 | 22 |
| 教育 | 64019 | 17987 | 2318 | 14856 | 15025 | 13833 |
| 卫生、社会保障和社会福利业 | 35838 | 16011 | 3972 | 6936 | 4234 | 4685 |
| 文化、体育和娱乐业 | 2295 | 1019 | 51 | 433 | 446 | 346 |
| 公共管理和社会组织 | 100013 | 24022 | 13224 | 19697 | 10632 | 22437 |

# 9-3 分县区城镇以上单位职工平均工资

单位:元

| | 全　市 | 吴兴区 | 南浔区 | 德清县 | 长兴县 | 安吉县 |
|---|---|---|---|---|---|---|
| **全部单位合计** | **23488** | **23166** | **19355** | **24759** | **24247** | **24835** |
| 农、林、牧、渔业 | 15330 | 21370 | | 10083 | 19760 | 14641 |
| 采掘业 | 17160 | 25782 | | 55327 | 15596 | 15092 |
| 制造业 | 14958 | 13286 | 14623 | 17872 | 17365 | 14130 |
| 电力、煤气及水的生产和供应业 | 43334 | 39975 | 35908 | 44235 | 44337 | 50689 |
| 建筑业 | 19662 | 13193 | | 22546 | 22266 | 34580 |
| 交通运输、仓储及邮政业 | 22913 | 21041 | | 35759 | 26036 | 26761 |
| 信息传输、计算机服务和软件业 | 52786 | 53819 | | | 42081 | 33340 |
| 批发和零售业 | 21806 | 18309 | 18293 | 26446 | 31636 | 16746 |
| 住宿和餐饮业 | 12988 | 13018 | 17200 | 10078 | 19659 | 10085 |
| 金融业 | 39533 | 38815 | 42410 | 46547 | 40801 | 39466 |
| 房地产业 | 29878 | 29345 | 18856 | 42473 | 30878 | 26779 |
| 租赁和商务服务业 | 19925 | 20951 | 32854 | 18231 | 39239 | 33522 |
| 科学研究、技术服务和地质勘查业 | 36571 | 39166 | 28200 | 30691 | 38410 | 30693 |
| 水利、环境和公共设施管理业 | 19580 | 17996 | 12973 | 18927 | 24318 | 22525 |
| 居民服务和其他服务业 | 44190 | 35595 | | 72444 | 42636 | 27875 |
| 教育 | 32351 | 31540 | 41310 | 30110 | 31873 | 35680 |
| 卫生、社会保障和社会福利业 | 34868 | 42057 | 28884 | 32749 | 34734 | 26632 |
| 文化、体育和娱乐业 | 27685 | 27752 | 29882 | 28873 | 28981 | 24567 |
| 公共管理和社会组织 | 41518 | 40084 | 30484 | 46194 | 44380 | 46310 |

# 9－4　城镇以上单位从业人员劳动报酬

单位：万元

| | 单位从业人员劳动报酬 | 在岗职工工资总额 | 其他从业人员劳动报酬 | 离开本单保留劳动关系职工的生活费 | 在岗职工平均工资（元） | 离开本单位仍保留劳动关系的职工平均生活费（元） |
|---|---|---|---|---|---|---|
| **全部单位合计** | **556508** | **536451** | **20057** | **7022** | **23876** | **9622** |
| **按企业、事业、机关分组** | | | | | | |
| 企业 | 327037 | 314107 | 12930 | 5426 | 19254 | 8624 |
| 事业 | 147688 | 142522 | 5166 | 901 | 32857 | 14102 |
| 机关 | 81783 | 79821 | 1962 | 695 | 43938 | 18943 |
| **按国民经济行业分组** | | | | | | |
| 农、林、牧、渔业 | 546 | 541 | 5 | 26 | 15636 | 8452 |
| 采掘业 | 17158 | 17106 | 52 | 1529 | 19691 | 7038 |
| 制造业 | 150264 | 147724 | 2540 | 794 | 15060 | 5745 |
| 电力煤气及水的生产和供应业 | 23821 | 23720 | 100 | 96 | 43507 | 17214 |
| 建筑业 | 30724 | 25310 | 5415 | 266 | 19941 | 7568 |
| 交通运输、仓储及邮政业 | 16976 | 16695 | 281 | 531 | 24686 | 5660 |
| 信息传输、计算机服务和软件业 | 9529 | 8404 | 1126 | 238 | 55837 | 18000 |
| 批发和零售业 | 12660 | 12116 | 544 | 217 | 22878 | 5639 |
| 住宿和餐饮业 | 4483 | 4458 | 25 | 2 | 13005 | 3333 |
| 金融业 | 35373 | 33272 | 2101 | 1707 | 41147 | 22340 |
| 房地产业 | 6234 | 5971 | 263 | 35 | 30049 | 6784 |
| 租赁和商务服务业 | 26059 | 25599 | 460 | 29 | 19979 | 5070 |
| 科学研究、技术服务和地质勘查业 | 9552 | 8816 | 736 | 111 | 38048 | 8764 |
| 水利、环境和公共设施管理业 | 5686 | 5307 | 380 | 340 | 19546 | 16672 |
| 居民服务和其他服务业 | 438 | 349 | 89 | | 44190 | |
| 教育 | 66213 | 63844 | 2369 | 175 | 32413 | 17510 |
| 卫生、社会保障和社会福利业 | 36699 | 35670 | 1030 | 168 | 35028 | 13341 |
| 文化、体育和娱乐业 | 2586 | 2277 | 310 | 19 | 27864 | 10941 |
| 公共管理和社会组织 | 101507 | 99274 | 2233 | 739 | 41835 | 18615 |

# 9－5 历年市区城市居民人均可支配收入

单位：元、%

| 年份 | 人均可支配收入 | 增长速度 | 发展指数 |
|---|---|---|---|
| 1986 | 1204 | | 100.0 |
| 1987 | 1313 | 9.1 | 109.1 |
| 1988 | 1635 | 24.5 | 135.8 |
| 1989 | 1814 | 10.9 | 150.6 |
| 1990 | 1988 | 9.6 | 165.1 |
| 1991 | 2315 | 16.4 | 192.2 |
| 1992 | 2805 | 21.2 | 232.9 |
| 1993 | 3706 | 32.1 | 307.7 |
| 1994 | 5567 | 50.2 | 462.1 |
| 1995 | 6379 | 14.6 | 529.6 |
| 1996 | 7131 | 11.8 | 592.1 |
| 1997 | 7183 | 0.7 | 596.2 |
| 1998 | 7652 | 6.5 | 635 |
| 1999 | 7862 | 2.7 | 652.1 |
| 2000 | 8684 | 10.5 | 720.6 |
| 2001 | 9872 | 13.7 | 819.3 |
| 2002 | 11388 | 19.5 | 979.1 |
| 2003 | 12607 | 10.7 | 1083.9 |
| 2004 | 13664 | 8.4 | 1174.9 |
| 2005 | 15561 | 13.9 | 1338.2 |

# 9－6　市区城市居民家庭基本情况及收支情况

单位:元

| 指　　标 | 2005年 | 指　　标 | 2005年 |
|---|---|---|---|
| **一、基本情况** | | 10%高收入组 | 25968 |
| 1.调查户数(户) | 200 | 10%最高收入组 | 42674 |
| 2.平均每户家庭人口数(人) | 2.61 | 2.出售财物收入 | 691 |
| #有收入者人数 | 1.9 | 3.借贷收入 | 3696 |
| 离退休人数 | 0.57 | **三、人均家庭总支出** | **16164** |
| 无收入者人数 | 0.71 | 1.消费支出 | 11108 |
| 3.平均每户就业人数(人) | 1.26 | ①食品 | 3873 |
| 就业者人均负担人数 | 2.07 | ②衣着 | 1240 |
| **二、家庭收入情况** | | ③设备用品及服务 | 647 |
| 1.人均家庭总收入 | 16919 | ④医疗保健 | 829 |
| #可支配收入 | 15561 | ⑤交通与通讯 | 1433 |
| 工薪收入 | 10556 | ⑥娱乐文教服务 | 1411 |
| 经营净收入 | 1944 | ⑦居住 | 1311 |
| 财产性收入 | 355 | ⑧杂项商品与服务 | 363 |
| 转移性收入 | 4065 | 2.购房与建房支出 | 1443 |
| 可支配收入按高中低收入户分组 | | 3.转移性支出 | 2317 |
| 10%最低收入组 | 4152 | 4.财产性支出 | 218 |
| 10%低收入组 | 7191 | 5.社会保障支出 | 1079 |
| 20%中等偏下收入组 | 10267 | **四、期末人均手存现金** | **25571** |
| 20%中等收入组 | 13515 | **五、年末人均建筑面积(M2)** | **30.90** |
| 20%中等偏上收入组 | 19581 | 年末人均使用面积(M2) | 22.60 |

# 9－7　市区城市居民购买生活必需品及拥有耐用消费品情况

| 指　　标 | 单位 | 2005年 | 指　　标 | 单位 | 2005年 |
|---|---|---|---|---|---|
| 一、人均购买生活必需品数量 | | | 二、每百户家庭耐用消费品拥有量 | | |
| 粮食 | 公斤 | 66.9 | 成套家具 | 套 | 83 |
| 鲜菜 | 公斤 | 89.3 | 摩托车 | 辆 | 35.5 |
| 食用植物油 | 公斤 | 9.4 | 自行车 | 辆 | 136 |
| 猪肉 | 公斤 | 17.2 | 助力车 | 辆 | 30.5 |
| 牛羊肉 | 公斤 | 1.4 | 洗衣机 | 台 | 93.5 |
| 家禽 | 公斤 | 15.2 | 电冰箱 | 台 | 98 |
| 鲜蛋 | 公斤 | 7.7 | 彩色电视机 | 台 | 175.5 |
| 鱼 | 公斤 | 15.9 | 影碟机 | 台 | 58.5 |
| 虾 | 公斤 | 2.9 | 录放像机 | 台 | 17.5 |
| 白酒 | 公斤 | 1.1 | 家用电脑 | 台 | 38 |
| 啤酒 | 公斤 | 3.3 | 组合音响 | 套 | 26.5 |
| 其他酒 | 公斤 | 1.8 | 摄像机 | 台 | 3.5 |
| 茶叶 | 公斤 | 0.3 | 照相机 | 架 | 39 |
| 糕点 | 公斤 | 4.1 | 微波炉 | 台 | 73.5 |
| 干鲜瓜果 | 公斤 | 59.4 | 空调器 | 台 | 154.5 |
| 鲜奶 | 公斤 | 12.3 | 淋浴热水器 | 台 | 79 |
| 鞋类 | 双 | 2.7 | 吸尘器 | 台 | 18.5 |
| 服装 | 件 | 8.8 | 健身器材 | 套 | 7.5 |
| 管道煤气 | 立方米 | 3.5 | 移动电话 | 部 | 135 |
| 液化石油气 | 公斤 | 33.5 | 固定电话 | 部 | 99 |

# 9－8 历年分县区农村居民人均纯收入

单位:元

| 年 份 | 全 市 | 市 区 | 德清县 | 长兴县 | 安吉县 |
|---|---|---|---|---|---|
| 1978 | 221 | 239 | 241 | 206 | 184 |
| 1979 | 414 | 448 | 476 | 375 | 336 |
| 1980 | 343 | 316 | 426 | 331 | 342 |
| 1981 | 358 | 361 | 430 | 331 | 323 |
| 1982 | 432 | 492 | 416 | 386 | 376 |
| 1983 | 422 | 457 | 449 | 370 | 391 |
| 1984 | 549 | 563 | 580 | 516 | 535 |
| 1985 | 629 | 721 | 621 | 511 | 597 |
| 1986 | 701 | 829 | 679 | 602 | 580 |
| 1987 | 824 | 957 | 808 | 677 | 761 |
| 1988 | 1104 | 1313 | 1173 | 902 | 866 |
| 1989 | 1210 | 1401 | 1296 | 1028 | 963 |
| 1990 | 1270 | 1454 | 1377 | 1114 | 984 |
| 1991 | 1250 | 1376 | 1351 | 1163 | 1007 |
| 1992 | 1406 | 1572 | 1534 | 1270 | 1061 |
| 1993 | 1741 | 1926 | 1866 | 1581 | 1443 |
| 1994 | 2393 | 2620 | 2471 | 2252 | 2005 |
| 1995 | 3052 | 3250 | 3039 | 2982 | 2739 |
| 1996 | 3440 | 3572 | 3327 | 3427 | 3212 |
| 1997 | 3648 | 3774 | 3562 | 3622 | 3501 |
| 1998 | 3865 | 3981 | 3863 | 3839 | 3666 |
| 1999 | 4011 | 4121 | 4098 | 3986 | 3756 |
| 2000 | 4335 | 4422 | 4510 | 4430 | 4097 |
| 2001 | 4695 | 4780 | 4830 | 4753 | 4556 |
| 2002 | 5052 | 5113 | 5178 | 5120 | 4930 |
| 2003 | 5536 | 5521 | 5716 | 5622 | 5402 |
| 2004 | 6380 | 6443 | 6545 | 6438 | 6161 |
| 2005 | 7288 | 7372 | 7461 | 7307 | 7034 |

# 9-9 历年分县区农村居民人均年纯收入增长速度

单位:%

| 年份 | 全市 | 市区 | 德清县 | 长兴县 | 安吉县 |
| --- | --- | --- | --- | --- | --- |
| 1979 | 87.3 | 87.4 | 97.5 | 82.0 | 32.6 |
| 1980 | -17.1 | -29.5 | -10.5 | -11.7 | 1.8 |
| 1981 | 4.4 | 14.2 | 0.9 |  | -5.6 |
| 1982 | 20.7 | 36.3 | -3.3 | 16.6 | 16.4 |
| 1983 | -2.3 | -7.1 | 7.9 | -4.1 | 4.0 |
| 1984 | 30.1 | 23.2 | 29.2 | 39.5 | 36.8 |
| 1985 | 14.6 | 28.1 | 7.1 | -1.0 | 11.6 |
| 1986 | 11.4 | 15.0 | 9.3 | 17.8 | -2.8 |
| 1987 | 17.5 | 15.4 | 19.0 | 12.5 | 31.2 |
| 1988 | 34.0 | 37.2 | 45.2 | 33.2 | 13.8 |
| 1989 | 9.6 | 6.7 | 10.5 | 14.0 | 11.2 |
| 1990 | 5.0 | 3.8 | 6.3 | 8.4 | 2.2 |
| 1991 | -1.6 | -5.4 | -1.9 | 4.4 | 2.3 |
| 1992 | 12.5 | 14.2 | 13.5 | 9.2 | 5.4 |
| 1993 | 23.8 | 22.5 | 21.6 | 24.5 | 36.0 |
| 1994 | 37.4 | 36.0 | 32.4 | 42.4 | 38.9 |
| 1995 | 27.5 | 24.0 | 23.0 | 32.4 | 36.6 |
| 1996 | 12.7 | 9.9 | 9.5 | 14.9 | 17.3 |
| 1997 | 6.0 | 5.7 | 7.1 | 5.7 | 9.0 |
| 1998 | 5.9 | 5.5 | 8.5 | 6.0 | 4.7 |
| 1999 | 3.8 | 3.5 | 6.1 | 3.8 | 2.5 |
| 2000 | 8.1 | 7.3 | 10.1 | 11.1 | 9.1 |
| 2001 | 8.3 | 8.1 | 7.1 | 7.3 | 11.2 |
| 2002 | 7.6 | 7.0 | 7.2 | 7.7 | 8.2 |
| 2003 | 9.6 | 8.0 | 10.4 | 9.8 | 9.6 |
| 2004 | 15.2 | 16.7 | 14.5 | 14.5 | 14.1 |
| 2005 | 14.2 | 14.4 | 14.5 | 13.5 | 14.2 |

# 9－10 历年分县区农村居民人均纯收入发展指数

（1978年＝100）　　单位：%

| 年份 | 全市 | 市区 | 德清县 | 长兴县 | 安吉县 |
|---|---|---|---|---|---|
| 1978 | 100 | 100 | 100 | 100 | 100 |
| 1979 | 187.3 | 187.4 | 197.5 | 182.0 | 182.6 |
| 1980 | 155.2 | 132.2 | 176.8 | 160.7 | 185.9 |
| 1981 | 162.0 | 151.0 | 178.4 | 160.7 | 175.5 |
| 1982 | 195.5 | 205.9 | 172.6 | 187.4 | 204.3 |
| 1983 | 191.0 | 191.2 | 186.3 | 179.6 | 212.5 |
| 1984 | 248.4 | 235.6 | 240.7 | 250.5 | 290.8 |
| 1985 | 284.6 | 301.7 | 257.7 | 248.1 | 324.5 |
| 1986 | 317.2 | 346.9 | 281.7 | 292.2 | 315.2 |
| 1987 | 372.9 | 400.4 | 335.3 | 328.6 | 413.6 |
| 1988 | 499.5 | 549.4 | 486.7 | 437.9 | 470.7 |
| 1989 | 547.5 | 586.2 | 537.8 | 499.0 | 523.4 |
| 1990 | 574.7 | 608.4 | 571.4 | 540.8 | 534.8 |
| 1991 | 565.6 | 575.7 | 560.6 | 564.6 | 547.3 |
| 1992 | 636.2 | 657.7 | 636.5 | 616.5 | 576.6 |
| 1993 | 787.8 | 805.9 | 774.3 | 767.5 | 784.2 |
| 1994 | 1082.8 | 1096.2 | 1025.3 | 1093.2 | 1089.7 |
| 1995 | 1381.0 | 1359.8 | 1261.0 | 1447.6 | 1488.6 |
| 1996 | 1556.6 | 1494.6 | 1380.5 | 1663.6 | 1745.7 |
| 1997 | 1650.7 | 1579.1 | 1478.0 | 1758.3 | 1902.7 |
| 1998 | 1748.9 | 1665.7 | 1602.9 | 1863.6 | 1992.4 |
| 1999 | 1814.9 | 1724.3 | 1700.4 | 1935.0 | 2041.3 |
| 2000 | 1961.5 | 1850.2 | 1871.4 | 2150.5 | 2226.6 |
| 2001 | 2124.4 | 2000.0 | 2004.1 | 2307.3 | 2476.1 |
| 2002 | 2286.0 | 2139.3 | 2148.5 | 2485.4 | 2679.3 |
| 2003 | 2505.0 | 2310.0 | 2371.8 | 2729.1 | 2935.9 |
| 2004 | 2886.9 | 2695.8 | 2715.8 | 3125.2 | 3348.4 |
| 2005 | 3297.7 | 3084.5 | 3095.9 | 3547.1 | 3822.8 |

# 9-11 分县区农村住户抽样调查户分组情况

| | 单位 | 全 市 | 吴兴区 | 南浔区 | 德清县 | 长兴县 | 安吉县 | △市区 |
|---|---|---|---|---|---|---|---|---|
| **按家庭类型分** | | | | | | | | |
| 单身或夫妇 | 户 | 39 | 4 | 4 | 5 | 12 | 14 | 8 |
| 夫妇与一个孩子 | 户 | 119 | 21 | 11 | 20 | 31 | 36 | 32 |
| 夫妇与两个孩子 | 户 | 79 | 16 | 6 | 12 | 21 | 24 | 22 |
| 夫妇与三个以上孩子 | 户 | 5 | | 1 | 3 | 1 | | 1 |
| 单亲与孩子 | 户 | 2 | 1 | | | | 1 | 1 |
| 三代同堂 | 户 | 234 | 54 | 63 | 58 | 34 | 25 | 117 |
| 其　他 | 户 | 22 | 4 | 15 | 2 | 1 | | 19 |
| **按人均纯收入分组** | | | | | | | | |
| 500元以下 | 户 | 3 | 2 | | | | 1 | 2 |
| 500-1000元 | 户 | 8 | 2 | 2 | | | 4 | 4 |
| 1000-1500元 | 户 | 2 | 1 | | | | 1 | 1 |
| 1500-2000元 | 户 | 9 | 4 | | | | 5 | 4 |
| 2000-2500元 | 户 | 9 | 6 | 2 | | | 1 | 8 |
| 2500-3000元 | 户 | 12 | 4 | 4 | | | 4 | 8 |
| 3000-3500元 | 户 | 10 | 3 | 2 | 1 | | 4 | 5 |
| 3500-4000元 | 户 | 19 | 4 | 7 | 2 | 2 | 4 | 11 |
| 4000-4500元 | 户 | 30 | 11 | 9 | 4 | 2 | 4 | 20 |
| 4500-5000元 | 户 | 31 | 6 | 11 | 5 | 1 | 8 | 17 |
| 5000-6000元 | 户 | 65 | 12 | 16 | 14 | 8 | 15 | 28 |
| 6000-7000元 | 户 | 66 | 12 | 17 | 17 | 12 | 8 | 29 |
| 7000-8000元 | 户 | 46 | 6 | 5 | 15 | 14 | 6 | 11 |
| 8000-9000元 | 户 | 41 | 8 | 7 | 10 | 11 | 5 | 15 |
| 9000-10000元 | 户 | 36 | 5 | 5 | 7 | 12 | 7 | 10 |
| 10000元及以上 | 户 | 113 | 14 | 13 | 25 | 38 | 23 | 27 |
| **按人均纯收入等级分组** | | | | | | | | |
| 最低20% | 元 | 2949 | 1584 | 3138 | 4617 | 5351 | 1886 | 2278 |
| 次低20% | 元 | 5286 | 4106 | 4689 | 6203 | 7316 | 4557 | 4448 |
| 中等20% | 元 | 6805 | 5624 | 5828 | 7389 | 8978 | 6059 | 5761 |
| 次高20% | 元 | 8989 | 7525 | 7387 | 9311 | 10564 | 8891 | 7458 |
| 最高20% | 元 | 14042 | 12916 | 12543 | 12787 | 14121 | 16215 | 12734 |

# 9-12　全市、市区农村住户抽样调查基本情况

| | 单位 | 全市 | | | 市区 | | |
|---|---|---|---|---|---|---|---|
| | | 2003年 | 2004年 | 2005年 | 2003年 | 2004年 | 2005年 |
| **一、调查户数** | **户** | **400** | **400** | **500** | **100** | **100** | **200** |
| **二、常住人口** | **人** | **1564** | **1557** | **1953** | **451** | **449** | **806** |
| **三、整半劳动力** | **人** | **1072** | **1056** | **1371** | **323** | **311** | **566** |
| **四、劳动力文化程度** | | | | | | | |
| 1.不识字或识字很少 | 人 | 54 | 45 | 82 | 28 | 12 | 39 |
| 2.小学程度 | 人 | 320 | 321 | 454 | 91 | 89 | 167 |
| 3.初中程度 | 人 | 524 | 494 | 620 | 165 | 164 | 265 |
| 4.高中程度 | 人 | 126 | 139 | 141 | 27 | 35 | 54 |
| 5.中专程度 | 人 | 37 | 42 | 50 | 9 | 9 | 29 |
| 6.大专程度 | 人 | 11 | 15 | 24 | 3 | 2 | 12 |
| **五、经营耕地面积** | **亩** | **1365** | **1408** | **1717** | **411** | **418** | **727** |
| #承包耕地面积 | 亩 | 1267 | 1378 | 1570 | 376 | 364 | 679 |
| **六、年末拥有主要固定资产** | | | | | | | |
| 1.汽　车 | 辆 | 7 | 11 | 9 | 1 | 3 | 1 |
| 2.拖拉机 | 台 | 49 | 39 | 34 | 7 | 9 | 12 |
| 3.机动脱粒机 | 台 | 142 | 144 | 110 | 77 | 73 | 78 |
| 4.收割机 | 台 | 1 | 8 | | | 6 | |
| 5.农业动力机械 | 台 | 78 | 51 | 109 | 19 | 10 | 46 |
| 6.水　泵 | 台 | 166 | 181 | 205 | 70 | 70 | 72 |
| **七、年内新建房屋面积** | **m2** | **1143** | **150** | **1571** | | **40** | **131** |
| 年内新建房屋价值 | 元 | 805000 | 64000 | 967800 | | 40000 | 66000 |
| 年末生活房屋面积 | m2 | 72124 | 91738 | 96614 | 18924 | 18880 | 40315 |
| 人均年末住宅面积 | m2/人 | 45.69 | 48.23 | 49.82 | 41.96 | 42.05 | 50.18 |

# 9－13　主要年份农村住户抽样调查收支及消费

| | 单位 | 1985年 | 1990年 | 1995年 | 2000年 | 2004年 | 2005年 |
|---|---|---|---|---|---|---|---|
| **一、调查户数** | **户** | **280** | **280** | **320** | **360** | **670** | **930** |
| **二、调查户常住人口** | **人** | **1275** | **1221** | **1350** | **1439** | **2559** | **3697** |
| **三、全年人均纯收入** | **元/人** | **629** | **1270** | **3052** | **4335** | **6380** | **7288** |
| **四、全年人均可支配收入** | **元/人** | **592** | **1207** | **2944** | **4067** | **6127** | **6882** |
| **五、全年人均总收入** | **元/人** | **860** | **1704** | **4248** | **5714** | **8168** | **9446** |
| #现金总收入 | 元/人 | 653 | 1348 | 3564 | 4833 | 7261 | 8917 |
| (一)工资性收入 | 元/人 | 178 | 313 | 1101 | 2092 | 2869 | 3397 |
| 1.非企业组织劳动收入 | 元/人 | 18 | 21 | 35 | 326 | 485 | 680 |
| 2.在本乡地域劳动收入 | 元/人 | 101 | 226 | 978 | 1551 | 2135 | 2358 |
| 3.外出从业得到收入 | 元/人 | 59 | 66 | 88 | 215 | 249 | 359 |
| (二)家庭经营收入 | 元/人 | 649 | 1350 | 2988 | 3425 | 5017 | 5496 |
| 1.农　业收入 | 元/人 | 342 | 571 | 1120 | 958 | 1031 | 1072 |
| 2.林　业收入 | 元/人 | 32 | 52 | 116 | 227 | 416 | 453 |
| 3.牧　业收入 | 元/人 | 136 | 412 | 583 | 545 | 528 | 616 |
| 4.渔　业收入 | 元/人 | 53 | 100 | 342 | 308 | 561 | 614 |
| 5.工　业收入 | 元/人 | 15 | 58 | 124 | 761 | 1266 | 1276 |
| 6.建筑业收入 | 元/人 | 5 | 20 | 90 | 99 | 94 | 130 |
| 7.运输业收入 | 元/人 | 33 | 59 | 315 | 230 | 547 | 672 |
| 8.商饮业收入 | 元/人 | 24 | 64 | 97 | 106 | 323 | 325 |
| 9.服务业收入 | 元/人 | | | 42 | 67 | 152 | 163 |
| 10.文教卫生业收入 | 元/人 | | | | 9 | 16 | 19 |
| 11.其　他收入 | 元/人 | 9 | 14 | 159 | 115 | 83 | 156 |
| (三)转移性收入 | 元/人 | 33 | 41 | 76 | 124 | 172 | 313 |
| (四)财产性收入 | 元/人 | | | 83 | 73 | 110 | 240 |
| **六、全年人均总支出** | **元/人** | **816** | **1587** | **3544** | **4244** | **6058** | **7253** |
| (一)家庭经营费用支出 | 元/人 | 194 | 370 | 1009 | 1084 | 1407 | 1738 |
| 1.第一产业费用支出 | 元/人 | 175 | 329 | 810 | 725 | 752 | 889 |
| ①农　业支出 | 元/人 | 106 | 166 | 370 | 410 | 283 | 317 |
| ②林　业支出 | 元/人 | 11 | 15 | 29 | 51 | 108 | 110 |
| ③牧　业支出 | 元/人 | 42 | 119 | 259 | 177 | 151 | 237 |
| ④渔　业支出 | 元/人 | 16 | 29 | 152 | 87 | 210 | 225 |
| 2.第二产业费用支出 | 元/人 | 5 | 15 | 46 | 250 | 370 | 447 |
| 3.第三产业费用支出 | 元/人 | 14 | 26 | 153 | 109 | 285 | 402 |
| (二)购买生产性固定资产 | 元/人 | 23 | 20 | 38 | 109 | 74 | 81 |

9－13续表

| | 单位 | 1985年 | 1990年 | 1995年 | 2000年 | 2004年 | 2005年 |
|---|---|---|---|---|---|---|---|
| (三)缴纳税款 | 元/人 | 11 | 15 | 56 | 19 | 11 | 21 |
| (四)其他各种收费 | 元/人 | 4 | 12 | 17 | 17 | 5 | 3 |
| (五)生活消费支出 | 元/人 | 563 | 1131 | 2358 | 2677 | 4212 | 4821 |
| 1.食　品 | 元/人 | 301 | 603 | 1310 | 1305 | 1742 | 1848 |
| #主　食 | 元/人 | 96 | 145 | 333 | 249 | 326 | 310 |
| 2.衣　着 | 元/人 | 52 | 86 | 198 | 154 | 276 | 322 |
| 3.居　住 | 元/人 | 121 | 273 | 289 | 328 | 432 | 556 |
| 4.家庭设备用品及服务 | 元/人 | 51 | 70 | 182 | 156 | 286 | 301 |
| 5.交通通讯 | 元/人 | 13 | 31 | 122 | 117 | 531 | 601 |
| 6.文教娱乐用品及服务 | 元/人 | 16 | 30 | 141 | 225 | 559 | 668 |
| 7.医疗保健 | 元/人 | 6 | 26 | 90 | 278 | 294 | 432 |
| 8.其他商品和服务 | 元/人 | 3 | 12 | 26 | 114 | 92 | 93 |
| (六)其他非借贷性支出 | 元/人 | 21 | 52 | 66 | 338 | 349 | 589 |
| 附:生产性固定资产折旧 | 元/人 | 14 | 27 | 106 | 165 | 268 | 213 |
| **七、年内主要实物消费量** | | | | | | | |
| 粮　食 | 公斤/人 | 342 | 298 | 290 | 282 | 227 | 244 |
| 蔬　菜 | 公斤/人 | 123 | 105 | 107 | 149 | 171 | 172 |
| 植物油 | 公斤/人 | 7.0 | 11.0 | 12.0 | 9.2 | 13.1 | 13.8 |
| 动物油 | 公斤/人 | 0.2 | 0.3 | 1.6 | 0.9 | 1.2 | 1.2 |
| 猪　肉 | 公斤/人 | 16.0 | 15.0 | 13.0 | 19.9 | 21.5 | 21.8 |
| 牛羊肉 | 公斤/人 | 0.1 | 0.3 | 0.7 | 0.9 | 2.1 | 2.2 |
| 家　禽 | 公斤/人 | 2.0 | 5.0 | 4.0 | 8.6 | 12.4 | 12.5 |
| 蛋　类 | 公斤/人 | 6.0 | 4.0 | 4.0 | 7.3 | 8.4 | 8.6 |
| 鱼　虾 | 公斤/人 | 6.0 | 13.0 | 9.0 | 9.9 | 12.9 | 14.1 |
| 食　糖 | 公斤/人 | 3.0 | 3.0 | 2.1 | 2.2 | 3.2 | 3.3 |
| 卷　烟 | 盒/人 | 54.0 | 55.0 | 44.0 | 43.0 | 46.1 | 46.7 |
| 酒　类 | 公斤/人 | 11.0 | 13.0 | 19.0 | 19.1 | 19.9 | 20.6 |
| 茶　叶 | 公斤/人 | 0.9 | 0.3 | 1.7 | 1.8 | 2.2 | 2.4 |
| 糖　果 | 公斤/人 | 1.0 | 1.0 | 1.1 | 1.0 | 1.5 | 1.8 |
| 糕　点 | 公斤/人 | 2.0 | 3.0 | 1.8 | 1.5 | 2.3 | 2.5 |
| 水　果 | 公斤/人 | 6.0 | 16.0 | 24.0 | 21.2 | 27.9 | 29.0 |

# 9－14　分县区农村住户抽样调查市县收支及消费

| | 单位 | 吴兴区 | | 南浔区 | | △市区 | |
|---|---|---|---|---|---|---|---|
| | | 2005 年 | 2004 年 | 2005 年 | 2004 年 | 2005 年 | 2004 年 |
| **一、调查户数** | 户 | **100** | **100** | **100** | **100** | **200** | **200** |
| **二、调查户常住人口** | 人 | **400** | **400** | **406** | **406** | **806** | **806** |
| **三、全年人均纯收入** | 元/人 | **7405** | **6478** | **7346** | **6416** | **7372** | **6443** |
| **四、全年人均可支配收入** | 元/人 | **7137** | **6405** | **7065** | **6298** | **7097** | **6345** |
| **五、全年人均总收入** | 元/人 | **9748** | **7960** | **9460** | **7924** | **9587** | **7940** |
| #现金总收入 | 元/人 | 8987 | 7149 | 8995 | 6602 | 8991 | 6944 |
| (一)工资性收入 | 元/人 | 3868 | 5498 | 3637 | 2981 | 3739 | 2089 |
| 1.非企业组织劳动收入 | 元/人 | 818 | 233 | 1190 | 835 | 1025 | 434 |
| 2.在本乡地域劳动收入 | 元/人 | 2660 | 5141 | 2217 | 1951 | 2413 | 1655 |
| 3.外出从业得到收入 | 元/人 | 390 | 124 | 230 | 195 | 301 | |
| (二)家庭经营收入 | 元/人 | 5275 | 2306 | 5263 | 4500 | 5268 | 5615 |
| 1.农　业收入 | 元/人 | 955 | 877 | 995 | 866 | 977 | 671 |
| 2.林　业收入 | 元/人 | 368 | 74 | 19 | 17 | 173 | 292 |
| 3.牧　业收入 | 元/人 | 409 | 214 | 1495 | 1317 | 1014 | 482 |
| 4.渔　业收入 | 元/人 | 1274 | 82 | 420 | 353 | 798 | 1234 |
| 5.工　业收入 | 元/人 | 1463 | 546 | 1493 | 1245 | 1480 | 2137 |
| 6.建筑业收入 | 元/人 | 228 | 114 | 75 | 65 | 143 | 137 |
| 7.运输业收入 | 元/人 | 141 | 121 | 220 | 194 | 185 | 162 |
| 8.商饮业收入 | 元/人 | 159 | 100 | 160 | 141 | 160 | 353 |
| 9.服务业收入 | 元/人 | 67 | 24 | 200 | 179 | 141 | 111 |
| 10.文教卫生业收入 | 元/人 | 15 | 8 | 4 | 3 | 9 | 5 |
| 11.其　他收入 | 元/人 | 196 | 146 | 182 | 120 | 188 | 31 |
| (三)转移性收入 | 元/人 | 515 | 122 | 250 | 176 | 367 | 152 |
| (四)财产性收入 | 元/人 | 90 | 34 | 310 | 267 | 213 | 84 |
| **六、全年人均总支出** | 元/人 | **7230** | **5244** | **7368** | **5493** | **7307** | **5754** |
| (一)家庭经营费用支出 | 元/人 | 1678 | 1097 | 1700 | 1189 | 1690 | 1519 |
| 1.第一产业费用支出 | 元/人 | 885 | 735 | 976 | 737 | 936 | 1147 |
| ①农　业支出 | 元/人 | 388 | 575 | 280 | 137 | 328 | 230 |
| ②林　业支出 | 元/人 | 38 | 21 | 15 | 10 | 25 | 75 |
| ③牧　业支出 | 元/人 | 72 | 111 | 482 | 439 | 301 | 85 |
| ④渔　业支出 | 元/人 | 387 | 28 | 199 | 151 | 282 | 757 |
| 2.第二产业费用支出 | 元/人 | 728 | 351 | 523 | 344 | 614 | 337 |
| 3.第三产业费用支出 | 元/人 | 65 | 11 | 201 | 108 | 140 | 35 |
| (二)购买生产性固定资产 | 元/人 | 31 | 2 | 96 | 92 | 67 | 52 |

9－14续表1

| | 单位 | 吴兴区 | | 南浔区 | | △市区 | |
|---|---|---|---|---|---|---|---|
| | | 2005年 | 2004年 | 2005年 | 2004年 | 2005年 | 2004年 |
| (三)缴纳税款 | 元/人 | | 8 | 63 | 10 | 35 | 9 |
| (四)其他各种收费 | 元/人 | | | 5 | 5 | 3 | 3 |
| (五)生活消费支出 | 元/人 | 4903 | 3958 | 5077 | 3969 | 5000 | 3964 |
| 1.食　品 | 元/人 | 2030 | 1781 | 1800 | 1786 | 1902 | 1784 |
| #主　食 | 元/人 | 397 | 445 | 408 | 403 | 315 | 421 |
| 2.衣　着 | 元/人 | 331 | 245 | 276 | 235 | 300 | 239 |
| 3.居　住 | 元/人 | 799 | 490 | 487 | 292 | 625 | 379 |
| 4.家庭设备用品及服务 | 元/人 | 274 | 272 | 449 | 286 | 372 | 280 |
| 5.交通通讯 | 元/人 | 446 | 363 | 676 | 454 | 574 | 414 |
| 6.文教娱乐用品及服务 | 元/人 | 414 | 388 | 564 | 456 | 498 | 426 |
| 7.医疗保健 | 元/人 | 499 | 266 | 735 | 385 | 630 | 333 |
| 8.其他商品和服务 | 元/人 | 110 | 153 | 90 | 75 | 99 | 109 |
| (六)其他非借贷性支出 | 元/人 | 618 | 179 | 427 | 228 | 512 | 207 |
| 附:生产性固定资产折旧 | 元/人 | 315 | 271 | 200 | 194 | 250 | 228 |
| **七、年内主要实物消费量** | | | | | | | |
| 粮　食 | 公斤/人 | 284 | 264 | 218 | 260 | 251 | 262 |
| 蔬　菜 | 公斤/人 | 185 | 178 | 165 | 162 | 174 | 169 |
| 植物油 | 公斤/人 | 15.3 | 13.2 | 13.5 | 13.3 | 14.5 | 13.3 |
| 动物油 | 公斤/人 | 2.0 | 1.7 | 1.9 | 1.8 | 2.0 | 1.8 |
| 猪　肉 | 公斤/人 | 15.1 | 13.2 | 13.5 | 13.3 | 14.4 | 13.3 |
| 牛羊肉 | 公斤/人 | 3.1 | 2.5 | 3.3 | 3 | 3.3 | 2.8 |
| 家　禽 | 公斤/人 | 15.8 | 15.6 | 13.8 | 13.5 | 14.7 | 14.4 |
| 蛋　类 | 公斤/人 | 9.6 | 9.3 | 9.3 | 9.2 | 9.4 | 9.2 |
| 鱼　虾 | 公斤/人 | 19.2 | 13.5 | 14.1 | 13.7 | 16.7 | 13.6 |
| 食　糖 | 公斤/人 | 2.8 | 2.3 | 2.5 | 2.4 | 2.7 | 2.4 |
| 卷　烟 | 盒/人 | 53.0 | 48 | 51.0 | 49 | 52.1 | 48.6 |
| 酒　类 | 公斤/人 | 21.5 | 20.3 | 20.7 | 20.5 | 21.1 | 20.4 |
| 茶　叶 | 公斤/人 | 2.6 | 2.3 | 2.6 | 2.4 | 2.7 | 2.4 |
| 糖　果 | 公斤/人 | 1.5 | 1.2 | 1.5 | 1.3 | 1.6 | 1.3 |
| 糕　点 | 公斤/人 | 3.2 | 2.8 | 3.2 | 2.9 | 3.3 | 2.9 |
| 水　果 | 公斤/人 | 32.5 | 28.3 | 28.6 | 28.4 | 30.6 | 28.4 |

9-14续表2

| | 单位 | 德清县 | | 长兴县 | | 安吉县 | |
|---|---|---|---|---|---|---|---|
| | | 2005年 | 2004年 | 2005年 | 2004年 | 2005年 | 2004年 |
| **一、调查户数** | **户** | **430** | **170** | **200** | **200** | **100** | **100** |
| **二、调查户常住人口** | **人** | **1813** | **663** | **738** | **744** | **340** | **346** |
| **三、全年人均纯收入** | **元/人** | **7461** | **6545** | **7307** | **6438** | **7034** | **6161** |
| **四、全年人均可支配收入** | **元/人** | **6720** | **6173** | **7008** | **6160** | **6525** | **5748** |
| **五、全年人均总收入** | **元/人** | **8956** | **7929** | **9380** | **8235** | **9626** | **8497** |
| #现金总收入 | 元/人 | 8513 | 7552 | 9083 | 7364 | 8806 | 7793 |
| (一)工资性收入 | 元/人 | 4359 | 4468 | 2765 | 2403 | 2717 | 2243 |
| 1.非企业组织劳动收入 | 元/人 | 371 | 241 | 430 | 366 | 617 | 695 |
| 2.在本乡地域劳动收入 | 元/人 | 3624 | 4138 | 1756 | 1522 | 1922 | 1345 |
| 3.外出从业得到收入 | 元/人 | 364 | 89 | 579 | 515 | 178 | 203 |
| (二)家庭经营收入 | 元/人 | 3982 | 3032 | 6182 | 5465 | 6311 | 5863 |
| 1.农　业收入 | 元/人 | 733 | 812 | 1750 | 1639 | 1406 | 1242 |
| 2.林　业收入 | 元/人 | 484 | 309 | 305 | 290 | 901 | 887 |
| 3.牧　业收入 | 元/人 | 1038 | 1075 | 571 | 505 | 304 | 296 |
| 4.渔　业收入 | 元/人 | 464 | 278 | 128 | 113 | 265 | 97 |
| 5.工　业收入 | 元/人 | 163 | 114 | 1406 | 1196 | 1075 | 954 |
| 6.建筑业收入 | 元/人 | 140 | 56 | 227 | 192 | 57 | 11 |
| 7.运输业收入 | 元/人 | 626 | 250 | 1137 | 983 | 1028 | 1087 |
| 8.商饮业收入 | 元/人 | 217 | 46 | 263 | 203 | 719 | 652 |
| 9.服务业收入 | 元/人 | 36 | 39 | 202 | 179 | 362 | 297 |
| 10.文教卫生业收入 | 元/人 | | | 58 | 53 | 3 | |
| 11.其　他收入 | 元/人 | 81 | 53 | 135 | 112 | 191 | 340 |
| (三)转移性收入 | 元/人 | 230 | 163 | 273 | 220 | 326 | 162 |
| (四)财产性收入 | 元/人 | 385 | 266 | 160 | 147 | 272 | 229 |
| **六、全年人均总支出** | **元/人** | **6798** | **5787** | **6411** | **5665** | **8518** | **7764** |
| (一)家庭经营费用支出 | 元/人 | 1344 | 927 | 1586 | 1391 | 2234 | 1991 |
| 1.第一产业费用支出 | 元/人 | 1175 | 890 | 636 | 579 | 737 | 529 |
| ①农　业支出 | 元/人 | 202 | 140 | 296 | 276 | 423 | 326 |
| ②林　业支出 | 元/人 | 230 | 63 | 51 | 48 | 48 | 46 |
| ③牧　业支出 | 元/人 | 468 | 605 | 258 | 228 | 233 | 143 |
| ④渔　业支出 | 元/人 | 275 | 82 | 31 | 27 | 33 | 14 |
| 2.第二产业费用支出 | 元/人 | 56 | 2 | 571 | 493 | 744 | 574 |
| 3.第三产业费用支出 | 元/人 | 113 | 35 | 379 | 319 | 753 | 888 |
| (二)购买生产性固定资产 | 元/人 | 184 | 47 | 53 | 45 | 57 | 176 |

9－14续表3

| | 单位 | 德清县 | | 长兴县 | | 安吉县 | |
|---|---|---|---|---|---|---|---|
| | | 2005年 | 2004年 | 2005年 | 2004年 | 2005年 | 2004年 |
| (三)缴纳税款 | 元/人 | 1 | 4 | 27 | 26 | 2 | 2 |
| (四)其他各种收费 | 元/人 | 12 | 12 | | 3 | | 7 |
| (五)生活消费支出 | 元/人 | 4451 | 4389 | 4235 | 3764 | 5575 | 5129 |
| 1.食　品 | 元/人 | 1681 | 1734 | 1600 | 1450 | 2216 | 2054 |
| #主　食 | 元/人 | 221 | 334 | 245 | 240 | 295 | 249 |
| 2.衣　着 | 元/人 | 360 | 303 | 272 | 236 | 398 | 378 |
| 3.居　住 | 元/人 | 489 | 437 | 423 | 372 | 655 | 612 |
| 4.家庭设备用品及服务 | 元/人 | 211 | 352 | 217 | 199 | 357 | 356 |
| 5.交通通讯 | 元/人 | 341 | 526 | 352 | 583 | 344 | 693 |
| 6.文教娱乐用品及服务 | 元/人 | 589 | 659 | 662 | 519 | 732 | 782 |
| 7.医疗保健 | 元/人 | 704 | 301 | 612 | 315 | 784 | 186 |
| 8.其他商品和服务 | 元/人 | 76 | 78 | 97 | 90 | 89 | 68 |
| (六)其他非借贷性支出 | 元/人 | 806 | 408 | 510 | 436 | 650 | 459 |
| 附:生产性固定资产折旧 | 元/人 | 73 | 406 | 249 | 219 | 215 | 289 |
| **七、年内主要实物消费量** | | | | | | | |
| 粮　食 | 公斤/人 | 221 | 210 | 237 | 237 | 267 | 162 |
| 蔬　菜 | 公斤/人 | 96 | 95 | 118 | 113 | 135 | 134 |
| 植物油 | 公斤/人 | 16.4 | 16.0 | 11.5 | 11.0 | 13.5 | 13.1 |
| 动物油 | 公斤/人 | 0.8 | 0.7 | 0.2 | 0.2 | 1.3 | 1.2 |
| 猪　肉 | 公斤/人 | 15.0 | 13.0 | 19.1 | 18.0 | 27.0 | 27.0 |
| 牛羊肉 | 公斤/人 | 0.9 | 0.8 | 1.2 | 0.9 | 1.7 | 1.6 |
| 家　禽 | 公斤/人 | 8.5 | 7.0 | 10.0 | 13.0 | 12.3 | 12.2 |
| 蛋　类 | 公斤/人 | 6.7 | 6.0 | 10.4 | 10.2 | 6.4 | 6.3 |
| 鱼　虾 | 公斤/人 | 12.7 | 12.5 | 12.9 | 12.4 | 12.4 | 12.3 |
| 食　糖 | 公斤/人 | 7.2 | 7.0 | 1.4 | 1.4 | 2.0 | 1.7 |
| 卷　烟 | 盒/人 | 47.0 | 46.0 | 30.6 | 30.5 | 37.0 | 34.5 |
| 酒　类 | 公斤/人 | 17.0 | 16.0 | 14.3 | 14.0 | 31.0 | 24.5 |
| 茶　叶 | 公斤/人 | 2.5 | 2.4 | 2.1 | 2.0 | 2.1 | 1.8 |
| 糖　果 | 公斤/人 | 1.3 | 1.2 | 1.0 | 1.0 | 4.0 | 3.0 |
| 糕　点 | 公斤/人 | 2.5 | 2.4 | 2.0 | 2.0 | 1.6 | 1.5 |
| 水　果 | 公斤/人 | 25.4 | 25.3 | 28.7 | 28.0 | 30.0 | 29.0 |

# 9－15　农村住户按收入等级分组的人均收支情况

单位:元

| 指　　标 | 最低 20% | 次低 20% | 中等 20% | 次高 20% | 最高 20% |
|---|---|---|---|---|---|
| 调查户均人口(人) | 4.28 | 4.14 | 4.16 | 3.85 | 3.42 |
| 调查户均劳力(个) | 2.86 | 2.73 | 2.89 | 2.67 | 2.56 |
| **一、全年家庭纯收入** | **2949** | **5286** | **6805** | **8989** | **14042** |
| **二、全年可支配收入** | **2773** | **3614** | **6363** | **8697** | **13005** |
| **三、全年总收入** | **5170** | **6984** | **8790** | **11394** | **17621** |
| # 现金总收入 | 4675 | 6386 | 8302 | 10768 | 17030 |
| (一)工资性收入 | 1723 | 2850 | 3872 | 5265 | 5623 |
| 1.在非企业组织中得到收入 | 415 | 720 | 636 | 788 | 1101 |
| 2.在本乡地域内劳动收入 | 1162 | 1902 | 2901 | 3769 | 4198 |
| 3.外出从业得到收入 | 146 | 228 | 335 | 708 | 324 |
| (二)家庭经营收入 | 3171 | 3568 | 4505 | 5177 | 9280 |
| 1.第一产业收入 | 2029 | 1939 | 3056 | 3266 | 4965 |
| (1)农业收入 | 903 | 963 | 1071 | 1196 | 1736 |
| (2)林业收入 | 300 | 186 | 278 | 187 | 431 |
| (3)牧业收入 | 427 | 512 | 1219 | 730 | 1739 |
| (4)渔业收入 | 399 | 278 | 488 | 1153 | 1059 |
| 2.第二产业收入 | 605 | 898 | 542 | 1226 | 2306 |
| (1)工业收入 | 569 | 602 | 412 | 1032 | 1877 |
| (2)建筑业收入 | 36 | 296 | 130 | 194 | 429 |
| 3.第三产业收入 | 536 | 732 | 906 | 685 | 2009 |
| (1)交通运输业收入 | 125 | 400 | 366 | 249 | 676 |
| (2)商业饮食业收入 | 264 | 146 | 172 | 88 | 598 |
| (3)社会服务业收入 | 83 | 44 | 80 | 57 | 301 |
| (4)文教卫生业收入 | 16 | 2 | 70 | 125 | 1 |
| (5)其他家庭经营收入 | 48 | 140 | 218 | 166 | 433 |
| (三)财产性收入 | 55 | 127 | 207 | 290 | 1802 |
| (四)转移性收入 | 221 | 439 | 206 | 662 | 916 |
| # 农村亲友赠送收入 | 144 | 317 | 145 | 458 | 177 |

9－15续表

| 指　　标 | 最低20% | 次低20% | 中等20% | 次高20% | 最高20% |
|---|---|---|---|---|---|
| **四、全年总支出** | **5468** | **7812** | **6506** | **8205** | **11754** |
| （一）家庭经营费用支出 | 1817 | 1075 | 1496 | 1685 | 2900 |
| 1.第一产业费用支出 | 1058 | 643 | 1310 | 1000 | 1460 |
| (1)农业支出 | 359 | 351 | 446 | 308 | 452 |
| (2)林业支出 | 51 | 29 | 60 | 15 | 24 |
| (3)牧业支出 | 156 | 145 | 610 | 205 | 642 |
| (4)渔业支出 | 492 | 118 | 194 | 472 | 342 |
| 2.第二产业费用支出 | 514 | 348 | 150 | 615 | 1300 |
| 3.第三产业费用支出 | 245 | 84 | 36 | 70 | 140 |
| (二)购置生产性固定资产 | 35 | 57 | 119 | 29 | 271 |
| (三)缴纳税金 |  | 1 |  | 29 | 45 |
| (四)其他各种收费 |  | 4 | 5 | 1 | 1 |
| (五)生活消费支出 | 3296 | 4686 | 4301 | 5710 | 7357 |
| ①食　品 | 1350 | 1792 | 1769 | 2284 | 2507 |
| #主　食 | 223 | 237 | 229 | 241 | 285 |
| ②衣　着 | 159 | 294 | 339 | 400 | 588 |
| ③居　住 | 434 | 689 | 311 | 672 | 770 |
| ④家庭设备用品及服务 | 150 | 286 | 210 | 320 | 658 |
| ⑤交通通讯 | 222 | 478 | 508 | 750 | 993 |
| ⑥文教娱乐用品及服务 | 294 | 598 | 709 | 811 | 930 |
| ⑦医疗保健 | 638 | 465 | 405 | 391 | 745 |
| ⑧其他商品和服务 | 49 | 84 | 50 | 82 | 166 |
| (六)其他非借贷性支出 | 320 | 1989 | 585 | 751 | 1180 |
| 附:生产性固定资产折旧 | 260 | 301 | 340 | 233 | 491 |

# 9－16 市区农村住户按收入等级分组的人均收支情况

单位:元

| 指　标 | 最低20% | 次低20% | 中等20% | 次高20% | 最高20% |
|---|---|---|---|---|---|
| 调查户均人口(人) | 4.58 | 4.15 | 4.13 | 4.20 | 3.90 |
| 调查户均劳力(个) | 3.05 | 2.75 | 2.88 | 2.83 | 2.65 |
| **一、全年家庭纯收入** | **2278** | **4448** | **5761** | **7458** | **12734** |
| **二、全年可支配收入** | **2171** | **4009** | **5986** | **7409** | **11968** |
| **三、全年总收入** | **5040** | **6538** | **8052** | **9837** | **17429** |
| #现金总收入 | 4570 | 6140 | 7467 | 9106 | 15671 |
| (一)工资性收入 | 1432 | 2901 | 4013 | 4252 | 7240 |
| 1.在非企业组织中得到收入 | 494 | 874 | 1320 | 1115 | 1748 |
| 2.在本乡地域内劳动收入 | 859 | 1803 | 2510 | 2869 | 4941 |
| 3.外出从业得到收入 | 79 | 224 | 183 | 268 | 551 |
| (二)家庭经营收入 | 3444 | 3067 | 3094 | 4614 | 8715 |
| 1.第一产业收入 | 2046 | 2293 | 1617 | 2806 | 5569 |
| (1)农业收入 | 638 | 1166 | 810 | 784 | 711 |
| (2)林业收入 | 393 | 91 | 147 | 142 | 219 |
| (3)牧业收入 | 459 | 561 | 492 | 1023 | 2103 |
| (4)渔业收入 | 556 | 475 | 168 | 857 | 2536 |
| 2.第二产业收入 | 994 | 515 | 960 | 1342 | 2526 |
| (1)工业收入 | 994 | 469 | 733 | 1204 | 2339 |
| (2)建筑业收入 | | 46 | 227 | 138 | 187 |
| 3.第三产业收入 | 403 | 259 | 517 | 464 | 620 |
| (1)交通运输业收入 | 170 | | 107 | 117 | 352 |
| (2)商业饮食业收入 | 44 | 104 | 271 | 184 | 114 |
| (3)社会服务业收入 | 120 | 54 | 107 | 50 | 26 |
| (4)文教卫生业收入 | | 42 | | 19 | |
| (5)其他家庭经营收入 | 69 | 59 | 32 | 94 | 128 |
| (三)财产性收入 | 23 | 130 | 39 | 184 | 954 |
| (四)转移性收入 | 141 | 440 | 906 | 787 | 520 |
| #农村亲友赠送收入 | 112 | 339 | 817 | 600 | 408 |

9－16续表

| 指　　标 | 最低20% | 次低20% | 中等20% | 次高20% | 最高20% |
|---|---|---|---|---|---|
| **四、全年总支出** | **5366** | **7438** | **6911** | **7131** | **11838** |
| (一) 家庭经营费用支出 | 2300 | 1504 | 1145 | 1450 | 3511 |
| 1.第一产业费用支出 | 1317 | 1104 | 620 | 1039 | 2061 |
| (1)农业支出 | 184 | 614 | 432 | 249 | 261 |
| (2)林业支出 | 31 | 20 | 10 | 18 | 18 |
| (3)牧业支出 | 129 | 166 | 68 | 266 | 801 |
| (4)渔业支出 | 973 | 304 | 110 | 506 | 981 |
| 2.第二产业费用支出 | 879 | 362 | 422 | 384 | 1337 |
| 3.第三产业费用支出 | 104 | 38 | 103 | 27 | 113 |
| (二)购置生产性固定资产 | 2 | 76 | 40 | 1 | 53 |
| (三)缴纳税金 | | | 1 | | 168 |
| (四)其他各种收费 | | | 1 | 1 | |
| (五)生活消费支出 | 2845 | 5080 | 5132 | 5027 | 6931 |
| ①食　　品 | 1231 | 1524 | 1975 | 2064 | 2307 |
| #主　　食 | 182 | 230 | 228 | 212 | 203 |
| ②衣　　着 | 135 | 201 | 343 | 326 | 544 |
| ③居　　住 | 342 | 1052 | 431 | 492 | 698 |
| ④家庭设备用品及服务 | 108 | 208 | 398 | 346 | 837 |
| ⑤交通通讯 | 219 | 316 | 520 | 462 | 933 |
| ⑥文教娱乐用品及服务 | 179 | 408 | 897 | 751 | 942 |
| ⑦医疗保健 | 556 | 1321 | 429 | 503 | 560 |
| ⑧其他商品和服务 | 75 | 50 | 139 | 83 | 110 |
| (六)其他非借贷性支出 | 219 | 778 | 592 | 649 | 1175 |
| 附:生产性固定资产折旧 | 351 | 247 | 326 | 327 | 607 |

# 9－17 主要年份农村居民每百户拥有耐用消费品

| | 单位 | 1985年 | 1990年 | 1995年 | 2000年 | 2003年 | 2004年 | 2005年 |
|---|---|---|---|---|---|---|---|---|
| 大型家具 | 件 | 120 | 236 | 376 | 511 | 517 | 261 | 251 |
| 洗衣机 | 台 | 0.4 | 18 | 37 | 72 | 83 | 84 | 91 |
| 电风扇 | 台 | 58 | 171 | 239 | 314 | 352 | 324 | 347 |
| 电冰箱 | 台 | | 5 | 23 | 37 | 52 | 53 | 64 |
| 空调器 | 台 | | | 1 | 8 | 38 | 51 | 70 |
| 抽油烟机 | 台 | | | 2 | 15 | 24 | 28 | 40 |
| 吸尘器 | 台 | | | 2 | 3 | 6 | 6 | 6 |
| 微波炉 | 台 | | | | 1 | 9 | 10 | 13 |
| 热水器 | 台 | | | | 16 | 29 | 33 | 46 |
| 自行车 | 辆 | 107 | 186 | 213 | 206 | 180 | 155 | 147 |
| 摩托车 | 辆 | 0.5 | 4 | 21 | 46 | 81 | 90 | 106 |
| 汽　车 | 辆 | | | | | 1 | 1 | 2 |
| 电话机 | 架 | | | | 62 | 96 | 99 | 115 |
| 移动电话 | 架 | | | | 26 | 103 | 127 | 147 |
| 寻呼机 | 只 | | | | 34 | 10 | 2 | |
| 彩色电视机 | 台 | 2 | 14 | 46 | 91 | 122 | 131 | 147 |
| 黑白电视机 | 台 | 19 | 73 | 75 | 62 | 43 | 24 | 19 |
| 录放像机 | 架 | | | 6 | 11 | 11 | 6 | 3 |
| 摄像机 | 台 | | | | | 1 | 1 | 1 |
| 影碟机 | 台 | | | | 22 | 46 | 52 | 56 |
| 组合音响 | 套 | | | | 11 | 24 | 26 | 27 |
| 收录机 | 架 | 5 | 30 | 46 | 38 | 25 | 21 | 14 |
| 照相机 | 架 | 0.4 | 2 | 6 | 13 | 16 | 17 | 18 |
| 家用电脑 | 台 | | | | 1 | 8 | 8 | 11 |
| 中高档乐器 | 件 | | | | | 1 | 1 | 1 |
| 缝纫机 | 架 | 60 | 85 | 89 | | | | |
| 手　表 | 只 | 200 | 263 | 268 | | | | |
| 收音机 | 架 | 47 | 33 | 35 | | | | |

# 9－18　主要年份市区农村居民每百户拥有主要耐用消费品

| | 单位 | 1985年 | 1990年 | 1995年 | 2000年 | 2003年 | 2004年 | 2005年 |
|---|---|---|---|---|---|---|---|---|
| 大型家具 | 件 | 104 | 236 | 405 | 518 | 521 | 521 | 223 |
| 洗衣机 | 台 | 1 | 27 | 55 | 75 | 87 | 88 | 90 |
| 电风扇 | 台 | 85 | 213 | 336 | 369 | 432 | 441 | 461 |
| 电冰箱 | 台 | | 9 | 38 | 49 | 64 | 73 | 84 |
| 空调器 | 台 | | | 3 | 9 | 49 | 71 | 91 |
| 抽油烟机 | 台 | | | 4 | 24 | 29 | 36 | 44 |
| 吸尘器 | 台 | | | 4 | 5 | 5 | 6 | 8 |
| 微波炉 | 台 | | | | 3 | 13 | 17 | 21 |
| 热水器 | 台 | | | | 30 | 36 | 38 | 50 |
| 自行车 | 辆 | 116 | 194 | 252 | 232 | 229 | 219 | 228 |
| 摩托车 | 辆 | | 3 | 32 | 71 | 96 | 108 | 122 |
| 汽　车 | 辆 | | | | | 1 | 1 | 2 |
| 电话机 | 架 | | | | 70 | 93 | 100 | 110 |
| 移动电话 | 架 | | | | 45 | 113 | 128 | 142 |
| 寻呼机 | 只 | | | | 55 | 22 | 15 | 15 |
| 彩色电视机 | 台 | 3 | 22 | 88 | 103 | 130 | 144 | 155 |
| 黑白电视机 | 台 | 16 | 80 | 49 | 62 | 68 | 67 | 66 |
| 录放像机 | 架 | | | 14 | 20 | 19 | 17 | 14 |
| 摄像机 | 台 | | | | | 1 | 1 | 1 |
| 影碟机 | 台 | | | | 25 | 43 | 48 | 51 |
| 组合音响 | 套 | | | | 15 | 26 | 33 | 34 |
| 收录机 | 台 | 7 | 42 | 56 | 61 | 30 | 24 | 17 |
| 照相机 | 架 | 1 | 3 | 10 | 23 | 25 | 25 | 26 |
| 家用电脑 | 架 | | | | | 13 | 16 | 17 |
| 中高档乐器 | 件 | | | | 1 | | | |
| 缝纫机 | 架 | 73 | 103 | 99 | | | | |
| 手　表 | 只 | 202 | 282 | 326 | | | | |
| 收音机 | 架 | 51 | 33 | 53 | | | | |

# 9－19　历年市区价格指数

（以上年为100）

| 年　份 | 居民消费价格总指数 | 商品零售价格总指数 |
|---|---|---|
| 1985 | 114.9 | 115.2 |
| 1986 | 106.1 | 106.1 |
| 1987 | 109.0 | 109.4 |
| 1988 | 125.1 | 125.8 |
| 1989 | 115.7 | 115.7 |
| 1990 | 102.9 | 102.4 |
| 1991 | 106.8 | 106.4 |
| 1992 | 109.1 | 109.2 |
| 1993 | 119.2 | 118.6 |
| 1994 | 126.7 | 121.8 |
| 1995 | 116.4 | 112.6 |
| 1996 | 107.7 | 104.9 |
| 1997 | 100.3 | 99.2 |
| 1998 | 100.2 | 99.4 |
| 1999 | 99.1 | 98.3 |
| 2000 | 101.4 | 99.7 |
| 2001 | 100.8 | 100.3 |
| 2002 | 99.4 | 99.7 |
| 2003 | 100.0 | 100.0 |
| 2004 | 104.8 | 104.4 |
| 2005 | 101.2 | 101.4 |

# 9－20　主要年份市区居民消费价格指数

（以上年为100）

| | 1985年 | 1990年 | 1995年 | 2000年 | 2003年 | 2004年 | 2005年 |
|---|---|---|---|---|---|---|---|
| **居民消费价格总指数** | **114.9** | **102.9** | **116.4** | **101.4** | **100.0** | **104.8** | **101.2** |
| **一、食品** | **123.1** | **101.8** | **117.9** | **98.7** | **97.5** | **112.0** | **104.0** |
| ⑴粮食 | | 101.1 | 114.6 | 77.1 | 104.7 | 138.6 | 91.2 |
| #大米（粳米） | | 100.0 | 114.0 | 75.9 | 104.9 | 145.7 | 89.7 |
| 面粉 | | 124.4 | 118.9 | 100.0 | 103.7 | 118.0 | 100.8 |
| ⑵油脂 | | 107.8 | 108.4 | 76.4 | 105.0 | 113.5 | 93.1 |
| #植物油脂 | | 105.5 | 107.6 | 75.3 | 111.1 | 112.1 | 94.9 |
| ⑶肉禽及其制品 | | 98.4 | 122.6 | 98.9 | 103.6 | 118.7 | 105.0 |
| #猪肉 | | 94.2 | 128.8 | 98.1 | 107.7 | 129.4 | 102.3 |
| 鸡 | | 104.8 | 111.9 | 100.3 | 97.8 | 104.5 | 104.9 |
| ⑷蛋 | | | 114.1 | 84.2 | 95.8 | 123.6 | 109.2 |
| ⑸水产品 | 155.6 | 106.6 | 110.8 | 110.7 | 95.9 | 118.7 | 111.9 |
| #淡水鱼 | | | | | 94.1 | 137.4 | 104.8 |
| ⑹鲜菜 | 180.1 | 97.4 | 125.9 | 109.3 | 110.8 | 106.5 | 105.0 |
| ⑺干菜及制品 | | | | | 100.4 | 102.2 | 102.5 |
| ⑻调味品 | | 128.0 | 114.8 | 100.1 | 100.4 | 102.4 | 104.2 |
| ⑼糖 | | | 128.8 | 100.9 | 99.9 | 100.9 | 102.3 |
| #食糖 | | 106.5 | 127.5 | 101.6 | 98.7 | 102.4 | 108.4 |
| 糖果 | | 114.0 | 129.5 | 100.5 | 101.2 | 100.4 | 100.0 |
| ⑽茶及饮料 | | | | | 100.2 | 101.7 | 100.5 |
| #饮料 | | | | | 99.5 | 102.1 | 100.6 |
| ⑾鲜果 | | 98.5 | 131.6 | 85.5 | 83.4 | 96.5 | 115.0 |
| ⑿干果 | | 103.6 | 133.9 | 101.1 | 98.8 | 98.2 | 91.0 |
| ⒀糕点饼干面包 | | 117.0 | 106.4 | 103.3 | 99.1 | 100.2 | 97.0 |

9－20续表

| | 1985年 | 1990年 | 1995年 | 2000年 | 2003年 | 2004年 | 2005年 |
|---|---|---|---|---|---|---|---|
| ⒁奶及奶制品 | | 103.0 | 135.1 | 100.7 | 99.9 | 100.6 | 98.1 |
| ⒂在外用膳食品 | | | 132.9 | 105.5 | 81.2 | 99.8 | 104.5 |
| **二、烟酒及用品** | | | | | **101.4** | **102.9** | **98.3** |
| ⑴烟草 | | 100.4 | 89.7 | 94.9 | 102.7 | 104.0 | 96.9 |
| ⑵酒 | | | | | 100.0 | 102.4 | 101.5 |
| **三、衣着类** | **102.4** | **106.7** | **119.8** | **100.8** | **100.4** | **100.7** | **96.9** |
| ⑴服装 | | | 127.9 | 100.3 | 100.6 | 100.4 | 94.9 |
| ⑵衣着材料 | | | 104.7 | 106.9 | 100.1 | 105.7 | 103.7 |
| ⑶鞋袜帽 | | | 109.2 | 99.2 | 100.0 | 100.0 | 100.0 |
| #鞋 | | 112.5 | 106.3 | 98.9 | 100.0 | 100.0 | 100.0 |
| ⑷衣着加工服务 | | | | | 100.0 | 100.0 | 100.0 |
| **四、家庭设备用品及维修服务** | | **104.2** | **103.4** | **100.2** | **98.6** | **97.5** | **98.0** |
| ⑴耐用消费品 | | | 101.2 | 99.8 | 97.1 | 95.3 | 95.7 |
| ⑵床上用品 | | | 117.8 | 101.0 | 100.0 | 99.6 | 100.0 |
| ⑶家庭日用杂品 | 105.0 | 124.4 | 115.7 | 100.1 | 100.0 | 99.2 | 100.2 |
| ⑷家庭服务及加工维修服务 | | | | | 100.0 | 100.0 | 100.0 |
| **五、医疗保健及个人用品** | | | | | **101.9** | **96.0** | **99.4** |
| ⑴医疗保健 | | 98.5 | 119.9 | 101.8 | 101.9 | 93.7 | 98.9 |
| #医疗保健服务 | | 109.4 | 100.0 | 100.0 | 100.0 | 100.0 | 110.3 |
| ⑵个人用品及服务 | | | | | 102.0 | 102.3 | 100.6 |
| **六、交通及通讯** | | | | | **97.9** | **99.6** | **98.1** |
| ⑴交通 | | | | | 99.8 | 102.2 | 100.9 |
| #交通工具 | | | 99.9 | 98.9 | 99.8 | 103.0 | 97.8 |
| ⑵通讯 | | | | | 96.6 | 97.8 | 95.6 |
| #通讯工具 | | | 96.3 | 98.6 | 88.1 | 90.0 | 83.5 |
| 通讯服务 | | | | | 100.0 | 100.9 | 100.1 |
| **七、娱乐教育和文化用品及服** | | **94.9** | **118.1** | **97.3** | **103.6** | **103.6** | **98.9** |
| ⑴文娱用耐用消费品服务 | | 92.4 | 101.5 | 93.4 | 99.4 | 97.3 | 97.5 |
| ⑵教育 | | | | | 111.3 | 108.2 | 100.0 |
| #教材及参考书 | | | 106.0 | 107.3 | 98.5 | 101.1 | 100.2 |
| 学杂托幼费 | | 119.3 | 131.1 | 139.8 | 112.0 | 108.5 | 100.0 |
| ⑶文化娱乐用品 | 100.7 | 94.9 | 139.5 | 99.9 | 99.6 | 100.8 | 100.0 |
| #文娱费 | | 116.6 | 133.8 | 105.5 | 100.0 | 100.0 | 100.0 |
| ⑷旅游及外出 | | | | | 90.9 | 99.0 | 96.3 |
| **八、居住** | | | **123.4** | **109.6** | **104.2** | **105.3** | **107.5** |
| ⑴建筑及装修材料 | | 95.5 | 96.3 | 99.5 | 100.3 | 103.3 | 99.9 |
| ⑵房租 | | 100.0 | 192.2 | 100.0 | 100.0 | 100.0 | 100.0 |
| ⑵水、电、燃料 | | 101.6 | 110.8 | 114.0 | 107.5 | 109.7 | 113.7 |

# 9－21 主要年份市区商品零售价格指数

（以上年为100）

| | 1985年 | 1990年 | 1995年 | 2000年 | 2003年 | 2004年 | 2005年 |
|---|---|---|---|---|---|---|---|
| **商品零售价格总指数** | **115.2** | **102.4** | **112.6** | **99.7** | **100.0** | **104.4** | **101.4** |
| **一、食品类** | **123.1** | **101.8** | **119.9** | **97.4** | **97.8** | **112.8** | **104.2** |
| 1.粮食 | | 101.1 | 114.6 | 77.8 | 104.5 | 139.0 | 91.1 |
| 2.油脂 | | 107.8 | 108.4 | 76.4 | 104.5 | 113.5 | 93.1 |
| 3.肉禽及其制品 | | | | | 103.8 | 119.1 | 104.9 |
| 4.蛋 | | | | | 95.8 | 123.6 | 109.2 |
| 5.水产品 | 155.6 | 106.6 | 110.8 | 110.7 | 96.2 | 122.0 | 109.5 |
| 6.鲜菜 | 180.1 | 97.4 | 126.5 | 108.7 | 110.7 | 106.5 | 105.0 |
| 7.干菜及菜制品 | | 99.5 | 104.5 | 101.8 | 100.4 | 102.2 | 102.5 |
| 8.鲜果 | | 98.5 | 132.4 | 88.1 | 84.7 | 96.5 | 115.0 |
| 9.干果 | | 103.6 | 133.9 | 101.1 | 98.8 | 98.2 | 91.0 |
| 10.其他食品 | | | 120.4 | 101.1 | 100.8 | 100.2 | 99.3 |
| 11.在外用膳食品 | | | 132.9 | 105.5 | 81.2 | 99.8 | 104.5 |
| (1)主食 | | | 131.4 | 100.0 | 102.1 | 111.6 | 100.2 |
| (2)炒菜 | | | 131.4 | 109.1 | 68.4 | 88.0 | 103.6 |
| (3)地方小吃 | | | 137.5 | 100.0 | 100.4 | 115.4 | 109.0 |
| **二、饮料、烟酒** | | | **97.1** | **96.5** | **101.7** | **103.0** | **98.1** |
| 1.茶及饮料 | | | | | 99.8 | 100.4 | 100.2 |
| #饮料 | | | 115.5 | 98.1 | 99.3 | 101.2 | 100.7 |
| 2.烟草 | | | | | 102.7 | 103.7 | 96.5 |
| 3.酒 | | | | | 100.0 | 102.3 | 101.6 |
| **三、服装、鞋帽类** | | | **123.8** | **99.9** | **100.4** | **100.2** | **96.6** |
| 1.服装 | | | 128.7 | 100.3 | 100.6 | 100.4 | 94.9 |
| 2.鞋袜帽 | | | | | 100.0 | 100.0 | 100.0 |
| #鞋 | | 112.5 | 106.2 | 98.9 | 100.0 | 100.0 | 100.0 |
| 3.其他 | | 98.0 | 144.1 | 100.3 | 100.0 | 100.0 | 98.7 |
| **四、纺织品类** | | | **109.6** | **105.5** | **100.1** | **102.1** | **101.5** |
| #棉布 | | 113.5 | 135.6 | 106.2 | 100.0 | 120.9 | 102.2 |
| 棉花化纤混纺布 | | 118.5 | 122.1 | 141.0 | 100.0 | 106.0 | 103.4 |
| 化纤布 | | 107.7 | 99.8 | 110.0 | 106.0 | 112.4 | 104.0 |
| 毛织品 | | 104.2 | 107.7 | 91.0 | 94.6 | 106.2 | 99.7 |
| 丝织品 | | 99.8 | 105.7 | 101.8 | 95.3 | 99.2 | 109.8 |

9-21 续表

| | 1985年 | 1990年 | 1995年 | 2000年 | 2003年 | 2004年 | 2005年 |
|---|---|---|---|---|---|---|---|
| **五、家用电器及音像器材** | | | | | **96.5** | **95.8** | **95.4** |
| 1.家庭设备 | | | | | 96.4 | 94.1 | 92.9 |
| #洗衣机 | | 96.3 | 101.2 | 100.0 | 96.6 | 83.7 | 93.4 |
| 电冰箱(柜) | | 78.1 | 96.5 | 100.0 | 98.1 | 97.7 | 93.5 |
| 抽排油烟机 | | | 133.1 | 97.9 | 100.0 | 100.8 | 100.5 |
| 空调器 | | | 94.3 | 100.4 | 87.2 | 86.6 | 92.1 |
| 电热水器 | | | | | 99.4 | 95.8 | 88.0 |
| 2.文娱用耐用消费品 | | | | | 99.9 | 98.3 | 98.6 |
| #彩电 | | 86.8 | 97.7 | 86.0 | 100.7 | 98.8 | 99.8 |
| **六、文化办公用品** | | | | | **98.2** | **97.3** | **98.4** |
| **七、日用品** | **105.0** | **104.2** | **113.6** | **100.2** | **100.2** | **101.6** | **99.2** |
| 1.日用百货 | | 107.1 | 115.2 | 99.9 | 100.0 | 102.7 | 98.6 |
| 2.日用杂品 | | 124.4 | 114.1 | 101.3 | 100.0 | 100.0 | 100.0 |
| **八、体育娱乐用品** | | | | | **100.0** | **98.7** | **98.7** |
| **九、交通、通信用品** | | | | | **96.9** | **96.5** | **97.0** |
| 1.交通运输机械 | | | | | 98.3 | 97.1 | 98.3 |
| 2.通讯器材类 | | | | | 84.7 | 90.3 | 84.9 |
| **十、家具** | | **99.6** | **103.8** | **99.8** | **100.0** | **100.0** | **99.7** |
| **十一、化妆品类** | | | **101.9** | **100.3** | **96.5** | **100.0** | **100.0** |
| **十二、金银珠宝类** | | | **97.0** | **104.3** | **104.8** | **110.7** | **101.9** |
| **十三、中西药品及医疗保健用品类** | **97.6** | **98.5** | **120.2** | **102.2** | **102.9** | **93.6** | **97.1** |
| 1.医疗器具及用品 | | | 134.4 | 100.0 | 99.5 | 103.4 | 103.3 |
| 2.中药材及中成药 | | 95.6 | 127.9 | 105.5 | 112.6 | 96.4 | 97.7 |
| 3.西药 | | 110.1 | 111.7 | 98.6 | 98.9 | 88.3 | 92.4 |
| **十四、书报杂志及电子出版物类** | | | | | **99.3** | **101.9** | **100.1** |
| 1.教材及参考书 | | | | | 98.5 | 101.1 | 100.2 |
| 2.书报杂志 | 110.3 | 100.0 | 109.7 | 101.6 | 100.0 | 103.9 | 100.0 |
| **十五、燃料类** | **106.0** | **124.4** | **113.0** | **122.8** | **114.5** | **116.3** | **120.7** |
| **十六、建筑材料及五金电料类** | | **95.5** | **101.0** | **100.3** | **100.3** | **104.8** | **101.8** |

# 9－22　主要年份市区商品零售价格分月指数

（以上年为100）

| | 1990年 | 1995年 | 2000年 | 2003年 | 2004年 | 2005年 |
|---|---|---|---|---|---|---|
| 一　月 | 102.9 | 116.5 | 100.0 | 100.7 | 103.0 | 100.6 |
| 二　月 | 108.4 | 116.3 | 102.2 | 100.2 | 100.9 | 103.1 |
| 三　月 | 103.7 | 115.6 | 101.3 | 100.5 | 103.5 | 101.6 |
| 四　月 | 100.6 | 114.1 | 101.1 | 100.1 | 104.7 | 101.0 |
| 五　月 | 101.0 | 114.1 | 99.4 | 99.2 | 105.7 | 101.0 |
| 六　月 | 97.9 | 115.7 | 99.2 | 98.7 | 106.6 | 99.9 |
| 七　月 | 97.1 | 114.6 | 98.7 | 98.4 | 107.1 | 100.3 |
| 八　月 | 102.3 | 110.3 | 98.2 | 98.3 | 107.2 | 100.7 |
| 九　月 | 102.6 | 109.3 | 97.5 | 100.1 | 105.1 | 101.8 |
| 十　月 | 101.7 | 110.0 | 98.5 | 100.0 | 104.2 | 102.7 |
| 十一月 | 103.4 | 108.7 | 99.3 | 101.6 | 102.7 | 102.2 |
| 十二月 | 105.3 | 111.5 | 100.5 | 101.8 | 102.5 | 101.9 |
| 全　年 | 102.4 | 112.6 | 99.7 | 100.0 | 104.4 | 101.4 |

# 9-23 主要年份市区居民消费价格分月指数

（以上年为100）

| | 1990年 | 1995年 | 2000年 | 2003年 | 2004年 | 2005年 |
|---|---|---|---|---|---|---|
| 一　月 | 103.4 | 120.8 | 102.2 | 99.8 | 104.0 | 100.8 |
| 二　月 | 108.6 | 121.0 | 103.9 | 99.8 | 101.2 | 103.3 |
| 三　月 | 104.2 | 119.2 | 103.0 | 100.3 | 103.9 | 101.2 |
| 四　月 | 101.3 | 118.0 | 103.8 | 99.8 | 105.4 | 100.7 |
| 五　月 | 101.7 | 118.1 | 102.0 | 98.8 | 106.6 | 100.4 |
| 六　月 | 98.8 | 118.9 | 102.0 | 98.3 | 107.0 | 99.9 |
| 七　月 | 98.1 | 117.7 | 101.6 | 98.1 | 107.7 | 100.2 |
| 八　月 | 102.8 | 113.7 | 100.1 | 98.2 | 107.8 | 100.6 |
| 九　月 | 103.1 | 110.5 | 97.7 | 100.8 | 104.9 | 101.7 |
| 十　月 | 102.2 | 112.6 | 99.0 | 100.9 | 104.2 | 102.4 |
| 十一月 | 103.7 | 111.2 | 99.9 | 102.7 | 102.5 | 102.0 |
| 十二月 | 105.5 | 115.2 | 101.8 | 102.6 | 102.4 | 101.7 |
| 全　年 | 102.9 | 116.4 | 101.4 | 100.0 | 104.8 | 101.2 |

# 9－24　工业品出厂价格指数

（以上年为100）

| | 2004年 | 2005年 |
|---|---|---|
| **全部工业品** | **107.58** | **102.53** |
| #轻工业 | 104.26 | 101.97 |
| 以农产品为原料 | 104.46 | 102.66 |
| 以非农产品为原料 | 103.70 | 101.00 |
| #重工业 | 111.61 | 103.18 |
| 采　掘 | 123.87 | 118.93 |
| 原　料 | 106.54 | 98.77 |
| 加　工 | 113.73 | 104.75 |
| #生产资料 | 109.64 | 103.23 |
| 采　掘 | 123.87 | 118.93 |
| 原　料 | 106.74 | 109.30 |
| 加　工 | 109.50 | 100.82 |
| #生活资料 | 101.25 | 100.45 |
| 食　品 | 102.90 | 99.22 |
| 衣　着 | 99.86 | 102.26 |
| 一般日用品 | 100.72 | 98.90 |
| 耐用消费品 | 99.03 | 103.14 |
| **1.按工业部门分：** | | |
| 冶金工业 | 118.86 | 104.78 |
| 电力工业 | 107.46 | 113.64 |
| 煤炭及炼焦工业 | 138.80 | 138.15 |
| 石油工业 | 113.82 | 112.22 |
| 化学工业 | 102.99 | 102.54 |
| 机械工业 | 107.77 | 103.43 |
| 建筑材料工业 | 112.46 | 88.47 |
| 森林工业 | 99.02 | 101.06 |
| 食品工业 | 106.68 | 97.15 |
| 纺织工业 | 105.14 | 103.75 |
| 缝纫工业 | 100.27 | 102.30 |
| 皮革工业 | 96.38 | 103.32 |
| 造纸工业 | 101.97 | 98.66 |
| 文教艺术用品工业 | 99.48 | 99.04 |
| 其它工业 | 101.13 | 109.23 |
| **2.按工业行业大类分** | | |
| 煤炭开采和洗选业 | 138.80 | 138.15 |
| 石油和天然气开采业 | | |
| 黑色金属矿采选业 | | |

9－24续表

| | 2004年 | 2005年 |
|---|---|---|
| 有色金属矿采选业 | | |
| 非金属矿采选业 | 106.93 | 96.93 |
| 其他采矿业 | | |
| 农副食品加工业 | 109.48 | 90.65 |
| 食品制造业 | 95.34 | 104.97 |
| 饮料制造业 | 105.72 | 104.30 |
| 烟草制品业 | | |
| 纺织业 | 104.73 | 103.33 |
| 纺织服装、鞋、帽制造业 | 100.01 | 104.37 |
| 皮革、毛皮、羽毛(绒)及其制品业 | 96.32 | 103.53 |
| 木材加工及木、竹、藤、棕、草制品业 | 99.02 | 101.06 |
| 家具制造业 | 98.42 | 103.68 |
| 造纸及纸制品业 | 101.97 | 98.65 |
| 印刷业和记录媒介的复制 | 99.26 | 99.38 |
| 文教体育用品制造业 | 100.12 | 97.98 |
| 石油加工、炼焦及核燃料加工业 | 113.82 | 112.22 |
| 化学原料及化学制品制造业 | 108.08 | 107.19 |
| 医药制造业 | 99.50 | 99.91 |
| 化学纤维制造业 | 128.84 | 94.92 |
| 橡胶制品业 | 106.20 | 100.38 |
| 塑料制品业 | 105.34 | 109.39 |
| 非金属矿物制品业 | 113.15 | 87.42 |
| 黑色金属冶炼及压延加工业 | 118.37 | 101.48 |
| 有色金属冶炼及压延加工业 | 128.93 | 112.56 |
| 金属制品业 | 117.69 | 105.34 |
| 通用设备制造业 | 104.25 | 100.04 |
| 专用设备制造业 | 101.18 | 102.04 |
| 交通运输设备制造业 | 101.49 | 99.80 |
| 电气机械及器材制造业 | 113.16 | 105.14 |
| 通信设备、计算机及其他电子设备制造业 | 100.22 | 97.37 |
| 仪器仪表及文化、办公用机械制造业 | 99.71 | 97.09 |
| 工艺品及其他制造业 | 100.47 | 102.23 |
| 废弃资源和废旧材料回收加工业 | | |
| 电力、热力的生产和供应业 | 107.46 | 113.64 |
| 燃气生产和供应业 | | |
| 水的生产和供应业 | 100.00 | 118.02 |

# 9-25 工业品出厂价格分月指数

（以上年为100）

| | 2004年 | | 2005年 | |
|---|---|---|---|---|
| | 当月 | 累计 | 当月 | 累计 |
| 一月 | 107.71 | 107.7 | 103.26 | 103.26 |
| 二月 | 110.72 | 109.22 | 102.15 | 102.71 |
| 三月 | 110.79 | 109.39 | 101.39 | 102.27 |
| 四月 | 109.51 | 109.42 | 101.88 | 102.17 |
| 五月 | 109.24 | 109.38 | 102.69 | 102.27 |
| 六月 | 107.71 | 109.10 | 103.56 | 102.49 |
| 七月 | 106.73 | 108.76 | 103.15 | 102.58 |
| 八月 | 108.43 | 108.72 | 102.77 | 102.61 |
| 九月 | 107.05 | 108.54 | 101.64 | 102.50 |
| 十月 | 105.91 | 108.27 | 102.25 | 102.47 |
| 十一月 | 100.70 | 107.98 | 102.55 | 102.48 |
| 十二月 | 103.27 | 107.58 | 103.10 | 102.53 |

# 9－26　原材料、燃料、动力购进价格指数

（以上年为100）

| | 2004年 | 2005年 |
|---|---|---|
| **全部原材料** | **116.09** | **105.97** |
| 燃料、动力类 | 113.89 | 107.89 |
| 黑色金属材料类 | 128.43 | 109.54 |
| # 钢材 | 130.99 | 102.69 |
| 其它 | 123.09 | 123.75 |
| 有色金属材料和电线类 | 127.32 | 114.22 |
| 化工原料类 | 113.97 | 107.98 |
| 木材及纸浆类 | 103.76 | 101.11 |
| 建筑材料及非金属矿类 | 118.30 | 90.75 |
| 其它工业原材料及半成品类 | 111.74 | 104.68 |
| 农副产品类 | 119.20 | 103.53 |
| 纺织原料类 | 105.34 | 102.10 |
| **按行业分（企业法）：** | | |
| 煤炭开采和洗选业 | 100.74 | 101.82 |
| 石油和天然气开采业 | | |
| 黑色金属矿采选业 | | |
| 有色金属矿采选业 | 135.15 | 100.28 |
| 非金属矿采选业 | 105.02 | 109.51 |
| 其他采矿业 | 100.00 | 100.00 |
| 农副食品加工业 | 116.30 | 101.17 |
| 食品制造业 | 119.50 | 104.40 |
| 饮料制造业 | 114.71 | 105.28 |
| 纺织业 | 109.43 | 102.56 |
| 纺织服装、鞋、帽制造业 | 111.30 | 107.73 |
| 皮革、毛皮、羽毛（绒）及其制品业 | 100.88 | 108.97 |

9-26续表

| | 2004年 | 2005年 |
| --- | --- | --- |
| 木材加工及木、竹、藤、棕、草制品业 | 111.66 | 111.52 |
| 家具制造业 | 103.84 | 102.06 |
| 造纸及纸制品业 | 110.03 | 104.10 |
| 印刷业和记录媒介的复制 | 105.92 | 105.54 |
| 文教体育用品制造业 | 121.24 | 106.47 |
| 石油加工、炼焦及核燃料加工业 | 123.89 | 112.45 |
| 化学原料及化学制品制造业 | 120.50 | 110.87 |
| 医药制造业 | 108.48 | 105.81 |
| 化学纤维制造业 | 127.42 | 100.64 |
| 橡胶制品业 | 104.46 | 104.01 |
| 塑料制品业 | 110.44 | 102.55 |
| 非金属矿物制品业 | 112.27 | 106.09 |
| 黑色金属冶炼及压延加工业 | 124.64 | 114.28 |
| 有色金属冶炼及压延加工业 | 119.54 | 110.23 |
| 金属制品业 | 124.44 | 109.00 |
| 通用设备制造业 | 127.63 | 102.57 |
| 专用设备制造业 | 126.35 | 103.04 |
| 交通运输设备制造业 | 109.20 | 106.82 |
| 电气机械及器材制造业 | 123.27 | 111.74 |
| 通信设备、计算机及其他电子设备制造业 | 108.20 | 102.28 |
| 仪器仪表及文化、办公用机械制造业 | 107.56 | 111.94 |
| 工艺品及其他制造业 | 102.73 | 102.34 |
| 废弃资源和废旧材料回收加工业 | | |
| 电力、热力的生产和供应业 | 117.81 | 107.67 |
| 燃气生产和供应业 | | |
| 水的生产和供应业 | 113.00 | 107.98 |

# 9－27　原材料、燃料、动力购进价格分月指数

（以上年为100）

| | 2004年 | | 2005年 | |
|---|---|---|---|---|
| | 当月 | 累计 | 当月 | 累计 |
| 一月 | 114.04 | 114.04 | 109.34 | 109.34 |
| 二月 | 115.77 | 114.91 | 107.79 | 108.57 |
| 三月 | 118.04 | 115.95 | 106.89 | 108.01 |
| 四月 | 117.15 | 116.25 | 106.76 | 107.70 |
| 五月 | 119.56 | 116.91 | 106.28 | 107.41 |
| 六月 | 116.41 | 116.83 | 106.99 | 107.34 |
| 七月 | 116.66 | 116.80 | 105.74 | 107.11 |
| 八月 | 117.23 | 116.86 | 106.09 | 106.99 |
| 九月 | 116.75 | 116.85 | 105.25 | 106.79 |
| 十月 | 115.15 | 116.68 | 104.02 | 106.52 |
| 十一月 | 113.95 | 116.43 | 104.14 | 106.30 |
| 十二月 | 112.38 | 116.09 | 102.34 | 105.97 |

# 9-28 历年企业景气指数

| 年 份 | 企业景气指数 | #工 业 | #建筑业 | #房地产业 | #批零业 | #住宿餐饮业 |
|---|---|---|---|---|---|---|
| 2000年 | | | | | | |
| 第一季度 | 117.38 | 120.29 | 106.85 | 185.71 | | |
| 第二季度 | 128.51 | 127.44 | 135.42 | 153.71 | | |
| 第三季度 | 130.00 | 143.00 | 135.42 | 164.56 | | |
| 第四季度 | 132.02 | 141.46 | 157.14 | 153.71 | | |
| 2001年 | | | | | | |
| 第一季度 | 123.79 | 125.72 | 132.41 | 131.70 | | |
| 第二季度 | 114.99 | 115.58 | 121.30 | 145.98 | | |
| 第三季度 | 112.96 | 119.59 | 124.48 | 145.98 | | |
| 第四季度 | 130.42 | 131.90 | 111.98 | 145.98 | | |
| 2002年 | | | | | | |
| 第一季度 | 130.98 | 130.91 | 133.86 | 126.67 | | |
| 第二季度 | 138.00 | 145.28 | 105.45 | 128.57 | | |
| 第三季度 | 132.81 | 142.69 | 117.95 | 146.15 | | |
| 第四季度 | 143.16 | 147.90 | 138.96 | 158.33 | | |
| 2003年 | | | | | | |
| 第一季度 | 132.01 | 129.53 | 62.50 | 138.46 | 155.53 | 150.00 |
| 第二季度 | 123.74 | 130.43 | 107.94 | 146.15 | 130.43 | 50.00 |
| 第三季度 | 136.88 | 133.25 | 147.59 | 158.33 | 133.79 | 125.00 |
| 第四季度 | 148.10 | 145.45 | 145.44 | 150.00 | 161.33 | 125.00 |
| 2004年 | | | | | | |
| 第一季度 | 136.10 | 129.94 | 131.24 | 164.29 | 160.00 | 125.00 |
| 第二季度 | 130.31 | 120.97 | 127.27 | 150.00 | 148.00 | 100.00 |
| 第三季度 | 128.21 | 125.62 | 140.33 | 150.00 | 144.00 | 75.00 |
| 第四季度 | 129.85 | 132.04 | 136.36 | 142.86 | 136.00 | 100.00 |
| 2005年 | | | | | | |
| 第一季度 | 127.95 | 117.79 | 133.33 | 157.82 | 161.47 | 112.50 |
| 第二季度 | 141.82 | 142.39 | 116.67 | 146.70 | 146.16 | 100.00 |
| 第三季度 | 131.20 | 133.70 | 108.33 | 144.49 | 145.27 | 100.00 |
| 第四季度 | 146.85 | 150.36 | 129.58 | 146.70 | 156.66 | 112.50 |

# 9－29　历年企业家信心指数

| 年　份 | 企业家信心指数 | #工　业 | #建筑业 | #房地产业 | #批零业 | #住宿餐饮业 |
|---|---|---|---|---|---|---|
| 2000 年 | | | | | | |
| 第一季度 | 109.51 | 118.29 | 121.14 | 160.58 | | |
| 第二季度 | 120.72 | 122.26 | 135.42 | 142.86 | | |
| 第三季度 | 126.08 | 130.51 | 135.42 | 146.29 | | |
| 第四季度 | 122.11 | 130.01 | 135.42 | 89.15 | | |
| 2001 年 | | | | | | |
| 第一季度 | 114.70 | 121.62 | 121.30 | 114.29 | | |
| 第二季度 | 104.59 | 108.29 | 75.75 | 128.57 | | |
| 第三季度 | 100.46 | 98.73 | 111.98 | 74.56 | | |
| 第四季度 | 117.95 | 113.79 | 110.22 | 114.29 | | |
| 2002 年 | | | | | | |
| 第一季度 | 128.83 | 132.29 | 133.86 | 120.00 | | |
| 第二季度 | 124.14 | 125.30 | 105.45 | 142.86 | | |
| 第三季度 | 129.44 | 135.90 | 130.45 | 146.15 | | |
| 第四季度 | 135.21 | 132.34 | 157.14 | 125.00 | | |
| 2003 年 | | | | | | |
| 第一季度 | 133.97 | 141.25 | 100.00 | 92.31 | 125.11 | 137.50 |
| 第二季度 | 127.47 | 137.64 | 100.00 | 100.00 | 129.45 | 75.00 |
| 第三季度 | 138.85 | 141.02 | 100.00 | 133.33 | 138.14 | 125.00 |
| 第四季度 | 146.60 | 144.90 | 153.11 | 141.67 | 142.49 | 162.50 |
| 2004 年 | | | | | | |
| 第一季度 | 139.69 | 124.98 | 145.45 | 164.29 | 140.00 | 137.50 |
| 第二季度 | 131.27 | 119.53 | 123.30 | 135.71 | 132.00 | 112.50 |
| 第三季度 | 128.18 | 126.82 | 118.18 | 114.29 | 136.00 | 100.00 |
| 第四季度 | 126.75 | 124.04 | 118.18 | 128.57 | 136.00 | 100.00 |
| 2005 年 | | | | | | |
| 第一季度 | 141.34 | 136.45 | 107.91 | 157.82 | 159.96 | 100.00 |
| 第二季度 | 135.61 | 130.98 | 120.82 | 116.50 | 148.85 | 100.00 |
| 第三季度 | 127.62 | 127.23 | 107.91 | 127.62 | 143.04 | 100.00 |
| 第四季度 | 133.49 | 135.16 | 116.67 | 118.13 | 152.84 | 112.50 |

# 主要统计指标解释

**工资总额** 指各单位在一定时期内直接支付给本单位全部职工的劳动报酬总额。

工资总额的计算应以直接支付给职工的全部劳动报酬为根据。各单位支付职工的劳动报酬以及其他根据有关规定支付的工资,不论是计入成本还是不计入成本的,不论是按国家规定列入计征奖金税项目的还是未列入计征奖金税项目的,不论是以货币形式支付还是以实物形式支付的,均应列入工资总额计算范围。

工资总额的组成是:

(1)计时工资:指按计时工资标准和工作时间支付给职工的劳动报酬。

(2)计件工资:指对已做工作按计件单价支付给职工的劳动报酬。

其中:计件超额工资指计件工人超过定额后所得的工资。即计件工人实得的全部计件工资减去应得的计件标准工资后的数额。

(3)奖金:指支付给职工的超额劳动报酬。包括生产奖、节约奖、劳动竞赛奖和其他奖金。

(4)津贴和补贴:指为了补偿职工特殊或额外的劳动消耗,和因其他特殊原因支付给职工的津贴,以及为了保证职工工资水平不受物价影响支付给职工的物价补贴。

津贴包括补偿职工特殊或额外的劳动消耗的津贴,保健性津贴,技术性津贴,年功性津贴及其他津贴。

补贴目前仅指物价补贴。物价补贴包括粮价补贴、副食品价格补贴、肉类等价格补贴、煤价补贴、房贴、水电贴等。

(5)加班加点工资:指对在法定节假日和公休假日工作的职工以及在正常工作日以外延长工作时间进行工作的职工发给的劳动报酬。

(6)其他:指其他根据国家规定支付的工资。如保留工资、附加工资、落实政策人员的补发工资、调整工资职工补发上年的工资。

**在岗职工工资总额** 指各单位在一定时期内直接支付给本单位全部职工的劳动报酬总额。具体包括:计时工资(含计时标准工资)、计件工资、计件超额工资、奖金、津贴和补贴、加班加点工资、特殊情况下支付的工资等。工资统计的原则是各单位工资总额的计算应以直接支持给职工的全部劳动报酬为依据,不论资金来源,不论是否计入成本,不论以何种形式支付,均应列入工资总额的计算范围。

**保险福利费总额** 指各单位在工资以外实际支付给在职职工和非在职职工个人以及用于集体的劳动保护和职工福利的费用总额。不包括用于职工的劳动保护费用。从企业来讲,不仅包括由职工福利基金支出的部分,而且还包括由企业营业外支出,企业基金或利润留成,工会文教费,企业管理费支出的部分。预算单位包括由职工福利费、公务费、差额补助费等支出的部分。

**家庭总收入** 指调查户中生活在一起的所有家庭成员在调查期得到的工薪收入、经营净收入、财产性收入、转移性收入的总和,不包括出售财物和借贷收入。

**可支配收入** 指调查户可用于最终消费支出和其它非义务性支出以及储蓄的总和,即居民家庭可以用来自由支配的收入。它是家庭总收入扣除交纳的所得税、个人交纳的社会保障费以及调查户的记帐补贴后的收入。计算公式为:

可支配收入=家庭总收入-交纳所得税-个人交纳的社会保障支出-记帐补贴

**工薪收入** 指就业人员通过各种途径得到的全部劳动报酬,包括所从事的主要职业的工资以及从事第二职业、其他兼职和零星劳动得到的其它劳动收入。

**经营净收入** 指家庭成员从事生产经营活动所获得的净收入。是全部生产经营收入中扣除生产成本和税金后所得的收入。

**财产性收入** 指家庭拥有的动产(如银行存款、有价证券)、不动产(如房屋、车辆、土地、收藏品等)所获得的收入。包括出让财产使用权所获得的利息、租金、专利收入;财产营运所获得的红利收入、财产增值收益等。

**转移性收入** 指国家、单位、社会团体对居民家庭的各种转移支付和居民家庭间的收入转移。包括政府对个人收入转移的离退休金、失业救济金、赔偿等;单位对个人收入转移的辞退金、保险索赔、住房公积金、家庭间的赠送和赡养等。

**出售财物收入** 指调查户出售家庭财物所得到的收入。由于出售财物是家庭财产从实物形态转为货币形态,家庭财产总量不变,因此不计入可支配收入中。

**借贷收入** 指家庭资产不发生增减的周转性收入。包括提取银行存款、提取储金会款、借入款、收回借出款、兑售有价证券、收回的投资本金、货款等。

**家庭总支出** 指家庭除借贷支出以外的全部实际支出。包括消费性支出、购房建房支出、转移性支出、财产性支出、社会保障支出。

**城镇居民消费支出** 指调查户购买商品和用于服务的全部支出,按用途分为食品、衣着、家庭设备用品及服务、医疗保健、交通和通讯、娱乐教育文化服务、居住、杂项商品和服务等八大类支出,均按用途划分归类。

**城镇居民家庭居住面积** 指调查户家庭成员在调查时点实际居住的住房面积,不包括厨房、厕所、走廊面积和临时搭建房屋的面积。

**农村居民家庭全年总收入** 是指农村住户和住户成员从各种来源渠道得到的收入总和。按收入的性质划分为工资性收入、家庭经营收入、财产性收入和转移性收入。农村居民家庭全年总支出是指农村住户用于生产、生活消费和再分配的全部支出。包括家庭经营费用支出、购置生产性固定资产支出、生产性固定资产折旧、税费支出、生活消费支出、财产性支出和转移性支出。

**农村居民家庭全年总支出** 是指农村住户用于生产、生活消费和再分配的全部支出。包括家庭经营费用支出、购置生产性固定资产支出、生产性固定资产折旧、税费支出、生活消费支出、财产性支出和转移性支出。

**农村居民家庭全年纯收入** 是指全年总收入扣除相应的各项费用性支出后,归农村居民所有的收入。它即可以用于生产、非生产投资,改善物质和文化生活,以及用再分配的支出和结余的收入。这个指标用来观察农村居民实际收入水平,以及农村居民扩大再生产和改善生活的能力。

纯收入=全年总收入-家庭经营费用支出-税费支出-生产性固定资产折旧-赠送农村外部亲友支出-调查补贴

**农村居民家庭全年可支配收入** 是指农村居民获得的收入经过初次分配与再分配后形成的收入,可用于农村居民的最终消费、非义务性支出以及储蓄。

可支配收入=全年总收入-家庭经营费用支出-税费支出-生产性固定资产折旧-农村亲友赠送收入-调查补贴-财产性支出-(转移性支出-赠送农村亲友支出)

**商品零售价格指数** 商品零售价格是工业、商业、餐饮业和其它零售企业向城乡居民、机关团体出售生活消费品和办公用品的价格。商品零售物价指数是指反映一定时期内商品零售价格变动趋势和变动程度的相对数。编制商品零售价格指数的必报商品为304种,共分为十四大类:即食品类、饮料烟酒类、服装鞋帽类、纺织品类、中西药品类、化妆品类、书报杂志类、文化体育用品类、日用品类、家用电器类、首饰类、燃料类、建筑装璜材料类、机电产品类。采用加权算术平均公式计算指数。计算指数的价格来源于各采价点(即商场、商店、农贸市场等),权数根据零售额构成资料调整。

**居民消费价格指数** 居民消费价格是居民支付所购买生活消费品和服务项目消费的价格。居民消费价格指数是指反映一定时期内居民消费价格变动趋势和变动程度的相对数。编制居民消费价格指数的必报商品和必报服务项目共325种分为八大类:即食品类、衣着类、家庭设备及用品类、医疗保健类、交通和通讯工具类、娱乐教育文化用品类、居住类、服务项目类。采用加权算术平均公式计算指数。计算指数的价格来源于各采价点,权数每年根据住户调查中居民的实际消费构成调整一次。

**农产品成交价格指数** 农产品成交价格是居民在农贸市场购买农产品成交的价格。农产品成交价格指数是指反映一定时期内农产品成交价格变动趋势和变动程度的相对数。编制农产品成交价格指数的必报商品为60种,分为八大类:即粮食类、油脂类、肉禽蛋类、水产品类、鲜菜类、干菜类、鲜果类、干果类。采用加权倒数平均公式计算指数。计算指数的价格来源于农贸市场,成交额来自工商部门掌握的实际成交额。

**景气指数** 又称景气度,是对企业景气调查中定性指标的定量描述,以直观地反映经济所处的状态。景气指数采用纯正数形式表示,以100为临界值,取值范围在0—200之间。当景气指数大于100点时,表明经济状况趋于上升或改善,处于景气状态;当景气指数小于100点时,表明经济状况趋于下降或恶化,处于不景气状态。

**企业家信心指数** 亦称宏观经济景气指数,是根据企业决策者对企业外部市场经济环境与宏观政策的认识、看法、判断与预期(对"乐观"、"一般"、"不乐观"的选择)而编制的指数,反映企业决策者对国家宏观经济发展的信心和预期,是企业决策者对当前宏观经济状况及未来走势的一种感受、体验与期望。

**企业景气指数** 亦称企业综合生产经营景气指数,是根据企业决策者对本企业当前生产经营情况的判断及未来企业生产经营状况的预期(对"良好"、"一般"、"不佳"的选择)而编制的指数,是企业决策者对企业生产经营现状及未来景气动向的一种综合评价和判断。

# 十、科技、教育、文化、体育、卫生、广电

# 10－1　2005年全省各市科技进步统计监测评价

| | 人才资源数 | | | | 每万人口中人才资源数 | | | | 变化情况综合评价位次 |
|---|---|---|---|---|---|---|---|---|---|
| | 统计值（人） | 位次 | 相当于2004年的 | 位次 | 统计值（人） | 位次 | 相当于2004年的 | 位次 | |
| 杭州市 | 865662 | 1 | 123.40 | 4 | 1310.72 | 1 | 121.76 | 5 | 1 |
| 宁波市 | 640439 | 2 | 122.89 | 5 | 1150.42 | 2 | 122.01 | 4 | 3 |
| 温州市 | 589492 | 3 | 119.08 | 6 | 785.70 | 5 | 118.44 | 6 | 6 |
| 嘉兴市 | 301384 | 7 | 127.61 | 1 | 901.46 | 4 | 127.46 | 1 | 2 |
| 湖州市 | 197522 | 8 | 124.24 | 3 | 766.84 | 7 | 124.06 | 3 | 5 |
| 绍兴市 | 478730 | 4 | 115.27 | 7 | 1100.30 | 3 | 115.17 | 7 | 7 |
| 金华市 | 342703 | 6 | 126.78 | 2 | 754.64 | 8 | 125.82 | 2 | 4 |
| 衢州市 | 115531 | 10 | 106.34 | 10 | 470.46 | 11 | 106.36 | 10 | 11 |
| 舟山市 | 74466 | 11 | 96.92 | 11 | 769.83 | 6 | 97.10 | 11 | 10 |
| 台州市 | 350479 | 5 | 108.49 | 9 | 626.02 | 9 | 107.73 | 9 | 9 |
| 丽水市 | 122859 | 9 | 111.86 | 8 | 488.72 | 10 | 111.53 | 8 | 8 |

续表1

| | 科技经费投入总额 | | | | 科技经费投入占GDP的比例 | | | | 变化情况综合评价位次 |
|---|---|---|---|---|---|---|---|---|---|
| | 统计值（万元） | 位次 | 相当于2004年的 | 位次 | 统计值（%） | 位次 | 相当于2004年的 | 位次 | |
| 杭州市 | 1364028 | 1 | 156.57 | 1 | 4.67 | 1 | 136.44 | 1 | 1 |
| 宁波市 | 527568 | 2 | 137.70 | 6 | 2.16 | 5 | 118.74 | 6 | 6 |
| 温州市 | 262483 | 6 | 124.17 | 10 | 1.65 | 8 | 108.63 | 9 | 10 |
| 嘉兴市 | 299175 | 4 | 145.43 | 4 | 2.59 | 3 | 126.15 | 4 | 3 |
| 湖州市 | 129977 | 8 | 153.70 | 2 | 2.03 | 6 | 132.19 | 2 | 2 |
| 绍兴市 | 420406 | 3 | 124.38 | 9 | 2.92 | 2 | 107.50 | 10 | 9 |
| 金华市 | 201270 | 7 | 128.41 | 7 | 1.91 | 7 | 112.62 | 7 | 8 |
| 衢州市 | 53643 | 9 | 143.15 | 5 | 1.65 | 8 | 123.79 | 5 | 5 |
| 舟山市 | 40033 | 10 | 149.98 | 3 | 1.47 | 10 | 127.54 | 3 | 4 |
| 台州市 | 288871 | 5 | 128.15 | 8 | 2.32 | 4 | 110.59 | 8 | 7 |
| 丽水市 | 32426 | 11 | 120.05 | 11 | 1.10 | 11 | 106.56 | 11 | 11 |

续表 2

| | 企业技术开发费支出总额 | | | | 企业技术开发费占销售收入的比例 | | | | 变化情况综合评价位次 |
|---|---|---|---|---|---|---|---|---|---|
| | 统计值（万元） | 位次 | 相当于2004年的 | 位次 | 统计值（%） | 位次 | 相当于2004年的 | 位次 | |
| 杭州市 | 755745 | 1 | 160.62 | 2 | 1.45 | 1 | 131.63 | 1 | 1 |
| 宁波市 | 440129 | 2 | 145.51 | 3 | 0.97 | 10 | 116.64 | 4 | 3 |
| 温州市 | 207407 | 6 | 128.61 | 10 | 1.01 | 9 | 104.38 | 9 | 11 |
| 嘉兴市 | 249562 | 4 | 145.14 | 4 | 1.21 | 4 | 114.51 | 5 | 4 |
| 湖州市 | 111003 | 8 | 167.48 | 1 | 1.09 | 7 | 125.83 | 2 | 2 |
| 绍兴市 | 361368 | 3 | 126.83 | 11 | 1.18 | 5 | 102.35 | 10 | 10 |
| 金华市 | 160069 | 7 | 139.75 | 7 | 1.23 | 3 | 110.85 | 7 | 6 |
| 衢州市 | 36145 | 9 | 139.81 | 6 | 1.16 | 6 | 107.41 | 8 | 8 |
| 舟山市 | 26474 | 10 | 138.89 | 8 | 1.06 | 8 | 112.75 | 6 | 7 |
| 台州市 | 216445 | 5 | 129.32 | 9 | 1.34 | 2 | 100.93 | 11 | 9 |
| 丽水市 | 24391 | 11 | 140.61 | 5 | 0.88 | 11 | 119.56 | 3 | 5 |

续表 3

| | 研究与试验发展经费支出情况 | | | | 研究与试验发展经费支出占 GDP 比例 | | | | 变化情况综合评价位次 |
|---|---|---|---|---|---|---|---|---|---|
| | 统计值（万元） | 位次 | 相当于2004年的 | 位次 | 统计值（%） | 位次 | 相当于2004年的 | 位次 | |
| 杭州市 | 668288 | 1 | 140.26 | 4 | 2.29 | 1 | 122.22 | 4 | 1 |
| 宁波市 | 214904 | 2 | 136.77 | 6 | 0.88 | 4 | 117.92 | 6 | 5 |
| 温州市 | 92576 | 6 | 119.55 | 10 | 0.58 | 9 | 104.59 | 10 | 10 |
| 嘉兴市 | 138034 | 4 | 147.41 | 3 | 1.19 | 3 | 127.87 | 3 | 2 |
| 湖州市 | 52196 | 8 | 188.51 | 2 | 0.82 | 5 | 162.13 | 2 | 3 |
| 绍兴市 | 176983 | 3 | 124.49 | 9 | 1.23 | 2 | 107.59 | 9 | 9 |
| 金华市 | 79672 | 7 | 131.36 | 7 | 0.75 | 8 | 115.20 | 7 | 7 |
| 衢州市 | 13031 | 10 | 138.28 | 5 | 0.4 | 10 | 119.58 | 5 | 6 |
| 舟山市 | 20779 | 9 | 210.48 | 1 | 0.76 | 7 | 178.96 | 1 | 4 |
| 台州市 | 99516 | 5 | 127.98 | 8 | 0.8 | 6 | 110.45 | 8 | 8 |
| 丽水市 | 6478 | 11 | 78.43 | 11 | 0.22 | 11 | 69.61 | 11 | 11 |

续表 4

| | 本级财政科技拨款 | | | | 本级财政科技拨款占本级财政支出的比例 | | | | 变化情况综合评价位次 |
|---|---|---|---|---|---|---|---|---|---|
| | 统计值（万元） | 位次 | 相当于2004年的 | 位次 | 统计值（%） | 位次 | 相当于2004年的 | 位次 | |
| 杭州市 | 26076 | 1 | 129.30 | 2 | 3.83 | 6 | 113.19 | 2 | 1 |
| 宁波市 | 11548 | 2 | 111.96 | 9 | 1.88 | 11 | 88.09 | 9 | 10 |
| 温州市 | 11070 | 3 | 124.63 | 4 | 5.42 | 1 | 109.14 | 4 | 3 |
| 嘉兴市 | 6992 | 5 | 115.36 | 7 | 3.06 | 9 | 88.02 | 10 | 9 |
| 湖州市 | 4667 | 9 | 110.51 | 10 | 3.61 | 8 | 93.06 | 8 | 8 |
| 绍兴市 | 9631 | 4 | 122.02 | 5 | 5.06 | 2 | 100.67 | 6 | 5 |
| 金华市 | 5318 | 6 | 119.10 | 6 | 4.77 | 3 | 109.73 | 3 | 4 |
| 衢州市 | 2078 | 11 | 124.80 | 3 | 1.92 | 10 | 108.11 | 5 | 6 |
| 舟山市 | 5013 | 7 | 149.11 | 1 | 4.18 | 4 | 138.32 | 1 | 2 |
| 台州市 | 4954 | 8 | 114.76 | 8 | 3.98 | 5 | 99.91 | 7 | 7 |
| 丽水市 | 2714 | 10 | 84.34 | 11 | 3.72 | 7 | 79.26 | 11 | 11 |

续表 5

| | 财政科普活动经费拨款 | | | | 人均科普活动经费 | | | | 变化情况综合评价位次 |
|---|---|---|---|---|---|---|---|---|---|
| | 统计值（万元） | 位次 | 相当于2004年的 | 位次 | 统计值（元） | 位次 | 相当于2004年的 | 位次 | |
| 杭州市 | 1107 | 1 | 148.89 | 1 | 1.68 | 1 | 146.91 | 1 | 1 |
| 宁波市 | 725 | 3 | 124.23 | 2 | 1.30 | 2 | 123.32 | 3 | 2 |
| 温州市 | 757 | 2 | 116.19 | 7 | 1.01 | 8 | 115.56 | 7 | 6 |
| 嘉兴市 | 419 | 7 | 123.72 | 3 | 1.25 | 3 | 123.56 | 2 | 3 |
| 湖州市 | 279 | 8 | 114.01 | 9 | 1.08 | 6 | 113.85 | 9 | 9 |
| 绍兴市 | 544 | 5 | 117.96 | 5 | 1.25 | 3 | 117.86 | 5 | 4 |
| 金华市 | 440 | 6 | 117.15 | 6 | 0.97 | 9 | 116.26 | 6 | 7 |
| 衢州市 | 203 | 10 | 113.52 | 10 | 0.83 | 10 | 113.54 | 10 | 10 |
| 舟山市 | 115 | 11 | 115.23 | 8 | 1.19 | 5 | 115.45 | 8 | 8 |
| 台州市 | 589 | 4 | 118.89 | 4 | 1.05 | 7 | 118.06 | 4 | 5 |
| 丽水市 | 208 | 9 | 111.94 | 11 | 0.83 | 10 | 111.62 | 11 | 11 |

续表 6

| | 财政性教育经费支出 | | | | 人均财政性教育经费支出 | | | | 变化情况综合评价位次 |
|---|---|---|---|---|---|---|---|---|---|
| | 统计值（万元） | 位次 | 相当于2004年的 | 位次 | 统计值（元） | 位次 | 相当于2004年的 | 位次 | |
| 杭州市 | 574865 | 1 | 114.17 | 4 | 870.41 | 2 | 112.66 | 4 | 3 |
| 宁波市 | 530366 | 2 | 114.37 | 3 | 952.70 | 1 | 113.54 | 3 | 2 |
| 温州市 | 340820 | 3 | 111.20 | 6 | 454.26 | 10 | 110.6 | 7 | 6 |
| 嘉兴市 | 228298 | 7 | 116.88 | 1 | 682.85 | 3 | 116.74 | 1 | 1 |
| 湖州市 | 124692 | 8 | 107.08 | 10 | 484.09 | 7 | 106.92 | 10 | 10 |
| 绍兴市 | 237908 | 6 | 108.60 | 9 | 546.80 | 6 | 108.51 | 9 | 8 |
| 金华市 | 250679 | 5 | 116.32 | 2 | 552.00 | 5 | 115.44 | 2 | 4 |
| 衢州市 | 90081 | 10 | 110.15 | 8 | 366.82 | 11 | 110.17 | 8 | 9 |
| 舟山市 | 62323 | 11 | 110.95 | 7 | 644.3 | 4 | 111.15 | 5 | 7 |
| 台州市 | 260703 | 4 | 111.86 | 5 | 465.67 | 8 | 111.07 | 6 | 5 |
| 丽水市 | 115470 | 9 | 99.56 | 11 | 459.33 | 9 | 99.27 | 11 | 11 |

续表 7

| | 预算内教育经费拨款 | | | | 预算内教育经费拨款占地方财政支出的比例 | | | | 变化情况综合评价位次 |
|---|---|---|---|---|---|---|---|---|---|
| | 统计值（元） | 位次 | 相当于2004年的 | 位次 | 统计值（%） | 位次 | 相当于2004年的 | 位次 | |
| 杭州市 | 435651 | 1 | 112.47 | 7 | 18.28 | 9 | 92.32 | 9 | 7 |
| 宁波市 | 354140 | 2 | 113.10 | 6 | 13.38 | 11 | 92.25 | 10 | 8 |
| 温州市 | 311484 | 3 | 113.46 | 2 | 33.35 | 1 | 101.21 | 2 | 1 |
| 嘉兴市 | 158433 | 7 | 116.85 | 1 | 21.57 | 8 | 95.01 | 6 | 3 |
| 湖州市 | 103402 | 9 | 113.36 | 4 | 23.46 | 6 | 93.89 | 7 | 5 |
| 绍兴市 | 183587 | 6 | 110.87 | 8 | 24.00 | 4 | 93.49 | 8 | 9 |
| 金华市 | 207632 | 5 | 113.20 | 5 | 25.72 | 3 | 95.66 | 5 | 4 |
| 衢州市 | 84857 | 10 | 110.24 | 9 | 22.74 | 7 | 98.92 | 4 | 6 |
| 舟山市 | 56460 | 11 | 109.31 | 10 | 17.68 | 10 | 99.01 | 3 | 10 |
| 台州市 | 227700 | 4 | 113.40 | 3 | 25.85 | 2 | 101.90 | 1 | 2 |
| 丽水市 | 109852 | 8 | 99.69 | 11 | 23.93 | 5 | 83.97 | 11 | 11 |

续表 8

| | 信息化规模 | | | | 信息化水平 | | | | 变化情况综合评价位次 |
|---|---|---|---|---|---|---|---|---|---|
| | 统计值（万户） | 位次 | 相当于2004年的 | 位次 | 统计值（户/百人） | 位次 | 相当于2004年的 | 位次 | |
| 杭州市 | 1343 | 1 | 120.63 | 2 | 203.40 | 2 | 119.02 | 2 | 1 |
| 宁波市 | 1161 | 2 | 111.79 | 9 | 208.57 | 1 | 110.98 | 10 | 7 |
| 温州市 | 1073 | 3 | 112.15 | 8 | 143.03 | 5 | 111.53 | 9 | 8 |
| 嘉兴市 | 542 | 7 | 117.39 | 4 | 161.95 | 4 | 117.25 | 3 | 3 |
| 湖州市 | 318 | 8 | 111.71 | 10 | 123.58 | 9 | 111.55 | 8 | 10 |
| 绍兴市 | 560 | 6 | 115.48 | 6 | 128.66 | 7 | 115.39 | 6 | 6 |
| 金华市 | 585 | 5 | 118.09 | 3 | 128.75 | 6 | 117.19 | 4 | 4 |
| 衢州市 | 198 | 10 | 115.32 | 7 | 80.66 | 11 | 115.34 | 7 | 9 |
| 舟山市 | 157 | 11 | 107.15 | 11 | 162.70 | 3 | 107.35 | 11 | 11 |
| 台州市 | 698 | 4 | 116.47 | 5 | 124.69 | 8 | 115.66 | 5 | 5 |
| 丽水市 | 244 | 9 | 135.43 | 1 | 97.02 | 10 | 135.03 | 1 | 2 |

续表 9

| | 专利授权量 | | | | 每万人口专利授权量 | | | | 变化情况综合评价位次 |
|---|---|---|---|---|---|---|---|---|---|
| | 统计值（件） | 位次 | 相当于2004年的 | 位次 | 统计值（件） | 位次 | 相当于2004年的 | 位次 | |
| 杭州市 | 4072 | 1 | 143.84 | 3 | 6.17 | 2 | 141.92 | 3 | 1 |
| 宁波市 | 3912 | 2 | 109.92 | 8 | 7.03 | 1 | 109.13 | 8 | 6 |
| 温州市 | 3076 | 3 | 103.74 | 9 | 4.10 | 5 | 103.18 | 9 | 9 |
| 嘉兴市 | 1464 | 6 | 283.72 | 1 | 4.38 | 4 | 283.39 | 1 | 2 |
| 湖州市 | 482 | 8 | 102.34 | 10 | 1.87 | 8 | 102.19 | 10 | 11 |
| 绍兴市 | 957 | 7 | 101.16 | 11 | 2.20 | 7 | 101.08 | 11 | 10 |
| 金华市 | 2499 | 4 | 123.22 | 6 | 5.50 | 3 | 122.29 | 6 | 4 |
| 衢州市 | 116 | 10 | 122.11 | 7 | 0.47 | 11 | 122.13 | 7 | 8 |
| 舟山市 | 70 | 11 | 127.27 | 4 | 0.72 | 10 | 127.52 | 4 | 7 |
| 台州市 | 2136 | 5 | 125.80 | 5 | 3.82 | 6 | 124.91 | 5 | 5 |
| 丽水市 | 272 | 9 | 178.95 | 2 | 1.08 | 9 | 178.43 | 2 | 3 |

续表 10

| | 高技术产业增加值 | | | | 高技术产业增加值占工业增加值的比重 | | | | 变化情况综合评价位次 |
|---|---|---|---|---|---|---|---|---|---|
| | 统计值（亿元） | 位次 | 相当于2004年的 | 位次 | 统计值（%） | 位次 | 相当于2004年的 | 位次 | |
| 杭州市 | 154.75 | 1 | 102.08 | 11 | 13.56 | 1 | 88.99 | 10 | 6 |
| 宁波市 | 59.24 | 2 | 105.11 | 10 | 6.75 | 5 | 96.30 | 6 | 9 |
| 温州市 | 28.24 | 5 | 117.72 | 7 | 4.68 | 7 | 95.90 | 7 | 8 |
| 嘉兴市 | 24.81 | 7 | 152.77 | 1 | 4.82 | 6 | 123.64 | 1 | 1 |
| 湖州市 | 17.34 | 8 | 129.40 | 3 | 7.25 | 4 | 106.15 | 2 | 2 |
| 绍兴市 | 25.07 | 6 | 110.73 | 8 | 4.04 | 8 | 90.86 | 9 | 10 |
| 金华市 | 30.78 | 4 | 119.44 | 4 | 9.65 | 3 | 96.94 | 5 | 4 |
| 衢州市 | 3.11 | 9 | 134.05 | 2 | 3.56 | 9 | 105.20 | 3 | 3 |
| 舟山市 | 1.70 | 10 | 108.28 | 9 | 2.49 | 11 | 85.82 | 11 | 11 |
| 台州市 | 38.31 | 3 | 118.13 | 6 | 9.94 | 2 | 93.28 | 8 | 5 |
| 丽水市 | 1.45 | 11 | 118.85 | 5 | 3.00 | 10 | 101.35 | 4 | 7 |

续表 11

| | 工业新产品产值 | | | | 工业新产品产值率 | | | | 变化情况综合评价位次 |
|---|---|---|---|---|---|---|---|---|---|
| | 统计值（亿元） | 位次 | 相当于2004年的 | 位次 | 统计值（%） | 位次 | 相当于2004年的 | 位次 | |
| 杭州市 | 261.02 | 3 | 126.11 | 8 | 4.98 | 10 | 103.22 | 7 | 9 |
| 宁波市 | 432.20 | 1 | 121.07 | 10 | 9.15 | 5 | 97.44 | 10 | 10 |
| 温州市 | 135.89 | 7 | 146.04 | 2 | 6.38 | 8 | 118.55 | 2 | 2 |
| 嘉兴市 | 256.98 | 4 | 136.28 | 4 | 12.28 | 3 | 108.48 | 4 | 3 |
| 湖州市 | 180.88 | 6 | 134.03 | 6 | 17.14 | 1 | 105.73 | 5 | 5 |
| 绍兴市 | 380.03 | 2 | 121.92 | 9 | 12.19 | 4 | 98.61 | 9 | 8 |
| 金华市 | 79.50 | 8 | 142.09 | 3 | 6.01 | 9 | 113.48 | 3 | 4 |
| 衢州市 | 25.46 | 9 | 135.50 | 5 | 7.89 | 6 | 103.27 | 6 | 7 |
| 舟山市 | 19.44 | 10 | 154.16 | 1 | 7.06 | 7 | 122.68 | 1 | 1 |
| 台州市 | 253.05 | 5 | 131.76 | 7 | 14.53 | 2 | 103.12 | 8 | 6 |
| 丽水市 | 2.99 | 11 | 111.99 | 11 | 1.78 | 11 | 93.80 | 11 | 11 |

续表 12

| | 农业增加值 | | | | 农业劳动生产率 | | | | 变化情况综合评价位次 |
|---|---|---|---|---|---|---|---|---|---|
| | 统计值（亿元） | 位次 | 相当于2004年的 | 位次 | 统计值（元/人） | 位次 | 相当于2004年的 | 位次 | |
| 杭州市 | 145.36 | 1 | 109.93 | 1 | 16366 | 4 | 113.63 | 5 | 2 |
| 宁波市 | 128.84 | 2 | 106.89 | 5 | 17117 | 3 | 111.22 | 6 | 6 |
| 温州市 | 64.72 | 6 | 103.35 | 11 | 5495 | 11 | 105.21 | 11 | 11 |
| 嘉兴市 | 81.54 | 5 | 106.17 | 6 | 19341 | 2 | 110.35 | 7 | 7 |
| 湖州市 | 63.00 | 8 | 107.75 | 4 | 15734 | 5 | 118.67 | 2 | 3 |
| 绍兴市 | 94.56 | 4 | 109.48 | 2 | 14736 | 6 | 119.86 | 1 | 1 |
| 金华市 | 63.29 | 7 | 104.13 | 9 | 5861 | 10 | 106.18 | 10 | 10 |
| 衢州市 | 48.00 | 9 | 108.16 | 3 | 7865 | 8 | 108.85 | 9 | 8 |
| 舟山市 | 38.85 | 11 | 105.14 | 8 | 28152 | 1 | 117.79 | 3 | 4 |
| 台州市 | 99.69 | 3 | 105.78 | 7 | 9297 | 7 | 117.69 | 4 | 5 |
| 丽水市 | 42.14 | 10 | 103.51 | 10 | 6167 | 9 | 109.27 | 8 | 9 |

续表 13

| | 规模综合评价位次 | | 水平综合评价位次 | | 变化情况综合评价位次 |
|---|---|---|---|---|---|
| | 2004 年 | 2005 年 | 2004 年 | 2005 年 | |
| 杭州市 | 1 | 1 | 1 | 1 | 1 |
| 宁波市 | 2 | 2 | 2 | 2 | 3 |
| 温州市 | 3 | 3 | 9 | 9 | 10 |
| 嘉兴市 | 7 | 6 | 4 | 3 | 2 |
| 湖州市 | 8 | 8 | 8 | 6 | 4 |
| 绍兴市 | 4 | 4 | 3 | 4 | 8 |
| 金华市 | 6 | 7 | 7 | 7 | 5 |
| 衢州市 | 9 | 9 | 10 | 10 | 9 |
| 舟山市 | 11 | 11 | 6 | 8 | 6 |
| 台州市 | 5 | 5 | 5 | 5 | 7 |
| 丽水市 | 10 | 10 | 11 | 11 | 11 |

# 10－2　分县区科技活动情况

| | 单位 | 全　市 | 吴兴区 | 南浔区 | 德清县 | 长兴县 | 安吉县 | △市区 |
|---|---|---|---|---|---|---|---|---|
| 一、科技活动情况 | | | | | | | | |
| （一）科技活动人员合计 | 人 | **9657** | **2827** | **2035** | **1877** | **1745** | **1173** | **4862** |
| #全时人员 | 人 | 3290 | 1513 | 361 | 571 | 465 | 380 | 1874 |
| #高中级职称人员 | 人 | 2812 | 836 | 657 | 706 | 462 | 151 | 1493 |
| 无高中级职称的大本以上人员 | 人 | 2822 | 734 | 693 | 569 | 572 | 254 | 1427 |
| #研究与试验发展人员 | 人 | 3766 | 976 | 778 | 816 | 725 | 481 | 1754 |
| （二）科技活动经费筹集总额 | 万元 | **122074** | **31682** | **30176** | **28311** | **24314** | **7591** | **61858** |
| 企业资金 | 万元 | 101727 | 24598 | 24620 | 25368 | 20275 | 6866 | 49218 |
| 金融机构贷款 | 万元 | 12386 | 4882 | 4153 | 1363 | 1810 | 178 | 9035 |
| 来自政府部门的资金 | 万元 | 5329 | 1670 | 1222 | 1016 | 1143 | 278 | 2892 |
| 来自国外的资金 | 万元 | 10 | | | | 10 | | |
| 其他资金 | 万元 | 2622 | 532 | 181 | 564 | 1076 | 269 | 713 |
| （三）科技活动经费支出总额 | 万元 | **107922** | **24502** | **28662** | **26464** | **21028** | **7266** | **53164** |
| 内部支出合计 | 万元 | 99025 | 21904 | 26681 | 24007 | 20104 | 6329 | 48585 |
| #研究与试验发展经费支出 | 万元 | 51238 | 12868 | 11417 | 12903 | 12124 | 1926 | 24285 |
| #新产品开发经费支出 | 万元 | 72804 | 16883 | 19888 | 20688 | 10759 | 4587 | 36771 |
| 外部支出合计 | 万元 | 8897 | 2598 | 1981 | 2457 | 924 | 937 | 4579 |
| #对国内高等院校支出 | 万元 | 6348 | 1457 | 1798 | 1890 | 761 | 443 | 3255 |
| 二、科研基建情况 | | | | | | | | |
| 用于科研的基建经费支出 | 万元 | 15349 | 4253 | 3107 | 2165 | 5820 | 4 | 7360 |
| 三、本年度全部科技项目情况 | | | | | | | | |
| 全部科技项目数 | 项 | 829 | 158 | 162 | 161 | 239 | 109 | 320 |
| #新产品开发项目数 | 项 | 406 | 83 | 96 | 99 | 92 | 36 | 179 |
| 研究与试验发展项目数 | 项 | 427 | 96 | 81 | 81 | 115 | 54 | 177 |
| 四、科技活动成果情况 | | | | | | | | |
| 专利申请受理量 | 件 | 1774 | 256 | 177 | 159 | 362 | 820 | 433 |
| 专利申请授权量 | 件 | 482 | 86 | 110 | 31 | 18 | 237 | 196 |
| #发明 | 件 | 8 | 2 | | 5 | | 1 | 2 |
| 五、技术改造与技术获取情况 | | | | | | | | |
| 技术改造经费支出 | 万元 | 190845 | 61572 | 49908 | 57430 | 19663 | 2272 | 111480 |
| 技术引进经费支出 | 万元 | 2013 | 80 | 320 | 1076 | 537 | | 400 |
| #引进设计图纸工艺配方专利支出 | 万元 | 1409 | 4 | 320 | 867 | 218 | | 324 |
| 消化吸收经费支出 | 万元 | 2694 | 602 | 460 | 1333 | 299 | | 1062 |
| 购买国内技术经费支出 | 万元 | 1946 | 102 | 70 | 820 | 954 | | 172 |

# 10－3　全部调查单位科技活动人员情况

单位：人

| | 人员合计 | #全时人员 | #高中级技术职称人员 | #无高中级职称的大学本科及以上人员 | #研究与试验发展人员 | 单位办科技机构人员 | #硕士以上学历 |
|---|---|---|---|---|---|---|---|
| **总　计** | **9657** | **3290** | **2812** | **2822** | **3776** | **3986** | **261** |
| **一、按工业企业规模分组** | | | | | | | |
| 大型企业 | | | | | | | |
| 中型企业 | 3223 | 917 | 909 | 984 | 1296 | 1522 | 85 |
| 中二型 | 3223 | 917 | 909 | 984 | 1296 | 1522 | 85 |
| 小型企业 | 5925 | 2178 | 1695 | 1707 | 2220 | 2258 | 170 |
| **二、按登记注册类型分组** | | | | | | | |
| 内资企业 | 7939 | 2784 | 2363 | 2279 | 2986 | 3230 | 209 |
| 国有(单位) | 558 | 154 | 309 | 99 | 164 | 197 | 7 |
| 集体(单位) | 114 | 23 | 20 | 25 | 18 | 67 | 3 |
| 股份合作 | 324 | 120 | 106 | 166 | 72 | 113 | 2 |
| 集体联营 | 17 | 1 | 2 | 3 | 10 | 10 | |
| 国有独资公司 | 35 | 9 | 27 | | 8 | 9 | |
| 其他有限责任公司 | 3224 | 1452 | 838 | 825 | 1318 | 1434 | 90 |
| 股份有限公司 | 1168 | 306 | 385 | 490 | 631 | 476 | 36 |
| 私营独资 | 188 | 42 | 41 | 40 | 102 | 42 | 1 |
| 私营合伙 | 72 | 42 | 24 | 35 | 49 | 38 | |
| 私营有限责任公司 | 2099 | 587 | 569 | 531 | 526 | 759 | 66 |
| 私营股份有限公司 | 140 | 48 | 42 | 65 | 88 | 85 | 4 |
| 港澳台商投资 | 720 | 254 | 252 | 174 | 317 | 432 | 25 |
| 与港澳台商合资经营 | 355 | 75 | 73 | 86 | 171 | 145 | 2 |
| 港、澳、台商独资经营 | 70 | 43 | 17 | 17 | 8 | 9 | 3 |
| 港、澳、台商投资股份有限公司 | 295 | 136 | 162 | 71 | 138 | 278 | 20 |
| 外商投资 | 998 | 252 | 197 | 369 | 473 | 324 | 27 |
| 中外合资经营 | 802 | 192 | 177 | 253 | 369 | 237 | 23 |
| 中外合作经营 | 13 | 4 | 1 | 9 | 3 | | |
| 外资企业 | 133 | 56 | 19 | 57 | 101 | 87 | 4 |
| 外商投资股份有限公司 | 50 | | | 50 | | | |
| **三、按国民经济行业大类分组** | | | | | | | |
| 煤炭开采和洗选业 | | | | | | | |
| 非金属矿采选业 | 135 | 27 | 21 | 38 | 13 | 86 | 1 |
| 农副食品加工业 | 321 | 64 | 148 | 114 | 73 | 83 | 21 |
| 食品制造业 | 125 | 50 | 30 | 59 | 47 | 46 | 4 |
| 饮料制造业 | 41 | 6 | 8 | 6 | | 23 | 4 |
| 纺织业 | 1361 | 438 | 285 | 396 | 434 | 306 | 40 |

10－3续表

| | 人员合计 | #全时人员 | #高中级技术职称人员 | #无高中级职称的大学本科及以上人员 | #研究与试验发展人员 | 单位办科技机构人员 | #硕士以上学历 |
|---|---|---|---|---|---|---|---|
| 纺织服装、鞋、帽制造业 | 14 | 12 | 8 | 6 | 7 | 6 | |
| 皮革、毛皮、羽毛(绒)及其制品业 | 6 | 1 | | | | | |
| 木材加工及木、竹、藤、棕、草制品业 | 701 | 325 | 250 | 219 | 446 | 185 | 17 |
| 家具制造业 | 469 | 114 | 27 | 61 | 175 | 21 | |
| 造纸及纸制品业 | 7 | 2 | | | 7 | | |
| 印刷业和记录媒介的复制 | 72 | 3 | 14 | 26 | 8 | 57 | |
| 文教体育用品制造业 | 8 | 3 | 2 | 1 | 8 | | |
| 化学原料及化学制品制造业 | 669 | 215 | 286 | 146 | 239 | 448 | 35 |
| 医药制造业 | 375 | 121 | 131 | 105 | 161 | 175 | 15 |
| 化学纤维制造业 | 13 | | 7 | 5 | 11 | | |
| 橡胶制品业 | 8 | | 2 | 2 | | 8 | |
| 塑料制品业 | 75 | 16 | 45 | 12 | 53 | 50 | 2 |
| 非金属矿物制品业 | 799 | 195 | 178 | 205 | 262 | 445 | 23 |
| 黑色金属冶炼及压延加工业 | 379 | 92 | 151 | 127 | 290 | 122 | 9 |
| 有色金属冶炼及压延加工业 | 123 | 38 | 34 | 57 | 13 | 37 | |
| 金属制品业 | 520 | 382 | 56 | 53 | 84 | 298 | 5 |
| 通用设备制造业 | 994 | 318 | 339 | 438 | 406 | 445 | 32 |
| 专用设备制造业 | 336 | 125 | 95 | 106 | 104 | 197 | 8 |
| 交通运输设备制造业 | 77 | 64 | 21 | 30 | 49 | 52 | |
| 电气机械及器材制造业 | 649 | 242 | 175 | 186 | 302 | 279 | 30 |
| 通信设备、计算机及其他电子设备制造业 | 514 | 128 | 123 | 195 | 237 | 317 | 5 |
| 仪器仪表及文化、办公用机械制造业 | 29 | 4 | 10 | 6 | 10 | | |
| 工艺品及其他制造业 | 67 | 30 | 15 | 18 | 27 | 15 | |
| 电力、燃气及水的生产和供应业 | 252 | 77 | 142 | 74 | 50 | 79 | 4 |
| 水的生产和供应业 | 9 | 3 | 1 | | | | |
| 房屋和土木工程建筑业 | | | | | | | |
| 软件业 | 187 | 94 | 42 | 89 | 138 | 136 | 3 |
| 专业技术服务业 | 7 | | 4 | | | | |
| 科技交流和推广服务业 | 85 | 17 | 31 | 19 | 14 | 24 | 3 |
| 卫生 | 23 | 7 | 9 | | 6 | 10 | |
| 国家机构 | 190 | 76 | 120 | 20 | 92 | 26 | |
| 基层群众自治组织 | 17 | 1 | 2 | 3 | 10 | 10 | |

# 10－4 大中型工业企业科技活动人员情况

单位:人

| | 人员合计 | #全时人员 | #高中级技术职称人员 | #无高中级职称的大学本科及以上人员 | #研究与试验发展人员 | 单位办科技机构人员 | #硕士以上学历 |
|---|---|---|---|---|---|---|---|
| **总　计** | **3223** | **917** | **909** | **984** | **1296** | **1522** | **85** |
| **一、按工业企业规模分组** | | | | | | | |
| 大型企业 | | | | | | | |
| 中型企业 | 3223 | 917 | 909 | 984 | 1296 | 1522 | 85 |
| 中二型 | 3223 | 917 | 909 | 984 | 1296 | 1522 | 85 |
| **二、按登记注册类型分组** | | | | | | | |
| 内资企业 | 2349 | 695 | 691 | 739 | 858 | 1074 | 64 |
| 国有(单位) | 198 | 27 | 135 | 53 | 50 | 79 | 4 |
| 集体(单位) | | | | | | | |
| 股份合作 | 199 | 20 | 67 | 130 | 47 | 47 | 2 |
| 其他有限责任公司 | 750 | 381 | 271 | 213 | 344 | 380 | 18 |
| 股份有限公司 | 631 | 113 | 158 | 265 | 366 | 395 | 29 |
| 私营有限责任公司 | 571 | 154 | 60 | 78 | 51 | 173 | 11 |
| 私营股份有限公司 | | | | | | | |
| 港澳台商投资 | 440 | 179 | 180 | 125 | 179 | 323 | 21 |
| 外商投资 | 434 | 43 | 38 | 120 | 259 | 125 | |
| **三、按国民经济行业大类分组** | | | | | | | |
| 非金属矿采选业 | 47 | | 2 | 7 | | 42 | 1 |
| 农副食品加工业 | 40 | 23 | 5 | 35 | | | |
| 食品制造业 | 68 | 15 | 17 | 30 | 19 | 18 | 2 |
| 饮料制造业 | 7 | | 2 | 1 | | | |
| 纺织业 | 253 | 86 | 25 | 20 | 55 | 35 | |
| 木材加工及木、竹、藤、棕、草制品业 | 241 | 129 | 104 | 58 | 189 | 55 | 12 |
| 家具制造业 | 385 | 75 | 14 | 39 | 135 | | |
| 印刷业和记录媒介的复制 | 61 | | 7 | 26 | | 57 | |
| 化学原料及化学制品制造业 | 345 | 138 | 180 | 85 | 145 | 321 | 23 |
| 医药制造业 | 72 | 11 | 14 | 19 | | 55 | 2 |
| 橡胶制品业 | | | | | | | |
| 非金属矿物制品业 | 169 | 28 | 33 | 47 | 16 | 121 | 3 |
| 黑色金属冶炼及压延加工业 | 163 | 17 | 60 | 49 | 148 | 55 | 5 |
| 有色金属冶炼及压延加工业 | 32 | 12 | 20 | 8 | | 32 | |
| 通用设备制造业 | 549 | 199 | 154 | 323 | 287 | 313 | 16 |
| 专用设备制造业 | 65 | 28 | 16 | 8 | | 58 | |
| 电气机械及器材制造业 | 285 | 84 | 86 | 69 | 114 | 111 | 17 |
| 通信设备、计算机及其他电子设备制造业 | 243 | 45 | 35 | 107 | 138 | 170 | |
| 电力、燃气及水的生产和供应业 | 198 | 27 | 135 | 53 | 50 | 79 | 4 |

# 10－5　全部调查单位科技活动经费筹集情况

单位:万元

| | 经费筹集总额 | 企业资金 | 金融机构贷款 | 政府资金 | 国外资金 | 其他资金 |
|---|---|---|---|---|---|---|
| **总　　计** | **122074** | **101727** | **12386** | **5329** | **10** | **2622** |
| **一、按工业企业规模分组** | | | | | | |
| 大型企业 | | | | | | |
| 中型企业 | 41869 | 37635 | 2600 | 1187 | | 447 |
| 　中二型 | 41869 | 37635 | 2600 | 1187 | | 447 |
| 小型企业 | 77591 | 63084 | 9636 | 3226 | 10 | 1635 |
| **二、按登记注册类型分组** | | | | | | |
| 内资企业 | 103279 | 84274 | 11791 | 4712 | 10 | 2492 |
| 　国有(单位) | 5358 | 3525 | 300 | 742 | | 791 |
| 　集体(单位) | 729 | 729 | | 1 | | |
| 　股份合作 | 1662 | 1402 | 200 | 58 | | 2 |
| 　集体联营 | 55 | 36 | | 19 | | |
| 　国有独资公司 | 203 | 203 | | | | |
| 　其他有限责任公司 | 42953 | 35202 | 4600 | 2499 | | 652 |
| 　股份有限公司 | 16289 | 13643 | 1600 | 546 | | 500 |
| 　私营独资 | 1545 | 1360 | 3 | 30 | | 152 |
| 　私营合伙 | 1162 | 707 | 350 | 55 | | 50 |
| 　私营有限责任公司 | 30482 | 24950 | 4608 | 618 | | 306 |
| 　私营股份有限公司 | 2841 | 2517 | 130 | 144 | 10 | 40 |
| 港澳台商投资 | 11996 | 11513 | 155 | 322 | | 7 |
| 　与港澳台商合资经营 | 2126 | 1898 | 155 | 67 | | 7 |
| 　港、澳、台商独资经营 | 911 | 911 | | | | |
| 港、澳、台商投资股份有限公司 | 8959 | 8704 | | 255 | | |
| 外商投资 | 6799 | 5940 | 440 | 296 | | 123 |
| 　中外合资经营 | 5646 | 4989 | 360 | 294 | | 3 |
| 　中外合作经营 | 24 | 24 | | | | |
| 　外资企业 | 728 | 526 | 80 | 2 | | 120 |
| 　外商投资股份有限公司 | 400 | 400 | | | | |
| **三、按国民经济行业大类分组** | | | | | | |
| 煤炭开采和洗选业 | | | | | | |
| 非金属矿采选业 | 1795 | 1717 | | | | 78 |
| 农副食品加工业 | 2706 | 2100 | 430 | 176 | | |
| 食品制造业 | 2738 | 1678 | 220 | 785 | | 56 |
| 饮料制造业 | 172 | 172 | | | | |
| 纺织业 | 10305 | 9328 | 750 | 108 | | 120 |
| 纺织服装、鞋、帽制造业 | 50 | 30 | | | | 20 |

10－5续表

| | 经费筹集总额 | 企业资金 | 金融机构贷款 | 政府资金 | 国外资金 | 其他资金 |
|---|---|---|---|---|---|---|
| 皮革、毛皮、羽毛(绒)及其制品业 | 42 | 42 | | | | |
| 木材加工及木竹藤棕草制品业 | 11352 | 9558 | 1528 | 257 | | 10 |
| 家具制造业 | 2631 | 2631 | | | | |
| 造纸及纸制品业 | 35 | 35 | | | | |
| 印刷业和记录媒介的复制 | 467 | 467 | | | | |
| 文教体育用品制造业 | 60 | 60 | | | | |
| 化学原料及化学制品制造业 | 20403 | 17322 | 1753 | 719 | | 609 |
| 医药制造业 | 6789 | 4494 | 1710 | 556 | | 30 |
| 化学纤维制造业 | 242 | 242 | | | | |
| 橡胶制品业 | 15 | 15 | | | | |
| 塑料制品业 | 149 | 69 | 80 | | | |
| 非金属矿物制品业 | 11938 | 9681 | 1470 | 307 | | 480 |
| 黑色金属冶炼及压延加工业 | 7435 | 5546 | 1500 | 389 | | |
| 有色金属冶炼及压延加工业 | 861 | 791 | 70 | | | |
| 金属制品业 | 3749 | 3485 | 177 | 27 | | 61 |
| 通用设备制造业 | 5954 | 5082 | 660 | 212 | | |
| 专用设备制造业 | 3948 | 3189 | 625 | 134 | | |
| 交通运输设备制造业 | 95 | 89 | | 6 | | |
| 电气机械及器材制造业 | 16110 | 14513 | 1180 | 352 | | 66 |
| 通信设备、计算机及其他电子设备制造业 | 3378 | 2801 | 83 | 377 | 10 | 107 |
| 仪器仪表及文化、办公用机械制造业 | 117 | 107 | | 10 | | |
| 工艺品及其他制造业 | 361 | 354 | | | | 7 |
| 电力、燃气及水的生产和供应业 | 5498 | 5058 | | | | 440 |
| 水的生产和供应业 | 64 | 64 | | | | |
| 房屋和土木工程建筑业 | | | | | | |
| 软件业 | 1238 | 724 | 150 | 175 | | 189 |
| 专业技术服务业 | 2 | | | 2 | | |
| 科技交流和推广服务业 | 328 | 33 | | 234 | | 61 |
| 卫生 | 21 | 15 | | 2 | | 4 |
| 国家机构 | 971 | 200 | | 485 | | 286 |
| 基层群众自治组织 | 55 | 36 | | 19 | | |

# 10－6　全部调查单位科技活动经费使用情况

单位:万元

| | 经费支出合计 | 内部支出 | # R&D经费支出 | # 新产品开发经费支出 | 外部支出 | 用于科研的基建经费支出 |
|---|---|---|---|---|---|---|
| **总　计** | **107922** | **99025** | **51238** | **72804** | **8897** | **15349** |
| **一、按工业企业规模分组** | | | | | | |
| 大型企业 | | | | | | |
| 中型企业 | 41253 | 37541 | 21083 | 28597 | 3712 | 4984 |
| 中二型 | 41253 | 37541 | 21083 | 28597 | 3712 | 4984 |
| 小型企业 | 64284 | 59302 | 28972 | 44208 | 4982 | 10229 |
| **二、按登记注册类型分组** | | | | | | |
| 内资企业 | 89902 | 82552 | 41888 | 58569 | 7349 | 14326 |
| 国有(单位) | 4443 | 3517 | 1175 | 275 | 925 | 614 |
| 集体(单位) | 634 | 630 | 137 | 454 | 4 | 219 |
| 股份合作 | 1607 | 1381 | 310 | 897 | 226 | 140 |
| 集体联营 | 55 | 52 | 26 | | 3 | |
| 国有独资公司 | 203 | 203 | 49 | 32 | | 62 |
| 其他有限责任公司 | 37015 | 33951 | 20135 | 23936 | 3065 | 6735 |
| 股份有限公司 | 15851 | 14595 | 11066 | 13554 | 1256 | 981 |
| 私营独资 | 1455 | 1441 | 847 | 1136 | 14 | 551 |
| 私营合伙 | 757 | 757 | 551 | 646 | | 76 |
| 私营有限责任公司 | 25696 | 24062 | 6819 | 16874 | 1634 | 4706 |
| 私营股份有限公司 | 2187 | 1965 | 773 | 766 | 222 | 243 |
| 港澳台商投资 | 11672 | 10200 | 5432 | 9194 | 1472 | 629 |
| 与港澳台商合资经营 | 1847 | 1827 | 1045 | 1211 | 20 | 286 |
| 港、澳、台商独资经营 | 891 | 891 | 477 | 722 | | 185 |
| 港、澳、台商投资股份有限公司 | 8935 | 7483 | 3910 | 7261 | 1452 | 158 |
| 外商投资 | 6348 | 6273 | 3918 | 5042 | 75 | 394 |
| 中外合资经营 | 5498 | 5423 | 3356 | 4717 | 75 | 296 |
| 中外合作经营 | 24 | 24 | 17 | 24 | | |
| 外资企业 | 676 | 676 | 545 | 150 | | 98 |
| 外商投资股份有限公司 | 150 | 150 | | 150 | | |
| **三、按国民经济行业大类分组** | | | | | | |
| 煤炭开采和洗选业 | | | | | | |
| 非金属矿采选业 | 1790 | 1733 | 1208 | 387 | 58 | 351 |
| 农副食品加工业 | 2520 | 2280 | 1155 | 1901 | 240 | 447 |
| 食品制造业 | 1472 | 1150 | 552 | 1070 | 322 | 210 |
| 饮料制造业 | 167 | 167 | | 44 | | 98 |
| 纺织业 | 7973 | 6925 | 2540 | 5936 | 1048 | 1338 |

10－6续表

| | 经费支出合计 | 内部支出 | # R&D经费支出 | # 新产品开发经费支出 | 外部支出 | 用于科研的基建经费支出 |
|---|---|---|---|---|---|---|
| 纺织服装、鞋、帽制造业 | 48 | 25 | 25 | 25 | 23 | |
| 皮革、毛皮、羽毛(绒)及其制品业 | 34 | 34 | | 32 | | |
| 木材加工及木竹藤棕草制品业 | 9312 | 9065 | 5299 | 6956 | 247 | 758 |
| 家具制造业 | 2260 | 2060 | 769 | 2030 | 200 | |
| 造纸及纸制品业 | 35 | 35 | 35 | 35 | | |
| 印刷业和记录媒介的复制 | 467 | 467 | 225 | 467 | | 118 |
| 文教体育用品制造业 | 60 | 60 | 60 | 60 | | |
| 化学原料及化学制品制造业 | 19968 | 17525 | 5300 | 13513 | 2442 | 829 |
| 医药制造业 | 5083 | 4766 | 2522 | 4019 | 317 | 436 |
| 化学纤维制造业 | 242 | 242 | 150 | 150 | | |
| 橡胶制品业 | 15 | 15 | | 15 | | |
| 塑料制品业 | 76 | 76 | 70 | 70 | | |
| 非金属矿物制品业 | 9234 | 8630 | 2952 | 4239 | 604 | 2732 |
| 黑色金属冶炼及压延加工业 | 7395 | 7241 | 6246 | 5727 | 154 | 190 |
| 有色金属冶炼及压延加工业 | 832 | 724 | 117 | 642 | 108 | 25 |
| 金属制品业 | 3392 | 3380 | 1606 | 3241 | 12 | 2105 |
| 通用设备制造业 | 5793 | 5560 | 3516 | 4024 | 233 | 1378 |
| 专用设备制造业 | 3716 | 3295 | 1880 | 2891 | 422 | 518 |
| 交通运输设备制造业 | 72 | 68 | 47 | 67 | 4 | |
| 电气机械及器材制造业 | 15370 | 14512 | 10679 | 12117 | 858 | 2496 |
| 通信设备、计算机及其他电子设备制造业 | 3162 | 3079 | 2179 | 2517 | 83 | 712 |
| 仪器仪表及文化、办公用机械制造业 | 87 | 87 | 41 | 87 | | |
| 工艺品及其他制造业 | 330 | 330 | 162 | 326 | | 473 |
| 电力、燃气及水的生产和供应业 | 4571 | 3250 | 721 | 218 | 1320 | |
| 水的生产和供应业 | 64 | 64 | | | | |
| 房屋和土木工程建筑业 | | | | | | |
| 软件业 | 995 | 934 | 836 | | 61 | 3 |
| 专业技术服务业 | 1 | 1 | | | | |
| 科技交流和推广服务业 | 276 | 252 | 47 | | 24 | 120 |
| 卫生 | 22 | 22 | 2 | | | 10 |
| 国家机构 | 1035 | 920 | 271 | | 115 | 4 |
| 基层群众自治组织 | 55 | 52 | 26 | | 3 | |

# 10－7　大中型工业企业科技活动经费筹集情况

单位：万元

| | 经费筹集总额 | 企业资金 | 金融机构贷款 | 政府资金 | 其他资金 |
|---|---|---|---|---|---|
| **总　　计** | **41869** | **37635** | **2600** | **1187** | **447** |
| **一、按工业企业规模分组** | | | | | |
| 大型企业 | | | | | |
| 中型企业 | 41869 | 37635 | 2600 | 1187 | 447 |
| 中二型 | 41869 | 37635 | 2600 | 1187 | 447 |
| **二、按登记注册类型分组** | | | | | |
| 内资企业 | 30022 | 26053 | 2600 | 929 | 440 |
| 国有（单位） | 3387 | 2947 | | | 440 |
| 股份合作 | 535 | 514 | | 21 | |
| 其他有限责任公司 | 11078 | 9984 | 600 | 495 | |
| 股份有限公司 | 9202 | 7689 | 1100 | 413 | |
| 私营有限责任公司 | 5819 | 4919 | 900 | | |
| 私营股份有限公司 | | | | | |
| 港澳台商投资 | 10226 | 9961 | | 259 | 7 |
| 外商投资 | 1621 | 1621 | | | |
| **三、按国民经济行业大类分组** | | | | | |
| 非金属矿采选业 | 99 | 99 | | | |
| 农副食品加工业 | 185 | 185 | | | |
| 食品制造业 | 808 | 788 | | 20 | |
| 饮料制造业 | 3 | 3 | | | |
| 纺织业 | 2970 | 2570 | 400 | | |
| 木材加工及木、竹、藤、棕、草制品业 | 2680 | 2670 | | 4 | 7 |
| 家具制造业 | 1660 | 1660 | | | |
| 印刷业和记录媒介的复制 | 242 | 242 | | | |
| 化学原料及化学制品制造业 | 10870 | 10384 | | 486 | |
| 医药制造业 | 557 | 455 | 100 | 2 | |
| 非金属矿物制品业 | 1912 | 1412 | 500 | | |
| 黑色金属冶炼及压延加工业 | 2070 | 1821 | | 249 | |
| 有色金属冶炼及压延加工业 | 352 | 352 | | | |
| 通用设备制造业 | 3180 | 2849 | 300 | 31 | |
| 专用设备制造业 | 680 | 360 | 300 | 20 | |
| 电气机械及器材制造业 | 8911 | 7749 | 1000 | 162 | |
| 通信设备、计算机及其他电子设备制造业 | 1304 | 1091 | | 214 | |
| 电力、燃气及水的生产和供应业 | 3387 | 2947 | | | 440 |

# 10－8　大中型工业企业科技活动经费使用情况

单位：万元

| | 经费支出合计 | 内部支出合计 | | | 外部支出 | 用于科研的基建经费支出 |
|---|---|---|---|---|---|---|
| | | | # R&D经费支出 | # 新产品开发经费支出 | | |
| **总　　计** | **41253** | **37541** | **21083** | **28597** | **3712** | **4984** |
| **一、按工业企业规模分组** | | | | | | |
| 大型企业 | | | | | | |
| 中型企业 | 41253 | 37541 | 21083 | 28597 | 3712 | 4984 |
| 中二型 | 41253 | 37541 | 21083 | 28597 | 3712 | 4984 |
| **二、按登记注册类型分组** | | | | | | |
| 内资企业 | 29562 | 27311 | 15878 | 19577 | 2250 | 4546 |
| 国有(单位) | 2460 | 1939 | 721 | | 520 | |
| 股份合作 | 555 | 535 | 235 | 75 | 20 | 50 |
| 其他有限责任公司 | 11558 | 10624 | 7118 | 7343 | 934 | 2808 |
| 股份有限公司 | 10051 | 9275 | 6845 | 8736 | 776 | 951 |
| 私营有限责任公司 | 4938 | 4938 | 959 | 3423 | | 738 |
| 港澳台商投资 | 10203 | 8741 | 4422 | 7865 | 1462 | 437 |
| 外商投资 | 1489 | 1489 | 784 | 1154 | | |
| **三、按国民经济行业大类分组** | | | | | | |
| 非金属矿采选业 | 99 | 99 | | | | 153 |
| 农副食品加工业 | 185 | 185 | | 185 | | |
| 食品制造业 | 906 | 630 | 300 | 630 | 276 | 120 |
| 饮料制造业 | 3 | 3 | | 3 | | |
| 纺织业 | 2221 | 2221 | 401 | 2121 | | 170 |
| 木材加工及木、竹、藤、棕、草制品 | 2644 | 2471 | 2241 | 1704 | 172 | 737 |
| 家具制造业 | 1478 | 1478 | 458 | 1478 | | |
| 印刷业和记录媒介的复制 | 242 | 242 | | 242 | | 118 |
| 化学原料及化学制品制造业 | 11418 | 9878 | 3925 | 8426 | 1541 | 285 |
| 医药制造业 | 617 | 557 | | 497 | 60 | |
| 非金属矿物制品业 | 1783 | 1783 | 192 | 407 | | 926 |
| 黑色金属冶炼及压延加工业 | 2050 | 2001 | 1959 | 1994 | 49 | 30 |
| 有色金属冶炼及压延加工业 | 352 | 264 | | 264 | 88 | |
| 通用设备制造业 | 3111 | 2954 | 2560 | 2400 | 157 | 1291 |
| 专用设备制造业 | 680 | 410 | | 260 | 270 | 480 |
| 电气机械及器材制造业 | 9703 | 9124 | 7258 | 7018 | 579 | 536 |
| 通信设备、计算机及其他电子设备制业 | 1304 | 1304 | 1069 | 969 | | 139 |
| 电力、燃气及水的生产和供应业 | 2460 | 1939 | 721 | | 520 | |

# 10－9　历年各级学校在校学生数

单位:人

| 年份 | 高等学校 | 普通中专 | 中等技工学校 | 职业中学 | 普通中学 | 小学 | 特殊教育 |
|---|---|---|---|---|---|---|---|
| 1978 | | 453 | 367 | | 129242 | 298176 | |
| 1979 | 922 | 668 | 1211 | 97 | 102944 | 282866 | |
| 1980 | 1067 | 750 | 1551 | 233 | 95445 | 271836 | |
| 1981 | 999 | 850 | 1149 | 189 | 85594 | 246629 | |
| 1982 | 972 | 872 | 725 | 65 | 80855 | 219748 | |
| 1983 | 971 | 769 | 552 | 658 | 83516 | 197654 | |
| 1984 | 1027 | 901 | 1177 | 1311 | 90328 | 181583 | |
| 1985 | 1100 | 1477 | 1347 | 3332 | 97455 | 168785 | |
| 1986 | 1126 | 2160 | 1622 | 4399 | 98505 | 163560 | |
| 1987 | 1105 | 2485 | 1565 | 5428 | 95127 | 161059 | 15 |
| 1988 | 878 | 2816 | 1534 | 4751 | 83967 | 173503 | 30 |
| 1989 | 974 | 2837 | 1589 | 4176 | 70725 | 193393 | 48 |
| 1990 | 956 | 3040 | 1545 | 4315 | 71502 | 194444 | 80 |
| 1991 | 921 | 3091 | 1781 | 3348 | 79648 | 187778 | 122 |
| 1992 | 977 | 3284 | 2061 | 3571 | 90880 | 184058 | 490 |
| 1993 | 1240 | 3894 | 2216 | 4626 | 92593 | 192781 | 697 |
| 1994 | 1587 | 4700 | 2487 | 5743 | 99514 | 199783 | 1164 |
| 1995 | 1559 | 7854 | 2670 | 7065 | 109705 | 202101 | 1389 |
| 1996 | 1379 | 7922 | 2998 | 6252 | 113130 | 212146 | 1711 |
| 1997 | 1396 | 9400 | 3853 | 11534 | 104259 | 228050 | 1833 |
| 1998 | 1633 | 9942 | 3401 | 13323 | 97927 | 231334 | 1853 |
| 1999 | 2373 | 9671 | 2824 | 12734 | 109511 | 225224 | 1898 |
| 2000 | 3991 | 7759 | 2010 | 12101 | 129171 | 216005 | 1569 |
| 2001 | 6723 | 7112 | 1908 | 15409 | 142434 | 207078 | 1412 |
| 2002 | 9975 | 6588 | 2530 | 21137 | 149729 | 201540 | 1226 |
| 2003 | 12051 | 7556 | 2258 | 27201 | 155774 | 192462 | 850 |
| 2004 | 14269 | 9077 | 2466 | 29122 | 155353 | 190770 | 703 |
| 2005 | 16406 | 10770 | 3005 | 29346 | 152551 | 182604 | 591 |

# 10－10　主要年份各类学校在校学生数

单位:人

| | 1990 年 | 1995 年 | 2000 年 | 2001 年 | 2002 年 | 2003 年 | 2004 年 | 2005 年 |
|---|---|---|---|---|---|---|---|---|
| 1.高等学校 | 956 | 1559 | 3991 | 6723 | 9975 | 12051 | 14269 | 16406 |
| 2.普通中专 | 3040 | 7854 | 7759 | 7112 | 6588 | 7556 | 9077 | 10770 |
| 3.成人中专 | 1318 | 2880 | 1832 | 1055 | 1093 | 1576 | 1738 | 1578 |
| 4.中等技工学校 | 1545 | 2670 | 2010 | 1908 | 2530 | 2258 | 2466 | 3005 |
| 5.普通中学 | 71502 | 109705 | 129171 | 142434 | 149729 | 155774 | 155353 | 152551 |
| #初中 | 59672 | 95692 | 104046 | 116014 | 118462 | 117015 | 110552 | 104304 |
| 高中 | 11830 | 14013 | 25125 | 26420 | 31267 | 38759 | 44831 | 48247 |
| 6.职业中学 | 4315 | 7065 | 12101 | 15409 | 21137 | 27201 | 29122 | 29346 |
| 7.小　　学 | 194444 | 202101 | 216005 | 207078 | 201540 | 192462 | 190770 | 182604 |
| 8.幼 儿 园 | 43085 | 63912 | 61934 | 64804 | 60122 | 56612 | 57572 | 58503 |
| 9.特殊教育 | 80 | 1389 | 1569 | 1412 | 1226 | 850 | 703 | 591 |

# 10－11　主要年份各类学校专任教师数

单位:人

| | 1990 年 | 1995 年 | 2000 年 | 2001 年 | 2002 年 | 2003 年 | 2004 年 | 2005 年 |
|---|---|---|---|---|---|---|---|---|
| 1.高等学校 | 165 | 138 | 333 | 524 | 569 | 724 | 819 | 943 |
| 2.普通中专 | 258 | 321 | 271 | 176 | 179 | 264 | 305 | 322 |
| 3.成人中专 | 121 | 167 | 237 | 162 | 153 | 183 | 182 | 191 |
| 4.中等技工学校 | 185 | 203 | 145 | 84 | 92 | 76 | 76 | 96 |
| 5.普通中学 | 4661 | 5431 | 7122 | 7544 | 8012 | 8435 | 8895 | 9173 |
| #初 中 | 3728 | 4517 | 5425 | 5697 | 5986 | 6007 | 6171 | 6253 |
| 高 中 | 933 | 914 | 1697 | 1847 | 2026 | 2428 | 2724 | 2920 |
| 6.职业中学 | 222 | 309 | 496 | 631 | 899 | 825 | 1070 | 1189 |
| 7.小　　学 | 7290 | 7459 | 8759 | 8530 | 8498 | 8284 | 8744 | 8654 |
| 8.幼 儿 园 | 2195 | 2540 | 3014 | 2537 | 2240 | 2134 | 2217 | 2241 |
| 9.特殊教育 | 15 | 42 | 38 | 33 | 35 | 32 | 36 | 36 |

# 10－12　教育事业基本情况

| | 学校数（所） | 招生数（人） | 毕业生数（人） | 在校学生数（人） | 教职工人数（人） | #专任教师 |
|---|---|---|---|---|---|---|
| 1.高等学校 | 3 | 5462 | 3309 | 16406 | 1466 | 943 |
| 2.普通中学 | 141 | 50303 | 51785 | 152551 | 10522 | 9173 |
| 初中 | 118 | 33289 | 38681 | 104304 | | 6253 |
| 高中 | 23 | 17014 | 13104 | 48247 | | 2920 |
| 3.中等职业学校 | 29 | 15894 | 12241 | 41694 | 2405 | 1757 |
| #普通中专 | 3 | 3981 | 1806 | 10770 | 415 | 322 |
| 成人中专 | 5 | 638 | 703 | 1578 | 242 | 191 |
| 职业高中 | 21 | 11275 | 9732 | 29346 | 1652 | 1189 |
| 4.小　　学 | 262 | 23816 | 32887 | 182604 | 9425 | 8654 |
| 5.幼 儿 园 | 163 | 22047 | 22971 | 58503 | 3098 | 2241 |
| 6.特殊教育 | 2 | 57 | 115 | 591 | 46 | 36 |
| 7.技工学校 | 2 | 1191 | 623 | 3005 | 153 | 96 |

# 10－13　市区教育事业基本情况

| | 学校数（所） | 招生数（人） | 毕业生数（人） | 在校学生数（人） | 教职工人数（人） | #专任教师 |
|---|---|---|---|---|---|---|
| 1.高等学校 | 3 | 5462 | 3309 | 16406 | 1466 | 943 |
| 2.普通中学 | 58 | 20349 | 22210 | 63143 | 4093 | 3592 |
| 初中 | 50 | 13417 | 17316 | 43374 | | 2513 |
| 高中 | 8 | 6932 | 4894 | 19769 | | 1079 |
| 3.中等职业学校 | 12 | 6118 | 4964 | 16404 | 791 | 591 |
| #普通中专 | 3 | 3981 | 1806 | 10486 | 415 | 322 |
| 成人中专 | 1 | 84 | 243 | 235 | 20 | 18 |
| 职业高中 | 8 | 1672 | 2742 | 4582 | 333 | 230 |
| 4.小　　学 | 70 | 8840 | 13107 | 72877 | 3595 | 3320 |
| 5.幼 儿 园 | 65 | 8513 | 8039 | 25139 | 1663 | 1226 |
| 6.特殊教育 | 2 | 52 | 59 | 403 | 46 | 36 |
| 7.技工学校 | 1 | 460 | 318 | 1200 | 68 | 42 |

# 10－14 分县区基础教育普及情况

| | 单位 | 全 市 | 市直属 | 吴兴区 | 南浔区 | 德清县 | 长兴县 | 安吉县 | △市区 |
|---|---|---|---|---|---|---|---|---|---|
| 1.小学情况 | | | | | | | | | |
| 入学率 | % | 100 | 100 | 100 | 100 | 100 | 99.99 | 100 | 100 |
| #女 | % | 100 | 100 | 100 | 100 | 100 | 100 | 100 | 100 |
| 巩固率 | % | 100 | 100 | 100 | 100 | 100 | 100 | 100 | 100 |
| #女 | % | 100 | 100 | 100 | 100 | 100 | 100 | 100 | 100 |
| 小学升初中比例 | % | 100 | 100 | 100 | 100 | 100 | 100 | 100 | 100 |
| 2.初中情况 | | | | | | | | | |
| 入学率 | % | 99.93 | 100 | 99.94 | 99.89 | 100 | 99.88 | 100 | 99.93 |
| #女 | % | 99.93 | 100 | 99.92 | 99.89 | 100 | 99.92 | 100 | 99.93 |
| 巩固率 | % | 99.95 | 100 | 99.96 | 99.92 | 99.97 | 99.95 | 99.92 | 99.95 |
| #女 | % | 99.95 | 100 | 99.96 | 99.92 | 99.97 | 99.94 | 99.96 | 99.95 |
| 3.高中情况 | | | | | | | | | |
| 初中毕业生人数 | 人 | 38681 | 1071 | 8081 | 8164 | 6285 | 8449 | 6631 | 17316 |
| #升学人数 | 人 | 34442 | | | | 5834 | 7573 | 5778 | 15247 |
| #普通中学 | 人 | 17066 | | | | 2901 | 3766 | 2879 | 7520 |
| 中等职业技术学校 | 人 | 17376 | | | | 2933 | 3807 | 2909 | 7727 |
| #职业高中 | 人 | 11422 | | | | 2245 | 3313 | 2789 | 3075 |
| 普通中专 | 人 | 4504 | | | | 81 | 195 | 120 | 4108 |
| 成人中专 | 人 | 299 | | | | | 299 | | |
| 技工学校 | 人 | 1151 | | | | 607 | | | 544 |
| 升学比例 | % | 89.04 | | | | 92.82 | 89.63 | 87.29 | 88.05 |
| #普通高中 | % | 44.12 | | | | 46.16 | 44.57 | 43.42 | 43.43 |
| 职业类学校 | % | 44.92 | | | | 46.67 | 45.06 | 43.87 | 44.62 |

# 10－15　分县区普通中学基本情况

| | 单位 | 全　市 | 市直属 | 吴兴区 | 南浔区 | 德清县 | 长兴县 | 安吉县 | △市区 |
|---|---|---|---|---|---|---|---|---|---|
| 学校数 | 所 | 141 | 9 | 26 | 23 | 26 | 27 | 30 | 58 |
| 完全中学 | 所 | 2 | 2 | | | | | | 2 |
| 高级中学 | 所 | 21 | 6 | | | 6 | 4 | 5 | 6 |
| 初级中学 | 所 | 93 | 1 | 19 | 20 | 14 | 18 | 21 | 40 |
| 九年制 | 所 | 25 | | 7 | 3 | 6 | 5 | 4 | 10 |
| 班级数 | 个 | 3051 | 436 | 438 | 396 | 549 | 684 | 548 | 1270 |
| 初中 | 个 | 2104 | 55 | 438 | 396 | 374 | 474 | 367 | 889 |
| 高中 | 个 | 947 | 381 | | | 175 | 210 | 181 | 381 |
| 毕业生数 | 人 | 51785 | 5965 | 8081 | 8164 | 8661 | 11652 | 9262 | 22210 |
| 初中 | 人 | 38681 | 1071 | 8081 | 8164 | 6285 | 8449 | 6631 | 17316 |
| 高中 | 人 | 13104 | 4894 | | | 2376 | 3203 | 2631 | 4894 |
| 招生数 | 人 | 50303 | 7843 | 6578 | 5928 | 8917 | 11813 | 9224 | 20349 |
| 初中 | 人 | 33289 | 911 | 6578 | 5928 | 5792 | 8132 | 5948 | 13417 |
| 高中 | 人 | 17014 | 6932 | | | 3125 | 3681 | 3276 | 6932 |
| 在校学生数 | 人 | 152551 | 22431 | 20844 | 19868 | 26202 | 35971 | 27235 | 63143 |
| 初中 | 人 | 104304 | 2662 | 20844 | 19868 | 17376 | 25346 | 18208 | 43374 |
| # 一年级 | 人 | 33304 | 911 | 6580 | 5933 | 5792 | 8138 | 5950 | 13424 |
| 二年级 | 人 | 32368 | 725 | 6293 | 6001 | 5264 | 8304 | 5781 | 13019 |
| 三年级 | 人 | 38632 | 1026 | 7971 | 7934 | 6320 | 8904 | 6477 | 16931 |
| 高中 | 人 | 48247 | 19769 | | | 8826 | 10625 | 9027 | 19769 |
| # 一年级 | 人 | 17055 | 6951 | | | 3131 | 3681 | 3292 | 6951 |
| 二年级 | 人 | 15585 | 6558 | | | 2910 | 3422 | 2695 | 6558 |
| 三年级 | 人 | 15607 | 6260 | | | 2785 | 3522 | 3040 | 6260 |
| 毕业班学生数 | 人 | 54239 | 7286 | 7971 | 7934 | 9105 | 12426 | 9517 | 23191 |
| 初中 | 人 | 38632 | 1026 | 7971 | 7934 | 6320 | 8904 | 6477 | 16931 |
| 高中 | 人 | 15607 | 6260 | | | 2785 | 3522 | 3040 | 6260 |
| 教职工人数 | 人 | 10522 | 1508 | 1399 | 1186 | 1880 | 2486 | 2063 | 4093 |
| # 专任教师 | 人 | 9173 | 1260 | 1263 | 1069 | 1648 | 2195 | 1738 | 3592 |

## 10－16　分县区小学基本情况

| | 单位 | 全　市 | 吴兴区 | 南浔区 | 德清县 | 长兴县 | 安吉县 | △市区 |
|---|---|---|---|---|---|---|---|---|
| 学校数 | 所 | 262 | 39 | 31 | 42 | 95 | 55 | 70 |
| 教学点数 | 个 | 35 | 11 | 12 | 12 | | | 23 |
| 班级数 | 个 | 4144 | 842 | 707 | 788 | 1059 | 723 | 1574 |
| 招生数 | 人 | 23816 | 4957 | 3778 | 4240 | 6588 | 4148 | 8840 |
| #受过学前教育 | 人 | 23279 | 4768 | 3772 | 4171 | 6423 | 4040 | 8645 |
| 在校学生数 | 人 | 182604 | 39305 | 32632 | 30468 | 48939 | 30320 | 72877 |
| 毕业班学生数 | 人 | 33345 | 7113 | 6508 | 5549 | 8508 | 5482 | 13806 |
| 教职工数 | 人 | 9425 | 1955 | 1590 | 1700 | 2511 | 1619 | 3595 |
| #专任教师 | 人 | 8654 | 1844 | 1434 | 1525 | 2344 | 1465 | 3320 |

## 10－17　分县区中等职业教育基本情况

| | 单位 | 全　市 | 市直属 | 吴兴区 | 南浔区 | 德清县 | 长兴县 | 安吉县 | △市区 |
|---|---|---|---|---|---|---|---|---|---|
| 学校数 | 所 | 29 | 10 | | 2 | 7 | 5 | 5 | 12 |
| 毕业生数 | 人 | 12241 | 4791 | 48 | 125 | 1559 | 3124 | 2594 | 4964 |
| #获职业资格证 | 人 | 7812 | 2775 | 48 | 125 | 399 | 1910 | 2555 | 2948 |
| 招生数 | 人 | 15894 | 5655 | 102 | 361 | 2525 | 3782 | 3469 | 6118 |
| 在校学生数 | 人 | 41694 | 15303 | 171 | 930 | 6451 | 9655 | 9184 | 16404 |
| 预计毕业生数 | 人 | 13038 | 4792 | 52 | 269 | 2019 | 2929 | 2977 | 5113 |
| 教职工数 | 人 | 2405 | 757 | 8 | 26 | 448 | 605 | 561 | 791 |
| #专任教师 | 人 | 1757 | 564 | 6 | 21 | 357 | 427 | 382 | 591 |

# 10－18　分县区幼儿教育基本情况

| | 单位 | 全　市 | 吴兴区 | 南浔区 | 德清县 | 长兴县 | 安吉县 | △市区 |
|---|---|---|---|---|---|---|---|---|
| 园　数 | 所 | 163 | 35 | 30 | 32 | 35 | 31 | 65 |
| 班级数 | 个 | 2040 | 479 | 375 | 402 | 483 | 301 | 854 |
| 入园幼儿数 | 个 | 22047 | 4337 | 4176 | 3729 | 6142 | 3663 | 8513 |
| 在园幼儿数 | 人 | 58503 | 13793 | 11336 | 10792 | 13930 | 8652 | 25129 |
| 离园幼儿数 | 人 | 22971 | 4300 | 3739 | 4307 | 6569 | 4056 | 8039 |
| 教职工数 | 人 | 3098 | 1045 | 618 | 837 | 159 | 439 | 1663 |
| #园长 | 人 | 194 | 59 | 46 | 41 | 27 | 21 | 105 |
| 专任教师 | 人 | 2241 | 754 | 472 | 558 | 102 | 355 | 1226 |
| 保健员 | 人 | 122 | 41 | 19 | 32 | 8 | 22 | 60 |
| 代课教师 | 人 | 739 | 67 | 8 | | 599 | 65 | 25 |
| 兼任教师 | 人 | 58 | 4 | 39 | 7 | 8 | | 43 |
| 占地面积 | 万平方米 | 79.55 | 20.45 | 10.18 | 14.23 | 21.48 | 13.21 | 30.63 |
| 校舍面积 | 万平方米 | 36.40 | 11.52 | 5.10 | 7.11 | 8.14 | 4.53 | 16.62 |

# 10－19　分县区文化、艺术事业基本情况

| | 单位 | 全　市 | 市　区 | 德清县 | 长兴县 | 安吉县 |
|---|---|---|---|---|---|---|
| **一、艺术事业** | | **5** | **3** | | **1** | **1** |
| ㈠艺术表演团体 | 个 | 1 | 1 | | | |
| ㈡)剧　场 | 个 | 4 | 2 | | 1 | 1 |
| 1.演出场次 | 场 | 390 | 309 | | 14 | 67 |
| 2.观众人数 | 万人次 | 15 | 9 | | 2 | 4 |
| 3.总收入 | 千元 | 5288 | 2662 | | 2120 | 506 |
| **二、图书馆情况** | | | | | | |
| 1.公共图书馆 | 个 | 4 | 1 | 1 | 1 | 1 |
| 2.总藏量 | 万册.件 | 80 | 39 | 14 | 15 | 12 |
| #图书 | 万册.件 | 69 | 35 | 12 | 13 | 9 |
| **三、文化馆(艺术馆)情况** | | | | | | |
| 1.文化馆.艺术馆数 | 个 | 4 | 1 | 1 | 1 | 1 |
| 2.举办展览个数 | 个 | 30 | 5 | 5 | 20 | |
| 3.组织文艺活动次数 | 次 | 116 | 26 | 34 | 26 | 30 |
| 4.举办训练班结业人数 | 人次 | 3450 | | 550 | 1500 | 1400 |
| **四、其　他** | | | | | | |
| 1.乡镇文化站 | 个 | 67 | | 11 | 16 | 16 |
| 2.博物馆(纪念馆) | 个 | 7 | 2 | 1 | 2 | 2 |
| 3.文物保护单位 | 个 | 163 | | 18 | 37 | 18 |
| 4.文物保护管理机构 | 个 | 6 | 1 | 1 | 2 | 1 |

# 10－20 历年卫生事业基本情况

| 年 份 | 卫 生<br>机构数<br>（个） | 床位数<br>（张） | #医院<br>床 位 | 卫生工<br>作人员<br>（人） | #卫技<br>人员 | 每万人医<br>院床位数<br>（张） |
|---|---|---|---|---|---|---|
| 1978 | 398 | 6574 | 5883 | 6860 | 5572 | 26 |
| 1979 | 429 | 6670 | 5944 | 7085 | 5674 | 26 |
| 1980 | 432 | 6789 | 6080 | 7609 | 6074 | 27 |
| 1981 | 443 | 6492 | 5260 | 7829 | 6250 | 23 |
| 1982 | 455 | 6668 | 5431 | 7975 | 6431 | 24 |
| 1983 | 459 | 6791 | 6040 | 8155 | 6589 | 26 |
| 1984 | 467 | 6831 | 6312 | 8219 | 6668 | 27 |
| 1985 | 472 | 6753 | 6380 | 8139 | 6438 | 27 |
| 1986 | 471 | 6855 | 6493 | 8268 | 6499 | 27 |
| 1987 | 489 | 7022 | 6671 | 8443 | 6651 | 28 |
| 1988 | 493 | 7244 | 6858 | 8545 | 6728 | 28 |
| 1989 | 491 | 7431 | 7041 | 8695 | 6876 | 29 |
| 1990 | 492 | 7395 | 7005 | 9051 | 7201 | 29 |
| 1991 | 491 | 7518 | 7128 | 9283 | 7412 | 29 |
| 1992 | 489 | 7600 | 7207 | 9457 | 7516 | 29 |
| 1993 | 489 | 7841 | 7361 | 9589 | 7678 | 30 |
| 1994 | 486 | 7906 | 7462 | 9824 | 7915 | 30 |
| 1995 | 491 | 7920 | 7512 | 9870 | 8014 | 30 |
| 1996 | 490 | 7820 | 7710 | 10486 | 8654 | 30 |
| 1997 | 482 | 8223 | 8103 | 10602 | 8759 | 32 |
| 1998 | 405 | 8082 | 7962 | 10486 | 8536 | 32 |
| 1999 | 410 | 7624 | 7514 | 10467 | 8493 | 30 |
| 2000 | 392 | 7487 | 7377 | 10605 | 8634 | 29 |
| 2001 | 385 | 7670 | 7560 | 10558 | 8747 | 30 |
| 2002 | 364 | 7809 | 7809 | 10263 | 8620 | 30 |
| 2003 | 704 | 8135 | 8055 | 11442 | 9617 | 31 |
| 2004 | 718 | 8407 | 8327 | 11749 | 9737 | 32.7 |
| 2005 | 819 | 8721 | 8641 | 12717 | 10859 | 33.5 |

# 10-21 历年卫生技术人员数

单位：人

| 年份 | 卫生技术人员 | #医师 | #医士 | #护师.护士 | 每万人医生数 |
|---|---|---|---|---|---|
| 1978 | 5572 | 1347 | 753 | 700 | 9 |
| 1979 | 5674 | 1347 | 687 | 649 | 9 |
| 1980 | 6074 | 1495 | 754 | 820 | 10 |
| 1981 | 6250 | 1597 | 746 | 879 | 10 |
| 1982 | 6431 | 1660 | 745 | 924 | 10 |
| 1983 | 6589 | 1723 | 771 | 972 | 11 |
| 1984 | 6668 | 1304 | 1132 | 1033 | 10 |
| 1985 | 6438 | 1243 | 1117 | 1011 | 10 |
| 1986 | 6499 | 1213 | 1208 | 1055 | 10 |
| 1987 | 6651 | 1217 | 1266 | 1153 | 10 |
| 1988 | 6728 | 1941 | 1143 | 1534 | 13 |
| 1989 | 6876 | 2018 | 1067 | 1601 | 13 |
| 1990 | 7201 | 2054 | 1038 | 1709 | 12 |
| 1991 | 7412 | 2083 | 1087 | 1762 | 13 |
| 1992 | 7516 | 2113 | 1065 | 1750 | 13 |
| 1993 | 7678 | 2139 | 1157 | 1792 | 13 |
| 1994 | 7915 | 2137 | 1252 | 1863 | 14 |
| 1995 | 8014 | 2407 | 1258 | 1970 | 15 |
| 1996 | 8654 | 2598 | 1391 | 2281 | 16 |
| 1997 | 8759 | 2634 | 1474 | 2310 | 16 |
| 1998 | 8536 | 2559 | 1371 | 2269 | 15 |
| 1999 | 8493 | 2738 | 1301 | 2397 | 16 |
| 2000 | 8634 | 2822 | 1284 | 2468 | 16 |
| 2001 | 8747 | 2932 | 1244 | 2540 | 16 |
| 2002 | 8620 | 2754 | 1048 | 2625 | 15 |
| 2003 | 9617 | 3291 | 1090 | 2868 | 17 |
| 2004 | 9737 | 3281 | 1121 | 3083 | 17.1 |
| 2005 | 10859 | 3564 | 1140 | 3269 | 18.3 |

注：2002年起按新口径统计，医师为执业医师-，医士为执业助理医师，护师、护士为注册护士。

# 10－22　历年分县区卫生技术人员数

单位：人

| 年　份 | 全　市 | 吴兴区 | 南浔区 | 德清县 | 长兴县 | 安吉县 | △市区 |
|---|---|---|---|---|---|---|---|
| 1978 | 5572 | | | 775 | 1262 | 927 | 2608 |
| 1979 | 5674 | | | 793 | 1262 | 928 | 2691 |
| 1980 | 6074 | | | 858 | 1359 | 100 | 2857 |
| 1981 | 6250 | | | 898 | 1364 | 1047 | 2941 |
| 1982 | 6431 | | | 914 | 1389 | 1104 | 3024 |
| 1983 | 6589 | | | 937 | 1423 | 1134 | 3095 |
| 1984 | 6668 | | | 935 | 1433 | 1122 | 3178 |
| 1985 | 6438 | | | 900 | 1326 | 1061 | 3151 |
| 1986 | 6499 | | | 903 | 1363 | 1080 | 3153 |
| 1987 | 6651 | | | 944 | 1383 | 1098 | 3226 |
| 1988 | 6728 | | | 956 | 1381 | 1133 | 3258 |
| 1989 | 6876 | | | 969 | 1460 | 1141 | 3306 |
| 1990 | 7201 | | | 1025 | 1495 | 1226 | 3455 |
| 1991 | 7412 | | | 1046 | 1550 | 1257 | 3559 |
| 1992 | 7516 | | | 1060 | 1573 | 1264 | 3619 |
| 1993 | 7678 | | | 1105 | 1616 | 1268 | 3689 |
| 1994 | 7915 | | | 1187 | 1663 | 1289 | 3776 |
| 1995 | 8014 | | | 1237 | 1572 | 1315 | 3890 |
| 1996 | 8654 | | | 1273 | 1974 | 1356 | 4051 |
| 1997 | 8759 | | | 1329 | 1945 | 1342 | 4143 |
| 1998 | 8536 | | | 1361 | 1859 | 1353 | 3963 |
| 1999 | 8493 | | | 1369 | 1789 | 1365 | 3970 |
| 2000 | 8634 | | | 1380 | 1767 | 1352 | 4135 |
| 2001 | 8747 | | | 1424 | 1782 | 1351 | 4190 |
| 2002 | 8620 | | | 1454 | 1632 | 1444 | 4090 |
| 2003 | 9617 | 964 | 1208 | 1546 | 2129 | 1513 | 4429 |
| 2004 | 9737 | 1129 | 1212 | 1587 | 2141 | 1464 | 4545 |
| 2005 | 10859 | 1656 | 1239 | 1677 | 2360 | 1536 | 5286 |

# 10－23 历年分县区医院床位数

单位:张

| 年 份 | 全 市 | 吴兴区 | 南浔区 | 德清县 | 长兴县 | 安吉县 | 今市区 |
|---|---|---|---|---|---|---|---|
| 1978 | 5883 | | | 1197 | 1104 | 858 | 2724 |
| 1979 | 5944 | | | 1213 | 1089 | 801 | 2841 |
| 1980 | 6080 | | | 1229 | 1147 | 878 | 2826 |
| 1981 | 5260 | | | 693 | 1182 | 827 | 2558 |
| 1982 | 5431 | | | 700 | 1222 | 787 | 2722 |
| 1983 | 6040 | | | 1265 | 1211 | 807 | 2757 |
| 1984 | 6312 | | | 1264 | 1156 | 841 | 3051 |
| 1985 | 6380 | | | 1281 | 1152 | 845 | 3102 |
| 1986 | 6493 | | | 1339 | 1199 | 834 | 3121 |
| 1987 | 6671 | | | 1276 | 1256 | 868 | 3271 |
| 1988 | 6858 | | | 1364 | 1258 | 917 | 3319 |
| 1989 | 7041 | | | 1364 | 1353 | 917 | 3407 |
| 1990 | 7005 | | | 1356 | 1352 | 964 | 3333 |
| 1991 | 7128 | | | 1402 | 1379 | 994 | 3353 |
| 1992 | 7207 | | | 1422 | 1395 | 1018 | 3372 |
| 1993 | 7361 | | | 1369 | 1453 | 1018 | 3521 |
| 1994 | 7462 | | | 1379 | 1520 | 1133 | 3430 |
| 1995 | 7512 | | | 1379 | 1525 | 1130 | 3478 |
| 1996 | 7710 | | | 1424 | 1543 | 1190 | 3553 |
| 1997 | 8103 | | | 1727 | 1575 | 1232 | 3569 |
| 1998 | 8082 | | | 1664 | 1506 | 1369 | 3543 |
| 1999 | 7514 | | | 1290 | 1567 | 1211 | 3446 |
| 2000 | 7377 | | | 1179 | 1604 | 1200 | 3394 |
| 2001 | 7670 | | | 1248 | 1577 | 1309 | 3536 |
| 2002 | 7809 | | | 1110 | 1613 | 1357 | 3729 |
| 2003 | 8055 | 580 | 927 | 1123 | 1819 | 1322 | 3791 |
| 2004 | 8327 | 714 | 977 | 1211 | 1862 | 1282 | 3972 |
| 2005 | 8641 | 758 | 917 | 1420 | 1881 | 1264 | 4076 |

# 10－24　分县区卫生机构与卫生技术人员

| 指标名称 | 计量单位 | 全　市 | 吴兴区 | 南浔区 | 德清县 | 长兴县 | 安吉县 | △市区 |
|---|---|---|---|---|---|---|---|---|
| **一、全社会卫生单位数** | 个 | **819** | **295** | **76** | **117** | **212** | **106** | **384** |
| 卫生院 | 个 | 100 | 14 | 12 | 16 | 29 | 29 | 26 |
| 医院 | 个 | 28 | 4 | 4 | 4 | 7 | 5 | 12 |
| 门诊部 | 个 | 9 | | 5 | | 1 | | 8 |
| 妇幼保健院(所、站) | 个 | 4 | | | 1 | 1 | 1 | 1 |
| 县(区)诊所 | 个 | 412 | 129 | 41 | 72 | 123 | 47 | 170 |
| 县(区)卫生所、医务室 | 个 | 141 | 55 | 11 | 16 | 39 | 20 | 66 |
| 县(区)社区卫生服务站 | 个 | 110 | 93 | 3 | 5 | 8 | 1 | 96 |
| **二、卫生技术人员合计** | 人 | **10859** | **1656** | **1239** | **1677** | **2360** | **1536** | **5286** |
| 执业医师 | 人 | 3564 | 550 | 422 | 514 | 722 | 463 | 1865 |
| 执业助理医师 | 人 | 1140 | 221 | 177 | 209 | 291 | 207 | 433 |
| 注册护士 | 人 | 3269 | 326 | 382 | 480 | 659 | 440 | 1690 |
| 药剂人员 | 人 | 872 | 113 | 128 | 162 | 182 | 146 | 382 |
| 检验人员 | 人 | 483 | 51 | 62 | 84 | 88 | 83 | 228 |
| 其他 | 人 | 1531 | 395 | 68 | 228 | 418 | 197 | 688 |
| **三、医院、卫生院床位数** | 张 | **8641** | **758** | **917** | **1420** | **1881** | **1264** | **4076** |

# 10－25　分县区农村村级卫生组织

| 指标名称 | 计量单位 | 全　市 | 吴兴区 | 南浔区 | 德清县 | 长兴县 | 安吉县 | △市区 |
|---|---|---|---|---|---|---|---|---|
| 村总数 | 个 | 1117 | 225 | 221 | 166 | 254 | 251 | 446 |
| 实行合作医疗或者医疗保险的村数 | 个 | 1116 | 224 | 221 | 166 | 254 | 251 | 445 |
| 村设置医疗点数 | 个 | 1364 | 88 | 213 | 245 | 510 | 308 | 301 |
| ＃村集体办 | 个 | 1018 | | 20 | 206 | 510 | 282 | 20 |
| 一体化分分院制 | 个 | 88 | | 69 | | | 19 | 69 |
| 卫生院分院制 | 个 | 60 | 4 | 12 | 39 | | 5 | 16 |
| 个体办 | 个 | 114 | | 112 | | | 2 | 112 |
| 乡村医生 | 人 | 1757 | 288 | 447 | | 694 | 328 | 735 |

# 10－26　分县区农村改水情况

| 指标名称 | 计量单位 | 全　市 | 吴兴区 | 南浔区 | 德清县 | 长兴县 | 安吉县 | △市区 |
|---|---|---|---|---|---|---|---|---|
| 1.农村总人口 | 万人 | 210.44 | 31.85 | 51.02 | 36.54 | 49.12 | 41.91 | 82.87 |
| 2.已改水受益人口 | 万人 | 205.07 | 31.57 | 49.25 | 35.77 | 47.92 | 40.56 | 80.82 |
| ＃自来水受益人口 | 万人 | 186.52 | 28.69 | 49.25 | 33.97 | 39.93 | 34.68 | 77.94 |
| 累计受益率 | % | 97.45 | 99.25 | 96.53 | 97.89 | 97.56 | 96.78 | 97.53 |
| ＃自来水累计受益率 | % | 88.63 | 90.01 | 96.53 | 92.96 | 81.29 | 82.75 | 94.05 |
| 3.用于改水投资总额 | 万元 | 9003 | 6924 | 1279 | 800 | | | 8203 |
| ＃国家投资 | 万元 | 953.6 | 73.6 | 80 | 800 | | | 153.6 |
| 集体投资 | 万元 | 6843 | 5818 | 1025 | | | | 6843 |
| 个人投资 | 万元 | 1200.7 | 1031.7 | 169 | | | | 1200.7 |
| 其　　他 | 万元 | 5 | | 5 | | | | 5 |

# 10－27　历年体育运动情况

| 年份 | 举办各级运动会（次） | 参加比赛运动员（人） | 省以上运动会获奖数（枚） | | | 发展等级运动员（人） | 发展等级裁判员（人） | 达到锻炼标准人数（万人） |
|---|---|---|---|---|---|---|---|---|
| | | | 金牌 | 银牌 | 铜牌 | | | |
| 1983 | 50 | 7461 | 13 | 9 | 4 | 202 | 68 | 4.79 |
| 1984 | 74 | 12163 | | | | 123 | 74 | 6.38 |
| 1985 | 674 | 103667 | | | | 166 | 124 | 9.65 |
| 1986 | 148 | 17603 | 27 | 19 | 19 | 519 | 94 | 12.5 |
| 1987 | 123 | 16522 | 41 | 32 | 37 | 425 | 141 | 11.89 |
| 1988 | 272 | 25920 | 30 | 26 | 38 | 333 | 66 | 13.79 |
| 1989 | 247 | 16901 | 35 | 33 | 35 | 458 | 181 | 13.46 |
| 1990 | 692 | 65588 | 24 | 35 | 40 | 549 | 145 | 15.38 |
| 1991 | 637 | 53197 | 30 | 21 | 29 | 266 | 110 | 15.87 |
| 1992 | 53 | 10087 | 18 | 26 | 20 | 150 | 153 | 29.4 |
| 1993 | 132 | 11705 | 30 | 24 | 26 | 111 | 93 | 18.33 |
| 1994 | 99 | 11694 | 17 | 28 | 25 | 195 | 77 | 19.2 |
| 1995 | 153 | 17664 | 22 | 21 | 24 | 201 | 77 | 20.43 |
| 1996 | 154 | 14169 | 25 | 21 | 28 | 106 | 124 | 22.27 |
| 1997 | 155 | 30746 | 57 | 44 | 41 | 214 | 112 | 21.28 |
| 1998 | 138 | 22164 | 30 | 40 | 43 | 56 | 48 | 23.75 |
| 1999 | 177 | 70751 | 73 | 75 | 78 | 223 | 75 | 24.96 |
| 2000 | 167 | 44036 | 60.5 | 43 | 48 | 17 | 47 | 26.21 |
| 2001 | 171 | 21787 | 44.5 | 44 | 44 | 43 | 44 | 26.66 |
| 2002 | 29 | 28750 | 24 | 21 | 30 | 21 | 17 | 27.16 |
| 2003 | 67 | 40400 | 33 | 43 | 34 | 28 | 6 | 27.08 |
| 2004 | 78 | 170000 | 79 | 73 | 38 | 20 | 31 | 24.93 |
| 2005 | 65 | 47168 | 29 | 25 | 45 | 88 | 13 | |

注：1985、1990、1991 年运动会次数、参赛运动员范围为乡镇以上，其余年份为县以上。

# 10－28　分县区体育运动情况

| | 单位 | 全　市 | 市　区 | 德清县 | 长兴县 | 安吉县 |
|---|---|---|---|---|---|---|
| **一、县以上体委系统举办运动会** | **次** | **65** | **7** | **36** | **7** | **15** |
| 参加比赛的运动员人数 | 人 | 47168 | 1558 | 20000 | 15610 | 10000 |
| **二、省级以上运动会获奖牌数** | **枚** | **99** | **63** | **5** | **22** | **9** |
| # 金牌 | 枚 | 29 | 21 | | 8 | |
| 银牌 | 枚 | 25 | 9 | 3 | 8 | 5 |
| 铜牌 | 枚 | 45 | 33 | 2 | 6 | 4 |
| **三、等级运动员发展人数** | **人** | **88** | **72** | **2** | **7** | **7** |
| # 二级 | 人 | 88 | 72 | 2 | 7 | 7 |
| **四、等级裁判员发展人数** | **人** | **13** | **4** | **3** | | **6** |
| # 二级 | 人 | 13 | 4 | 3 | | 6 |

# 10－29　分县区广播、电视基本情况

| | 单位 | 全　市 | 市　区 | 德清县 | 长兴县 | 安吉县 |
|---|---|---|---|---|---|---|
| **一、无线广播情况** | | | | | | |
| 节目套数 | 套 | 6 | 3 | 1 | 1 | 1 |
| 平均每日播音时间 | 时:分 | 19:05 | 18:05 | 20:45 | 16:00 | 23:25 |
| 制作广播节目 | 小时 | 25769 | 16543 | 856 | 3833 | 4537 |
| **二、无线电视基本情况** | | | | | | |
| 平均每周播出时间 | 时:分 | 81:18 | 105:32 | 51:28 | 46:50 | 81:53 |
| 制作电视节目 | 小时 | 6759 | 4109 | 201 | 711 | 1738 |
| **三、有线电视基本情况** | | | | | | |
| 总用户数 | 万户 | 51.95 | 23.59 | 3.9 | 13.99 | 10.47 |
| **四、广播电视覆盖范围** | | | | | | |
| 广播覆盖人口数 | 万人 | 257.09 | 108.01 | 42.47 | 61.87 | 44.73 |
| 电视覆盖人口数 | 万人 | 257.09 | 108.01 | 42.47 | 61.87 | 44.73 |

# 主要统计指标解释

**艺术表演团体** 指从事戏曲、音乐、舞蹈、杂技等专业艺术表演,有独立帐户,实行单独核算的团体。不包括半工半艺、半农半艺的业余剧团。

**公共图书馆** 指文化系统所属的独立举办的对社会开放的图书馆。不包括文化馆的图室,也不包括文化系统以外的图书馆。

**博物馆** 指搜集、保管、研究、陈列、展览有关革命、历史、文化、艺术、自然科学、技术等方面的文物或标本的机构。

**艺术表演场所** 指具有观众厅、舞厅、灯光设备、经常供专业艺术表演团体演出,公开售票营业的场所,但不包括茶馆、茶社等兼营艺术表演的场所。

**艺术表演观众人数** 指售票包场演出或民族地区免费演出的艺术表演观众人次数。不包括彩排审查和内部观摩演出的观众人次数。

**等级运动员人数** 指经考核正式批准授予等级运动员称号的人数。运动员等级分为国际级运动健将、运动健将、一级、二级、三级、少年级。

**等级裁判员人数** 指经考核正式批准授予等级裁判员称号的人数。裁判员等级分为国际裁判、国家级、一级、二级、三级。

**医院** 指名称为医院,设有固定床位能收容病人住院并能为病人提供医疗和护理服务的医疗机构。包括县及县以上医院、农村乡卫生院、其他医院三部分。

**卫生技术人员** 指卫生事业机构中现任职务为卫生技术工作的人员。包括中医师、西医师、中西医结合高级医师、护师、中药师、西药师、检验师、其他技题、中医士、西医士、护士、助产士、中药剂士、西药剂士、检验员、其他初级卫生技术人员。

**医生** 指经卫生部门审查合格,从事医疗工作的专业人员,分为中医医生和西医医生,包括中医师、西医师、中西医结合高级工程师医师、中医士、西医士和其他中医。

**普通高等学校** 指按照国家规定的审批程序批准举办,通过全国统一招生考试,招收高级中学学校毕业生和具有同等学历者,实施高等教育,培养高等专门人才的学校。包括大学、专门学院、专科学校和短期职业大学。

**技工学校** 指招收初中(或部分高中)毕业生或具有同等学历者,实施专业技术教育、培养中级技术工人的学校。包括中央在地方单位办、各级劳动部门办、各级其他部门办和厂矿企业办。其在校学生数不包括培训的在职职工人数。

**招生数** 指新学年开始时,按照国家招生计划实际招收入学的新生数。不包括留级学生和复读学生数。

**在校学生数** 指学年初开学以后,具有学籍的全部在校学习的学生总数。

**毕业生数** 指上学年度内,具有学籍的学生学完教学计划规定的全部课程,考试及格,获得毕业证书的学生数。不包括结业生和肄业生数。

**教职员工数** 指在学校中工作的固定教职工人数。包括校本部、科研机构、校办工厂、农(林)场和附属机构的人员。不包括下列人员:离休、退休、退职人员;学校办的集体所有制单位和学校附属机构中,属于集体所有制的职工;代课教师和各种临时工。

**专任教师** 指主要从事教育工作的人员。包括临时(一年以内)调去帮助做其他工作的教学人员。不包括调离教学岗位,担任行政领导工作或其他工作的原教学人员;不包括兼任教师和代课教师。

**小学学龄儿童入学率** 指调查范围内已入小学学习的学龄儿童占校内外学龄儿童总数(包括弱智儿童在内,但不包括盲聋哑儿童)的比重。计算公式是:

$$小学学龄儿童入学率=\frac{已入学的小学学龄儿童数}{校内外小学学龄儿童总数}\times 100\%$$

**科学技术活动(STA)** 指与各科学技术领域中科技知识的产生、发展、传播和应用密切相关的全部有计划的活动。分为研究与发展(R&D)、科技教育培训(STET)和科技服务(STS)三类。

**工程技术人员** 指在国民经济各行业从事工程技术工作的自然科学技术的专业人员。包括高级工程师、工程师、助理工程师、技术员和未评定职称的技术人员。

**农业技术人员** 指在国民经济各行业从事家业技术工作的自然科学技术的专业人员。包括高级农艺师、农艺师、助理农艺师、技术员和未评定职称的技术人员。

**卫生技术人员** 指在国民经济各行业从事工生医务工作的自然科学技术的专业人员,包括正副主任医师、主治医师、医师、医(护)士和未评定职称的技术人员。

**科学研究人员** 指在国民经济各行业从事科学技术活动的自然科学技术的专业人员,包括正副研究员、助理研究员、研究学习员、技术员和未评定职称的技术人员。

**教学人员** 指在国民经济各行业从事自然科学技术方面的教学活动的专业人员。包括正副教授、讲师、助教、都是和在中学从事自然科学技术方面的教学活动的人员。

**科技经费投入** 指科技内部支出、科研基建、外部支出、购买国内技术、引进专利、图纸、配方等经费支出;统计范围为:农业企事业单位、规模以上工业企业、民营科技企业、软件开发单位、普通高等院校、科研机构。

# 十一、城建、环保、民政、社保、治安、档案、技术监督

# 11－1　分县区市政、公用事业情况

| | 单位 | 全市 | 市区 | 德清县 | 长兴县 | 安吉县 |
|---|---|---|---|---|---|---|
| **一、市政建设** | | | | | | |
| 建成区面积 | 平方公里 | 145.17 | 90.67 | 18.00 | 24.00 | 12.50 |
| #中心城区 | 平方公里 | 53.2 | | | | |
| 道路长度 | 公里 | 599.32 | 334.68 | 73.00 | 109.00 | 82.64 |
| 道路面积 | 万平方米 | 1975 | 1239 | 213 | 311 | 212 |
| 人均道路面积 | 平方米 | 19.46 | 19.97 | 20.54 | 21.27 | 14.67 |
| 排水管道长度 | 公里 | 1901.21 | 1339.87 | 184 | 266 | 111.34 |
| **二、园林绿化** | | | | | | |
| 绿化覆盖面积 | 公顷 | 5161 | 3426 | 365 | 966 | 404 |
| #建成区 | 公顷 | 5161 | 3426 | 365 | 966 | 404 |
| 建成区绿化覆盖率 | % | 35.55 | 37.79 | 20.28 | 40.25 | 32.32 |
| 园林绿地面积 | 公顷 | 4519 | 2966 | 348 | 840 | 365 |
| 公共绿地面积 | 公顷 | 854.33 | 503.83 | 86.50 | 134.00 | 130.00 |
| 人均公共绿地面积 | 平方米 | 8.42 | 8.12 | 8.34 | 9.17 | 8.99 |
| 公园个数 | 个 | 54 | 38 | 2 | 8 | 6 |
| 公园面积 | 公顷 | 475.76 | 295.96 | 34.20 | 80.60 | 65.00 |
| **三、供水及燃气** | | | | | | |
| 自来水综合生产能力 | 万吨/日 | 58 | 42.5 | 3 | 9 | 3.5 |
| 年供水总量 | 万吨 | 12361 | 8185 | 1236 | 2130 | 810 |
| #生产用水 | 万吨 | 3456 | 2448 | 409 | 421 | 178 |
| 生活用水 | 万吨 | 4908 | 3360 | 500 | 635 | 413 |
| 人均日生活用水量 | 升 | 211.31 | 239.16 | 198.06 | 172.51 | 124.49 |
| 用水普及率 | % | 96.65 | 100 | 92.57 | 99.18 | 82.64 |
| 液化气供气总量 | 吨 | 37795 | 14241 | 11575 | 5257 | 6722 |
| #家庭用量 | 吨 | 27111 | 13003 | 3060 | 4528 | 6520 |
| 燃气普及率 | % | 97.84 | 98.68 | 86.79 | 100 | 100 |
| 液化气用气人口 | 万人 | 87.58 | 54.70 | 9.00 | 9.42 | 14.46 |
| **四、公共交通** | | | | | | |
| 公共交通营运车辆 | 辆 | 852 | 548 | 39 | 229 | 36 |
| 公共交通客运总量 | 万人次 | 8718 | 7070 | 98 | 1222 | 327 |
| 出租车 | 辆 | 1420 | 815 | 163 | 284 | 158 |
| **五、环境卫生** | | | | | | |
| 生活垃圾清运量 | 万吨 | 41 | 24 | 6 | 6 | 6 |
| 垃圾无害化处理量 | 万吨 | 37.25 | 20.50 | 5.45 | 5.50 | 5.80 |
| 生活垃圾无害化处理率 | % | 91.30 | 85.42 | 99.09 | 100.00 | 100.00 |

# 11－2　主要年份环境保护情况

| | 单位 | 1990年 | 1995年 | 1998年 | 2000年 | 2003年 | 2004年 | 2005年 |
|---|---|---|---|---|---|---|---|---|
| **一、工业废水** | | | | | | | | |
| 工业废水排放总量 | 万吨 | 8326 | 5519 | 8256 | 8830 | 9998 | 10677 | 9518 |
| 工业废水排放达标量 | 万吨 | 6196 | 2944 | 3437 | 8345 | 9694 | 10193 | 9333 |
| 工业废水排放达标率(%) | | 74.42 | 53.34 | 41.63 | 94.5 | 96.96 | 95.46 | 98.06 |
| **二、工业废气** | | | | | | | | |
| 工业废气排放总量 | 亿标立米 | 264 | 316 | 426 | 458 | 995.96 | 997.51 | 1214.06 |
| #燃烧过程中废气排放量 | 亿标立米 | 105 | 191 | 218 | 215 | 311.38 | 436.39 | 519.84 |
| 生产工艺废气排放量 | 亿标立米 | 159 | 125 | 208 | 240 | 684.58 | 561.12 | 694.22 |
| 二氧化硫排放量 | 吨 | 53602 | 58813 | 70321 | 58508 | 58121 | 59866 | 60688 |
| 烟尘排放量 | 吨 | 26136 | 7142 | 30164 | 21918 | 13180 | 14492 | 11867 |
| 工业粉尘排放量 | 万吨 | 9.43 | 5.96 | 15.23 | 15.13 | 6.38 | 6.76 | 3.95 |
| **三、工业固体废物** | | | | | | | | |
| 工业固体废物产生量 | 万吨 | 79.9 | 109.02 | 111.1 | 87.19 | 118.7 | 175.04 | 203.01 |
| 工业固体废物综合利用量 | 万吨 | 33.45 | 51.74 | 70 | 81.95 | 113.93 | 169.86 | 199.70 |
| 工业固体废物利用率 | % | | | | 93.99 | 95.98 | 97.04 | 98.37 |
| **四、工业锅炉、炉窑数** | | | | | | | | |
| 工业锅炉数 | 台/蒸吨 | 1307/2558 | 318/2582 | 378/2938 | 343/2862 | 422/4031 | 381/4437 | 357/5254 |
| 工业炉窑数 | 座 | 279 | 99 | 249 | 202 | 194 | 171 | 159 |
| **五、环境质量(市区)** | | | | | | | | |
| 建成区区域环境噪声平均值 | 分贝 | | | | 56.8 | 56.8 | 57.2 | 56.7 |
| 城市环境空气质量标准级别 | 级 | | | | | 2 | 2 | 2 |
| 城市水域功能区水质达标率 | % | | | | | 69.5 | 57.5 | 53.3 |
| 城市集中式饮用水源地水质达标率 | % | | | | | 98.6 | 96.1 | 96.2 |

# 11－3 分县区环境保护情况

| | 单位 | 全 市 | 吴兴区 | 南浔区 | 德清县 | 长兴县 | 安吉县 | △市区 |
|---|---|---|---|---|---|---|---|---|
| 一、工业废水 | | | | | | | | |
| 工业废水排放总量 | 万吨 | 9517.51 | 2238.82 | 1160.38 | 4179.22 | 1293.98 | 645.12 | 3399.19 |
| 工业废水排放达标量 | 万吨 | 9333.19 | 2195.81 | 1137.91 | 4100.62 | 1271.44 | 627.42 | 3333.72 |
| 工业废水排放达标率 | % | 98.06 | 98.08 | 98.06 | 98.12 | 98.26 | 97.26 | 98.07 |
| 二、工业废气 | | | | | | | | |
| 工业废气排放总量 | 亿标立米 | 1214.06 | 117.70 | 83.71 | 121.94 | 817.25 | 73.45 | 201.41 |
| #燃烧过程中废气排放量 | 亿标立米 | 519.84 | 55.52 | 35.48 | 54.62 | 364.26 | 9.96 | 90.99 |
| 生产工艺废气排放量 | 亿标立米 | 694.22 | 62.18 | 48.24 | 67.32 | 452.99 | 63.49 | 110.42 |
| 废气中二氧化硫排放量 | 吨 | 60688 | 6034 | 3780 | 5757 | 43312 | 1805 | 9814 |
| 废气中烟尘排放量 | 吨 | 11867 | 1045 | 693 | 1344 | 8620 | 164 | 1738 |
| 工业粉尘排放量 | 万吨 | 3.95 | 0.48 | 0.54 | 0.42 | 2.23 | 0.29 | 1.02 |
| 三、工业固体废物 | | | | | | | | |
| 工业固体废物产生量 | 万吨 | 203.01 | [illegible].36 | 6.47 | 23.59 | 149.97 | 1.62 | 27.83 |
| 工业固体废物综合利用量 | 万吨 | 199.70 | 20.18 | 6.36 | 22.76 | 148.81 | 1.59 | 26.54 |
| 工业固体废物利用率 | % | 98.37 | | 98.35 | 96.50 | 99.23 | 98.14 | 95.35 |
| 四、工业锅炉 | | | | | | | | |
| 工业锅炉数 | 台/蒸吨 | 357/5254 | 89/941 | 79/733 | 116/924 | 33/2573 | 40/85 | 168/1673 |
| 工业炉窑数 | 座 | 159 | 32 | 5 | 48 | 46 | 28 | 37 |

# 11－4　分县区民政与社会福利事业

| | 单位 | 全　市 | 吴兴区 | 南浔区 | 德清县 | 长兴县 | 安吉县 | △市区 |
|---|---|---|---|---|---|---|---|---|
| **一、婚姻登记情况** | | | | | | | | |
| 结婚登记 | 对 | 16463 | 3969 | 2474 | 2172 | 4672 | 3134 | 6485 |
| 内地居民准予登记结婚 | 对 | 16421 | 3969 | 2474 | 2172 | 4672 | 3134 | 6443 |
| #初婚人数 | 人 | 28438 | 6644 | 4295 | 3665 | 8421 | 5369 | 10983 |
| 再婚人数 | 人 | 4488 | 1294 | 653 | 679 | 923 | 899 | 1987 |
| #男性 | 人 | 2311 | 697 | 378 | 359 | 462 | 415 | 1075 |
| #恢复结婚 | 人 | 298 | 54 | 44 | 76 | 64 | 60 | 98 |
| 涉外及华侨.港澳台居民登记结婚 | 对 | 42 | | | | | | |
| 离婚登记 | 对 | 3326 | 933 | 483 | 652 | 584 | 671 | 1419 |
| #内地居民准予离婚 | 对 | 3323 | 933 | 483 | 652 | 584 | 671 | 1416 |
| **二、社会救济情况** | | | | | | | | |
| 城镇居民最低生活保障家庭数 | 户 | 4210 | 1324 | 729 | 544 | 915 | 560 | 2191 |
| 城镇居民最低生活保障人数 | 人 | 7637 | 2691 | 1247 | 908 | 1715 | 936 | 4078 |
| 城镇临时救济人数 | 人 | 8281 | 4410 | 710 | 1250 | 784 | 1127 | 5120 |
| 农村居民最低生活保障家庭数 | 户 | 15278 | 2072 | 2342 | 2134 | 4530 | 4200 | 4414 |
| 农村居民最低生活保障人数 | 人 | 29386 | 4074 | 4765 | 4449 | 8135 | 7963 | 8839 |
| 农村临时救济人数 | 人 | 44034 | 19780 | 4580 | 5630 | 6041 | 8003 | 24360 |

11－4续表

| | 单位 | 全　市 | 吴兴区 | 南浔区 | 德清县 | 长兴县 | 安吉县 | △市区 |
|---|---|---|---|---|---|---|---|---|
| **三、社会福利事业** | | | | | | | | |
| 1.国家办光荣院数 | 个 | 2 | | | | | 1 | 1 |
| 职工人数 | 人 | 3 | | | | | 2 | 1 |
| 床位数 | 张 | 20 | | | | | 15 | 5 |
| 年末收养人数 | 人 | 8 | | | | | 4 | 4 |
| 2.社会福利院数 | 个 | 4 | | | 2 | | 1 | 1 |
| 职工人数 | 人 | 55 | | | 31 | | 3 | 21 |
| 床位数 | 张 | 485 | | | 320 | | 45 | 120 |
| 年末收养人数 | 个 | 299 | | | 143 | | 36 | 120 |
| 3.城镇收养性老年福利机构 | 个 | 10 | 5 | 1 | | 2 | 1 | 7 |
| 职工人数 | 人 | 163 | 50 | 58 | | 23 | 14 | 126 |
| 床位数 | 张 | 1170 | 443 | 150 | | 282 | 130 | 758 |
| 年末收养人数 | 人 | 575 | 164 | 75 | | 66 | 113 | 396 |
| 4.农村收养性老年福利机构 | 个 | 63 | 11 | 10 | 13 | 15 | 14 | 21 |
| 职工人数 | 人 | 277 | 54 | 45 | 37 | 90 | 51 | 99 |
| 床位数 | 张 | 3303 | 471 | 735 | 399 | 1108 | 590 | 1206 |
| 年末收养人数 | 人 | 2400 | 383 | 539 | 227 | 822 | 429 | 922 |
| 5. 城镇社会服务设施 | 个 | 153 | 9 | 3 | 64 | 76 | 1 | 12 |

# 11-5 社会保险

| | 单位 | 2005年 | 2004年 | ±% |
|---|---|---|---|---|
| 一、基本养老保险 | | | | |
| 基本养老保险参保人数 | 万人 | 37.91 | 36.11 | 5.0 |
| #企业 | 万人 | 18.15 | 16.16 | 12.3 |
| 事业 | 万人 | 4.94 | 4.88 | 1.2 |
| 其他 | 万人 | 14.82 | 15.07 | -1.7 |
| 基本养老保险缴费人数 | 万人 | 33.67 | 31.79 | 5.9 |
| #企业 | 万人 | 18.15 | 16.16 | 12.3 |
| 事业 | 万人 | 4.93 | 4.84 | 1.9 |
| 其他 | 万人 | 10.59 | 10.78 | -1.8 |
| 基本养老保险金发放额 | 亿元 | 10.20 | 9.25 | 10.3 |
| 二、农村养老保险 | | | | |
| 年末在保人数 | 万人 | 9.14 | 9.38 | -2.6 |
| 本年保险金收入 | 万元 | 69.11 | 42.76 | 61.6 |
| 本年保险金支出 | 万元 | 33.14 | 30.86 | 7.4 |
| 年末积累基金总额 | 万元 | 4654 | 4649.45 | 0.1 |
| 三、医疗保险 | | | | |
| 基本医疗保险参保人数 | 万人 | 30.37 | 27.32 | 11.2 |
| 工伤保险参保人数 | 万人 | 17.57 | 13.37 | 31.5 |
| 生育保险参保人数 | 万人 | 13.83 | 9.95 | 39.0 |
| 四、失业保险 | | | | |
| 失业保险参保人数 | 万人 | 22.21 | 21.14 | 5.1 |
| 发放失业保险金人次 | 万人次 | 6.71 | 13.16 | -49.0 |
| 发放失业保险金额 | 万元 | 2778 | 4609 | -39.7 |

# 11－6 社会治安

| | 单位 | 2005年 | 2004年 | ±% |
|---|---|---|---|---|
| 一、一般以上道路交通事故 | | | | |
| 事故次数 | 次 | 2847 | 1640 | －6.8 |
| 死亡人数 | 人 | 484 | 504 | －4.0 |
| 受伤人数 | 人 | 3296 | 1743 | －4.9 |
| 经济损失 | 万元 | 527 | 655 | －27.4 |
| 二、刑事案件 | | | | |
| 立案件数 | 件 | 21391 | 19965 | 7.1 |
| 补立年前案件数 | 件 | 702 | 640 | 9.7 |
| 破　案 | 件 | 12170 | 9424 | 29.1 |
| 破案年前案件 | 件 | 2361 | 1755 | 34.5 |
| 破案外省区市案件 | 件 | 1594 | 1905 | －16.3 |
| 直接受害人 | 人 | 19336 | 18034 | 7.2 |
| #死亡 | 人 | 283 | 258 | 9.7 |
| 受伤 | 人 | 479 | 420 | 14.0 |
| 财物损失价值 | 万元 | 8839 | 6610 | 33.7 |
| 三、消　防 | | | | |
| 大小火灾 | 起 | 293 | 358 | －18.2 |
| 火灾损失折款 | 万元 | 486 | 487 | －0.1 |
| 火灾死亡人数 | 人 | 5 | 12 | －58.3 |

# 11－7　分县区档案馆基本情况

| | 单位 | 全　市 | 市　区 | 德清县 | 长兴县 | 安吉县 |
|---|---|---|---|---|---|---|
| **一、馆藏全部档案** | | | | | | |
| 全　　宗 | 个 | 1093 | 649 | 143 | 149 | 152 |
| 案　　卷 | 卷 | 256132 | 109470 | 58854 | 44726 | 43082 |
| 案卷排架长度 | 米 | 4623.4 | 1711.4 | 1177 | 819 | 916 |
| 以件为单位档案 | 件 | 13490 | 629 | 6066 | | 6795 |
| 以件为单位档案排架长度 | 米 | 48.8 | 7.8 | 19 | | 22 |
| 录音.录像.影片档案 | 盘 | 1199 | 70 | 681 | 439 | 9 |
| 照片档案 | 张 | 16763 | 5265 | 2179 | 8800 | 519 |
| 底　　图 | 张 | 322 | | | 322 | |
| 微缩卷片 | 米 | 13 | 13 | | | |
| 磁　　带 | 盘 | 46 | 46 | | | |
| 光　　盘 | 盘 | 81 | 60 | | | 21 |
| **二、本年进馆档案** | **卷** | **14740** | **7329** | **1861** | **4258** | **1292** |
| #案　　卷 | 卷 | 9510 | 3625 | 1797 | 4088 | |
| 照片档案 | 卷 | 3778 | 3704 | 64 | 10 | |
| 征集档案 | 卷 | 160 | | | 160 | |
| 接受寄存档案 | 卷 | 1292 | | | | 1292 |
| **三、本年移出档案** | **卷** | | | | | |
| **四、馆藏资料册数** | **册** | **70843** | **36824** | **9054** | **13645** | **11320** |
| **五、本年利用档案资料** | | | | | | |
| 利用档案人次 | 人次 | 15231 | 785 | 12389 | 1068 | 989 |
| 利用档案卷次 | 卷次 | 30428 | 2929 | 23117 | 3100 | 1282 |
| **六、档案馆面积** | | | | | | |
| 总建筑面积 | 平方米 | 9114 | 4547 | 1159 | 1408 | 2000 |
| #库　　房 | 平方米 | 7155 | 4547 | 600 | 1008 | 1000 |
| 后　　房 | 平方米 | 1959 | | 559 | 400 | 1000 |

# 11－8　分县区标准计量、质量监督基本情况

| | 单位 | 全　市 | 市　区 | 德清县 | 长兴县 | 安吉县 |
|---|---|---|---|---|---|---|
| **一、机构与人员** | | | | | | |
| #机构数 | 个 | 17 | 8 | 3 | 3 | 3 |
| #年末在职人员数 | 人 | 257 | 163 | 29 | 33 | 32 |
| **二、经费收入** | **万元** | **3521.85** | **1334.86** | **827.84** | **901.50** | **457.65** |
| #财政拨款 | 万元 | 873.64 | 464.44 | 177.16 | 140.48 | 91.56 |
| 行政事业性收费 | 万元 | 448.61 | 263.28 | 40.37 | 33.52 | 111.44 |
| 经营收入 | 万元 | 1068.80 | 583.44 | | 308.40 | 176.96 |
| **三、固定资产总额** | **万元** | **7242.06** | **4038.59** | **663.78** | **1220.14** | **1319.55** |
| #仪器设备 | 万元 | 1314.84 | 779.47 | 50.05 | 364.83 | 120.49 |
| **四、业务情况** | | | | | | |
| 计量器具检定总数 | 台件 | 43433 | 16021 | 11124 | 9962 | 6326 |
| #长度鉴定 | 台件 | 6692 | 5748 | 463 | 279 | 202 |
| 温度鉴定 | 台件 | 2840 | 620 | 1546 | 412 | 262 |
| 力学鉴定 | 台件 | 28883 | 8621 | 7446 | 8213 | 4603 |
| #衡器 | 台件 | 3971 | 1027 | 858 | 854 | 1232 |
| 电　　磁 | 台件 | 41 | | | 41 | |
| 化　　学 | 台件 | 1001 | | 811 | 163 | 27 |

# 主要统计指标解释

**技术监督机构** 具有法人资格，独立从事经济活动，拥有和使用资产，能够承担负债，能与其他经济单位进行交易的经济和社会实体。

**技术监督机构数** 指独立的省、市（地）、县（区）三级的局、院、所、工厂等独立核算单位。

**废水排放总量** 包括生产废水和生活污水。生产废水指企、事业单位在生产、科研、医疗等过程中，向外环境排放的所有排放口的废水量总和。生活污水指城镇居民区和企、事业单位职工集中居住区排放的污水量。

**工业废水排放量** 指经过企业所有排放口排到企业外的生产废水总量。包括外排的直接冷却水和矿区超标排放的有毒有害矿井地下水，但不包括外排的间接冷却水（清污不分流的应计算在内）。

**工业废水达标量** 指全面达到国家排放标准的外排工业废水量。包括经过处理和未经过处理的，但不包括虽经过处理，仍未达到国家排放标准的。

**废气排放总量** 指燃料燃烧和生产工艺过程中排放的各种废气总量。以标准状态下每年亿标立方米表示。

**粉尘排放量** 指生产工艺过程中排放的固体微粒的重量。

**工业固体废物产生量** 指工矿企业、事业单位在生产（试验）过程中产生的固体废弃物总量。不包括矿山开采的剥离及掘进时产生的废石。（煤矸石除外）

**工业固体废物综合利用量** 指已用作农业肥料、造田、生产建筑材料，以及其他方式综合利用的工业固体废弃物。不包括填埋量和焚烧量。

**工业二氧化硫排放量** 指工业企业在厂区内的生产工艺过程和燃料燃烧过程中排入大气的二氧化硫总量。

**生活垃圾无害化处理率** 指报告期生活垃圾无害化处理量与生活垃圾产生量的比率。

**年末实有城市道路面积** 指路面经过铺筑的路面宽度在3.5米以上（含3.5米）的道路。包括高级、次高级道路和普通道路，不包括街道内部路面宽度不足3.5米的胡同、里弄。道路面积只包括路面面积和与道路相通的广场、桥梁、停车场面积。不包括街心花坛、侧石、人行道和路肩的面积。

**园林绿地面积** 指用作园林和绿化的各种绿地面积。包括公共绿地、单位附属绿地、居住区绿地、生产绿地、防护绿地和风景林地的总面积。

**建成区绿化覆盖面积** 指城市建成区内各单位管理的一切用于绿化的乔灌木和多年生草本植物的垂直投影面积。包括园林绿地以外的道路绿化覆盖面积（即道路的隔离带、中心绿岛和林荫道及行道树的覆盖面积）和单株树木的覆盖面积。行道和单株树覆盖面积，可按各种树的平均垂直投影面积乘以各种树木的总株数求得。乔木树冠下重叠的灌木和草本植物不再重复计算。

# 十二、全省分市县、长三角各城市主要经济指标

# 12－1　全省分市县主要经济指标

| | 年末总人口（万人） | #非农业人口 | 年平均人口（万人） | 暂住人口（万人） | 年末总户数（万户） | 全社会从业人员（万人） | #第二产业 | #第三产业 |
|---|---|---|---|---|---|---|---|---|
| **杭州市** | **660.45** | **297.54** | **656.06** | **215.87** | **207.42** | **481.10** | **222.16** | **167.31** |
| 市　区 | 409.52 | 245.56 | 405.55 | 192.55 | 122.02 | 322.16 | 160.20 | 127.98 |
| 萧山区 | 117.66 | 33.81 | 117.17 | 61.02 | 37.46 | 96.75 | 63.54 | 17.27 |
| 余杭区 | 81.23 | 21.44 | 80.93 | 24.62 | 23.67 | 59.17 | 27.18 | 18.93 |
| 桐庐县 | 39.53 | 10.31 | 39.48 | 3.29 | 14.62 | 29.72 | 16.54 | 5.49 |
| 淳安县 | 45.25 | 6.86 | 45.21 | 0.63 | 14.73 | 24.84 | 6.13 | 5.09 |
| 建德市 | 50.71 | 12.26 | 50.77 | 3.06 | 17.32 | 30.26 | 12.44 | 6.06 |
| 富阳市 | 63.18 | 11.97 | 62.98 | 10.03 | 20.80 | 45.55 | 22.52 | 11.37 |
| 临安市 | 52.25 | 10.59 | 52.07 | 6.31 | 17.93 | 32.46 | 14.01 | 8.19 |
| **宁波市** | **556.70** | **182.61** | **554.69** | **243.47** | **211.17** | **415.10** | **213.20** | **125.50** |
| 市　区 | 213.41 | 121.43 | 211.94 | 125.87 | 84.13 | 161.40 | 92.41 | 57.17 |
| 鄞州区 | 77.66 | 22.42 | 77.22 | 50.92 | 30.63 | 67.00 | 43.52 | 12.58 |
| 余姚市 | 82.58 | 16.93 | 82.58 | 30.17 | 29.67 | 57.88 | 24.94 | 21.87 |
| 慈溪市 | 101.54 | 16.08 | 101.28 | 55.24 | 40.43 | 88.70 | 53.30 | 23.20 |
| 奉化市 | 47.88 | 10.08 | 47.91 | 8.14 | 17.66 | 32.40 | 13.40 | 8.00 |
| 象山县 | 52.74 | 10.43 | 52.55 | 8.21 | 18.29 | 37.12 | 11.95 | 7.36 |
| 宁海县 | 58.55 | 7.66 | 58.43 | 15.85 | 20.99 | 37.60 | 17.20 | 7.90 |
| **温州市** | **750.28** | **152.61** | **748.24** | **274.95** | **219.16** | **488.39** | **192.86** | **193.23** |
| 市　区 | 139.02 | 63.36 | 138.08 | 187.23 | 41.15 | 149.84 | 64.75 | 73.91 |
| 鹿城区 | 67.33 | 51.16 | 66.87 | 80.04 | 21.12 | 36.08 | 17.65 | 16.50 |
| 龙湾区 | 31.55 | 5.37 | 31.30 | 34.06 | 8.48 | 28.22 | 19.56 | 6.06 |
| 瓯海区 | 40.13 | 6.83 | 39.91 | 73.13 | 11.55 | 32.69 | 19.13 | 8.22 |
| 瑞安市 | 113.48 | 19.12 | 113.30 | 34.51 | 31.00 | 67.31 | 36.27 | 22.36 |
| 乐清市 | 116.97 | 11.88 | 116.60 | 25.59 | 36.51 | 68.08 | 28.57 | 26.82 |
| 洞头县 | 12.34 | 1.39 | 12.33 | 0.73 | 3.63 | 4.42 | 1.41 | 1.06 |
| 永嘉县 | 89.34 | 9.68 | 88.99 | 14.30 | 26.59 | 54.91 | 17.82 | 21.03 |
| 平阳县 | 84.82 | 15.26 | 84.80 | 3.78 | 23.63 | 46.12 | 14.61 | 16.84 |
| 苍南县 | 123.11 | 25.83 | 123.02 | 7.47 | 33.84 | 58.07 | 20.50 | 16.02 |
| 文成县 | 36.47 | 3.00 | 36.40 | 0.95 | 11.97 | 17.41 | 3.27 | 7.13 |
| 泰顺县 | 34.74 | 3.08 | 34.74 | 0.39 | 10.85 | 22.24 | 5.67 | 8.06 |
| **嘉兴市** | **334.33** | **112.20** | **334.14** | **141.69** | **101.05** | **240.83** | **144.45** | **53.98** |
| 市　区 | 80.83 | 36.32 | 80.62 | 37.20 | 25.97 | 56.78 | 30.00 | 16.05 |
| 平湖市 | 48.31 | 15.50 | 48.34 | 23.10 | 14.23 | 34.13 | 23.33 | 6.64 |
| 海宁市 | 64.39 | 22.34 | 64.34 | 15.80 | 18.05 | 47.61 | 30.10 | 9.33 |
| 桐乡市 | 66.32 | 14.84 | 66.31 | 31.48 | 17.91 | 47.14 | 30.23 | 9.44 |
| 嘉善县 | 38.05 | 12.30 | 38.08 | 25.29 | 12.28 | 31.00 | 17.19 | 7.24 |
| 海盐县 | 36.43 | 10.90 | 36.44 | 8.82 | 12.61 | 24.17 | 13.60 | 5.28 |
| **湖州市** | **257.58** | **77.81** | **257.40** | **44.18** | **82.69** | **157.72** | **66.39** | **50.22** |
| 市　区 | 108.01 | 40.16 | 107.96 | 22.35 | 33.52 | 63.00 | 28.51 | 19.67 |
| 德清县 | 42.47 | 11.68 | 42.44 | | 13.18 | 26.50 | 11.26 | 8.52 |
| 长兴县 | 61.87 | 16.67 | 61.96 | | 20.84 | 38.91 | 15.07 | 12.95 |
| 安吉县 | 45.23 | 9.30 | 45.04 | | 15.14 | 29.31 | 11.55 | 9.08 |

12－1续表1

| | 年末总人口（万人） | #非农业人口 | 年平均人口（万人） | 暂住人口（万人） | 年末总户数（万户） | 全社会从业人员（万人） | #第二产业 | #第三产业 |
|---|---|---|---|---|---|---|---|---|
| **绍兴市** | **435.09** | **126.71** | **434.90** | **72.02** | **156.74** | **284.83** | **147.65** | **72.66** |
| 市　区 | 64.84 | 45.90 | 64.65 | 15.58 | 23.13 | 42.66 | 14.70 | 18.76 |
| 诸暨市 | 105.59 | 14.66 | 105.61 | 14.56 | 37.76 | 69.99 | 43.38 | 14.03 |
| 上虞市 | 77.37 | 19.36 | 77.39 | 9.61 | 28.06 | 53.67 | 28.66 | 9.91 |
| 嵊州市 | 73.38 | 13.77 | 73.42 | 6.47 | 26.89 | 47.90 | 23.83 | 12.29 |
| 绍兴县 | 70.47 | 25.17 | 70.40 | 24.23 | 24.92 | 44.06 | 25.57 | 12.07 |
| 新昌县 | 43.44 | 7.85 | 43.42 | 1.57 | 15.98 | 26.55 | 11.51 | 5.60 |
| **金华市** | **454.13** | **99.10** | **452.91** | **134.94** | **169.45** | **312.00** | **128.20** | **90.80** |
| 市　区 | 92.16 | 31.36 | 92.18 | 17.79 | 35.61 | 58.10 | 17.70 | 17.60 |
| 兰溪市 | 65.97 | 11.90 | 65.76 | 3.50 | 22.69 | 34.69 | 12.89 | 5.17 |
| 义乌市 | 69.74 | 20.39 | 69.29 | 76.03 | 27.17 | 74.35 | 39.67 | 24.21 |
| 东阳市 | 79.77 | 13.10 | 79.55 | 13.91 | 29.97 | 58.01 | 32.90 | 13.51 |
| 永康市 | 54.89 | 8.70 | 54.62 | 14.08 | 19.99 | 39.87 | 21.79 | 10.13 |
| 武义县 | 32.84 | 4.87 | 32.83 | 3.43 | 12.40 | 20.36 | 8.25 | 6.07 |
| 浦江县 | 38.20 | 6.17 | 38.15 | 4.92 | 13.96 | 25.79 | 14.03 | 4.56 |
| 磐安县 | 20.55 | 2.63 | 20.53 | 1.29 | 7.66 | 13.50 | 5.47 | 1.44 |
| **衢州市** | **245.57** | **42.98** | **245.59** | **6.73** | **80.47** | **125.46** | **34.45** | **31.00** |
| 市　区 | 80.46 | 19.47 | 80.52 | 3.04 | 27.18 | 45.13 | 11.22 | 12.67 |
| 柯城区 | 40.86 | 17.62 | 40.78 | 2.40 | 14.57 | 23.06 | 6.35 | 8.14 |
| 衢江区 | 39.60 | 1.85 | 39.74 | 0.64 | 12.61 | 22.07 | 4.87 | 4.53 |
| 江山市 | 58.08 | 8.96 | 57.89 | 0.97 | 19.16 | 26.03 | 8.65 | 6.35 |
| 常山县 | 32.48 | 4.22 | 32.47 | 0.62 | 9.85 | 15.73 | 4.15 | 3.79 |
| 开化县 | 34.50 | 4.14 | 34.39 | 0.65 | 10.58 | 15.89 | 3.27 | 3.37 |
| 龙游县 | 40.05 | 6.19 | 40.32 | 1.45 | 13.70 | 22.76 | 7.72 | 6.54 |
| **舟山市** | **96.73** | **34.91** | **96.82** | **12.51** | **35.92** | **55.72** | **20.33** | **21.53** |
| 市　区 | 69.11 | 26.67 | 69.08 | 10.00 | 24.69 | 38.66 | 15.63 | 14.38 |
| 岱山县 | 19.50 | 4.82 | 19.61 | 1.42 | 8.20 | 12.37 | 3.82 | 4.78 |
| 嵊泗县 | 8.12 | 3.42 | 8.13 | 1.09 | 3.03 | 4.69 | 0.88 | 2.37 |
| **台州市** | **559.85** | **98.32** | **557.89** | **111.57** | **186.83** | **368.67** | **140.06** | **124.78** |
| 市　区 | 148.75 | 29.53 | 148.06 | 39.20 | 48.65 | 106.84 | 53.12 | 33.35 |
| 温岭市 | 115.09 | 18.19 | 114.95 | 35.92 | 41.26 | 76.44 | 31.01 | 27.28 |
| 临海市 | 111.92 | 14.41 | 111.55 | 9.70 | 36.89 | 67.84 | 23.06 | 24.16 |
| 玉环县 | 39.86 | 18.09 | 39.68 | 19.79 | 13.51 | 32.58 | 14.91 | 12.34 |
| 三门县 | 40.97 | 4.21 | 40.77 | 2.98 | 12.86 | 22.79 | 6.78 | 5.38 |
| 天台县 | 55.88 | 9.19 | 55.77 | 3.01 | 18.91 | 32.33 | 7.92 | 10.61 |
| 仙居县 | 47.39 | 4.70 | 47.11 | 0.96 | 14.76 | 23.19 | 5.96 | 7.05 |
| **丽水市** | **251.39** | **42.02** | **251.03** | **11.23** | **83.25** | **142.41** | **32.27** | **41.15** |
| 市　区 | 37.38 | 12.69 | 37.33 | 2.50 | 13.81 | 22.09 | 5.60 | 8.96 |
| 青田县 | 47.81 | 6.83 | 47.66 | 3.84 | 14.62 | 20.77 | 5.27 | 5.42 |
| 缙云县 | 43.86 | 4.03 | 43.78 | 1.48 | 15.74 | 23.95 | 5.26 | 4.97 |
| 遂昌县 | 22.74 | 3.56 | 22.68 | 0.19 | 7.37 | 14.14 | 3.20 | 3.17 |
| 松阳县 | 23.14 | 2.89 | 23.12 | 0.19 | 7.79 | 12.55 | 2.14 | 2.28 |
| 云和县 | 11.04 | 1.95 | 11.00 | 1.73 | 3.39 | 7.85 | 2.39 | 3.16 |
| 庆元县 | 19.84 | 3.06 | 19.83 | 0.11 | 6.49 | 12.55 | 1.91 | 2.09 |
| 景宁县 | 17.73 | 2.81 | 17.86 | 0.52 | 5.45 | 9.32 | 1.90 | 2.70 |
| 龙泉市 | 27.84 | 4.21 | 27.76 | 0.66 | 8.59 | 17.02 | 2.58 | 5.66 |

12－1续表2

| | 土地面积（平方公里） | #建成区 | 生产总值（万元） | 第一产业 | 第二产业 | #工业 | 第三产业 | 人均生产总值（元） |
|---|---|---|---|---|---|---|---|---|
| **杭州市** | **16596** | **376.18** | **29426519** | **1482145** | **14969361** | **13295955** | **12975013** | **44853** |
| 市　区 | 3068 | 314.45 | 23419203 | 732254 | 11583483 | 10227382 | 11103466 | 57746 |
| 萧山区 | 1163 | 42.00 | 5893261 | 335323 | 3827901 | 3571682 | 1730037 | 50301 |
| 余杭区 | 1222 | 17.42 | 2887176 | 267280 | 1639742 | 1451410 | 980154 | 35671 |
| 桐庐县 | 1780 | 12.50 | 1033240 | 106871 | 643641 | 592204 | 282728 | 26170 |
| 淳安县 | 4452 | 8.50 | 621159 | 131644 | 222828 | 173479 | 266687 | 13740 |
| 建德市 | 2364 | 7.50 | 988427 | 159723 | 550603 | 489801 | 278101 | 19470 |
| 富阳市 | 1808 | 22.20 | 2011797 | 182959 | 1209723 | 1123115 | 619115 | 31944 |
| 临安市 | 3124 | 11.03 | 1352694 | 168694 | 759083 | 689974 | 424917 | 25978 |
| **宁波市** | **9672** | | **24493099** | **1322603** | **13414590** | **11885450** | **9755906** | **44156** |
| 市　区 | 2634 | 120.60 | 13847155 | 322105 | 7451933 | 6450284 | 6073117 | 65324 |
| 鄞州区 | 1406 | | 3437758 | 172534 | 2163450 | 1997582 | 1101774 | 44519 |
| 余姚市 | 1527 | 28.50 | 2981160 | 225316 | 1751293 | 1616700 | 1004551 | 36101 |
| 慈溪市 | 1154 | 32.00 | 3754080 | 208618 | 2303339 | 2163487 | 1242123 | 37065 |
| 奉化市 | 1249 | 12.42 | 1248225 | 122521 | 639696 | 585840 | 486008 | 26054 |
| 象山县 | 1177 | 15.00 | 1363760 | 269855 | 602308 | 492402 | 491597 | 25952 |
| 宁海县 | 1931 | 23.70 | 1298719 | 174188 | 666021 | 576737 | 458510 | 22227 |
| **温州市** | **11784** | | **15963530** | **648867** | **8668845** | **7953868** | **6645818** | **21335** |
| 市　区 | 1187 | 141.00 | 6741661 | 69166 | 3659996 | 3287425 | 3012499 | 48825 |
| 鹿城区 | 294 | | 1983562 | 10285 | 932269 | 884654 | 1041008 | 29663 |
| 龙湾区 | 279 | | 1850276 | 24625 | 1416740 | 1343025 | 408911 | 59122 |
| 瓯海区 | 614 | | 1347006 | 34256 | 864666 | 788957 | 448084 | 33751 |
| 瑞安市 | 1271 | 66.00 | 2425536 | 105371 | 1302198 | 1239728 | 1017967 | 21408 |
| 乐清市 | 1174 | 22.30 | 2601892 | 115977 | 1611056 | 1547854 | 874859 | 22315 |
| 洞头县 | 100 | 2.70 | 193802 | 31493 | 57529 | 40940 | 104780 | 15720 |
| 永嘉县 | 2674 | 5.98 | 1189942 | 51066 | 755820 | 700685 | 383056 | 13373 |
| 平阳县 | 1051 | 7.38 | 1057863 | 82367 | 518884 | 460268 | 456612 | 12475 |
| 苍南县 | 1272 | 11.20 | 1360563 | 142180 | 614245 | 564157 | 604138 | 11060 |
| 文成县 | 1293 | 2.50 | 198913 | 30942 | 53228 | 42955 | 114743 | 5465 |
| 泰顺县 | 1762 | 4.22 | 193646 | 25556 | 68828 | 40439 | 99262 | 5574 |
| **嘉兴市** | **3915** | | **11596615** | **844516** | **6819275** | **6091227** | **3932824** | **34706** |
| 市　区 | 968 | 102.09 | 2937603 | 181620 | 1552691 | 1291450 | 1203292 | 36440 |
| 平湖市 | 537 | 26.18 | 1704593 | 111560 | 1093512 | 1023512 | 499521 | 35252 |
| 海宁市 | 668 | 59.72 | 2179587 | 142242 | 1327804 | 1171991 | 709541 | 33874 |
| 桐乡市 | 727 | 57.95 | 1968546 | 152131 | 1084380 | 954179 | 732035 | 29687 |
| 嘉善县 | 507 | 32.09 | 1290740 | 137516 | 722822 | 648988 | 430402 | 33894 |
| 海盐县 | 508 | 20.62 | 1444726 | 119447 | 981469 | 944672 | 343810 | 39523 |
| **湖州市** | **5818** | **145.17** | **6442499** | **629982** | **3532715** | **3130654** | **2279802** | **25030** |
| 市　区 | 1566 | 90.67 | 3004808 | 255031 | 1638504 | 1448517 | 1111273 | 27832 |
| 德清县 | 936 | 18.00 | 1187854 | 110539 | 714239 | 639200 | 363077 | 27990 |
| 长兴县 | 1430 | 24.00 | 1360587 | 154497 | 740874 | 668817 | 465216 | 21960 |
| 安吉县 | 1886 | 12.50 | 897019 | 109915 | 441154 | 376175 | 345950 | 19917 |

12－1续表3

| | 土地面积（平方公里） | #建成区 | 生产总值（万元） | 第一产业 | 第二产业 | #工业 | 第三产业 | 人均生产总值（元） |
|---|---|---|---|---|---|---|---|---|
| **绍兴市** | **8256** | | **14474700** | **930700** | **8730000** | **7793300** | **4814000** | **33283** |
| 市　区 | 362 | 82.08 | 2597300 | 63400 | 1360100 | 1112900 | 1173800 | 40175 |
| 诸暨市 | 2311 | 30.80 | 3249200 | 244400 | 2015900 | 1846200 | 988900 | 30766 |
| 上虞市 | 1403 | 19.20 | 2291600 | 195300 | 1394000 | 1233000 | 702300 | 29607 |
| 嵊州市 | 1790 | 30.30 | 1412600 | 161800 | 783100 | 700700 | 467700 | 19240 |
| 绍兴县 | 1177 | 38.00 | 3868200 | 169100 | 2506900 | 2275700 | 1192200 | 54946 |
| 新昌县 | 1213 | 19.00 | 1171800 | 96700 | 676700 | 631500 | 398400 | 26986 |
| **金华市** | **10918** | | **10635397** | **656626** | **5651542** | **4914128** | **4327229** | **23482** |
| 市　区 | 2044 | 66.50 | 2052164 | 164150 | 934787 | 779727 | 953227 | 22261 |
| 兰溪市 | 1310 | 25.22 | 883615 | 98961 | 513583 | 460182 | 271072 | 13438 |
| 义乌市 | 1103 | 55.00 | 3034475 | 94124 | 1393950 | 1215624 | 1546401 | 43797 |
| 东阳市 | 1739 | 30.70 | 1598447 | 91725 | 905513 | 713296 | 601209 | 20095 |
| 永康市 | 1049 | 34.30 | 1563212 | 51809 | 1029575 | 969085 | 481828 | 28620 |
| 武义县 | 1577 | 17.60 | 584353 | 65212 | 323720 | 283773 | 195422 | 17796 |
| 浦江县 | 900 | 19.64 | 670321 | 44334 | 420410 | 385584 | 205578 | 17571 |
| 磐安县 | 1196 | 4.40 | 248809 | 46311 | 130005 | 106857 | 72493 | 12119 |
| **衢州市** | **8841** | **93.88** | **3291100** | **492700** | **1523100** | **1229200** | **1275300** | **13401** |
| 市　区 | 2354 | 51.33 | 1370525 | 174438 | 630895 | 500055 | 565192 | 17020 |
| 柯城区 | 606 | 42.36 | 300002 | 62588 | 80653 | 54028 | 156761 | 24087 |
| 衢江区 | 1749 | 8.97 | 388274 | 107361 | 156109 | 126405 | 124804 | 9769 |
| 江山市 | 2019 | 14.23 | 737904 | 121390 | 363290 | 316912 | 253224 | 12738 |
| 常山县 | 1096 | 9.24 | 349219 | 51500 | 169304 | 129302 | 128415 | 10755 |
| 开化县 | 2228 | 8.08 | 320787 | 69733 | 136558 | 101228 | 114496 | 9328 |
| 龙游县 | 1143 | 11.00 | 505405 | 73116 | 249186 | 201477 | 183103 | 12535 |
| **舟山市** | **1440** | **60.06** | **2801592** | **398430** | **1112616** | **860776** | **1290546** | **28936** |
| 市　区 | 1028 | 51.80 | 2013600 | 213500 | 811000 | 665900 | 989100 | 29150 |
| 岱山县 | 326 | 4.93 | 450600 | 118800 | 148300 | 120500 | 183500 | 22975 |
| 嵊泗县 | 86 | 3.33 | 338600 | 66100 | 153300 | 74400 | 119200 | 41652 |
| **台州市** | **9411** | | **12517703** | **1026355** | **6581446** | **5977221** | **4909902** | **22438** |
| 市　区 | 1536 | 115.00 | 4693059 | 218671 | 2459649 | 2228312 | 2014739 | 31698 |
| 温岭市 | 836 | 26.00 | 3051154 | 286396 | 1618477 | 1526524 | 1146281 | 26543 |
| 临海市 | 2171 | 31.00 | 1648185 | 164094 | 861402 | 762344 | 622689 | 14776 |
| 玉环县 | 378 | 15.00 | 1486704 | 130510 | 912521 | 840637 | 443673 | 37466 |
| 三门县 | 1072 | 8.00 | 491658 | 103391 | 191697 | 161741 | 196570 | 12059 |
| 天台县 | 1426 | 13.00 | 625091 | 63186 | 286026 | 246051 | 275878 | 11208 |
| 仙居县 | 1992 | 11.00 | 512595 | 60107 | 239729 | 199667 | 212759 | 10881 |
| **丽水市** | **17298** | | **3059863** | **438362** | **1371458** | **1075067** | **1250043** | **12189** |
| 市　区 | 1502 | 25.35 | 807687 | 85235 | 336442 | 268098 | 386010 | 21636 |
| 青田县 | 2484 | 3.54 | 494457 | 39067 | 279970 | 193889 | 175420 | 10374 |
| 缙云县 | 1482 | 5.20 | 476118 | 52429 | 258799 | 226780 | 164890 | 10876 |
| 遂昌县 | 2539 | 4.70 | 282660 | 48260 | 128080 | 100953 | 106320 | 12462 |
| 松阳县 | 1406 | 6.21 | 219175 | 62830 | 68829 | 51430 | 87516 | 9479 |
| 云和县 | 978 | 5.00 | 162504 | 23625 | 77647 | 62665 | 61232 | 14772 |
| 庆元县 | 1898 | 4.30 | 150305 | 36202 | 52334 | 39973 | 61769 | 7580 |
| 景宁县 | 1950 | 2.53 | 146842 | 31156 | 54337 | 45977 | 61349 | 8220 |
| 龙泉市 | 3059 | 4.72 | 292682 | 59558 | 115637 | 85919 | 117487 | 10544 |

12－1续表4

| | 财政总收入（万元） | 地方财政预算内收入（万元） | 地方财政预算内支出（万元） | 年末金融机构存款余额（万元） | #居民储蓄年末余额 | 年末金融机构贷款余额（万元） | 保费收入（万元） | 赔款、给付（万元） |
|---|---|---|---|---|---|---|---|---|
| **杭州市** | **5207930** | **2504565** | **2383344** | **67487200** | **21916600** | **55453000** | **725339** | **176477** |
| 市　区 | 4584112 | 2172575 | 1957619 | 62249500 | 19231800 | 51455900 | 609737 | 148041 |
| 萧山区 | 642766 | 309530 | 304560 | 8160800 | 3161000 | 5905000 | 73006 | 20260 |
| 余杭区 | 400279 | 230270 | 206694 | 4181400 | 1779600 | 2810400 | 47511 | 12506 |
| 桐庐县 | 102788 | 50775 | 69348 | 870300 | 485800 | 574500 | 17775 | 3968 |
| 淳安县 | 47783 | 27686 | 65046 | 506200 | 288900 | 272100 | 13887 | 2336 |
| 建德市 | 108748 | 58623 | 72803 | 900900 | 524000 | 537300 | 22154 | 4057 |
| 富阳市 | 245843 | 127618 | 142900 | 1783000 | 817200 | 1531600 | 31090 | 10209 |
| 临安市 | 118656 | 67288 | 75628 | 1177300 | 568900 | 1081600 | 30696 | 7866 |
| **宁波市** | **4664968** | **2123797** | **2647747** | **37919362** | **14588012** | **29597759** | **511967** | **169822** |
| 市　区 | 3294643 | 1475080 | 1803347 | 27207381 | 9005419 | 21231078 | | |
| 鄞州区 | 600592 | 286445 | 337094 | 5657978 | 2460492 | 3795091 | | |
| 余姚市 | 403619 | 195825 | 221268 | 3243431 | 1635179 | 2463161 | | |
| 慈溪市 | 500005 | 235602 | 288572 | 4559180 | 2393842 | 3248207 | | |
| 奉化市 | 150363 | 71175 | 112948 | 1134761 | 663370 | 768727 | | |
| 象山县 | 150212 | 70182 | 104556 | 863832 | 444734 | 816244 | | |
| 宁海县 | 166126 | 75933 | 117056 | 910777 | 445468 | 1070342 | | |
| **温州市** | **2049215** | **1096116** | **933908** | **22681340** | **11613127** | **17110898** | **374638** | **121458** |
| 市　区 | 1086213 | 605393 | 393004 | 13906077 | 6459850 | 10524491 | 196985 | 48445 |
| 鹿城区 | 208405 | 101509 | 83813 | 1111075 | 790004 | 652258 | | |
| 龙湾区 | 279660 | 70884 | 55172 | 1817638 | 879827 | 1478415 | | |
| 瓯海区 | 150312 | 67946 | 68652 | 2064259 | 1252774 | 1443979 | | |
| 瑞安市 | 275015 | 144127 | 146000 | 2619207 | 1468871 | 1956587 | 53976 | 15211 |
| 乐清市 | 314611 | 146000 | 164143 | 2513703 | 1323132 | 2098389 | 40769 | 18563 |
| 洞头县 | 17928 | 11122 | 30316 | 126553 | 61008 | 72400 | 1990 | 910 |
| 永嘉县 | 123326 | 61245 | 86692 | 1126822 | 681326 | 833148 | 25516 | 8097 |
| 平阳县 | 90460 | 45529 | 73275 | 876831 | 618178 | 604275 | 21269 | 19087 |
| 苍南县 | 105370 | 58018 | 94152 | 973980 | 641385 | 728270 | 24933 | 8356 |
| 文成县 | 18188 | 12107 | 43977 | 285475 | 204686 | 165972 | 4393 | 1370 |
| 泰顺县 | 18104 | 12575 | 49048 | 252692 | 154691 | 127366 | 4807 | 1419 |
| **嘉兴市** | **1351398** | **667918** | **734502** | **13417470** | **7371382** | **9605064** | **271400** | **66400** |
| 市　区 | 428150 | 229144 | 251457 | 4594840 | 2134034 | 3825606 | | |
| 平湖市 | 194842 | 90006 | 97341 | 1739404 | 955542 | 1183575 | | |
| 海宁市 | 240014 | 114295 | 125795 | 2429764 | 1434741 | 1589453 | | |
| 桐乡市 | 230065 | 111650 | 120615 | 2154621 | 1331214 | 1318952 | | |
| 嘉善县 | 153316 | 72772 | 78636 | 1224214 | 735082 | 781275 | | |
| 海盐县 | 105011 | 50051 | 60658 | 1274627 | 780769 | 906203 | | |
| **湖州市** | **742378** | **397308** | **440839** | **5985909** | **3309349** | **4537172** | **156284** | **39102** |
| 市　区 | 346368 | 181604 | 192800 | 3406744 | 1839993 | 2507044 | 72805 | 20582 |
| 德清县 | 142888 | 76015 | 83218 | 1004440 | 584354 | 692382 | 29165 | 6021 |
| 长兴县 | 175066 | 93959 | 95701 | 998783 | 522025 | 868127 | 30803 | 7125 |
| 安吉县 | 78056 | 45730 | 69120 | 575943 | 362977 | 469620 | 23511 | 5374 |

12－1续表5

| | 财　政<br>总收入<br>（万元） | 地方财政<br>预算内<br>收　入<br>（万元） | 地方财政<br>预算内<br>支　出<br>（万元） | 年末金融<br>机构存款<br>余　额<br>（万元） | #居民<br>储蓄年<br>末余额 | 年末金融<br>机构贷款<br>余　额<br>（万元） | 保　费<br>收　入<br>（万元） | 赔款、<br>给　付<br>（万元） |
|---|---|---|---|---|---|---|---|---|
| **绍兴市** | **1505617** | **761326** | **800388** | **18648862** | **8890981** | **13992589** | **247731** | **80091** |
| 市　区 | 376998 | 211784 | 222671 | 6913599 | 2620744 | 5431422 | | |
| 诸暨市 | 271936 | 141473 | 144257 | 2628871 | 1435301 | 1851419 | | |
| 上虞市 | 201816 | 100081 | 111600 | 2510803 | 1418535 | 1846758 | | |
| 嵊州市 | 117572 | 57437 | 70054 | 1183841 | 736659 | 1004275 | | |
| 绍兴县 | 423230 | 201336 | 188995 | 4511286 | 2192302 | 3185553 | | |
| 新昌县 | 114065 | 49215 | 62811 | 900462 | 487440 | 673162 | | |
| **金华市** | **1243422** | **680416** | **807397** | **15369864** | **7749388** | **11879416** | **314323** | **77472** |
| 市　区 | 295200 | 175859 | 206179 | 3759082 | 1415167 | 3980922 | | |
| 兰溪市 | 88170 | 45253 | 65311 | 762009 | 462200 | 712324 | | |
| 义乌市 | 350305 | 196128 | 198916 | 5747221 | 2879913 | 3508210 | | |
| 东阳市 | 137913 | 72865 | 92291 | 1808298 | 1130519 | 1246971 | | |
| 永康市 | 196797 | 99331 | 97720 | 1870674 | 1072350 | 1449138 | | |
| 武义县 | 72135 | 37506 | 57533 | 582189 | 292411 | 405318 | | |
| 浦江县 | 72174 | 37305 | 47972 | 596554 | 361823 | 452952 | | |
| 磐安县 | 30728 | 16169 | 41475 | 243838 | 135006 | 123582 | | |
| **衢州市** | **322014** | **200177** | **373183** | **3732357** | **1981589** | **3123341** | **88139** | **27122** |
| 市　区 | 166246 | 100918 | 167378 | 1830919 | 842574 | 1617321 | 37189 | 10641 |
| 柯城区 | 22782 | 14473 | 22390 | | | | | |
| 衢江区 | 25320 | 14732 | 36792 | 261692 | 141782 | 265149 | | |
| 江山市 | 60518 | 36518 | 59200 | 730793 | 444075 | 565720 | 18474 | 5654 |
| 常山县 | 32179 | 22140 | 52205 | 309804 | 188792 | 229596 | 9154 | 2702 |
| 开化县 | 24163 | 14810 | 45833 | 297449 | 181906 | 191536 | 9115 | 3828 |
| 龙游县 | 38908 | 25791 | 48567 | 563392 | 324242 | 519168 | 14207 | 4297 |
| **舟山市** | **285224** | **182082** | **319384** | **3634879** | **1735399** | **2846953** | **80437** | **24565** |
| 市　区 | 235686 | 147715 | 238858 | 2931566 | 1328765 | 2489916 | 63456 | 21035 |
| 岱山县 | 26169 | 16281 | 42429 | 396534 | 265058 | 223913 | 11364 | 2439 |
| 嵊泗县 | 23369 | 18086 | 38097 | 306779 | 141576 | 133124 | 5617 | 1091 |
| **台州市** | **1474457** | **723324** | **880887** | **13694416** | **7117604** | **10445507** | **274479** | **101523** |
| 市　区 | 638204 | 337181 | 352325 | 6954071 | 3084312 | 5489526 | | |
| 温岭市 | 294209 | 134798 | 149336 | 2701079 | 1744140 | 1884606 | | |
| 临海市 | 176646 | 86296 | 112477 | 1471293 | 833150 | 1063152 | | |
| 玉环县 | 180100 | 74959 | 89488 | 1026675 | 553930 | 846038 | | |
| 三门县 | 53318 | 27527 | 56905 | 382326 | 203046 | 366061 | | |
| 天台县 | 77008 | 37511 | 69639 | 566499 | 327112 | 437371 | | |
| 仙居县 | 54972 | 25052 | 50717 | 592473 | 371914 | 358753 | | |
| **丽水市** | **348066** | **200081** | **459142** | **3743954** | **2065704** | **2868669** | **83490** | **24544** |
| 市　区 | 97490 | 60899 | 116387 | 1186203 | 505382 | 1214577 | | |
| 青田县 | 66013 | 37825 | 68748 | 874052 | 631292 | 433253 | | |
| 缙云县 | 46061 | 23368 | 52211 | 446007 | 271702 | 311283 | | |
| 遂昌县 | 40212 | 21185 | 40377 | 243507 | 124794 | 245201 | | |
| 松阳县 | 19684 | 11264 | 34347 | 227495 | 130848 | 159661 | | |
| 云和县 | 19250 | 11391 | 28447 | 169617 | 81977 | 111472 | | |
| 庆元县 | 11989 | 7141 | 33631 | 166420 | 98024 | 88174 | | |
| 景宁县 | 23754 | 12224 | 41917 | 160775 | 70633 | 93857 | | |
| 龙泉市 | 23613 | 14785 | 43077 | 269879 | 151049 | 211195 | | |

12－1 续表 6

| | 国有及年销售收入500万元以上非国有工业 | | | | | | | |
|---|---|---|---|---|---|---|---|---|
| | 企业数<br>（个） | 工　业<br>总产值<br>（万元） | 从业人员<br>年平均数<br>（万人） | 流动资产<br>平均余额<br>（万元） | 固定资产净<br>值平均余额<br>（万元） | 主营业务<br>收　　入<br>（万元） | 主 营 业 务<br>税金及附加<br>（万元） | 利润总额<br>（万元） |
| **杭州市** | **7359** | **54411271** | **106** | **25606478** | **13190731** | **52827979** | **682169** | **2349878** |
| 市　区 | 4995 | 44775260 | 81 | 21169337 | 10745300 | 43872106 | 637586 | 2027397 |
| 萧山区 | 1819 | 17463651 | 33 | 7035943 | 4190920 | 16983424 | 99560 | 573713 |
| 余杭区 | 1367 | 5865843 | 16 | 2519400 | 1294231 | 5441089 | 22332 | 208451 |
| 桐庐县 | 453 | 1570054 | 5 | 458892 | 251134 | 1342333 | 4538 | 43047 |
| 淳安县 | 103 | 443206 | 1 | 125646 | 126558 | 399825 | 3216 | 13501 |
| 建德市 | 421 | 1394156 | 4 | 507660 | 394941 | 1398695 | 8904 | 59937 |
| 富阳市 | 874 | 4437369 | 10 | 2469371 | 1111351 | 4117057 | 19124 | 144964 |
| 临安市 | 513 | 1791226 | 6 | 875573 | 561447 | 1697962 | 8801 | 61033 |
| **宁波市** | **8788** | **48909669** | **141** | **20897086** | **12495898** | **46981648** | **576875** | **2623563** |
| 市　区 | 4321 | 31801708 | 73 | 12442477 | 8841646 | 30573596 | 484925 | 1889396 |
| 鄞州区 | 2089 | 8512757 | 321901 | 4036362 | 1724589 | 8296866 | 41699 | 621433 |
| 余姚市 | 1196 | 5029408 | 16 | 2375618 | 1083974 | 4850900 | 22671 | 263353 |
| 慈溪市 | 1448 | 6399022 | 26 | 3034376 | 1307496 | 6145004 | 35396 | 229399 |
| 奉化市 | 605 | 2170406 | 9 | 1018772 | 374075 | 2091351 | 9719 | 45732 |
| 象山县 | 561 | 1598266 | 7 | 941953 | 348858 | 1521626 | 9945 | 102070 |
| 宁海县 | 657 | 1910859 | 10 | 1083890 | 539849 | 1799172 | 14219 | 93612 |
| **温州市** | **5226** | **22439748** | **93** | **9886767** | **5471656** | **21539240** | **129222** | **1041994** |
| 市　区 | 2216 | 10035452 | 45 | 4040055 | 2732072 | 9631086 | 50288 | 385813 |
| 鹿城区 | 675 | 2513900 | 15 | 925312 | 567399 | 2422717 | 9583 | 117741 |
| 龙湾区 | 872 | 4218307 | 15 | 1878110 | 864100 | 3991959 | 20740 | 158287 |
| 瓯海区 | 615 | 2167922 | 13 | 853510 | 351835 | 2038940 | 16417 | 89912 |
| 瑞安市 | 982 | 3341392 | 15 | 1509682 | 642898 | 3163721 | 12989 | 110815 |
| 乐清市 | 881 | 4702251 | 15 | 2545577 | 978854 | 4469329 | 43373 | 302922 |
| 洞头县 | 26 | 161858 | | 85035 | 33042 | 167497 | 639 | 6939 |
| 永嘉县 | 485 | 2088368 | 8 | 828376 | 423317 | 2052351 | 10779 | 165065 |
| 平阳县 | 285 | 907049 | 5 | 325032 | 211798 | 878980 | 4580 | 25899 |
| 苍南县 | 297 | 1071752 | 4 | 489175 | 329158 | 1050725 | 5125 | 30744 |
| 文成县 | 31 | 77659 | | 43164 | 48079 | 74212 | 428 | 7718 |
| 泰顺县 | 23 | 53968 | | 20671 | 72438 | 51339 | 1022 | 6080 |
| **嘉兴市** | **4497** | **21789594** | **79** | **8703262** | **10009636** | **21588658** | **88464** | **1016471** |
| 市　区 | 967 | 5117788 | 16 | 2132751 | 2117081 | 5099457 | 13294 | 204798 |
| 平湖市 | 602 | 3592794 | 17 | 1534186 | 1599097 | 3552050 | 18251 | 202896 |
| 海宁市 | 1024 | 4133928 | 15 | 1759176 | 1107435 | 4038775 | 12823 | 179530 |
| 桐乡市 | 750 | 4142790 | 13 | 1348453 | 984766 | 4155625 | 12524 | 165754 |
| 嘉善县 | 716 | 2524323 | 10 | 882799 | 638287 | 2493630 | 11133 | 132519 |
| 海盐县 | 438 | 2277971 | 8 | 1045898 | 3562970 | 2249121 | 20438 | 130973 |
| **湖州市** | **1895** | **10707901** | **25** | **3897333** | **3424690** | **10295121** | **58456** | **526909** |
| 市　区 | 771 | 5484340 | 10 | 1985846 | 1388654 | 5140014 | 21234 | 246885 |
| 德清县 | 397 | 2208325 | 6 | 905949 | 569802 | 2168259 | 13018 | 100921 |
| 长兴县 | 370 | 1839472 | 5 | 708851 | 887895 | 1844716 | 17594 | 109732 |
| 安吉县 | 357 | 1175765 | 4 | 296687 | 578338 | 1142132 | 6611 | 69371 |

12－1续表7

| | 国有及年销售收入500万元以上非国有工业 | | | | | | | |
|---|---|---|---|---|---|---|---|---|
| | 企业数（个） | 工业总产值（万元） | 从业人员年平均数（万人） | 流动资产平均余额（万元） | 固定资产净值平均余额（万元） | 主营业务收入（万元） | 主营业务税金及附加（万元） | 利润总额（万元） |
| **绍兴市** | **3676** | **32150738** | **71** | **14895221** | **9508725** | **31481179** | **144503** | **1614950** |
| 市　区 | 711 | 5928778 | 14 | 2426954 | 2555378 | 5949575 | 20508 | 234342 |
| 诸暨市 | 752 | 6548648 | 14 | 2545008 | 1258309 | 6449868 | 35996 | 466012 |
| 上虞市 | 698 | 4696333 | 10 | 2216685 | 955634 | 4491407 | 32479 | 346149 |
| 嵊州市 | 425 | 1495497 | 5 | 754401 | 374892 | 1478607 | 4898 | 65589 |
| 绍兴县 | 866 | 11592806 | 23 | 5747254 | 3899353 | 11259205 | 43241 | 409724 |
| 新昌县 | 224 | 1888676 | 5 | 1204920 | 465161 | 1852517 | 7379 | 93135 |
| **金华市** | **2968** | **13985250** | **51** | **7004405** | **4431050** | **13617442** | **79155** | **593506** |
| 市　区 | 455 | 2681776 | 8 | 1263213 | 1189875 | 2611872 | 11188 | 99495 |
| 兰溪市 | 239 | 1470815 | 4 | 588458 | 427561 | 1458494 | 8559 | 12381 |
| 义乌市 | 711 | 2516781 | 12 | 1563067 | 1175113 | 2464727 | 16676 | 117048 |
| 东阳市 | 347 | 1659321 | 8 | 912155 | 591025 | 1586544 | 16844 | 101247 |
| 永康市 | 500 | 3211904 | 9 | 1685419 | 525235 | 3153609 | 12484 | 144505 |
| 武义县 | 310 | 1008509 | 4 | 414755 | 192663 | 964885 | 4248 | 37899 |
| 浦江县 | 298 | 1194497 | 6 | 458866 | 271004 | 1156567 | 8032 | 72922 |
| 磐安县 | 108 | 241648 | 1 | 118471 | 58575 | 220744 | 1124 | 8010 |
| **衢州市** | **722** | **3212086** | **10** | **1603514** | **1511810** | **3131754** | **21128** | **122288** |
| 市　区 | 214 | 1547136 | 4 | 866701 | 843334 | 1499553 | 9830 | 31319 |
| 柯城区 | 41 | 102049 | | 38208 | 22125 | 99718 | 1473 | 3081 |
| 衢江区 | 103 | 267661 | 1 | 142159 | 70475 | 256275 | 1773 | 4021 |
| 江山市 | 187 | 704668 | 2 | 292576 | 284166 | 699600 | 6679 | 46552 |
| 常山县 | 95 | 293600 | 1 | 131808 | 145764 | 288169 | 1716 | 7826 |
| 开化县 | 67 | 200866 | 1 | 90233 | 63747 | 192424 | 952 | 16013 |
| 龙游县 | 159 | 465816 | 2 | 222196 | 174799 | 452008 | 1951 | 20578 |
| **舟山市** | **442** | **2833416** | **8** | **1432646** | **693861** | **2555513** | **9712** | **72478** |
| 市　区 | 351 | 2439783 | 6 | 1220004 | 593734 | 2205443 | 8559 | 55419 |
| 岱山县 | 68 | 299564 | 1 | 171503 | 76482 | 270246 | 879 | 11966 |
| 嵊泗县 | 23 | 94069 | | 41139 | 23645 | 79824 | 274 | 5093 |
| **台州市** | **3945** | **17376957** | **62** | **7101615** | **3680413** | **16829229** | **115113** | **851824** |
| 市　区 | 1303 | 6678351 | 20 | 2763146 | 1625050 | 6453174 | 30898 | 320773 |
| 温岭市 | 1022 | 3941313 | 16 | 1347054 | 572429 | 3828392 | 43899 | 226418 |
| 临海市 | 411 | 2540320 | 8 | 1059988 | 669995 | 2498660 | 18771 | 102518 |
| 玉环县 | 743 | 2565645 | 12 | 1138033 | 413372 | 2465030 | 9100 | 108493 |
| 三门县 | 102 | 564776 | 2 | 288470 | 121685 | 522826 | 2487 | 21624 |
| 天台县 | 175 | 611530 | 2 | 272175 | 165340 | 595577 | 7842 | 41462 |
| 仙居县 | 189 | 475023 | 3 | 232749 | 112542 | 465570 | 2116 | 30536 |
| **丽水市** | **757** | **3168087** | **12** | **1219043** | **1103665** | **3284462** | **16377** | **130337** |
| 市　区 | 112 | 893077 | 2 | 380955 | 372848 | 1142762 | 3629 | 36460 |
| 青田县 | 103 | 600893 | 2 | 181825 | 74970 | 590603 | 2170 | 23391 |
| 缙云县 | 183 | 620706 | 2 | 218552 | 132464 | 553726 | 4546 | 15683 |
| 遂昌县 | 62 | 397767 | 1 | 185881 | 151100 | 389671 | 1261 | 21293 |
| 松阳县 | 62 | 123222 | | 44085 | 58225 | 117628 | 1252 | 9770 |
| 云和县 | 55 | 153052 | 1 | 45947 | 100321 | 138598 | 885 | 3675 |
| 庆元县 | 52 | 85985 | 1 | 44395 | 48869 | 80106 | 582 | 2718 |
| 景宁县 | 47 | 107402 | | 45512 | 88573 | 104417 | 496 | 11117 |
| 龙泉市 | 81 | 185983 | 1 | 71891 | 76295 | 166952 | 1556 | 6231 |

12－1续表8

| | 铁路旅客运量（万人） | 铁路货物运量（万吨） | 民用汽车拥有量（辆） | #私人汽车 | 公路客运量（万人） | 公路货运量（万吨） | 水运客运量（万人） | 水运货运量（万吨） |
|---|---|---|---|---|---|---|---|---|
| **杭州市** | **2011** | **525** | **492696** | **303929** | **21431** | **13539** | **304** | **5833** |
| 市　区 | 2000 | 364 | 418551 | 254206 | 14475 | 9193 | 11 | 3502 |
| 萧山区 | 124 | 97 | 97084 | 65867 | 3655 | 2166 | | 875 |
| 余杭区 | 21 | 34 | 49956 | 35598 | 2716 | 1353 | | 1390 |
| 桐庐县 | | | 10744 | 7440 | 1305 | 753 | 35 | 1175 |
| 淳安县 | | | 4400 | 2734 | 688 | 344 | 215 | 84 |
| 建德市 | 11 | 161 | 8771 | 5116 | 1149 | 680 | 2 | 352 |
| 富阳市 | | | 28937 | 20088 | 1626 | 968 | 3 | 715 |
| 临安市 | | | 21293 | 14345 | 2188 | 1601 | 39 | 5 |
| **宁波市** | **607** | **1207** | **333084** | **158969** | **27570** | **10480** | **113** | **5619** |
| 市　区 | 475 | 1189 | 190354 | 84092 | 15740 | 5995 | 28 | 3874 |
| 鄞州区 | | | 48358 | 20700 | 3160 | 1380 | 1 | 460 |
| 余姚市 | 132 | 16 | 45406 | 24799 | 2700 | 1180 | | 15 |
| 慈溪市 | | 2 | 52776 | 31096 | 3100 | 1420 | | 16 |
| 奉化市 | | | 15595 | 6275 | 2290 | 680 | | 108 |
| 象山县 | | | 13780 | 6466 | 1820 | 535 | 76 | 1242 |
| 宁海县 | | | 15173 | 6241 | 1920 | 670 | 10 | 364 |
| **温州市** | **384** | **33** | **279101** | **216574** | **25500** | **12942** | **142** | **2372** |
| 市　区 | 384 | 33 | 88061 | 63044 | 8413 | 6761 | 70 | 849 |
| 鹿城区 | | | | | | | | |
| 龙湾区 | | | | | | | | 19 |
| 瓯海区 | | | | | | | | |
| 瑞安市 | | | 66428 | 53689 | 3029 | 1450 | 9 | 144 |
| 乐清市 | | | 41185 | 31465 | 4733 | 1712 | 9 | 772 |
| 洞头县 | | | 2145 | 1364 | 528 | 99 | 43 | 216 |
| 永嘉县 | | | 43007 | 40036 | 1827 | 1332 | | 185 |
| 平阳县 | | | 13195 | 10365 | 2333 | 745 | 7 | 33 |
| 苍南县 | | | 17324 | 12599 | 3362 | 384 | | 164 |
| 文成县 | | | 4442 | 2332 | 609 | 318 | 4 | 9 |
| 泰顺县 | | | 3314 | 1680 | 666 | 141 | | |
| **嘉兴市** | **445** | **69** | **132673** | **76095** | **15747** | **2596** | **5** | **6792** |
| 市　区 | 255 | 45 | 44157 | 24584 | 5172 | 451 | 5 | 1393 |
| 平湖市 | | | 15204 | 6785 | 2296 | 540 | | 845 |
| 海宁市 | 108 | 7 | 18639 | 9251 | 2744 | 261 | | 1084 |
| 桐乡市 | | | 23606 | 15863 | 2307 | 595 | | 1128 |
| 嘉善县 | 82 | 17 | 19792 | 12532 | 1987 | 461 | | 1134 |
| 海盐县 | | | 11275 | 7080 | 1242 | 288 | | 1208 |
| **湖州市** | | | **80960** | **54191** | **7555** | **5385** | **8** | **8426** |
| 市　区 | | | 38589 | 24971 | 4354 | 1997 | | 2826 |
| 德清县 | | | 14627 | 9319 | 930 | 1093 | 8 | 722 |
| 长兴县 | | | 14817 | 10377 | 1101 | 1047 | | 3262 |
| 安吉县 | | | 12927 | 9524 | 1170 | 1248 | | 1616 |

12－1 续表 9

| | 铁路旅客运量（万人） | 铁路货物运量（万吨） | 民用汽车拥有量（辆） | #私人汽车 | 公路客运量（万人） | 公路货运量（万吨） | 水运客运量（万人） | 水运货运量（万吨） |
|---|---|---|---|---|---|---|---|---|
| **绍兴市** | **402** | **139** | **164639** | **112808** | **14200** | **8406** | **2** | **1153** |
| 市　区 | 134 | 102 | 34671 | 24270 | 2294 | 787 | 2 | 191 |
| 诸暨市 | 169 | 22 | 43503 | 30452 | 3399 | 2995 | | 234 |
| 上虞市 | 94 | 11 | 23501 | 16451 | 2051 | 1158 | | 485 |
| 嵊州市 | | | 18918 | 10803 | 2027 | 1218 | | 56 |
| 绍兴县 | 5 | 4 | 33009 | 23106 | 2869 | 1335 | | 187 |
| 新昌县 | | | 11037 | 7726 | 1560 | 913 | | |
| **金华市** | **65** | **63** | **210006** | **165302** | **14858** | **11189** | **18** | **251** |
| 市　区 | 2 | 35 | 40199 | 28122 | 2379 | 2414 | | |
| 兰溪市 | | | 10932 | 7840 | 898 | 792 | 9 | 251 |
| 义乌市 | | | 72953 | 61015 | 4902 | 2739 | | |
| 东阳市 | | | 23542 | 18713 | 2481 | 1135 | 9 | |
| 永康市 | 45 | 5 | 41467 | 34039 | 2001 | 2442 | | |
| 武义县 | 17 | 23 | 7218 | 4991 | 734 | 567 | | |
| 浦江县 | | | 10372 | 8516 | 880 | 452 | | |
| 磐安县 | | | 3323 | 2066 | 583 | 648 | | |
| **衢州市** | **207** | **501** | **36407** | **23808** | **4980** | **7142** | **4** | **4** |
| 市　区 | 114 | 139 | 16385 | 10095 | 1544 | 2418 | 4 | |
| 柯城区 | | | 11351 | 6281 | | | | |
| 衢江区 | | | 5034 | 3814 | | | | |
| 江山市 | 55 | 340 | 9249 | 6851 | 1115 | 1547 | | |
| 常山县 | | | 3101 | 1865 | 579 | 991 | | |
| 开化县 | | | 3256 | 2071 | 845 | 1007 | | |
| 龙游县 | 38 | 23 | 4416 | 2926 | 897 | 1179 | | 4 |
| **舟山市** | | | **18609** | **9245** | **6914** | **1806** | **1880** | **4911** |
| 市　区 | | | 15971 | 8215 | 5659 | 1322 | 1545 | 3551 |
| 岱山县 | | | 1674 | 676 | 1058 | 371 | 240 | 1178 |
| 嵊泗县 | | | 964 | 354 | 197 | 113 | 95 | 182 |
| **台州市** | | | **211745** | **166561** | **15590** | **5948** | **73** | **4299** |
| 市　区 | | | 98178 | 75671 | 6446 | 2627 | 6 | 2324 |
| 温岭市 | | | 48198 | 41884 | 3432 | 1363 | | 848 |
| 临海市 | | | 21418 | 16269 | 1556 | 330 | | 251 |
| 玉环县 | | | 22096 | 16887 | 1713 | 554 | 67 | 379 |
| 三门县 | | | 5788 | 3981 | 825 | 309 | | 497 |
| 天台县 | | | 8263 | 6006 | 850 | 510 | | |
| 仙居县 | | | 7804 | 5863 | 768 | 255 | | |
| **丽水市** | **117** | **169** | **60274** | **42705** | **3706** | **2352** | **28** | **364** |
| 市　区 | 60 | 102 | 29045 | 23546 | 1073 | 985 | 2 | 85 |
| 青田县 | 38 | 23 | 6978 | 4817 | 592 | 256 | 2 | 275 |
| 缙云县 | 19 | 44 | 6488 | 4812 | 491 | 252 | | |
| 遂昌县 | | | 2875 | 1659 | 314 | 193 | 3 | |
| 松阳县 | | | 3032 | 1832 | 275 | 226 | | |
| 云和县 | | | 1822 | 1131 | 132 | 84 | 15 | 2 |
| 庆元县 | | | 1725 | 815 | 191 | 68 | | |
| 景宁县 | | | 1571 | 873 | 155 | 46 | 2 | |
| 龙泉市 | | | 4141 | 2954 | 483 | 242 | 4 | 2 |

12－1 续表 10

| | 邮政业务收　入（万元） | 电信业务收　入（万元） | 本地电话年末用户数（万户） | 移动电话年末用户数（户） | 国际互联网用　户　数（户） | 全　年用　电　量（万千瓦时） | #工业用电 | 社会消费品零售额（万元） |
|---|---|---|---|---|---|---|---|---|
| **杭州市** | **62599** | **846700** | **411** | **6186147** | **1094996** | **3207582** | **2353067** | **9754346** |
| 市　区 | 52759 | 703539 | 303 | 4977897 | 962660 | 2447837 | 1725628 | 8414680 |
| 萧山区 | 7184 | 118367 | 70 | 959825 | 115304 | 949912 | 830920 | 1230830 |
| 余杭区 | 5023 | 66614 | 45 | 479993 | 69728 | 316430 | 243771 | 776520 |
| 桐庐县 | 1764 | 25446 | 20 | 208368 | 23011 | 84108 | 57566 | 271569 |
| 淳安县 | 1236 | 12881 | 13 | 161136 | 13308 | 36545 | 25049 | 149008 |
| 建德市 | 2146 | 24315 | 19 | 201246 | 26561 | 137910 | 117126 | 211499 |
| 富阳市 | 2494 | 46561 | 31 | 354553 | 34594 | 355848 | 314219 | 381806 |
| 临安市 | 2200 | 33959 | 26 | 282947 | 34862 | 145334 | 113479 | 325784 |
| **宁波市** | **48667** | **714500** | **339** | **4671000** | **1705300** | **2684887** | **2110735** | **7598315** |
| 市　区 | 24943 | 406487 | 155 | 2421192 | 1175873 | 1515517 | 1173294 | 3983850 |
| 鄞州区 | 2455 | 31000 | 43 | | | 375101 | 295171 | 740643 |
| 余姚市 | 6150 | 78331 | 44 | 600000 | 83788 | 356407 | 296860 | 977200 |
| 慈溪市 | 10924 | 109198 | 61 | 692106 | 324224 | 509440 | 424340 | 354341 |
| 奉化市 | 2167 | 38074 | 24 | 288718 | 41760 | 116300 | 89360 | 384424 |
| 象山县 | 2103 | 42300 | 25 | 343000 | 34135 | 75162 | 43878 | 499100 |
| 宁海县 | 2380 | 40110 | 31 | 325984 | 45520 | 112061 | 83004 | 399400 |
| **温州市** | **41761** | **671844** | **359** | **4482607** | **1225265** | **1842124** | **1321020** | **6808606** |
| 市　区 | 17280 | 265895 | 121 | 1728219 | 578622 | 785520 | 548408 | 3584006 |
| 鹿城区 | | | | | | 260486 | 113642 | 2129418 |
| 龙湾区 | 1968 | 21820 | 16 | | 45035 | 288917 | 246601 | 519870 |
| 瓯海区 | | | | | | 206104 | 160038 | 488312 |
| 瑞安市 | 5901 | 105726 | 61 | 679747 | 169758 | 332548 | 263336 | 830183 |
| 乐清市 | 5761 | 99677 | 55 | 636696 | 167635 | 226332 | 154552 | 692678 |
| 洞头县 | 466 | 6433 | 4 | 48320 | 8681 | 8592 | 2792 | 44332 |
| 永嘉县 | 3025 | 47338 | 26 | 324780 | 74490 | 118788 | 88532 | 395894 |
| 平阳县 | 2481 | 46630 | 29 | 371109 | 82172 | 128516 | 97751 | 467760 |
| 苍南县 | 4939 | 78617 | 47 | 532440 | 115955 | 208190 | 146569 | 635945 |
| 文成县 | 1009 | 9558 | 8 | 72149 | 14909 | 21521 | 14487 | 87182 |
| 泰顺县 | 899 | 11970 | 8 | 89147 | 13043 | 12117 | 4593 | 70626 |
| **嘉兴市** | **21727** | **381455** | **173** | **2439017** | **414482** | **1502106** | **1214296** | **3744393** |
| 市　区 | 8288 | 116289 | 47 | 708138 | 139415 | 432298 | 351453 | 1065705 |
| 平湖市 | 3061 | 51071 | 24 | 363445 | 56503 | 167511 | 126942 | 420230 |
| 海宁市 | 3254 | 65385 | 32 | 417302 | 67079 | 255598 | 203820 | 818875 |
| 桐乡市 | 3018 | 71212 | 31 | 455814 | 72445 | 321413 | 274125 | 734003 |
| 嘉善县 | 2183 | 44257 | 21 | 280909 | 34622 | 171439 | 140799 | 404271 |
| 海盐县 | 1922 | 33240 | 18 | 213409 | 44418 | 146650 | 123685 | 301309 |
| **湖州市** | **10784** | **177359** | **118** | **1500400** | **168317** | **852577** | **686208** | **2377547** |
| 市　区 | 4762 | 89205 | 56 | 736417 | 106685 | 383691 | 293117 | 1216232 |
| 德清县 | 2060 | 29695 | 19 | 266014 | 19857 | 163264 | 136127 | 349750 |
| 长兴县 | 2390 | 32912 | 25 | 278684 | 28498 | 238554 | 210928 | 489230 |
| 安吉县 | 1572 | 25546 | 17 | 219285 | 13277 | 67068 | 46037 | 322335 |

12－1续表11

| | 邮政业务收入（万元） | 电信业务收入（万元） | 本地电话年末用户数（万户） | 移动电话年末用户数（户） | 国际互联网用户数（户） | 全年用电量（万千瓦时） | #工业用电 | 社会消费品零售额（万元） |
|---|---|---|---|---|---|---|---|---|
| **绍兴市** | **27543** | **314395** | **221** | **2439132** | **314883** | **1855228** | **1586233** | **3816345** |
| 市　区 | 6897 | 89167 | 46 | 711511 | 130288 | 353473 | 283190 | 948305 |
| 诸暨市 | 6884 | 65812 | 50 | 512899 | 56695 | 365030 | 305371 | 764928 |
| 上虞市 | 3601 | 39770 | 35 | 296800 | 38907 | 182068 | 145164 | 632739 |
| 嵊州市 | 2718 | 34565 | 32 | 290387 | 41475 | 98200 | 69323 | 558455 |
| 绍兴县 | 5630 | 60174 | 37 | 439056 | 22567 | 752030 | 698269 | 547069 |
| 新昌县 | 1813 | 24907 | 21 | 188479 | 24951 | 93534 | 74015 | 364849 |
| **金华市** | **28961** | **570652** | **208** | **2896100** | **291716** | **1247779** | **946959** | **4188386** |
| 市　区 | 7504 | 129908 | 44 | 535000 | 73011 | 203827 | 131533 | 1003113 |
| 兰溪市 | 1800 | 37685 | 22 | 196600 | 21837 | 260887 | 237408 | 331353 |
| 义乌市 | 6974 | 184138 | 50 | 916500 | 95112 | 313938 | 214550 | 1288594 |
| 东阳市 | 5268 | 67004 | 31 | 384000 | 31038 | 144920 | 106951 | 584659 |
| 永康市 | 3511 | 77337 | 27 | 422100 | 37905 | 147776 | 117655 | 431184 |
| 武义县 | 1541 | 27285 | 13 | 166000 | 11393 | 64866 | 52388 | 213231 |
| 浦江县 | 1407 | 35026 | 15 | 199000 | 15372 | 84455 | 65340 | 262753 |
| 磐安县 | 955 | 12268 | 7 | 76900 | 6049 | 14555 | 8618 | 73500 |
| **衢州市** | **8562** | **153147** | **79** | **767356** | **140199** | **587256** | **507384** | **1347433** |
| 市　区 | 4126 | 71942 | 31 | 346324 | 84581 | 329944 | 293503 | 518186 |
| 柯城区 | | | | | | | | 242884 |
| 衢江区 | | 3512 | 1 | 21621 | 1320 | | | 115766 |
| 江山市 | 1462 | 26305 | 16 | 146757 | 15699 | 110671 | 95633 | 257870 |
| 常山县 | 956 | 16366 | 9 | 75131 | 11282 | 52858 | 44731 | 134161 |
| 开化县 | 755 | 14700 | 9 | 72043 | 8421 | 26539 | 19524 | 148672 |
| 龙游县 | 1263 | 23834 | 14 | 127101 | 20216 | 62288 | 49036 | 288544 |
| **舟山市** | **6852** | **82419** | **49** | **591799** | **164909** | **184522** | **114500** | **1001390** |
| 市　区 | 5055 | 64671 | 37 | 457923 | 145838 | 152535 | 95456 | 767989 |
| 岱山县 | 1032 | 10137 | 8 | 80196 | 10763 | 19161 | 12099 | 154352 |
| 嵊泗县 | 765 | 7611 | 4 | 53680 | 8308 | 12826 | 6945 | 79049 |
| **台州市** | **28160** | **397886** | **208** | **3608263** | **431934** | **1048465** | **744117** | **4399158** |
| 市　区 | 10208 | 152460 | 74 | 1364706 | 178215 | 423922 | 301840 | 1857513 |
| 温岭市 | 5516 | 88909 | 43 | 751860 | 82460 | 223905 | 158863 | 1068602 |
| 临海市 | 3679 | 51907 | 31 | 542683 | 53175 | 117392 | 76600 | 501352 |
| 玉环县 | 3330 | 50899 | 23 | 425389 | 65683 | 136881 | 104271 | 371635 |
| 三门县 | 1107 | 16381 | 11 | 155062 | 14126 | 34541 | 21610 | 172368 |
| 天台县 | 2013 | 18695 | 14 | 194363 | 19143 | 45275 | 28818 | 244522 |
| 仙居县 | 2307 | 18635 | 13 | 174200 | 19132 | 31651 | 17216 | 183166 |
| **丽水市** | **10991** | **101614** | **60** | **1453869** | **115962** | **301279** | **210032** | **1281010** |
| 市　区 | 2680 | 33195 | 18 | 359849 | 41348 | 67766 | 38882 | 386024 |
| 青田县 | 2595 | 16456 | 10 | 220800 | 16992 | 55375 | 37038 | 199277 |
| 缙云县 | 1280 | 12317 | 10 | 164880 | 14064 | 58465 | 46744 | 175108 |
| 遂昌县 | 659 | 8393 | 6 | 132909 | 8507 | 49856 | 43410 | 108248 |
| 松阳县 | 629 | 6008 | 5 | 120551 | 6860 | 15370 | 9825 | 88984 |
| 云和县 | 583 | 5494 | 3 | 116627 | 7244 | 18910 | 13714 | 60929 |
| 庆元县 | 738 | 5220 | 4 | 103632 | 5910 | 8819 | 4538 | 73507 |
| 景宁县 | 595 | 5274 | 3 | 93222 | 6211 | 8534 | 4772 | 63310 |
| 龙泉市 | 1232 | 9256 | 6 | 141399 | 8826 | 19281 | 12146 | 125623 |

12－1续表12

| | 限额以上批零贸易销售总额（万元） | 限额以上批零企业数（家） | 国内旅游人数（人次） | 国内旅游总收入（万元） | 海外游客人数（人次） | 旅游外汇收入（万美元） | 星级饭店数（家） | 进口额（万美元） | 出口额（万美元） |
|---|---|---|---|---|---|---|---|---|---|
| **杭州市** | **43099044** | **1312** | **32659600** | **4040000** | **1513585** | **75773** | **229** | **1006603** | **1980390** |
| 市　区 | 42010060 | 1208 | 9660600 | 3326300 | | | | 959260 | 1860574 |
| 萧山区 | 2809993 | 143 | 2160000 | 300000 | | | | 182802 | 328148 |
| 余杭区 | 1202307 | 70 | 1600000 | 149000 | | | | 13586 | 115412 |
| 桐庐县 | 140357 | 21 | 1821000 | 132000 | | | | 991 | 29497 |
| 淳安县 | 87368 | 7 | 2228000 | 168000 | | | | 594 | 4617 |
| 建德市 | 179763 | 10 | 1250000 | 120000 | | | | 2893 | 22948 |
| 富阳市 | 470307 | 37 | 2050000 | 169700 | | | | 38723 | 33634 |
| 临安市 | 211189 | 29 | 15650000 | 124000 | | | | 4142 | 29120 |
| **宁波市** | **18273303** | **517** | **23520000** | **2384000** | **438300** | **24800** | **178** | **1126171** | **2223256** |
| 市　区 | 15032268 | 382 | 11753900 | 1788960 | | | | 924820 | 1486315 |
| 鄞州区 | 2653063 | 68 | 2658000 | 1440000 | | | | 80940 | 325305 |
| 余姚市 | 1168753 | 43 | 2221000 | 166600 | | | | 61543 | 219086 |
| 慈溪市 | 1118904 | 38 | 1734600 | 120500 | | | | 65041 | 307707 |
| 奉化市 | 491559 | 15 | 4530500 | 142740 | | | | 60195 | 88105 |
| 象山县 | 319467 | 24 | 2000000 | 100000 | | | | 8461 | 59289 |
| 宁海县 | 142352 | 15 | 1280000 | 65200 | | | | 6111 | 62754 |
| **温州市** | **8169333** | **450** | **14224700** | **1213100** | **213254** | **9097** | **73** | **167549** | **618430** |
| 市　区 | 6005446 | 310 | 7350100 | 795100 | | | | 88052 | 431010 |
| 鹿城区 | 1402153 | 82 | 3230200 | 271700 | | | | 7609 | 84047 |
| 龙湾区 | 1523021 | 96 | 560300 | 48500 | | | | 30363 | 93563 |
| 瓯海区 | 383722 | 34 | 836000 | 46000 | | | | 6547 | 62933 |
| 瑞安市 | 653432 | 54 | 1529200 | 102100 | | | | 25303 | 81460 |
| 乐清市 | 504562 | 31 | 2077000 | 132900 | | | | 2184 | 54398 |
| 洞头县 | 454585 | 3 | 351000 | 14000 | | | | 39964 | 2345 |
| 永嘉县 | 144339 | 19 | 579000 | 35200 | | | | 2119 | 13306 |
| 平阳县 | 100649 | 8 | 900500 | 36000 | | | | 6097 | 19373 |
| 苍南县 | 225137 | 17 | 733400 | 62100 | | | | 3738 | 12942 |
| 文成县 | 58349 | 6 | 393000 | 21700 | | | | 92 | 3279 |
| 泰顺县 | 22834 | 2 | 311500 | 14000 | | | | | 317 |
| **嘉兴市** | **4728881** | **328** | **14424900** | **1084600** | **442458** | **13848** | **56** | **287850** | **704385** |
| 市　区 | 2294865 | 126 | 3259000 | 247600 | | | | 64847 | 193036 |
| 平湖市 | 443998 | 40 | 1117300 | 74200 | | | | 100257 | 150010 |
| 海宁市 | 844539 | 63 | 2961200 | 266500 | | | | 37779 | 147673 |
| 桐乡市 | 542836 | 58 | 3388500 | 237300 | | | | 45619 | 81150 |
| 嘉善县 | 293754 | 18 | 2312500 | 161900 | | | | 27278 | 80747 |
| 海盐县 | 308889 | 23 | 1386400 | 97100 | | | | 12070 | 51769 |
| **湖州市** | **2158894** | **154** | **10783800** | **626300** | **102132** | **3688** | **53** | **27507** | **199556** |
| 市　区 | 1641435 | 84 | 5109100 | 296700 | 70258 | 2706 | 22 | 17581 | 103745 |
| 德清县 | 242171 | 30 | 1308700 | 76000 | 5230 | 188 | 14 | 6200 | 38924 |
| 长兴县 | 146817 | 22 | 1274000 | 74000 | 2634 | 98 | 6 | 2567 | 19392 |
| 安吉县 | 128471 | 18 | 3092000 | 179600 | 24010 | 696 | 11 | 1158 | 37495 |

12－1续表13

| | 限额以上批零贸易销售总额（万元） | 限额以上批零企业数（家） | 国内旅游人数（人次） | 国内旅游总收入（万元） | 海外游客人数（人次） | 旅游外汇收入（万美元） | 星级饭店数（家） | 进口额（万美元） | 出口额（万美元） |
|---|---|---|---|---|---|---|---|---|---|
| **绍兴市** | **3757378** | **220** | **15028100** | **1105800** | **201933** | **6679** | **82** | **234311** | **814162** |
| 市　区 | 1476514 | 76 | 5326700 | 389200 | | | | 60012 | 163379 |
| 诸暨市 | 586590 | 25 | 2222600 | 194000 | | | | 29227 | 134626 |
| 上虞市 | 434190 | 33 | 1381000 | 85000 | | | | 15773 | 80878 |
| 嵊州市 | 153733 | 17 | 1400700 | 89300 | | | | 4946 | 46330 |
| 绍兴县 | 974491 | 53 | 2870300 | 214600 | | | | 117017 | 337405 |
| 新昌县 | 131860 | 16 | 2132100 | 145000 | | | | 7336 | 51545 |
| **金华市** | **3803054** | **321** | **13839000** | **1032251** | **283905** | **15320** | **104** | **33427** | **438744** |
| 市　区 | 1475380 | 122 | 2189000 | 163278 | | | | 6532 | 68386 |
| 兰溪市 | 282518 | 29 | 1099000 | 81974 | | | | 2034 | 21341 |
| 义乌市 | 813956 | 66 | 3453000 | 257559 | | | | 8358 | 109207 |
| 东阳市 | 485451 | 33 | 3591000 | 267853 | | | | 3417 | 76242 |
| 永康市 | 480865 | 31 | 1803000 | 134486 | | | | 8306 | 104593 |
| 武义县 | 93354 | 16 | 574000 | 42815 | | | | 2393 | 27532 |
| 浦江县 | 121482 | 17 | 844000 | 62954 | | | | 2059 | 26507 |
| 磐安县 | 50048 | 7 | 286000 | 21333 | | | | 328 | 4936 |
| **衢州市** | **1014528** | **127** | **5300000** | **277400** | **27430** | **1320** | **34** | **8457** | **32390** |
| 市　区 | 735918 | 73 | 1650000 | 86700 | 8954 | 460 | 10 | 6732 | 14822 |
| 柯城区 | 80089 | 19 | 285000 | 15000 | 800 | 46 | 8 | 24 | 1770 |
| 衢江区 | 155389 | 13 | 640000 | 33300 | 750 | 43 | 2 | 2532 | 4348 |
| 江山市 | 119327 | 22 | 1050000 | 53500 | 5684 | 283 | 8 | 116 | 4153 |
| 常山县 | 23433 | 6 | 720000 | 38600 | 1074 | 57 | 2 | 149 | 4648 |
| 开化县 | 26752 | 10 | 640000 | 35300 | 1911 | 110 | 6 | 807 | 3148 |
| 龙游县 | 109098 | 16 | 1240000 | 63300 | 9807 | 411 | 8 | 653 | 5619 |
| **舟山市** | **1486607** | **119** | **9877072** | **553280** | **140028** | **7352** | **61** | **21370** | **99538** |
| 市　区 | 1301232 | 99 | 8220599 | 460518 | 131301 | 6646 | 49 | 13539 | 86122 |
| 岱山县 | 88211 | 9 | 772947 | 43285 | 2053 | 108 | 7 | 7831 | 12844 |
| 嵊泗县 | 97164 | 11 | 883526 | 49477 | 6674 | 598 | 5 | | 572 |
| **台州市** | **4400254** | **218** | **16075000** | **1347906** | **75321** | **5304** | **72** | **115748** | **519553** |
| 市　区 | 2526885 | 126 | 5770400 | 498820 | | | | 97504 | 222720 |
| 温岭市 | 808343 | 32 | 3017700 | 240168 | | | | 2791 | 100123 |
| 临海市 | 325279 | 16 | 2616800 | 229134 | | | | 6872 | 62382 |
| 玉环县 | 509308 | 24 | 1688800 | 132636 | | | | 5868 | 88581 |
| 三门县 | 50500 | 4 | 758800 | 66026 | | | | 989 | 12203 |
| 天台县 | 76100 | 10 | 1252300 | 100426 | | | | 1458 | 17053 |
| 仙居县 | 103839 | 6 | 970200 | 80696 | | | | 266 | 16491 |
| **丽水市** | **721485** | **86** | **4857800** | **214800** | **40741** | **8201** | **47** | **8277** | **44063** |
| 市　区 | 318604 | 35 | 1436900 | 65500 | | | | 6334 | 7517 |
| 青田县 | 99799 | 14 | 645800 | 27100 | | | | 1090 | 12589 |
| 缙云县 | 80904 | 10 | 1165000 | 45000 | | | | 159 | 9342 |
| 遂昌县 | 75663 | 11 | 242000 | 6000 | | | | 280 | 5257 |
| 松阳县 | 18974 | 2 | 200000 | 5400 | | | | | 762 |
| 云和县 | 18277 | 2 | 295200 | 7000 | | | | 283 | 3021 |
| 庆元县 | 11056 | 3 | 78900 | 2500 | | | | 3 | 545 |
| 景宁县 | 28196 | 4 | 448800 | 17900 | | | | 40 | 772 |
| 龙泉市 | 70012 | 5 | 345200 | 13800 | | | | 88 | 4257 |

12－1续表14

| | 当年新签项目合同个数（个） | 当年合同外资金额（万美元） | 当年实到外资金额（万美元） | 已投产营业企业数（家） | 外资企业年末从业人员数（人） | 全社会固定资产投资总额（万元） | #固定资产投资额（不含农村） | #房地产开发 |
|---|---|---|---|---|---|---|---|---|
| **杭州市** | **756** | **400503** | **171274** | **2178** | **317374** | **13866833** | **10424746** | **4105706** |
| 市　区 | 608 | 339253 | 146006 | 1852 | 266743 | 10787387 | 8738123 | 3485810 |
| 萧山区 | 109 | 60046 | 32515 | 451 | 98800 | 2422815 | 1185455 | 557301 |
| 余杭区 | 72 | 30357 | 13147 | 229 | 38017 | 1880888 | 1149581 | 651139 |
| 桐庐县 | 28 | 7781 | 2585 | 85 | 9671 | 627022 | 283391 | 82180 |
| 淳安县 | 22 | 9547 | 4356 | 10 | 107 | 326120 | 249472 | 60010 |
| 建德市 | 17 | 9044 | 4337 | 29 | 231 | 409824 | 186096 | 77687 |
| 富阳市 | 56 | 19534 | 7949 | 128 | 18763 | 1066671 | 544982 | 220975 |
| 临安市 | 25 | 15344 | 6041 | 74 | 21859 | 649809 | 422682 | 179044 |
| **宁波市** | **873** | **421015** | **231097** | **4004** | **600312** | **13363043** | **9760215** | **2594964** |
| 市　区 | 513 | 268136 | 155875 | | | 8625566 | 6765674 | 1948622 |
| 鄞州区 | 202 | 79245 | 40222 | | | 2195961 | 964363 | 537801 |
| 余姚市 | 115 | 66601 | 33058 | | | 1380537 | 825131 | 283559 |
| 慈溪市 | 124 | 60054 | 30446 | | | 1614165 | 876180 | 188638 |
| 奉化市 | 30 | 2943 | 2072 | | | 404881 | 326004 | 71382 |
| 象山县 | 41 | 9442 | 4122 | | | 702353 | 497289 | 44930 |
| 宁海县 | 50 | 13839 | 5524 | | | 635541 | 469937 | 57833 |
| **温州市** | **224** | **89069** | **35708** | **706** | **132072** | **5421089** | **4360971** | **1539701** |
| 市　区 | 116 | 39493 | 17993 | 443 | 77949 | 2847676 | 2649223 | 991635 |
| 鹿城区 | 42 | 10284 | 4349 | 120 | 39242 | 395758 | 352195 | 131435 |
| 龙湾区 | 50 | 21563 | 10056 | 185 | 22799 | 684963 | 654159 | 261829 |
| 瓯海区 | 21 | 6438 | 3523 | 80 | 9435 | 313047 | 192342 | 59344 |
| 瑞安市 | 21 | 15488 | 5628 | 76 | 28552 | 621523 | 395532 | 190803 |
| 乐清市 | 23 | 14256 | 5109 | 90 | 10734 | 707464 | 510873 | 139690 |
| 洞头县 | 5 | 642 | 203 | 5 | 353 | 131726 | 107142 | 23744 |
| 永嘉县 | 18 | 6565 | 2405 | 29 | 4213 | 359499 | 226129 | 107179 |
| 平阳县 | 15 | 5153 | 2030 | 46 | 9089 | 289333 | 136739 | 48389 |
| 苍南县 | 19 | 6333 | 2024 | 12 | 1036 | 307885 | 243132 | 33366 |
| 文成县 | 6 | 939 | 206 | 4 | 95 | 66874 | 27225 | 2547 |
| 泰顺县 | 1 | 200 | 110 | 1 | 51 | 89109 | 64976 | 2348 |
| **嘉兴市** | **440** | **250049** | **115666** | **1337** | **286899** | **7034577** | **4129056** | **1234034** |
| 市　区 | 129 | 91080 | 37424 | 315 | 61291 | 2612551 | 1848521 | 548991 |
| 平湖市 | 66 | 30960 | 14907 | 203 | 71481 | 1132230 | 875992 | 205750 |
| 海宁市 | 58 | 41917 | 23080 | 261 | 51712 | 1014165 | 450367 | 154764 |
| 桐乡市 | 75 | 26588 | 13025 | 163 | 28688 | 1024830 | 461303 | 151290 |
| 嘉善县 | 85 | 43816 | 21212 | 301 | 54725 | 730805 | 291513 | 105843 |
| 海盐县 | 27 | 15688 | 6018 | 94 | 19002 | 519996 | 201360 | 67396 |
| **湖州市** | **475** | **169171** | **65072** | **561** | **74587** | **4160475** | **2275077** | **690486** |
| 市　区 | 194 | 80387 | 32866 | 204 | 25902 | 2141392 | 1252745 | 273968 |
| 德清县 | 131 | 30703 | 13620 | 197 | 27977 | 723382 | 401237 | 154677 |
| 长兴县 | 83 | 30073 | 13006 | 68 | 7741 | 861112 | 455564 | 170738 |
| 安吉县 | 67 | 28008 | 5580 | 92 | 12967 | 434589 | 165531 | 91103 |

12－1 续表 15

| | 当年新签项目合同个数（个） | 当年合同外资金额（万美元） | 当年实到外资金额（万美元） | 已投产营业企业数（家） | 外资企业年末从业人员数（人） | 全社会固定资产投资总额（万元） | #固定资产投资额（不含农村） | #房地产开发 |
|---|---|---|---|---|---|---|---|---|
| **绍兴市** | **416** | **202139** | **90095** | **1347** | **256645** | **6761274** | **4185924** | **1033309** |
| 市　区 | 87 | 43671 | 20278 | 288 | 51650 | 1613747 | 1131153 | 326728 |
| 诸暨市 | 83 | 39107 | 18912 | 213 | 38635 | 1452253 | 666608 | 217322 |
| 上虞市 | 84 | 32139 | 15504 | 334 | 43179 | 951719 | 440947 | 113328 |
| 嵊州市 | 66 | 23645 | 10246 | 133 | 19924 | 628835 | 350781 | 69035 |
| 绍兴县 | 83 | 50864 | 23480 | 308 | 88743 | 1701098 | 1352764 | 278785 |
| 新昌县 | 13 | 12713 | 1675 | 71 | 14514 | 413622 | 243671 | 28111 |
| **金华市** | **180** | **62803** | **45775** | **431** | **63806** | **5074701** | **3585582** | **1200959** |
| 市　区 | 61 | 25521 | 15805 | 112 | 11235 | 1235961 | 945298 | 364849 |
| 兰溪市 | 17 | 5528 | 4039 | 47 | 6319 | 585319 | 495699 | 60732 |
| 义乌市 | 45 | 14275 | 12039 | 97 | 21762 | 1260805 | 897817 | 398446 |
| 东阳市 | 14 | 6673 | 4004 | 73 | 8985 | 710844 | 399960 | 141226 |
| 永康市 | 14 | 4629 | 4035 | 35 | 5483 | 528483 | 243231 | 73475 |
| 武义县 | 12 | 2385 | 2526 | 19 | 2264 | 283232 | 216806 | 67333 |
| 浦江县 | 8 | 2399 | 2521 | 35 | 5753 | 346153 | 282096 | 92068 |
| 磐安县 | 9 | 1393 | 806 | 13 | 2005 | 123904 | 104675 | 2830 |
| **衢州市** | **38** | **12161** | **3042** | **86** | **6197** | **2338437** | **2106059** | **379240** |
| 市　区 | 19 | 3487 | 1366 | 44 | 2329 | 1051965 | 967985 | 175613 |
| 柯城区 | 2 | 717 | 80 | 6 | 498 | 168103 | 145011 | 38046 |
| 衢江区 | 9 | 1445 | 600 | 17 | 719 | 210673 | 161709 | 8469 |
| 江山市 | 5 | 3289 | 453 | 13 | 2480 | 440066 | 368918 | 63308 |
| 常山县 | 3 | 410 | 230 | 8 | 234 | 278743 | 249063 | 38222 |
| 开化县 | 3 | 905 | 541 | 3 | 151 | 169561 | 150414 | 27656 |
| 龙游县 | 8 | 4070 | 452 | 18 | 1003 | 398102 | 369679 | 74441 |
| **舟山市** | **21** | **6940** | **3120** | **82** | **13714** | **1611191** | **1265509** | **276720** |
| 市　区 | 14 | 5713 | 1329 | 63 | 11740 | 1025182 | 732920 | 219573 |
| 岱山县 | 4 | 642 | 1159 | 16 | 1785 | 157120 | 113367 | 49551 |
| 嵊泗县 | 3 | 585 | 632 | 3 | 189 | 428889 | 419222 | 7596 |
| **台州市** | **117** | **39893** | **33780** | **521** | **107558** | **5376194** | **3226025** | **1161255** |
| 市　区 | 38 | 18632 | 18956 | 148 | 20579 | 2174080 | 1369676 | 670795 |
| 温岭市 | 21 | 7011 | 4918 | 97 | 36392 | 983591 | 312964 | 120836 |
| 临海市 | 27 | 5951 | 3850 | 101 | 15785 | 665726 | 498148 | 108761 |
| 玉环县 | 17 | 6639 | 4223 | 81 | 18967 | 723755 | 544397 | 109985 |
| 三门县 | 4 | 577 | 421 | 23 | 4211 | 272987 | 130651 | 45411 |
| 天台县 | 8 | 1046 | 1259 | 14 | 2485 | 339567 | 229425 | 71401 |
| 仙居县 | 2 | 37 | 153 | 57 | 9139 | 216488 | 140764 | 34066 |
| **丽水市** | **27** | **6525** | **1943** | **44** | **9011** | **1981604** | **1931430** | **348511** |
| 市　区 | 12 | 4521 | 851 | 7 | 3276 | 545161 | 540881 | 118758 |
| 青田县 | 3 | 1001 | 507 | 15 | 1680 | 462729 | 452568 | 82430 |
| 缙云县 | 1 | 324 | 214 | 7 | 1754 | 232267 | 224594 | 54823 |
| 遂昌县 | 8 | 479 | 184 | 7 | 732 | 187400 | 179559 | 22682 |
| 松阳县 | | | 123 | 2 | 181 | 125894 | 124125 | 8955 |
| 云和县 | 2 | 81 | 50 | 2 | 315 | 112972 | 106675 | 16809 |
| 庆元县 | | | 15 | 1 | 128 | 78744 | 77527 | 6355 |
| 景宁县 | | | | | | 54498 | 49859 | 5812 |
| 龙泉市 | 1 | 118 | | 3 | 945 | 175650 | 175642 | 31887 |

12－1续表16

| | 商品房屋销售面积（万平方米） | 商品房屋销售额（万元） | 商品房屋空置面积（万平方米） | 各类专业技术人员数（人） | #中级职称以上 | 专利申请受理量（项） | 专利申请授权量（项） | #发明 |
|---|---|---|---|---|---|---|---|---|
| **杭州市** | **704.19** | **3956550** | **84.84** | **379113** | **153436** | **9486** | **4072** | **687** |
| 市　区 | 558.26 | 3452928 | 65.09 | 305643 | 126684 | 7506 | 3189 | 652 |
| 萧山区 | 100.42 | 479909 | 19.46 | 58527 | 16720 | 1310 | 432 | 8 |
| 余杭区 | 130.39 | 726597 | 22.78 | 30628 | 10761 | 579 | 359 | 27 |
| 桐庐县 | 19.71 | 57226 | 8.79 | 8899 | 3195 | 557 | 489 | 2 |
| 淳安县 | 22.84 | 62684 | 2.39 | 8840 | 3883 | 88 | 32 | 1 |
| 建德市 | 24.41 | 60287 | 0.42 | 14704 | 5213 | 140 | 84 | 11 |
| 富阳市 | 47.24 | 214241 | 3.61 | 22209 | 8808 | 898 | 106 | 12 |
| 临安市 | 31.73 | 109184 | 4.53 | 18818 | 5653 | 297 | 172 | 9 |
| **宁波市** | **466.98** | **2347756** | **123.74** | **422492** | **190198** | **7752** | **3985** | **157** |
| 市　区 | 290.78 | 1613605 | 68.09 | 264425 | 149472 | 2925 | 1583 | 104 |
| 鄞州区 | 58.00 | 384344 | 19.46 | 49195 | 15819 | 910 | 426 | 32 |
| 余姚市 | 70.20 | 275862 | 6.42 | 38966 | 10555 | 1562 | 875 | 11 |
| 慈溪市 | 40.59 | 203051 | 47.86 | 45000 | 10000 | 2265 | 955 | 19 |
| 奉化市 | 16.71 | 62100 | | 22523 | 6302 | 262 | 156 | 8 |
| 象山县 | 21.07 | 84827 | 1.28 | 25234 | 7239 | 154 | 105 | 7 |
| 宁海县 | 27.63 | 108311 | 0.08 | 26344 | 6630 | 584 | 311 | 8 |
| **温州市** | **261.90** | **1284456** | **21.30** | **303370** | **112872** | **4932** | **3073** | **85** |
| 市　区 | 157.56 | 868418 | 11.92 | 126352 | 46038 | 2284 | 1566 | 36 |
| 鹿城区 | 9.22 | 61395 | 1.21 | 25135 | 7272 | | | 14 |
| 龙湾区 | 61.00 | 314564 | 5.90 | 29836 | 10333 | | | |
| 瓯海区 | 8.81 | 42211 | 0.14 | 22478 | 8268 | | | 4 |
| 瑞安市 | 21.98 | 124133 | 5.93 | 29461 | 11819 | 631 | 466 | 18 |
| 乐清市 | 19.46 | 145714 | | 61118 | 25813 | 1352 | 666 | 19 |
| 洞头县 | 7.83 | 19730 | | 2956 | 1238 | 14 | 2 | |
| 永嘉县 | 17.37 | 34507 | | 28717 | 8185 | 208 | 118 | 4 |
| 平阳县 | 15.92 | 40765 | 2.87 | 17960 | 6761 | 228 | 144 | 6 |
| 苍南县 | 19.12 | 43406 | 0.58 | 24190 | 8445 | 181 | 98 | 2 |
| 文成县 | 1.59 | 4783 | | 5575 | 2241 | 22 | 11 | |
| 泰顺县 | 1.06 | 3000 | | 7041 | 2332 | 12 | 2 | |
| **嘉兴市** | **386.47** | **1303338** | **89.76** | **142472** | **51680** | **3806** | **1464** | **18** |
| 市　区 | 182.61 | 649760 | 15.87 | 43812 | 18838 | 521 | 199 | 6 |
| 平湖市 | 51.07 | 165536 | 11.64 | 19852 | 5900 | 680 | 155 | 4 |
| 海宁市 | 43.43 | 144647 | 15.50 | 21088 | 7393 | 606 | 434 | 3 |
| 桐乡市 | 46.54 | 147164 | 12.67 | 22403 | 7529 | 479 | 307 | 2 |
| 嘉善县 | 40.85 | 135382 | 14.43 | 19505 | 4999 | 1240 | 240 | 2 |
| 海盐县 | 21.97 | 60849 | 19.66 | 15813 | 7020 | 280 | 129 | 1 |
| **湖州市** | **248.50** | **694103** | **44.13** | **125100** | **31400** | **1774** | **482** | **8** |
| 市　区 | 100.26 | 312402 | 14.07 | 59530 | 22391 | 433 | 196 | 2 |
| 德清县 | 59.81 | 157694 | 18.53 | 21470 | 3501 | 159 | 31 | 5 |
| 长兴县 | 74.33 | 191318 | 10.17 | 30416 | 1788 | 362 | 18 | |
| 安吉县 | 14.10 | 32689 | 1.36 | 13684 | 3720 | 820 | 237 | 1 |

12－1续表17

| | 商品房屋销售面积（万平方米） | 商品房屋销售额（万元） | 商品房屋空置面积（万平方米） | 各类专业技术人员数（人） | #中级职称以上 | 专利申请受理量（项） | 专利申请授权量（项） | #发明 |
|---|---|---|---|---|---|---|---|---|
| **绍兴市** | **367.19** | **1371516** | **138.48** | **308102** | **114582** | **3068** | **957** | **49** |
| 市　区 | 109.23 | 416344 | 56.63 | 43730 | 17725 | 291 | 87 | 4 |
| 诸暨市 | 45.68 | 160597 | 14.87 | 70512 | 27232 | 669 | 259 | 11 |
| 上虞市 | 63.45 | 235493 | 28.46 | 57243 | 20641 | 545 | 170 | 12 |
| 嵊州市 | 37.16 | 117953 | 8.86 | 41779 | 15065 | 337 | 138 | 4 |
| 绍兴县 | 85.93 | 375482 | 24.05 | 69350 | 25303 | 696 | 150 | 6 |
| 新昌县 | 25.75 | 65647 | 5.61 | 25488 | 8616 | 530 | 153 | 12 |
| **金华市** | **362.37** | **1394223** | **87.36** | **194826** | **54264** | **6318** | **2499** | **37** |
| 市　区 | 132.33 | 408885 | 20.90 | 38394 | 13487 | 510 | 332 | 7 |
| 兰溪市 | 15.99 | 37424 | 13.93 | 16359 | 4248 | 161 | 40 | 3 |
| 义乌市 | 91.48 | 578066 | 0.69 | 39110 | 10960 | 2370 | 987 | 15 |
| 东阳市 | 48.40 | 157067 | 48.25 | 50041 | 12816 | 351 | 198 | 5 |
| 永康市 | 22.60 | 74327 | 0.16 | 27253 | 4706 | 1661 | 678 | 5 |
| 武义县 | 29.93 | 65832 | 1.95 | 6956 | 2317 | 820 | 98 | 1 |
| 浦江县 | 18.61 | 67025 | 1.49 | 11392 | 4025 | 355 | 128 | 1 |
| 磐安县 | 3.04 | 5597 | | 5321 | 1705 | 90 | 38 | |
| **衢州市** | **138.69** | **326493** | **59.32** | **76297** | **25720** | **297** | **116** | **10** |
| 市　区 | 69.16 | 151924 | 36.15 | 29922 | 14797 | 125 | 40 | 8 |
| 柯城区 | 15.00 | 27128 | 2.33 | 6230 | 3250 | | | |
| 衢江区 | 16.34 | 17123 | 5.18 | 6891 | 2510 | | | |
| 江山市 | 26.57 | 67496 | 3.11 | 19163 | 3638 | 55 | 33 | |
| 常山县 | 8.02 | 26606 | 0.78 | 9586 | 2136 | 28 | 8 | |
| 开化县 | 13.62 | 23114 | 3.80 | 6572 | 2148 | 19 | 7 | |
| 龙游县 | 21.32 | 57353 | 15.48 | 11054 | 3001 | 70 | 28 | 2 |
| **舟山市** | **87.77** | **338405** | **8.59** | **55454** | **19828** | **250** | **70** | **9** |
| 市　区 | 64.74 | 281838 | 8.02 | 47848 | 16910 | 186 | 49 | 9 |
| 岱山县 | 19.74 | 48338 | 0.25 | 4424 | 1758 | 31 | 19 | |
| 嵊泗县 | 3.29 | 8229 | 0.32 | 3182 | 1160 | 33 | 2 | |
| **台州市** | **184.29** | **769814** | **28.31** | **191805** | **64491** | **4834** | **2136** | **38** |
| 市　区 | 86.50 | 426045 | 23.76 | 61890 | 22162 | 2434 | 981 | 12 |
| 温岭市 | 35.72 | 130239 | 1.95 | 49121 | 13954 | 593 | 339 | 5 |
| 临海市 | 23.39 | 78012 | 0.11 | 26565 | 10227 | 665 | 233 | 3 |
| 玉环县 | 13.84 | 54046 | 0.06 | 16179 | 4973 | 780 | 405 | 11 |
| 三门县 | 6.47 | 27040 | | 8106 | 3367 | 189 | 48 | 3 |
| 天台县 | 6.45 | 20381 | 2.44 | 13540 | 5010 | 104 | 70 | 3 |
| 仙居县 | 11.91 | 34051 | | 16404 | 4798 | 69 | 60 | 1 |
| **丽水市** | **97.43** | **362231** | **12.68** | **44205** | **18803** | **684** | **272** | **6** |
| 市　区 | 29.62 | 149797 | 1.52 | 10276 | 5486 | 180 | 89 | 2 |
| 青田县 | 19.77 | 80080 | 0.28 | 5854 | 1842 | 17 | 9 | |
| 缙云县 | 7.77 | 25971 | 3.42 | 6181 | 2811 | 112 | 63 | 2 |
| 遂昌县 | 3.61 | 13927 | 0.80 | 3911 | 1688 | 53 | 11 | |
| 松阳县 | 4.30 | 9366 | 2.14 | 3670 | 1554 | 11 | 5 | |
| 云和县 | 6.40 | 18124 | 1.52 | 2255 | 906 | 172 | 47 | |
| 庆元县 | 3.64 | 6655 | | 4020 | 1414 | 82 | 9 | 1 |
| 景宁县 | 6.60 | 15534 | 0.62 | 3277 | 1162 | 15 | 3 | |
| 龙泉市 | 15.71 | 42777 | 2.38 | 4761 | 1940 | 42 | 36 | 1 |

12－1续表18

| | 体育场馆数（个） | 剧场、影剧院数（个） | 公共图书馆图书总藏量（千册、件） | 医院、卫生院（家） | 医院、卫生院床位数（张） | 医生数（人） | 城镇居民人均可支配收入（元） | 城镇居民人均消费支出（元） | #食品 |
|---|---|---|---|---|---|---|---|---|---|
| **杭州市** | **98** | **35** | **8160** | **834** | **30780** | **17833** | | | |
| 市　区 | 72 | 27 | 7390 | 586 | 24761 | 13802 | 16601 | 13438 | 4682 |
| 萧山区 | 20 | 1 | 369 | 71 | 3315 | 2161 | 18884 | 14023 | 5032 |
| 余杭区 | 8 | 3 | 231 | 210 | 2438 | 1486 | 16863 | 12127 | 4270 |
| 桐庐县 | 2 | 1 | 247 | 29 | 917 | 612 | 14708 | 10006 | 3528 |
| 淳安县 | 3 | 1 | 98 | 58 | 845 | 522 | 12262 | 8432 | 2788 |
| 建德市 | 2 | 2 | 134 | 52 | 1452 | 805 | 14061 | 9784 | 3486 |
| 富阳市 | 7 | 2 | 136 | 60 | 1637 | 1196 | 15036 | 11588 | 4356 |
| 临安市 | 12 | 2 | 155 | 49 | 1168 | 896 | 14859 | 11229 | 4121 |
| **宁波市** | **77** | **21** | **2644** | **265** | **17856** | **13203** | **17394** | **11818** | **4337** |
| 市　区 | 53 | 12 | 1576 | 112 | 10279 | 7356 | 17408 | 11758 | 4450 |
| 鄞州区 | 23 | 1 | 230 | 34 | 1676 | 1810 | | | |
| 余姚市 | 5 | 3 | 285 | 27 | 1731 | 1412 | 17381 | 14772 | 4616 |
| 慈溪市 | 7 | | 270 | 27 | 2086 | 1921 | 19019 | 11690 | 4168 |
| 奉化市 | 6 | 2 | 140 | 30 | 1739 | 943 | 16752 | 11305 | 3924 |
| 象山县 | 2 | 1 | 190 | 22 | 1005 | 690 | 16259 | 9119 | 3511 |
| 宁海县 | 4 | 3 | 183 | 47 | 1016 | 881 | 16440 | 10854 | 3984 |
| **温州市** | **50** | **35** | **2223** | **504** | **16569** | **12297** | **19805** | | |
| 市　区 | 10 | 10 | 1213 | 82 | 7646 | 3868 | 19805 | 15822 | 5160 |
| 鹿城区 | | 1 | | 26 | 710 | 346 | 19805 | 15822 | 5160 |
| 龙湾区 | 4 | 2 | 35 | 14 | 553 | 612 | 17858 | 9455 | 3895 |
| 瓯海区 | | | 49 | 13 | 454 | 646 | 18698 | 13993 | 5196 |
| 瑞安市 | 20 | 6 | 202 | 64 | 2279 | 2494 | 18830 | 12533 | 5188 |
| 乐清市 | 9 | 6 | 195 | 42 | 1899 | 2043 | 18126 | 12666 | 3566 |
| 洞头县 | | 1 | 71 | 6 | 137 | 178 | 10812 | 5519 | 2638 |
| 永嘉县 | 4 | 1 | 134 | 62 | 795 | 899 | 14518 | 8720 | 3848 |
| 平阳县 | 3 | 3 | 156 | 71 | 1360 | 1360 | 15642 | 11630 | 5168 |
| 苍南县 | 2 | 4 | 150 | 56 | 1635 | 834 | 13921 | 9665 | 4111 |
| 文成县 | 2 | 1 | 53 | 61 | 419 | 365 | 12234 | 8016 | |
| 泰顺县 | | 3 | 49 | 60 | 399 | 256 | | | |
| **嘉兴市** | **15** | **74** | **2100** | **746** | **11165** | **6054** | **16189** | **10754** | **3867** |
| 市　区 | 3 | 12 | 729 | 216 | 4240 | 2052 | 15555 | 11116 | 4095 |
| 平湖市 | 2 | 11 | 270 | 107 | 1016 | 803 | 16173 | 9887 | 3793 |
| 海宁市 | 3 | 13 | 313 | 129 | 1629 | 899 | 16684 | 10920 | 3920 |
| 桐乡市 | 3 | 22 | 393 | 162 | 1968 | 1084 | 15913 | 11041 | 3860 |
| 嘉善县 | 2 | 12 | 174 | 80 | 1179 | 671 | 16529 | 9960 | 3566 |
| 海盐县 | 2 | 4 | 220 | 52 | 1133 | 545 | 18017 | 10681 | 3277 |
| **湖州市** | **20** | **18** | **1357** | **132** | **8721** | **4704** | **15375** | | |
| 市　区 | 10 | 7 | 549 | 39 | 4076 | 2298 | 15561 | 11108 | 3873 |
| 德清县 | 6 | 8 | 263 | 21 | 1420 | 723 | 15335 | 10812 | 3528 |
| 长兴县 | 2 | 2 | 312 | 37 | 1881 | 1013 | 15350 | 9070 | 3266 |
| 安吉县 | 2 | 1 | 233 | 35 | 1344 | 670 | 14688 | 10430 | 3462 |

12－1续表19

| | 体育场馆数（个） | 剧场、影剧院数（个） | 公共图书馆图书总藏量（千册、件） | 医院、卫生院（家） | 医院、卫生院床位数（张） | 医生数（人） | 城镇居民人均可支配收入（元） | 城镇居民人均消费支出（元） | #食品 |
|---|---|---|---|---|---|---|---|---|---|
| **绍兴市** | **47** | **34** | **1586** | **315** | **11315** | **8074** | **17516** | | |
| 市　区 | 8 | 5 | 609 | 29 | 2452 | 1858 | 17319 | 11270 | 4156 |
| 诸暨市 | 5 | 8 | 193 | 101 | 2466 | 1977 | 17788 | 15189 | 4235 |
| 上虞市 | 7 | 7 | 184 | 58 | 1201 | 1025 | 17008 | 11925 | 3916 |
| 嵊州市 | 2 | 5 | 301 | 55 | 1666 | 1058 | 17150 | 11096 | 3864 |
| 绍兴县 | 22 | 7 | 136 | 23 | 2426 | 1533 | 18128 | 11741 | 4188 |
| 新昌县 | 3 | 2 | 162 | 49 | 1104 | 623 | 17153 | 11979 | 3632 |
| **金华市** | **48** | **23** | **2218** | **343** | **11891** | **7767** | | | |
| 市　区 | 14 | 5 | 1244 | 60 | 3650 | 2098 | 15387 | 11828 | 3843 |
| 兰溪市 | 3 | 2 | 88 | 55 | 1109 | 827 | 12125 | 10378 | 3396 |
| 义乌市 | 14 | 5 | 207 | 54 | 2164 | 1422 | 19010 | 12769 | 3987 |
| 东阳市 | 10 | 4 | 186 | 59 | 1684 | 1238 | | | |
| 永康市 | 5 | 1 | 170 | 43 | 1337 | 896 | | | |
| 武义县 | 1 | 3 | 113 | 23 | 702 | 488 | | | |
| 浦江县 | 1 | 2 | 161 | 25 | 870 | 518 | 13362 | 9235 | 2954 |
| 磐安县 | | 1 | 49 | 24 | 375 | 280 | | | |
| **衢州市** | **20** | **9** | **606** | **169** | **5996** | **5595** | | | |
| 市　区 | 13 | 4 | 453 | 58 | 2587 | 2427 | 13006 | 9213 | 3088 |
| 柯城区 | 13 | | 120 | 22 | 2062 | 1700 | | | |
| 衢江区 | | | | 36 | 525 | 727 | | | |
| 江山市 | 3 | 1 | 70 | 34 | 1200 | 1232 | 12727 | 7243 | 2429 |
| 常山县 | 1 | 1 | 67 | 23 | 613 | 467 | | | |
| 开化县 | 2 | 2 | 68 | 28 | 749 | 660 | | | |
| 龙游县 | 1 | 1 | 48 | 26 | 847 | 809 | 10521 | 6659 | 2409 |
| **舟山市** | **11** | **7** | **520** | **80** | **3501** | **2093** | **15524** | **10950** | **3831** |
| 市　区 | 9 | 5 | 341 | 53 | 2672 | 1628 | 15863 | 11310 | 3885 |
| 岱山县 | 1 | 1 | 125 | 18 | 500 | 292 | 14652 | 9028 | 3691 |
| 嵊泗县 | 1 | 1 | 54 | 9 | 329 | 173 | 14577 | 10357 | 3712 |
| **台州市** | **46** | **64** | **1407** | **237** | **12367** | **8577** | **17394** | | |
| 市　区 | 13 | 24 | 428 | 60 | 3978 | 2947 | 18313 | 14423 | 4703 |
| 温岭市 | 11 | 13 | 207 | 40 | 2663 | 1639 | 18757 | 11007 | 3995 |
| 临海市 | 8 | 9 | 355 | 40 | 2563 | 1507 | 15504 | 12326 | 4033 |
| 玉环县 | 2 | 4 | 125 | 19 | 860 | 589 | 22220 | 15450 | 5356 |
| 三门县 | 4 | 3 | 59 | 35 | 581 | 420 | | | |
| 天台县 | 5 | 4 | 81 | 17 | 945 | 785 | 12998 | 8623 | 3091 |
| 仙居县 | 3 | 7 | 153 | 26 | 777 | 690 | | | |
| **丽水市** | **22** | **16** | **982** | **322** | **5818** | **3265** | **12846** | **9244** | **3097** |
| 市　区 | 9 | 3 | 177 | 34 | 2002 | 990 | 14975 | 10755 | 3189 |
| 青田县 | 2 | 2 | 105 | 35 | 510 | 333 | 12967 | | |
| 缙云县 | 2 | 3 | 106 | 47 | 1101 | 453 | 12900 | | |
| 遂昌县 | 1 | 1 | 101 | 34 | 474 | 279 | 12265 | | |
| 松阳县 | 2 | | 85 | 26 | 414 | 296 | 11566 | | |
| 云和县 | 1 | 1 | 135 | 20 | 224 | 149 | 11860 | | |
| 庆元县 | 1 | 2 | 54 | 43 | 321 | 212 | 10468 | | |
| 景宁县 | 2 | 1 | 48 | 37 | 250 | 152 | 10830 | | |
| 龙泉市 | 2 | 3 | 171 | 46 | 522 | 398 | 12404 | 9342 | 3112 |

12－1续表20

| | 城镇居民人均住房使用面积（平方米） | 居民消费价格指数（%） | 农村居民人均纯收入（元） | 农村居民人均住房面积（平方米） | 年末离休、退休、退职人员数（万人） | 基本养老保险参保人数（人） | 基本医疗保险参保人数（人） | 失业保险参保人数（人） |
|---|---|---|---|---|---|---|---|---|
| **杭州市** | | | **7655** | **66.00** | **42.26** | **2275807** | **1877138** | **1183640** |
| 市　区 | 20.72 | 101.7 | | | 34.98 | 1841961 | 1609855 | 1011420 |
| 萧山区 | 24.70 | 100.9 | 9498 | 70.85 | 4.64 | 413257 | 215857 | 114146 |
| 余杭区 | 22.44 | 101.3 | 8679 | 62.10 | 3.28 | 197847 | 151280 | 82619 |
| 桐庐县 | 21.00 | 101.8 | 6823 | 64.18 | 1.21 | 68981 | 42039 | 24356 |
| 淳安县 | 24.80 | 102.2 | 4358 | 41.30 | 0.84 | 46421 | 44142 | 17380 |
| 建德市 | 22.25 | 101.9 | 5613 | 52.70 | 2.06 | 86129 | 62650 | 28254 |
| 富阳市 | 24.87 | 101.4 | 7585 | 69.44 | 1.78 | 150376 | 61828 | 78344 |
| 临安市 | 30.07 | 101.1 | 7263 | 66.00 | 1.40 | 81939 | 56624 | 23886 |
| **宁波市** | **23.48** | **101.7** | **7810** | **50.44** | **25.51** | **1512812** | **1060405** | **757759** |
| 市　区 | 18.44 | 102.0 | 8329 | 50.39 | 16.61 | 934964 | 754338 | 458664 |
| 鄞州区 | | | 8508 | 45.80 | 3.05 | 181035 | 98890 | 69000 |
| 余姚市 | 31.34 | 101.4 | 7661 | 54.92 | 2.87 | 188086 | 93619 | 78363 |
| 慈溪市 | 31.22 | 103.0 | 8445 | 51.00 | 2.20 | 187100 | 82297 | 81851 |
| 奉化市 | 31.90 | 101.4 | 7188 | 45.10 | 1.35 | 75897 | 47285 | 45183 |
| 象山县 | 33.40 | 101.6 | 7001 | 42.32 | 1.19 | 59268 | 37146 | 54672 |
| 宁海县 | 43.50 | 101.7 | 6919 | 49.65 | 1.29 | 67497 | 45720 | 39026 |
| **温州市** | **23.40** | **102.5** | **6845** | **40.00** | **21.40** | **1151990** | **525676** | **416120** |
| 市　区 | 23.40 | 102.5 | 8873 | 46.60 | 10.99 | 510622 | 297782 | 210601 |
| 鹿城区 | 23.40 | 102.5 | 8041 | 45.60 | 0.42 | 66170 | 26782 | 45183 |
| 龙湾区 | 51.60 | | 10008 | 47.20 | 0.42 | 38991 | 12996 | 23800 |
| 瓯海区 | 27.90 | | 8188 | 46.60 | 1.36 | 58505 | 18010 | 22419 |
| 瑞安市 | 35.00 | 102.8 | 7436 | 45.00 | 3.06 | 192612 | 102741 | 35000 |
| 乐清市 | 41.30 | 103.2 | 8388 | 41.30 | 1.73 | 147911 | 40843 | 47901 |
| 洞头县 | 39.90 | 102.3 | 4872 | 30.80 | 0.26 | 12196 | 5082 | 5000 |
| 永嘉县 | 36.65 | 102.5 | 4751 | 38.92 | 1.26 | 76435 | 28102 | 31000 |
| 平阳县 | 39.35 | | 5754 | 37.53 | 1.70 | 84953 | 12773 | 30500 |
| 苍南县 | 34.48 | | 4992 | 27.61 | 1.45 | 90447 | 11146 | 38100 |
| 文成县 | 44.02 | | 3184 | 39.38 | 0.47 | 15890 | 13043 | 9000 |
| 泰顺县 | | | 2966 | 28.00 | 0.47 | 20924 | 14164 | 9018 |
| **嘉兴市** | **31.75** | | **8007** | **61.50** | **16.79** | **743900** | **433700** | **381700** |
| 市　区 | 27.65 | 101.5 | 7936 | 48.00 | 7.55 | 222300 | 94500 | 127000 |
| 平湖市 | 34.20 | | 7987 | 63.70 | 1.29 | 118900 | 95000 | 58000 |
| 海宁市 | 34.50 | 100.5 | 8089 | 64.80 | 2.06 | 134800 | 94700 | 59100 |
| 桐乡市 | 36.90 | | 8036 | 78.20 | 2.22 | 114700 | 58700 | 55100 |
| 嘉善县 | 30.50 | | 8042 | 47.20 | 2.01 | 79200 | 43100 | 40500 |
| 海盐县 | 31.40 | | 8542 | 64.00 | 1.66 | 74000 | 47700 | 42000 |
| **湖州市** | | | **7288** | **49.82** | **9.79** | **473702** | **303668** | **221826** |
| 市　区 | 22.60 | 101.2 | 7372 | 50.18 | 5.58 | 224142 | 158839 | 117000 |
| 德清县 | 22.14 | | 7461 | 45.23 | 1.60 | 95649 | 54353 | 41000 |
| 长兴县 | 23.89 | | 7307 | 49.90 | 1.57 | 86565 | 51080 | 38025 |
| 安吉县 | 38.00 | 100.7 | 7034 | 52.91 | 1.04 | 67346 | 39396 | 25801 |

12－1续表21

| | 城镇居民人均住房使用面积（平方米） | 居民消费价格指数（%） | 农村居民人均纯收入（元） | 农村居民人均住房面积（平方米） | 年末离休、退休、退职人员数（万人） | 基本养老保险参保人数（人） | 基本医疗保险参保人数（人） | 失业保险参保人数（人） |
|---|---|---|---|---|---|---|---|---|
| **绍兴市** | **24.89** | **101.2** | **7704** | **59.28** | **12.02** | **893763** | **493946** | **401000** |
| 市　区 | 22.76 | 102.4 | | | 4.14 | 246397 | 160813 | 120200 |
| 诸暨市 | 31.24 | 100.4 | 8065 | 68.69 | 2.18 | 148692 | 83096 | 55000 |
| 上虞市 | 27.16 | 101.8 | 7796 | 52.23 | 1.64 | 134361 | 63363 | 57000 |
| 嵊州市 | 27.34 | 100.1 | 6535 | 65.00 | 1.59 | 101066 | 56238 | 57000 |
| 绍兴县 | 29.10 | | 9241 | 53.09 | 1.31 | 181542 | 57109 | 61600 |
| 新昌县 | 27.89 | 100.5 | 6489 | 51.19 | 1.15 | 81705 | 73327 | 50200 |
| **金华市** | | | **5516** | **54.15** | **8.80** | **639646** | **398336** | **353119** |
| 市　区 | 24.69 | 100.8 | 5433 | 54.66 | 2.99 | 151283 | 141449 | 103596 |
| 兰溪市 | 24.16 | 103.8 | 4890 | 39.60 | 1.55 | 67007 | 57300 | 52000 |
| 义乌市 | 29.52 | 98.7 | 7735 | 60.02 | 1.01 | 135499 | 54638 | 53000 |
| 东阳市 | | | 6903 | 61.02 | 1.13 | 120329 | 48280 | 40000 |
| 永康市 | | | 6625 | 56.70 | 0.92 | 90847 | 40299 | 40000 |
| 武义县 | | | 4340 | 54.51 | 0.60 | 35567 | 24238 | 27016 |
| 浦江县 | 43.00 | 101.2 | 4733 | 53.70 | 0.45 | 26061 | 21216 | 27000 |
| 磐安县 | | | 3589 | 48.62 | 0.15 | 13053 | 10916 | 10507 |
| **衢州市** | | | **4850** | **48.28** | **5.36** | **258096** | **214543** | **148480** |
| 市　区 | 26.70 | 99.9 | 4738 | 51.16 | 2.73 | 140726 | 121694 | 73000 |
| 柯城区 | | | 5306 | 54.90 | 0.13 | 17194 | 13993 | 7800 |
| 衢江区 | | | 4510 | 49.52 | 0.23 | 16676 | 11531 | 9800 |
| 江山市 | 25.70 | 100.1 | 5594 | 49.15 | 1.00 | 42907 | 32815 | 25080 |
| 常山县 | | | 4569 | 44.23 | 0.47 | 22179 | 21471 | 13800 |
| 开化县 | | | 4338 | 52.67 | 0.51 | 20717 | 15880 | 13800 |
| 龙游县 | 28.21 | | 4957 | 43.00 | 0.65 | 31567 | 22683 | 22800 |
| **舟山市** | **21.99** | **101.7** | **7190** | **44.34** | **3.55** | **179492** | **184819** | **117125** |
| 市　区 | 20.67 | | | | | 139690 | 147155 | 97813 |
| 岱山县 | 26.58 | | 7259 | 43.79 | 0.57 | 27579 | 24780 | 11312 |
| 嵊泗县 | 27.70 | 102.2 | 7056 | 39.70 | 0.23 | 12223 | 12884 | 8000 |
| **台州市** | **28.30** | **100.6** | **6689** | **49.63** | **10.84** | **699799** | **375163** | **348259** |
| 市　区 | 27.06 | 100 | 7630 | 50.48 | 3.74 | 267345 | 151227 | 145582 |
| 温岭市 | 38.86 | | 7556 | 51.30 | 2.12 | 135145 | 58083 | 64208 |
| 临海市 | 28.00 | 101.1 | 5732 | 54.59 | 1.93 | 113341 | 71172 | 65996 |
| 玉环县 | 50.65 | | 8620 | 44.62 | 0.80 | 76205 | 38003 | 22101 |
| 三门县 | | | 4846 | 49.96 | 0.62 | 29143 | 11023 | 11150 |
| 天台县 | 39.70 | | 4890 | 41.85 | 0.82 | 42924 | 23110 | 19602 |
| 仙居县 | | | 4100 | 49.04 | 0.80 | 35696 | 22545 | 19620 |
| **丽水市** | **30.90** | | **3572** | **43.70** | **5.02** | **195602** | **168036** | **117140** |
| 市　区 | 23.40 | 101 | 4601 | 56.90 | 1.40 | 53818 | 51989 | 31077 |
| 青田县 | | | 3508 | 35.00 | 0.61 | 19567 | 18594 | 13455 |
| 缙云县 | | | 3757 | 50.00 | 0.66 | 20940 | 19845 | 13250 |
| 遂昌县 | | | 3567 | | 0.51 | 24017 | 20533 | 14400 |
| 松阳县 | | | 3154 | | 0.34 | 16725 | 11907 | 9261 |
| 云和县 | | | 3360 | | 0.30 | 11316 | 10699 | 6450 |
| 庆元县 | | | 3150 | | 0.26 | 12734 | 11199 | 7461 |
| 景宁县 | | | 3292 | | 0.24 | 11684 | 9674 | 8218 |
| 龙泉市 | 30.90 | | 3627 | 42.79 | 0.69 | 24801 | 13596 | 13568 |

12－1续表22

| | 社会福利院（个） | 社会福利院床位数（张） | 社区服务设施数（个） | 城镇居民最低生活保障人数（人） | 交通事故死亡人数（人） | 交通事故损失额（万元） | 火灾事故死亡人数（人） | 火灾事故损失额（万元） |
|---|---|---|---|---|---|---|---|---|
| **杭州市** | **206** | **15719** | **5822** | **16782** | **1040** | **2580.50** | **11** | **1004.10** |
| 市　区 | 104 | 9992 | 5575 | 13391 | 661 | 1694.50 | 6 | 714.10 |
| 萧山区 | 31 | 3060 | 166 | 3022 | 291 | 511.00 | 3 | 217.20 |
| 余杭区 | 23 | 2061 | 333 | 1489 | 176 | 281.50 | 1 | 153.70 |
| 桐庐县 | 12 | 1228 | 23 | 655 | 71 | 132.00 | 1 | 74.50 |
| 淳安县 | 26 | 707 | 20 | 1226 | 28 | 76.00 | 1 | 58.70 |
| 建德市 | 16 | 1120 | 15 | 557 | 77 | 128.00 | | 59.30 |
| 富阳市 | 22 | 1072 | 54 | 517 | 123 | 266.00 | 3 | 59.50 |
| 临安市 | 26 | 1600 | 135 | 436 | 80 | 284.00 | | 38.00 |
| **宁波市** | **174** | **15443** | **4195** | **16829** | **938** | **1476.76** | **9** | **625.67** |
| 市　区 | 72 | 7931 | 3560 | 12162 | 363 | 722.73 | 2 | 394.72 |
| 鄞州区 | 22 | 2288 | 61 | 1160 | 146 | 147.06 | 1 | 158.06 |
| 余姚市 | 29 | 1339 | 491 | 1589 | 169 | 127.15 | 1 | 56.34 |
| 慈溪市 | 23 | 2023 | 47 | 825 | 223 | 197.88 | 3 | 81.49 |
| 奉化市 | 16 | 1546 | 85 | 720 | 71 | 162.72 | 2 | 36.59 |
| 象山县 | 20 | 1034 | 4 | 841 | 51 | 157.10 | 1 | 34.73 |
| 宁海县 | 14 | 1570 | 8 | 692 | 61 | 109.18 | | 21.80 |
| **温州市** | **376** | **26366** | **17993** | **12303** | **789** | **1561.44** | **34** | **1185.00** |
| 市　区 | 58 | 6663 | 7391 | 8002 | 250 | 326.57 | 11 | 298.00 |
| 鹿城区 | 28 | 4020 | 4467 | 6499 | 118 | 144.08 | 4 | 152.00 |
| 龙湾区 | 16 | 1405 | 2505 | 272 | 67 | 111.92 | 3 | 98.00 |
| 瓯海区 | 10 | 498 | 419 | 428 | 65 | 70.57 | 4 | 48.00 |
| 瑞安市 | 92 | 10005 | 1737 | 957 | 111 | 276.85 | 5 | 184.00 |
| 乐清市 | 31 | 967 | 2380 | 403 | 144 | 331.71 | 6 | 165.00 |
| 洞头县 | 16 | 553 | 380 | 548 | 8 | 8.61 | | 10.00 |
| 永嘉县 | 29 | 1141 | 1865 | 319 | 109 | 178.16 | 6 | 140.00 |
| 平阳县 | 35 | 1298 | 3586 | 458 | 59 | 98.86 | 1 | 87.00 |
| 苍南县 | 55 | 4590 | 286 | 512 | 64 | 146.88 | 4 | 218.00 |
| 文成县 | 24 | 502 | 88 | 296 | 22 | 68.28 | 1 | 8.00 |
| 泰顺县 | 36 | 647 | 280 | 808 | 22 | 125.50 | | 75.00 |
| **嘉兴市** | **91** | **7373** | **774** | **8108** | **438** | **1155.00** | **6** | **258.64** |
| 市　区 | 18 | 1427 | 86 | 2156 | 88 | 372.00 | 2 | 53.92 |
| 平湖市 | 11 | 727 | 238 | 1600 | 68 | 150.00 | 1 | 35.03 |
| 海宁市 | 19 | 1540 | 208 | 1696 | 89 | 259.00 | | 53.04 |
| 桐乡市 | 17 | 1501 | 157 | 889 | 91 | 270.00 | 2 | 53.09 |
| 嘉善县 | 17 | 1315 | 22 | 1112 | 48 | 54.00 | | 37.97 |
| 海盐县 | 9 | 863 | 63 | 655 | 54 | 50.00 | 1 | 25.60 |
| **湖州市** | **79** | **4978** | **165** | **7637** | **484** | **527.19** | **5** | **485.99** |
| 市　区 | 30 | 2104 | 12 | 4078 | 223 | 250.09 | 4 | 271.94 |
| 德清县 | 15 | 719 | 64 | 908 | 74 | 85.90 | | 63.57 |
| 长兴县 | 17 | 1390 | 80 | 1715 | 105 | 139.20 | | 95.13 |
| 安吉县 | 17 | 765 | 9 | 936 | 82 | 52.00 | 1 | 55.35 |

12－1续表23

| | 社会福利院（个） | 社会福利院床位数（张） | 社区服务设施数（个） | 城镇居民最低生活保障人数（人） | 交通事故死亡人数（人） | 交通事故损失额（万元） | 火灾事故死亡人数（人） | 火灾事故损失额（万元） |
|---|---|---|---|---|---|---|---|---|
| **绍兴市** | **155** | **10661** | **1512** | **7890** | **741** | **993.27** | **14** | **613.71** |
| 市　区 | 29 | 2237 | 436 | 2608 | 95 | 152.17 | 8 | 143.26 |
| 诸暨市 | 31 | 2634 | 384 | 741 | 247 | 247.02 | 5 | 102.57 |
| 上虞市 | 27 | 1778 | 431 | 1474 | 79 | 43.22 | | 62.63 |
| 嵊州市 | 39 | 2020 | 36 | 276 | 110 | 203.82 | | 50.93 |
| 绍兴县 | 20 | 1348 | 184 | 2600 | 148 | 203.07 | 1 | 162.42 |
| 新昌县 | 9 | 644 | 41 | 191 | 62 | 143.97 | | 91.90 |
| **金华市** | **91** | **9841** | **294** | **4827** | **691** | **1112.20** | **14** | **547.08** |
| 市　区 | 20 | 1960 | 161 | 1636 | 145 | 208.80 | | 37.64 |
| 兰溪市 | 17 | 2131 | 23 | 1369 | 53 | 63.30 | 2 | 66.91 |
| 义乌市 | 14 | 1228 | 25 | 256 | 142 | 277.50 | 8 | 192.08 |
| 东阳市 | 15 | 950 | 6 | 131 | 130 | 195.70 | 1 | 32.40 |
| 永康市 | 8 | 1346 | 6 | 171 | 118 | 175.30 | 1 | 91.95 |
| 武义县 | 7 | 940 | 25 | 376 | 40 | 60.30 | 1 | 15.62 |
| 浦江县 | 3 | 949 | 48 | 379 | 44 | 101.20 | | 63.59 |
| 磐安县 | 7 | 337 | | 509 | 19 | 29.90 | 1 | 46.90 |
| **衢州市** | **92** | **8023** | **1390** | **4570** | **317** | **521.00** | **7** | **225.00** |
| 市　区 | 32 | 2150 | 1022 | 905 | 107 | 207.00 | 3 | 104.00 |
| 柯城区 | 6 | 650 | 913 | 194 | 54 | 49.00 | | 29.00 |
| 衢江区 | 24 | 1050 | 9 | 185 | 53 | 158.00 | 3 | 43.00 |
| 江山市 | 20 | 2435 | 60 | 780 | 59 | 106.00 | 2 | 48.00 |
| 常山县 | 13 | 845 | 38 | 962 | 43 | 40.00 | 1 | 38.00 |
| 开化县 | 12 | 1115 | 60 | 967 | 50 | 71.00 | 1 | 7.00 |
| 龙游县 | 15 | 1478 | 210 | 956 | 58 | 97.00 | | 28.00 |
| **舟山市** | **42** | **2498** | **123** | **2216** | **46** | **117.63** | **3** | **184.90** |
| 市　区 | 30 | 1850 | 110 | 1737 | 40 | 112.49 | 2 | 136.66 |
| 岱山县 | 8 | 438 | 9 | 362 | 6 | 1.73 | 1 | 44.21 |
| 嵊泗县 | 4 | 210 | 4 | 117 | | 3.41 | | 4.03 |
| **台州市** | **168** | **10391** | **665** | **3829** | **689** | **1780.00** | **14** | **849.00** |
| 市　区 | 38 | 1747 | 340 | 941 | 213 | 477.00 | 3 | 356.00 |
| 温岭市 | 35 | 2710 | 39 | 586 | 154 | 871.00 | 3 | 107.00 |
| 临海市 | 23 | 2487 | 259 | 550 | 134 | 262.00 | 4 | 87.00 |
| 玉环县 | 19 | 1203 | 27 | 697 | 43 | 90.00 | 1 | 127.00 |
| 三门县 | 14 | 370 | | 395 | 34 | 18.00 | | 29.00 |
| 天台县 | 19 | 764 | | 345 | 57 | 36.00 | 2 | 89.00 |
| 仙居县 | 20 | 1110 | | 315 | 54 | 27.00 | 1 | 53.00 |
| **丽水市** | **71** | **5412** | **73** | **3990** | **340** | **891.14** | **6** | **353.00** |
| 市　区 | 7 | 922 | 22 | 1119 | 73 | 275.49 | 3 | 55.00 |
| 青田县 | 13 | 914 | 9 | 117 | 88 | 229.62 | 1 | 69.00 |
| 缙云县 | 11 | 690 | 6 | 91 | 62 | 109.41 | 1 | 125.00 |
| 遂昌县 | 7 | 460 | 7 | 311 | 25 | 42.74 | | 6.00 |
| 松阳县 | 7 | 564 | 5 | 398 | 36 | 38.26 | 1 | 13.00 |
| 云和县 | 4 | 420 | 6 | 411 | 16 | 65.52 | | 29.00 |
| 庆元县 | 6 | 386 | 3 | 329 | 12 | 16.92 | | 23.00 |
| 景宁县 | 6 | 521 | 4 | 589 | 9 | 25.06 | | 7.00 |
| 龙泉市 | 10 | 535 | 11 | 625 | 19 | 88.12 | | 28.00 |

12－1续表24

| | 刑事案件立案数（件） | 犯罪人数（人） | 年末公共汽(电)车营运车辆（辆） | 全年公共汽(电)车客运总量（万人次） | 年末实有出租汽车数（辆） | 园林绿地面积（公顷） | #公共绿地面积 | 建成区绿化覆盖面积（公顷） | 环境污染治理本年投资总额（万元） |
|---|---|---|---|---|---|---|---|---|---|
| **杭州市** | **75110** | **12060** | **4959** | **92041** | **9035** | **12868** | **3049** | **13627** | **150115** |
| 市　区 | 57623 | 9040 | 4520 | 74278 | 8320 | 10774 | 2564 | 11734 | 119004 |
| 萧山区 | 14504 | 2495 | 224 | 3320 | 678 | 1446 | 298 | 1533 | 34134 |
| 余杭区 | 8101 | 1395 | 110 | 305 | 354 | 682 | 127 | 576 | 23152 |
| 桐庐县 | 3273 | 365 | 81 | 9716 | 53 | 474 | 88 | 492 | 8700 |
| 淳安县 | 1501 | 498 | 16 | 687 | 110 | 552 | 60 | 283 | 3140 |
| 建德市 | 2395 | 498 | 38 | 4467 | 65 | 290 | 90 | 300 | 5931 |
| 富阳市 | 6447 | 918 | 167 | 2040 | 269 | 398 | 181 | 415 | 3387 |
| 临安市 | 3871 | 741 | 137 | 853 | 218 | 380 | 66 | 404 | 9953 |
| **宁波市** | **77843** | **12133** | | | | | | | **118057** |
| 市　区 | 40655 | 5632 | 2437 | 36885 | 3750 | 4076 | 1313 | 4501 | 84893 |
| 鄞州区 | 9545 | 1953 | 399 | 2745 | 1086 | 326 | 46 | 349 | 12329 |
| 余姚市 | 8900 | 1698 | 283 | 2853 | 339 | 1039 | 218 | 1170 | 22585 |
| 慈溪市 | 12515 | 2488 | 152 | 1939 | 435 | 1237 | 382 | 1187 | 3111 |
| 奉化市 | 5371 | 694 | 410 | 2225 | 200 | 400 | 86 | 456 | 3820 |
| 象山县 | 5163 | 764 | 180 | 1505 | 97 | 272 | 103 | 279 | 2809 |
| 宁海县 | 5239 | 857 | 164 | 2280 | 278 | 735 | 110 | 780 | 840 |
| **温州市** | **83897** | **12037** | **2345** | **31913** | **5588** | **4248** | **1280** | **4569** | **95996** |
| 市　区 | 29891 | 4824 | 1695 | 25000 | 3329 | 3134 | 818 | 3411 | 30739 |
| 鹿城区 | 11036 | 2123 | | | | | | | 5244 |
| 龙湾区 | 9803 | 1206 | | | | 502 | 163 | 552 | 8948 |
| 瓯海区 | 8236 | 1030 | | | | 307 | 84 | 146 | 1065 |
| 瑞安市 | 15213 | 2161 | 165 | 3498 | 918 | 351 | 151 | 389 | 40451 |
| 乐清市 | 14063 | 1718 | 315 | 2780 | 958 | 487 | 174 | 479 | 17217 |
| 洞头县 | 361 | 118 | 56 | 397 | 90 | 21 | 14 | 33 | 398 |
| 永嘉县 | 8191 | 987 | 21 | 101 | 118 | 41 | 27 | 41 | 3057 |
| 平阳县 | 6688 | 468 | 40 | | | 53 | 31 | 51 | 728 |
| 苍南县 | 7667 | 1411 | 37 | 85 | 175 | 69 | 41 | 72 | 2370 |
| 文成县 | 1043 | 159 | | | | 60 | 14 | 64 | 851 |
| 泰顺县 | 780 | 191 | 16 | 52 | | 33 | 9 | 30 | 185 |
| **嘉兴市** | **40849** | **6437** | | | | | | | **46835** |
| 市　区 | 11888 | 1689 | 472 | 5029 | 823 | 3307 | 433 | 2950 | 19499 |
| 平湖市 | 4507 | 979 | 67 | 1157 | 230 | 477 | 112 | 540 | 1462 |
| 海宁市 | 7569 | 866 | 77 | 650 | 287 | 1266 | 144 | 948 | 7189 |
| 桐乡市 | 7905 | 1352 | 45 | 489 | 245 | 914 | 166 | 1003 | 3034 |
| 嘉善县 | 5520 | 874 | 71 | 875 | 180 | 525 | 90 | 573 | 6529 |
| 海盐县 | 3460 | 677 | 85 | 217 | 189 | 281 | 64 | 310 | 9122 |
| **湖州市** | **21391** | **3324** | **852** | **8718** | **1420** | **4519** | **854** | **5161** | **165515** |
| 市　区 | 10489 | 1739 | 548 | 7070 | 815 | 2966 | 504 | 3426 | 63784 |
| 德清县 | 4297 | 644 | 39 | 98 | 163 | 348 | 87 | 365 | 53793 |
| 长兴县 | 3856 | 511 | 229 | 1222 | 284 | 840 | 134 | 966 | 35891 |
| 安吉县 | 2749 | 430 | 36 | 327 | 158 | 365 | 130 | 404 | 12047 |

12－1 续表 25

| | 刑事案件立案数（件） | 犯罪人数（人） | 年末公共汽(电)车营运车辆（辆） | 全年公共汽(电)车客运总量（万人次） | 年末实有出租汽车数（辆） | 园林绿地面积（公顷） | #公共绿地面积 | 建成区绿化覆盖面积（公顷） | 环境污染治理本年投资总额（万元） |
|---|---|---|---|---|---|---|---|---|---|
| **绍兴市** | **43717** | **6028** | | | | | | | **60158** |
| 市　区 | 9353 | 1027 | 791 | 8153 | 820 | 3149 | 876 | 3702 | 17668 |
| 诸暨市 | 8825 | 1578 | 267 | 2616 | 487 | 1705 | 281 | 1146 | 8243 |
| 上虞市 | 6613 | 930 | 390 | 1510 | 300 | 664 | 232 | 751 | 13139 |
| 嵊州市 | 6769 | 739 | 92 | 1131 | 208 | 926 | 187 | 1016 | 3395 |
| 绍兴县 | 7743 | 1054 | 333 | 4006 | 403 | 1343 | 332 | 1554 | 6930 |
| 新昌县 | 4414 | 575 | 95 | 2600 | 140 | 428 | 108 | 407 | 10783 |
| **金华市** | **64370** | **8519** | | | | | | | **256845** |
| 市　区 | 17403 | 1640 | 449 | 6050 | 862 | 2095 | 623 | 2379 | 96520 |
| 兰溪市 | 3888 | 461 | 57 | 890 | 216 | 602 | 185 | 810 | 5525 |
| 义乌市 | 14474 | 2773 | 314 | 7915 | 1098 | 1769 | 464 | 2036 | 78688 |
| 东阳市 | 8309 | 1224 | 119 | 1310 | 426 | 960 | 187 | 1105 | 21517 |
| 永康市 | 11165 | 1104 | 108 | 2038 | 450 | 1473 | 265 | 1083 | 28492 |
| 武义县 | 3299 | 411 | 48 | 487 | 104 | 532 | 115 | 619 | 14011 |
| 浦江县 | 4512 | 766 | 42 | 890 | 75 | 166 | 96 | 208 | 9908 |
| 磐安县 | 1320 | 140 | 46 | 26 | 22 | 251 | 60 | 171 | 2185 |
| **衢州市** | **1674** | **2408** | **775** | **9268** | **728** | **2851** | **651** | **3158** | **22934** |
| 市　区 | 669 | 1020 | 576 | 6829 | 401 | 1821 | 340 | 2061 | 6327 |
| 柯城区 | 446 | 714 | | | | 1506 | 302 | 1703 | 5507 |
| 衢江区 | 175 | 226 | | | | 315 | 38 | 357 | 820 |
| 江山市 | 345 | 487 | 95 | 1695 | 100 | 542 | 97 | 531 | 8850 |
| 常山县 | 180 | 243 | 32 | 218 | 53 | 109 | 77 | 148 | 3740 |
| 开化县 | 266 | 366 | 36 | 302 | 96 | 85 | 52 | 92 | 1367 |
| 龙游县 | 214 | 292 | 36 | 224 | 78 | 294 | 85 | 327 | 2650 |
| **舟山市** | **11182** | **1313** | **426** | **3268** | **1250** | **2959** | **323** | **1907** | **39772** |
| 市　区 | 9406 | 1114 | 267 | 2390 | 1006 | 2609 | 303 | 1782 | 34742 |
| 岱山县 | 1320 | 116 | 159 | 878 | 144 | 176 | 13 | 87 | 3147 |
| 嵊泗县 | 456 | 83 | | | 100 | 174 | 7 | 38 | 1883 |
| **台州市** | **60840** | **10154** | | | | | | | **45272** |
| 市　区 | 24247 | 4253 | 567 | 6142 | 1225 | 1986 | 498 | 1983 | 29897 |
| 温岭市 | 12349 | 1913 | 95 | 3000 | 431 | 826 | 178 | 889 | 6121 |
| 临海市 | 8505 | 1232 | 146 | 1876 | 365 | 1231 | 264 | 1286 | 2092 |
| 玉环县 | 6118 | 1158 | 171 | 3013 | 352 | 255 | 113 | 259 | 1195 |
| 三门县 | 1925 | 409 | 39 | 393 | 62 | 159 | 46 | 154 | 1852 |
| 天台县 | 4574 | 511 | 56 | 889 | 109 | 126 | 39 | 139 | 1719 |
| 仙居县 | 3122 | 678 | 36 | 248 | 135 | 57 | 36 | 132 | 2398 |
| **丽水市** | **18542** | **2236** | | | | | | | **78138** |
| 市　区 | 7653 | 763 | 92 | 1679 | 367 | 455 | 194 | 599 | 32687 |
| 青田县 | 2329 | 313 | 22 | 216 | 106 | 112 | 76 | 94 | 6545 |
| 缙云县 | 2788 | 312 | 22 | 422 | 78 | 98 | 44 | 207 | 4109 |
| 遂昌县 | 1068 | 183 | 16 | 119 | 33 | 183 | 79 | 233 | 20429 |
| 松阳县 | 1339 | 187 | | | 55 | 118 | 56 | 98 | 3216 |
| 云和县 | 1054 | 112 | | | 38 | 81 | 43 | 148 | 2718 |
| 庆元县 | 723 | 97 | 7 | 23 | 20 | 84 | 32 | 86 | 1671 |
| 景宁县 | 829 | 91 | | | | 54 | 33 | 57 | 1466 |
| 龙泉市 | 759 | 178 | 28 | 302 | 30 | 541 | 72 | 66 | 5297 |

12－1 续表 26

| | 工业废水排放量（万吨） | 工业废水排放达标量（万吨） | 工业二氧化硫去除量（吨） | 工业二氧化硫排放量（吨） | 工业烟尘去除量（吨） | 工业烟尘排放量（吨） | 城镇生活污水厂集中处理率（%） | 生活垃圾无害化处理率（%） |
|---|---|---|---|---|---|---|---|---|
| **杭州市** | **85735.15** | **83888.25** | **40216** | **125844** | **987053** | **35782** | **72.27** | **100.00** |
| 市　区 | 32649.49 | 31620.74 | 26573 | 81965 | 822499 | 19934 | 77.68 | 100.00 |
| 萧山区 | 18553.58 | 17752.53 | 3053 | 39201 | 277257 | 9161 | 79.00 | 100.00 |
| 余杭区 | 4575.99 | 4472.51 | 3119 | 10330 | 20091 | 4131 | 53.96 | 100.00 |
| 桐庐县 | 10000.00 | 9982.89 | 2063 | 10378 | 55780 | 2500 | 48.16 | 100.00 |
| 淳安县 | 811.38 | 710.91 | 112 | 1280 | 1891 | 554 | | 100.00 |
| 建德市 | 3841.88 | 3841.88 | 4598 | 9065 | 34716 | 4089 | 9.75 | 100.00 |
| 富阳市 | 34759.90 | 34134.10 | 4767 | 15452 | 53506 | 4869 | 65.99 | 100.00 |
| 临安市 | 3672.50 | 3597.73 | 2104 | 7704 | 18661 | 3835 | 70.03 | 100.00 |
| **宁波市** | **11894.71** | **11305.19** | **317647** | **209866** | **1919126** | **26369** | **59.19** | **95.92** |
| 市　区 | 6893.92 | 6676.12 | 306962 | 192702 | 1854032 | 20675 | 65.32 | 92.24 |
| 鄞州区 | 1742.69 | 1678.60 | 373 | 3138 | 4210 | 1800 | | |
| 余姚市 | 1623.61 | 1598.61 | 4849 | 6091 | 13832 | 2039 | 57.25 | 95.40 |
| 慈溪市 | 1361.35 | 1351.10 | 2829 | 6457 | 26744 | 1866 | 30.86 | 98.04 |
| 奉化市 | 507.27 | 493.88 | 1124 | 1100 | 13578 | 207 | 46.76 | 97.18 |
| 象山县 | 1044.53 | 745.02 | 851 | 1410 | 5785 | 751 | 26.71 | 100.00 |
| 宁海县 | 464.03 | 440.46 | 1032 | 2106 | 5156 | 832 | 52.61 | 100.00 |
| **温州市** | **11674.95** | **11359.78** | **15550** | **79041** | **506120** | **9492** | **24.09** | **63.92** |
| 市　区 | 3533.69 | 3460.54 | 14506 | 30687 | 26958 | 2225 | 35.43 | 88.36 |
| 鹿城区 | 948.04 | 907.24 | | 3516 | 5294 | 583 | | |
| 龙湾区 | 851.00 | 826.73 | | 23573 | 6635 | 739 | | |
| 瓯海区 | 244.07 | 235.99 | | 651 | 1391 | 123 | | |
| 瑞安市 | 820.10 | 810.10 | 102 | 4504 | 4094 | 558 | | 66.64 |
| 乐清市 | 616.59 | 610.42 | | 38400 | 468722 | 5983 | | 23.50 |
| 洞头县 | 236.16 | 212.82 | 720 | 876 | 777 | 99 | | |
| 永嘉县 | 1960.82 | 1937.99 | | 1013 | 1994 | 210 | | 91.43 |
| 平阳县 | 2820.82 | 2651.17 | 221 | 1188 | 779 | 87 | | 35.26 |
| 苍南县 | 1618.07 | 1608.83 | | 2164 | 2494 | 258 | | 53.85 |
| 文成县 | 32.04 | 31.45 | | 179 | 234 | 45 | 60.00 | 58.33 |
| 泰顺县 | 36.65 | 36.65 | | 31 | 68 | 25 | | |
| **嘉兴市** | **15824.00** | **15370.00** | **17464** | **91022** | **764373** | **23523** | **52.75** | **80.79** |
| 市　区 | 4091.00 | 3919.00 | 8309 | 13092 | 135612 | 6032 | 56.27 | 100.00 |
| 平湖市 | 1251.00 | 1153.00 | 1359 | 49892 | 560114 | 3237 | 43.00 | 100.00 |
| 海宁市 | 2783.00 | 2687.00 | 3217 | 8303 | 27881 | 1989 | 57.14 | 100.00 |
| 桐乡市 | 3362.00 | 3315.00 | 3069 | 7743 | 4167 | 9724 | 53.48 | 100.00 |
| 嘉善县 | 1652.00 | 1612.00 | 1403 | 5998 | 10297 | 1635 | 42.97 | 100.00 |
| 海盐县 | 2685.00 | 2684.00 | 107 | 5994 | 26302 | 906 | 40.88 | 100.00 |
| **湖州市** | **9517.51** | **9333.19** | **144242** | **60688** | **113582** | **11867** | **66.08** | **91.30** |
| 市　区 | 3399.20 | 3333.71 | 2995 | 9814 | 22723 | 1738 | 67.05 | 85.42 |
| 德清县 | 4179.22 | 4100.62 | 3112 | 5757 | 10845 | 1344 | 75.71 | 99.09 |
| 长兴县 | 1293.98 | 1271.44 | 137395 | 43312 | 78882 | 8620 | 55.00 | 100.00 |
| 安吉县 | 645.12 | 627.42 | 740 | 1805 | 1131 | 164 | 71.02 | 100.00 |

12－1续表27

| | 工业废水排放量（万吨） | 工业废水排放达标量（万吨） | 工业二氧化硫去除量（吨） | 工业二氧化硫排放量（吨） | 工业烟尘去除量（吨） | 工业烟尘排放量（吨） | 城镇生活污水厂集中处理率（%） | 生活垃圾无害化处理率（%） |
|---|---|---|---|---|---|---|---|---|
| **绍兴市** | **20520.00** | **20225.00** | **51477** | **71851** | **375024** | **27222** | **60.24** | **100.00** |
| 市　区 | 5930.00 | 5770.00 | 6246 | 18728 | 59486 | 10414 | 72.00 | 100.00 |
| 诸暨市 | 1083.00 | 1071.00 | 1098 | 8256 | 32463 | 1309 | 52.58 | 100.00 |
| 上虞市 | 1792.00 | 1737.00 | 3720 | 7833 | 15777 | 3571 | 64.22 | 100.00 |
| 嵊州市 | 811.00 | 811.00 | 2689 | 3455 | 10147 | 606 | 34.07 | 100.00 |
| 绍兴县 | 9491.00 | 9439.00 | 37279 | 31204 | 245593 | 10255 | 71.88 | 100.00 |
| 新昌县 | 1414.00 | 1397.00 | 446 | 2373 | 11557 | 1067 | | 100.00 |
| **金华市** | **8472.00** | **8140.00** | **3260** | **34707** | **78503** | **13130** | **78.04** | **90.26** |
| 市　区 | 1344.00 | 1277.00 | 210 | 8830 | 32480 | 4537 | 87.15 | 100.00 |
| 兰溪市 | 1362.00 | 1277.00 | 635 | 13879 | 10526 | 2367 | | 100.00 |
| 义乌市 | 2187.00 | 2187.00 | 1271 | 4384 | 15368 | 1880 | 87.09 | 100.00 |
| 东阳市 | 1564.00 | 1530.00 | 964 | 3264 | 9463 | 2014 | 67.17 | 90.91 |
| 永康市 | 78.00 | 78.00 | 54 | 509 | 172 | 521 | | 100.00 |
| 武义县 | 455.00 | 433.00 | 126 | 629 | 3466 | 410 | | 100.00 |
| 浦江县 | 1417.00 | 1294.00 | | 3075 | 6909 | 1306 | 24.37 | |
| 磐安县 | 64.00 | 63.00 | | 137 | 117 | 95 | | 100.00 |
| **衢州市** | **14513.00** | **13303.00** | **34474** | **34749** | **284021** | **12013** | **49.73** | **94.32** |
| 市　区 | 9892.00 | 8899.00 | 11761 | 17983 | 168741 | 4873 | 60.80 | 90.71 |
| 柯城区 | 9143.00 | 8195.00 | 11622 | 16725 | 164813 | 4063 | 61.44 | 96.67 |
| 衢江区 | 749.00 | 704.00 | 139 | 1258 | 3928 | 810 | 6.82 | 11.11 |
| 江山市 | 522.00 | 513.00 | 21852 | 6100 | 54340 | 3076 | 26.62 | 100.00 |
| 常山县 | 412.00 | 384.00 | 24 | 5093 | 52777 | 530 | | 100.00 |
| 开化县 | 810.00 | 767.00 | 665 | 1981 | 2325 | 1762 | | 92.59 |
| 龙游县 | 2877.00 | 2740.00 | 172 | 3592 | 5838 | 1772 | 38.11 | 100.00 |
| **舟山市** | **1800.00** | **1441.00** | **840** | **28002** | **248556** | **17509** | **17.26** | **86.96** |
| 市　区 | 1629.00 | 1289.00 | | 27204 | 247121 | 17047 | 18.56 | 94.76 |
| 岱山县 | 167.00 | 150.00 | 721 | 650 | 1260 | 321 | | |
| 嵊泗县 | 4.00 | 2.00 | 119 | 148 | 175 | 141 | | 71.43 |
| **台州市** | **4428.00** | **4105.00** | **5159** | **78831** | **860501** | **7884** | **46.79** | **76.50** |
| 市　区 | 1909.00 | 1710.00 | 3632 | 75389 | 850754 | 6483 | 61.28 | 63.13 |
| 温岭市 | 496.00 | 476.00 | | 392 | 1058 | 102 | 39.06 | 86.47 |
| 临海市 | 1027.00 | 1006.00 | 448 | 842 | 1286 | 363 | 54.99 | 97.65 |
| 玉环县 | 111.00 | 102.00 | | 248 | 152 | 198 | 45.89 | 89.29 |
| 三门县 | 231.00 | 223.00 | 118 | 700 | 1053 | 172 | | 100.00 |
| 天台县 | 275.00 | 233.00 | 321 | 471 | 3295 | 249 | | 100.00 |
| 仙居县 | 380.00 | 355.00 | 640 | 789 | 2903 | 316 | | 100.00 |
| **丽水市** | **8047.00** | **7508.00** | **4709** | **16470** | **40617** | **13808** | **31.01** | **87.03** |
| 市　区 | 873.00 | 812.00 | 1736 | 4397 | 10088 | 2554 | 64.04 | 90.83 |
| 青田县 | 458.00 | 422.00 | 119 | 600 | 1308 | 416 | 8.57 | 95.24 |
| 缙云县 | 1419.00 | 1329.00 | 501 | 3998 | 3534 | 2066 | | 100.00 |
| 遂昌县 | 2985.00 | 2806.00 | 922 | 3473 | 14001 | 4472 | | 90.63 |
| 松阳县 | 1633.00 | 1508.00 | 970 | 2035 | 6679 | 2693 | | 100.00 |
| 云和县 | 5.00 | 5.00 | | 31 | 77 | 29 | | 96.67 |
| 庆元县 | 233.00 | 216.00 | 393 | 644 | 1214 | 393 | | 91.84 |
| 景宁县 | 179.00 | 168.00 | 25 | 693 | 1746 | 593 | | |
| 龙泉市 | 262.00 | 242.00 | 43 | 599 | 1970 | 592 | | 80.00 |

# 12－2　长三角各城市主要经济指标

| | 单位 | 杭州 | 宁波 | 嘉兴 | 湖州 | 绍兴 | 舟山 | 台州 | 南京 |
|---|---|---|---|---|---|---|---|---|---|
| 土地面积 | 平方公里 | 16596 | 9672 | 3915 | 5818 | 8256 | 1440 | 9411 | 6582 |
| 年末总人口 | 万人 | 660.45 | 556.70 | 334.33 | 257.58 | 435.09 | 96.73 | 559.85 | 595.80 |
| 生产总值（GDP） | 亿元 | 2942.65 | 2449.31 | 1159.66 | 644.25 | 1447.47 | 280.16 | 1251.77 | 2413.00 |
| 第一产业 | 亿元 | 148.21 | 132.26 | 84.45 | 63.00 | 93.07 | 39.84 | 102.64 | 80.00 |
| 第二产业 | 亿元 | 1496.94 | 1341.46 | 681.93 | 353.27 | 873.00 | 111.26 | 658.14 | 1215.00 |
| #工业 | 亿元 | 1329.60 | 1188.55 | 609.12 | 313.07 | 779.33 | 86.08 | 597.72 | 1066.00 |
| 第三产业 | 亿元 | 1297.50 | 975.59 | 393.28 | 227.98 | 481.40 | 129.05 | 490.99 | 1118.00 |
| 人均生产总值 | 元 | 44853 | 44156 | 34706 | 25030 | 33283 | 28936 | 22438 | 40919 |
| 规模以上工业产值 | 亿元 | 5441.13 | 4890.97 | 2178.96 | 1070.79 | 3215.07 | 283.34 | 1737.70 | 4064.44 |
| #利润总额 | 亿元 | 234.99 | 262.36 | 101.65 | 52.69 | 161.50 | 7.25 | 85.18 | 196.83 |
| 城市居民人均可支配收入 | 元 | 16601 | 17408 | 15555 | 15561 | 17319 | 15863 | 18313 | 14997 |
| 城市居民人均消费性支出 | 元 | 13438 | 11758 | 11116 | 11108 | 11270 | 10950 | 14423 | 10704 |
| 居民消费价格指数 | 上年为100 | 101.7 | 102.0 | 101.5 | 101.2 | 102.4 | 101.7 | 100.0 | 102.1 |
| 全社会固定资产投资额 | 亿元 | 1386.68 | 1336.30 | 703.46 | 416.05 | 676.13 | 161.12 | 537.62 | 1402.72 |
| #房地产开发 | 亿元 | 410.57 | 259.50 | 123.40 | 69.05 | 103.33 | 27.67 | 116.13 | 296.14 |
| 商品房屋销售面积 | 万平方米 | 704.19 | 466.98 | 386.47 | 248.50 | 367.19 | 87.77 | 184.29 | 606.63 |
| 商品房屋销售额 | 亿元 | 395.66 | 234.78 | 130.33 | 69.41 | 137.15 | 33.84 | 76.98 | 240.71 |
| 财政预算内收入 | 亿元 | 520.79 | 466.35 | 135.14 | 74.24 | 150.56 | 28.52 | 147.45 | 510.17 |
| #地方财政收入 | 亿元 | 250.46 | 212.38 | 66.79 | 39.73 | 76.13 | 18.21 | 72.33 | 211.07 |
| 地方财政支出 | 亿元 | 238.33 | 264.77 | 73.45 | 44.08 | 80.04 | 31.94 | 88.09 | 231.57 |
| 金融机构本外币存款余额 | 亿元 | 6748.73 | 3915.95 | 1377.71 | 608.43 | 1896.91 | 376.26 | 1384.98 | 5263.26 |
| #城乡居民储蓄存款 | 亿元 | 2191.66 | 1503.06 | 751.33 | 336.22 | 906.18 | 182.48 | 719.66 | 1677.49 |
| 金融机构本外币贷款余额 | 亿元 | 5545.28 | 3089.36 | 1010.80 | 461.39 | 1421.59 | 291.02 | 1058.04 | 4659.81 |
| 保费收入 | 亿元 | 72.53 | 51.20 | 27.14 | 15.63 | 24.77 | 8.04 | 27.45 | 72.10 |
| 入境旅游人次 | 万人次 | 151.36 | 43.83 | 44.25 | 10.21 | 20.19 | 14.00 | 7.53 | 87.60 |
| 旅游外汇收入 | 亿美元 | 7.58 | 2.48 | 1.38 | 0.37 | 0.67 | 0.74 | 0.53 | 5.80 |
| 全社会用电量 | 亿千瓦时 | 320.76 | 268.49 | 150.21 | 85.26 | 185.52 | 18.4522 | 104.85 | 246.67 |
| #工业用电量 | 亿千瓦时 | 235.31 | 211.07 | 122.80 | 68.62 | 158.62 | 11.07 | 74.41 | 173.53 |
| 实到外资 | 亿美元 | 17.13 | 23.11 | 11.57 | 6.51 | 9.01 | 0.31 | 2.51 | 14.18 |
| 出口额 | 亿美元 | 198.04 | 222.17 | 70.44 | 19.96 | 81.42 | 10.69 | 51.96 | 142.45 |
| 社会消费品零售总额 | 亿元 | 975.43 | 759.83 | 374.44 | 237.75 | 381.63 | 100.14 | 439.92 | 1004.99 |

注：省外各市 GDP 及专业数据为快报数。

12-2续表

| | 单位 | 无锡 | 常州 | 苏州 | 南通 | 扬州 | 镇江 | 泰州 | 上海 |
|---|---|---|---|---|---|---|---|---|---|
| 土地面积 | 平方公里 | 4788 | 4375 | 8488 | 8001 | 6634 | 3847 | 5791 | 6341 |
| 年末总人口 | 万人 | 452.84 | 351.60 | 606.22 | 770.86 | 456.31 | 267.61 | 502.05 | 1360.26 |
| 生产总值（GDP） | 亿元 | 2805.00 | 1302.21 | 4026.52 | 1472.08 | 922.01 | 833.50 | 819.60 | 9143.95 |
| 第一产业 | 亿元 | 50.00 | 56.51 | 78.86 | 162.19 | 85.70 | 38.20 | 90.20 | 79.65 |
| 第二产业 | 亿元 | 1695.00 | 795.31 | 2691.34 | 823.99 | 518.09 | 512.01 | 479.80 | 4475.92 |
| #工业 | 亿元 | 1587.00 | 716.42 | 2520.33 | 672.66 | 450.40 | 464.51 | 404.60 | 4155.23 |
| 第三产业 | 亿元 | 1060.00 | 450.39 | 1256.32 | 485.90 | 318.22 | 283.29 | 249.60 | 4588.38 |
| 人均生产总值 | 元 | 62331 | 37174 | 66766 | 19060 | 20389 | 28241 | 17417 | 53380 |
| 规模以上工业产值 | 亿元 | 5720.32 | 2504.20 | 9907.11 | 2144.27 | 1448.82 | 1331.56 | 1216.80 | 15806.78 |
| #利润总额 | 亿元 | 256.63 | 96.23 | 424.42 | 99.92 | 50.83 | 47.76 | 54.80 | 921.97 |
| 城市居民人均可支配收入 | 元 | 16005 | 14589 | 16276 | 12384 | 11379 | 12394 | 11122 | 18654 |
| 城市居民人均消费性支出 | 元 | 10774 | 10717 | 11163 | 8573 | 7388 | 8335 | 7556 | 13773 |
| 居民消费价格指数 | 上年为100 | 102.0 | 102.8 | 102.4 | 101.2 | 101.9 | 102.2 | 101.6 | 101.0 |
| 全社会固定资产投资额 | 亿元 | 1335.09 | 769.80 | 1870.14 | 815.26 | 432.27 | 404.75 | 403.13 | 3542.55 |
| #房地产开发 | 亿元 | 226.79 | 114.27 | 414.33 | 80.05 | 73.14 | 60.48 | 47.62 | 1246.86 |
| 商品房屋销售面积 | 万平方米 | 398.68 | 302.00 | 785.62 | 302.92 | 227.50 | 174.56 | 144.72 | 3158.87 |
| 商品房屋销售额 | 亿元 | 129.03 | 100.55 | 303.48 | 76.61 | 66.82 | 38.71 | 33.16 | 2161.30 |
| 财政预算内收入 | 亿元 | 421.80 | 220.40 | | 171.19 | 117.03 | 118.42 | 113.95 | 4095.80 |
| #地方财政收入 | 亿元 | 181.68 | 94.99 | 316.78 | 71.99 | 49.55 | 47.14 | 46.91 | 1433.90 |
| 地方财政支出 | 亿元 | 175.00 | 95.00 | 334.33 | 88.01 | 60.63 | 49.90 | 62.37 | 1660.32 |
| 金融机构本外币存款余额 | 亿元 | 3343.62 | 1689.57 | 5058.29 | 1847.98 | 977.40 | 824.68 | 836.54 | 23320.86 |
| #城乡居民储蓄存款 | 亿元 | 1451.64 | 865.39 | 2120.92 | 1190.74 | 604.65 | 468.42 | 541.02 | 8432.49 |
| 金融机构本外币贷款余额 | 亿元 | 2264.04 | 1141.49 | 3872.21 | 1024.45 | 530.18 | 613.38 | 453.97 | 16798.12 |
| 保费收入 | 亿元 | 57.62 | 37.90 | 75.00 | 36.56 | 27.10 | 19.90 | 23.50 | 333.62 |
| 入境旅游人次 | 万人次 | 65.87 | 18.20 | 150.00 | 15.13 | 23.86 | 30.65 | 2.92 | 571.35 |
| 旅游外汇收入 | 亿美元 | 2.63 | 1.40 | 5.70 | 1.35 | 1.52 | 1.79 | 0.29 | 36.08 |
| 全社会用电量 | 亿千瓦时 | 337.05 | 182.70 | 566.04 | 138.83 | 82.04 | 97.18 | 95.74 | 921.97 |
| #工业用电量 | 亿千瓦时 | 286.55 | 145.20 | 483.56 | 105.15 | 60.32 | 79.96 | 77.59 | |
| 实到外资 | 亿美元 | 20.07 | 7.31 | 51.16 | 15.32 | 5.26 | 5.96 | 4.56 | 68.50 |
| 出口额 | 亿美元 | 155.46 | 61.28 | 728.23 | 57.93 | 19.06 | 20.34 | 13.41 | 907.42 |
| 社会消费品零售总额 | 亿元 | 824.11 | 444.08 | 905.07 | 536.41 | 306.89 | 241.39 | 233.81 | 2972.97 |

# 十三、主要行业实力排行

# 13－1　工业产值前五十名工业企业排序

| 序号 | 企业名称 |
| --- | --- |
| 1 | 升华集团控股有限公司 |
| 2 | 湖州电力局 |
| 3 | 浙江久立集团股份有限公司 |
| 4 | 金洲集团有限公司 |
| 5 | 华东天荒坪抽水蓄能有限责任公司 |
| 6 | 浙江栋梁新材股份有限公司 |
| 7 | 浙江美欣达印染集团股份有限公司 |
| 8 | 浙江长兴发电有限责任公司 |
| 9 | 浙江长城电子科技集团有限公司 |
| 10 | 浙江湖州大港纺织印染集团有限公司 |
| 11 | 德清县银盛皮件有限公司 |
| 12 | 德华集团控股股份有限公司 |
| 13 | 浙江先登电工器材股份有限公司 |
| 14 | 浙江洪波线缆股份有限公司 |
| 15 | 浙江天能电池有限公司 |
| 16 | 浙江大东吴集团有限公司 |
| 17 | 浙江丝得莉集团有限公司 |
| 18 | 长兴县供电局 |
| 19 | 华盛达控股集团有限公司 |
| 20 | 浙江长广集团有限责任公司 |
| 21 | 浙江山鹰建材集团有限公司 |
| 22 | 德清县供电局 |
| 23 | 中利达集团控股有限公司 |
| 24 | 华能国际电力股份有限公司长兴电厂 |

13－1续表

| 序号 | 企业名称 |
| --- | --- |
| 25 | 湖州振兴阿祥集团有限公司 |
| 26 | 浙江万利丰纺织科技有限公司 |
| 27 | 安吉超亚家具有限公司 |
| 28 | 浙江利豪家具有限公司 |
| 29 | 浙江湖州富钢金属轧制有限公司 |
| 30 | 浙江新市油脂股份有限公司 |
| 31 | 浙江湖州金三发新纺织集团有限公司 |
| 32 | 浙江诺力机械股份有限公司 |
| 33 | 浙江达多耐火材料集团有限公司 |
| 34 | 浙江超威电源有限公司 |
| 35 | 湖州天外绿色包装印刷有限公司 |
| 36 | 浙江正兴集团有限公司 |
| 37 | 安吉县供电局 |
| 38 | 浙江湖州正导线缆有限公司 |
| 39 | 漂莱特(中国)有限公司 |
| 40 | 浙江金鹤集团公司 |
| 41 | 湖州珍贝羊绒制品有限公司 |
| 42 | 浙江菱化集团有限公司 |
| 43 | 湖州广通金属拉丝有限公司 |
| 44 | 浙江欧诗漫集团有限公司 |
| 45 | 浙江省长兴县中山化工有限公司 |
| 46 | 湖州久久纺织印染有限公司 |
| 47 | 浙江五龙化工股份有限公司 |
| 48 | 浙江南方通信集团股份有限公司 |
| 49 | 浙江湖州父子岭耐火集团有限公司 |
| 50 | 浙江安吉新祥铝业有限公司 |

# 13－2　利税总额前五十名工业企业排序

| 序号 | 企业名称 |
|---|---|
| 1 | 华东天荒坪抽水蓄能有限责任公司 |
| 2 | 浙江长兴发电有限责任公司 |
| 3 | 升华集团控股有限公司 |
| 4 | 浙江久立集团股份有限公司 |
| 5 | 浙江天能电池有限公司 |
| 6 | 湖州数康生物科技有限公司 |
| 7 | 湖州天外绿色包装印刷有限公司 |
| 8 | 德华集团控股股份有限公司 |
| 9 | 浙江美欣达印染集团股份有限公司 |
| 10 | 浙江山鹰建材集团有限公司 |
| 11 | 金洲集团有限公司 |
| 12 | 华能国际电力股份有限公司长兴电厂 |
| 13 | 浙江丝得莉集团有限公司 |
| 14 | 浙江洪波线缆股份有限公司 |
| 15 | 浙江湖州大港纺织印染集团有限公司 |
| 16 | 浙江欧美环境工程有限公司 |
| 17 | 浙江大东吴集团有限公司 |
| 18 | 浙江先登电工器材股份有限公司 |
| 19 | 湖州电力局 |
| 20 | 浙江长广集团有限责任公司 |
| 21 | 德清县银盛皮件有限公司 |
| 22 | 漂莱特(中国)有限公司 |
| 23 | 浙江栋梁新材股份有限公司 |
| 24 | 湖州振兴阿祥集团有限公司 |
| 25 | 华盛达控股集团有限公司 |

13－2续表

| 序号 | 企业名称 |
|---|---|
| 26 | 湖州大享玻璃制品有限公司 |
| 27 | 浙江长城电子科技集团有限公司 |
| 28 | 中利达集团控股有限公司 |
| 29 | 浙江安吉原味年代酒业有限公司 |
| 30 | 浙江湖州金三发新纺织集团有限公司 |
| 31 | 浙江诺力机械股份有限公司 |
| 32 | 湖州泰仑电力器材有限公司 |
| 33 | 长兴县昌盛有限公司 |
| 34 | 浙江湖州正导线缆有限公司 |
| 35 | 湖州泰普森休闲用品有限公司 |
| 36 | 安吉超亚家具有限公司 |
| 37 | 湖州新奥特医药化工有限公司 |
| 38 | 湖州珍贝羊绒制品有限公司 |
| 39 | 浙江金鹤集团公司 |
| 40 | 浙江万利丰纺织科技有限公司 |
| 41 | 长兴县供电局 |
| 42 | 湖州环球轻纺有限公司 |
| 43 | 湖州彩蝶染整有限公司 |
| 44 | 浙江安吉新祥铝业有限公司 |
| 45 | 浙江超威电源有限公司 |
| 46 | 浙江五龙化工股份有限公司 |
| 47 | 浙江达多耐火材料集团有限公司 |
| 48 | 浙江正兴集团有限公司 |
| 49 | 浙江湖州父子岭耐火集团有限公司 |
| 50 | 浙江欧诗漫集团有限公司 |

# 13－3　销售收入前二十名批发零售企业排序

| 序号 | 企业名称 |
|---|---|
| 1 | 中国石化股份有限公司湖州石油分公司 |
| 2 | 浙江省烟草公司湖州分公司 |
| 3 | 湖州浙北大厦购物广场 |
| 4 | 浙江省烟草公司长兴县公司 |
| 5 | 湖州中油石油有限公司 |
| 6 | 浙江湖州丝绸集团进出口有限公司 |
| 7 | 湖州久立物资再生利用有限公司 |
| 8 | 湖州市宇顺进出口有限公司 |
| 9 | 湖州华源天昌进出口有限公司 |
| 10 | 湖州大港集团进出口有限公司 |
| 11 | 浙江省烟草公司德清县公司 |
| 12 | 湖州宏鑫燃料有限公司 |
| 13 | 湖州宝丰电力燃料有限公司 |
| 14 | 浙江金冶实业集团有限公司 |
| 15 | 浙江依多金燃料有限公司 |
| 16 | 浙江湖州华圣医药药材有限公司 |
| 17 | 浙江省烟草公司安吉县公司 |
| 18 | 湖州市石化石油有限公司 |
| 19 | 湖州市国际贸易有限公司 |
| 20 | 湖州丝绸物资有限公司 |

# 13－4　营业收入前二十名餐饮企业排序

| 序号 | 企业名称 |
| --- | --- |
| 1 | 湖州浙北大酒店 |
| 2 | 湖州天旺集团天煌大酒店有限公司 |
| 3 | 浙江湖州丝绸大厦有限公司 |
| 4 | 长兴国际大酒店有限公司 |
| 5 | 湖州香溢大酒店有限公司 |
| 6 | 安吉香溢度假村 |
| 7 | 长兴紫金实业有限公司 |
| 8 | 湖州加年华大酒店 |
| 9 | 湖州超越大酒店 |
| 10 | 安吉凯旋门大酒店有限公司 |
| 11 | 湖州凤凰时代广场商业有限公司大酒店 |
| 12 | 安吉中汇大酒店有限公司 |
| 13 | 德清县莫干山大酒店有限公司 |
| 14 | 湖州市人民政府第一招待所 |
| 15 | 长兴县金陵大酒店有限公司 |
| 16 | 长兴红泥大酒店 |
| 17 | 德清县新银河工贸有限公司银都大酒店 |
| 18 | 湖州白蘋洲饭店有限公司 |
| 19 | 长兴县金鼎有限公司 |
| 20 | 湖州诚成大酒店有限公司 |

# 13-5 销售额前二十名房地产开发企业排序

| 序号 | 企业名称 |
| --- | --- |
| 1 | 湖州美欣达房地产开发有限公司 |
| 2 | 湖州兽王房地产开发有限公司 |
| 3 | 长兴滨海房地产开发有限公司 |
| 4 | 湖州中大房地产开发有限公司 |
| 5 | 湖州市房地产开发总公司 |
| 6 | 浙江湖州升华房地产开发有限公司 |
| 7 | 浙江升华房地产开发有限公司 |
| 8 | 德清县港湖房地产开发有限公司 |
| 9 | 浙江华盛达房地产开发有限公司 |
| 10 | 长兴县华瓯房地产开发有限公司 |
| 11 | 德清泰源房产建设有限公司 |
| 12 | 湖州丽阳房地产开发有限公司 |
| 13 | 长兴太平洋置业有限公司 |
| 14 | 长兴萧然房地产开发有限公司 |
| 15 | 德清中荣房地产开发有限公司 |
| 16 | 湖州亚洲城房地产开发有限公司 |
| 17 | 湖州新新置业有限公司 |
| 18 | 湖州嘉欣置业有限公司 |
| 19 | 湖州德加利房地产开发有限公司 |
| 20 | 德清县绿城中田房地产开发有限公司 |

# 13－6 建筑业产值前二十名建筑企业排序

| 序号 | 企业名称 |
| --- | --- |
| 1 | 浙江大东吴集团建设有限公司 |
| 2 | 湖州市建工集团有限公司 |
| 3 | 中铁十六局集团第三工程有限公司 |
| 4 | 湖州市交通工程总公司 |
| 5 | 浙江天力建筑有限公司 |
| 6 | 湖州市交通工程处 |
| 7 | 湖州升浙建筑工程有限公司 |
| 8 | 浙江中荣建设有限公司 |
| 9 | 湖州市第二建设工程有限公司 |
| 10 | 浙江中屹建筑工程有限公司 |
| 11 | 浙江华煜建设工程有限公司 |
| 12 | 德清县第二建筑工程有限责任公司 |
| 13 | 浙江省长兴县电气工程有限公司 |
| 14 | 浙江省长兴县市政工程公司 |
| 15 | 浙江省疏浚工程有限公司 |
| 16 | 湖州环渚建筑工程有限公司 |
| 17 | 德清县振升建筑工程有限公司 |
| 18 | 浙江长虹建设工程有限公司 |
| 19 | 浙江泰仑电力集团有限责任公司 |
| 20 | 浙江泰仑电力集团湖州配电工程有限公司 |

# 中国统计出版社最新资料书简目